Nicole J. Saam

Organisation und Beratung

Organisation und Beratung

herausgegeben von

Nicole J. Saam

Band 1

LIT

Nicole J. Saam

Organisation und Beratung
Ein Lehrbuch zu Grundlagen und Theorien

LIT

Bearbeiteter Abdruck des Originals: *Iconologia: divisa in tre libri: ne i quali si esprimono varie imagini di virtù, ... / di Cesare Ripa. Ampliata dal Sig. Cav. Gio. Zaratino Castellini, in questa ultima editione di imagini, et discorsi, con indici copiosi, et ricorretta. Venetia: Tomasini, 1645.*

Bibliografische Information der Deutschen Nationalbibliothek
Die Deutsche Nationalbibliothek verzeichnet diese Publikation in der Deutschen Nationalbibliografie; detaillierte bibliografische Daten sind im Internet über http://dnb.d-nb.de abrufbar.

ISBN 978-3-8258-8944-9

© LIT VERLAG Dr. W. Hopf Hamburg 2007
Auslieferung/Verlagskontakt:
Fresnostr. 2   48159 Münster
Tel. +49 (0)251–620320   Fax +49 (0)251–231972
e-Mail: lit@lit-verlag.de   http://www.lit-verlag.de

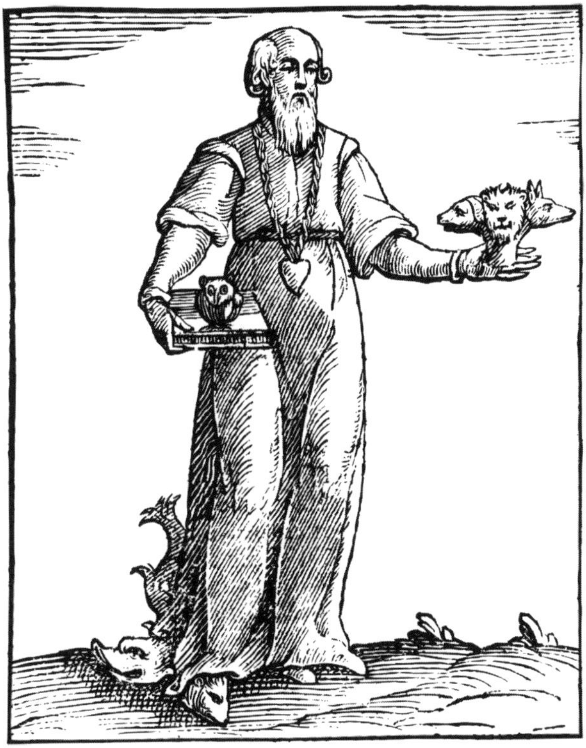

Der umseitige Kupferstich aus dem Allegorischen Lexikon von Cesare Ripa, hrsg. Venedig 1645, zeigt die ALLEGORIE DES GUTEN RATS (it.: Consiglio). Die Merkmale eines guten Rates werden durch die abgebildeten Symbole zum Ausdruck gebracht: Der gute Rat entspringt einem reinen, aufrichtigen HERZ, das die abgebildete Person an einer Kette um Hals und Schultern trägt, der Weisheit (EULE) und Gelehrsamkeit (BUCH) sowie dem Blick auf Gegenwart (LÖWENKOPF), Vergangenheit (HUNDEKOPF) und Zukunft (WOLFSKOPF). Vermieden werden sollen hastig-voreilige Entscheidungen (DELPHIN) und Verärgerung (BÄRENKOPF – beide niedergetreten unter dem rechten Fuß).

Vorwort

Dieses Buch soll die theoriebasierte Reflexion über Organisationsberatung fördern. Mein herzlicher Dank gilt Dr. Hermann Iding für die Unterstützung bei der Literaturrecherche zu beratungsrelevanten Studien kritischer und postmoderner Theorieansätze, sowie für Korrekturen und Anmerkungen zu mehreren Kapiteln.

Mein besonderer Dank gilt zum wiederholten Male Claudia Neumaier für die sorgfältige und termingerechte Erstellung der Druckvorlage.

Schöngeising, im April 2007   Nicole J. Saam

Inhaltsverzeichnis

1. Einführung 1
   1.1. Zielgruppen 1
   1.2. Zielsetzung 1
   1.3. Gliederung 2

Teil I: Grundlagen

2. Begriff der Organisationsberatung 7
   2.1. Begriff der Organisation 7
   2.2. Begriff der Beratung 8
   2.3. Begriff der Organisationsberatung 9
3. Theorie, Erkenntnisinteresse und Theorienvielfalt 10
   3.1. Theorie und Erkenntnisinteresse 10
   3.2. Theorienvielfalt und Theorieauswahl 11
   3.3. Theorienvielfalt und Notwendigkeit einer Metaperspektive 12
   3.3.1. Metaperspektive für den Theorienvergleich 12
   3.3.2. Metaperspektive für die Ausarbeitung von Reflexionsfragen an die Praktiker 13

Teil II: Theorie der Organisationsberatung

4. Beratungshandeln als interpretative Prozesse gegenseitiger Rollenbildung (symbolisch-interaktionistischer Ansatz) 17
   4.1. Vertreter und wichtige Quellen 17
   4.2. Begriff der Organisationsberatung 17
   4.3. Zentrale Aussagen 18
   4.3.1. Mikro- und Makrorollenanalyse 18
   4.3.2. Rollenbildung 22

4.3.3. Interpretative Prozesse 22
4.3.4. Rollenkonflikte.. 24
4.4. Empirische Forschung.. 25
4.5. Würdigung und Kritik.. 26
4.6. Fragen für Berater 28
4.7. Fragen für Klienten... 29

5. Beratungshandeln als aus typischen Motiven und typisch gemeintem Sinn verständliches soziales Handeln (verstehender Ansatz) 31

5.1. Vertreter und wichtige Quellen 31
5.2. Begriff der Organisationsberatung 32
5.3. Zentrale Aussagen 33
5.3.1. Der idealtypische Ablauf von Organisationsberatungsprozessen 33
5.3.2. Idealtypen der Organisationsberatung.. 34
5.4. Empirische Forschung.. 49
5.4.1. Abweichungen der Beratungspraxis von den Idealtypen der Organisationsberatung.. 49
5.4.2. Herleitung idealer Interaktionspartner 51
5.4.3. Empirisch begründete Typologisierungsversuche 53
5.5. Würdigung und Kritik.. 53
5.6. Fragen für Berater 55
5.7. Fragen für Klienten... 56

6. Beratungshandeln als rationales Handeln unter der Bedingung asymmetrischer Information (institutionen-ökonomischer Ansatz) 59

6.1. Vertreter und wichtige Quellen 59
6.2. Begriff der Organisationsberatung 62
6.3. Zentrale Aussagen 63
6.3.1. Organisationsberatung als Kontraktgut.. 63
6.3.2. Informationsprobleme und Unsicherheit... 64
6.3.3. Betriebsformen des Beratungshandelns 72
6.4. Empirische Forschung.. 73
6.5. Würdigung und Kritik.. 75
6.6. Fragen für Berater 77
6.7. Fragen für Klienten... 80

7. Beratungshandeln als Inszenierung von Impression Management (strategisch-dramaturgischer Ansatz) 84

7.1. Vertreter und wichtige Quellen 84
7.2. Begriff der Organisationsberatung 86
7.3. Zentrale Aussagen 87
7.3.1. Die Inszenierung von Impression Management 87
7.3.2. Die Inszenierung der Management-Gurus 88
7.3.3. Die Konstruktion von Bedeutungen für das Management 90
7.3.4. Intervention zwischen Kritik und Dramaturgie 92
7.4. Empirische Forschung 93
7.5. Würdigung und Kritik 95
7.6. Fragen für Berater 97
7.7. Fragen für Klienten 98

8. Beratungshandeln als Beteiligung des Beraters an einem Innovationsspiel (mikropolitische Ansätze) ... 101

8.1. Vertreter und wichtige Quellen 101
8.2. Begriff der Organisationsberatung 105
8.3. Zentrale Aussagen 105
8.3.1. Innovations- versus Routinespiele 105
8.3.2. Wandel und Widerstand 106
8.3.3. Der Berater als Meta-Spieler in Innovationsspielen 107
8.3.4. Neutralität und Parteilichkeit als mikropolitische Strategien des Beraters 108
8.3.5. Mikropolitisch informierte Organisationsberatung 110
8.3.6. Mikropolitische Interventionstheorie 111
8.4. Empirische Forschung 114
8.5. Würdigung und Kritik 116
8.6. Fragen für Berater 118
8.7. Fragen für Klienten 121

9. Beratungshandeln als funktionale Interaktion von Organisationssystemen (funktionalistischer Ansatz) 125

9.1. Vertreter und wichtige Quellen 125
9.2. Begriff der Organisationsberatung 130
9.3. Zentrale Aussagen 130
9.3.1. Die Struktur des Wirtschaftssystems 130
9.3.2. Funktionen der Organisationsberatung 131

9.3.3. Austauschprozesse und Austauschmedien 136
9.3.4. Funktionale Äquivalente der Organisationsberatung 137
9.3.5. Organisationsberatung als Folge wechselseitiger Steigerung von
gesellschaftlicher und organisationaler Differenzierung und
Komplexität 140
9.4. Empirische Forschung 141
9.5. Würdigung und Kritik 142
9.6. Fragen für Berater 145
9.7. Fragen für Klienten 147

10. Beratungshandeln als wechselseitige Beobachtung selbstreferentieller Organisationssysteme (systemtheoretischer Ansatz) 150

10.1. Vertreter und wichtige Quellen 150
10.2. Begriff der Organisationsberatung 153
10.3. Zentrale Aussagen 154
10.3.1. Kommunikationssperren in der Organisationsberatung 154
10.3.2. Strukturen der Selbsterhaltung der Beratungsorganisation 158
10.3.3. Organisationsberatung und Gesellschaft 160
10.4. Empirische Forschung 161
10.5. Würdigung und Kritik 163
10.6. Fragen für Berater 166
10.7. Fragen für Klienten 169

11. Beratungshandeln als Agentschaft für andere Akteure und für abstrakte Prinzipien (neo-institutionalistischer Ansatz) 173

11.1. Vertreter und wichtige Quellen 173
11.2. Begriff der Organisationsberatung 178
11.3. Zentrale Aussagen 178
11.3.1. Organisationsberatung als legitimatorische Ressource 178
11.3.2. Agentschaft für universalistische Theorien der Organisation 179
11.3.3. Mythos, Beratung und Mystifizierung 180
11.3.4. Das Modische an Beratungsinhalten 182
11.3.5. Beratungen und Strukturangleichung in organisationalen Feldern ... 184
11.3.6. Institutionelle Einflüsse auf Organisationsberater und
Organisationsberatungsprozesse 185
11.3.7. Institutionalisierung von Beratungserwartungen 186
11.4. Empirische Forschung 188
11.5. Würdigung und Kritik 188

11.6. Fragen für Berater 192
11.7. Fragen für Klienten 194

12. Beratungshandeln als Dekonstruktion von Sprachspielen (post-moderne Organisationsberatung versus postmoderne Theorie der Organisationsberatung) 197

12.1. Vertreter und wichtige Quellen 197
12.2. Begriff der Organisationsberatung 201
12.3. Zentrale Aussagen 202
12.3.1. Organisationsberatung als postmoderne Kunst 202
12.3.2. Postmoderne Organisationsberatung oder Die Illusion ein Akteur zu sein 203
12.3.3. Postmoderne Organisationsberatung als Dekonstruktion von Sprachspielen 206
12.3.4. Das Wissen der Berater und die Diskurse 207
12.3.5. Organisationsberatung und Gender 209
12.4. Empirische Forschung 210
12.5. Würdigung und Kritik 211
12.6. Fragen für Berater 214
12.7. Fragen für Klienten 216

Teil III: Zusammenfassung und Ausblick

13. Organisationsberatung: Zentrale Perspektiven und Debatten 221

13.1. Anmerkungen zu fehlenden Theorieperspektiven 221
13.2. Zentrale Perspektiven und Debatten 223
13.2.1. Determinismus versus Voluntarismus 224
13.2.2. Vertrauen versus Macht 227
13.2.3. Zielgerichtetheit versus Ergebnisoffenheit der Intervention ... 228
13.2.4. Zusammenschau 231

14. Literatur 236

1. Einführung

1.1. Zielgruppen

Dieses Lehrbuch wendet sich an vier Zielgruppen:
StudentInnen, die sich aus sozialwissenschaftlicher Perspektive mit dem Thema Organisationsberatung insgesamt oder mit einzelnen Aspekten der Interaktionsbeziehung zwischen beratender und beratener Organisation beschäftigen wollen;

Organisations- und UnternehmensberaterInnen, die eine sozialwissenschaftliche Fundierung ihres Wissensstandes zur Organisationsberatung anstreben und ihr Beratungshandeln kritisch reflektieren, sowie ihre Handlungsoptionen erweitern möchten;

VertreterInnen und Mitglieder von Klientunternehmen, die eine sozialwissenschaftliche Fundierung ihres Wissensstandes zur Organisationsberatung anstreben und ihr Handeln gegenüber Beratern kritisch reflektieren, sowie ihre Handlungsoptionen erweitern möchten;

WissenschaftlerInnen, die Anregungen von der hier vertretenen Konzeption erhalten möchten, insbesondere von der vergleichenden Diskussion der Bedeutung verschiedener Theorien der Organisationsberatung für eine Theorie der Organisationsberatung.

1.2. Zielsetzung

In den 80er und 90er Jahren ist das Forschungsgebiet der Organisationstheorie[1] durch Lehrbücher systematisch aufgearbeitet worden. Solche Lehrbücher ermöglichen nicht nur einen Überblick über die Theorieperspektiven eines Fachgebietes im Sinne von didaktischen Hilfsmitteln. Sie restrukturieren auch die Forschung dieser Fachgebiete, da von den Vertretern jeder Theorieperspektive mittelfristig erwartet wird, dass sie ihre Annahmen und Hypothesen im Kontext konkurrierender Theorie-

---

[1] im englischen Sprachraum: Scott 2003, zuerst 1981, Tsoukas/Knudsen 2003; im deutschen Sprachraum: Kieser 2002, zuerst 1993, Bea/Göbel 2002, zuerst 1999, Weik/Lang 2003;

ansätze präzisieren und diskutieren. Insofern können Lehrbücher zu einer Systematisierung der Forschung beitragen.

In der Organisationssoziologie klafft bisher im Kontext von Organisationstheorien und Theorien organisationalen Wandels eine auffällige Lücke: Es gibt keine systematische Darstellung zu der besonderen Interaktionsbeziehung, die mit vielen Prozessen organisationalen Wandels einhergeht, zur Organisationsberatung. Dies gilt sowohl für den englischsprachigen wie für den deutschsprachigen Raum. Diese Lücke soll das vorgelegte Lehrbuch füllen. Es will zunächst einen Überblick über die sozialwissenschaftlichen Theorieperspektiven auf Organisationsberatung ermöglichen. In diesem Sinne soll es ein didaktisches Hilfsmittel für Studentinnen und Studenten sein. Darüber hinaus möchte es jedoch Organisationsberatern und ihren Klienten ermöglichen ihr Handeln kritisch zu reflektieren, sowie ihre Handlungsoptionen zu erweitern. Schließlich soll dieses Lehrbuch ein Kristallisationspunkt für alle jene WissenschaftlerInnen sein, die bisher mehr oder weniger verstreut zu Organisationsberatung forschen. Es soll insbesondere die vergleichenden Diskussion der Bedeutung verschiedener Theorien der Organisationsberatung für eine Theorie der Organisationsberatung erleichtern und befördern.

1.3. Gliederung

In der Gliederung dieses Lehrbuchs werden die unterschiedlichen Zielsetzungen für unterschiedliche Zielgruppen berücksichtigt:

Teil I widmet sich den begrifflichen und methodologischen Grundlagen dieses Lehrbuchs. Die zentralen Begriffe Organisation, Beratung und Organisationsberatung werden in einstweiligen Arbeitsdefinitionen geklärt (Kapitel 2). Im Anschluss daran wird der Theoriebegriff dieses Lehrbuchs erläutert. Wie die Theorien der Allgemeinen Soziologie und die Organisationstheorien, so stellt auch die sozialwissenschaftliche Theorie der Organisationsberatung nicht eine in sich geschlossene Theorie dar. Es wird dargestellt, welche methodologischen Überlegungen den Umgang mit dieser Theorienvielfalt anleiten (Kapitel 3).

Teil II widmet sich der Theorie der Organisationsberatung. In systematischen Darstellungen wird in sozialwissenschaftliche Theorieperspektiven eingeführt (Kapitel 4-12).

Jedes Kapitel folgt dabei einem einheitlichen Gliederungsschema: Vertreter und wichtige Quellen, Begriff der Organisationsberatung, Zentrale Aussagen, Empirische Forschung, Würdigung und Kritik, Fragen für Berater, Fragen für Klienten.

Das Unterkapitel *Vertreter und wichtige Quellen* führt in aller gebotenen Kürze in die Grundannahmen des jeweiligen Theorieansatzes[2] ein, und es gibt Hinweise, die eine eigenständige Vertiefung dieser Theorieperspektive ermöglichen.

Das Unterkapitel *Begriff der Organisationsberatung* bietet einen kurzen Überblick darüber, wie ein Theorieansatz die Begriffe der Organisation und der Organisationsberatung definiert.

Das Unterkapitel *Zentrale Aussagen* stellt ausführlich die wesentlichen Aussagen vor, die ein Theorieansatz zu Organisationsberatung macht.

Das Unterkapitel *Empirische Forschung* präsentiert empirische Studien und deren Ergebnisse in der Absicht zu demonstrieren, in wie weit die Aussagen eines Theorieansatzes als empirisch begründet oder empirisch untermauert gelten dürfen.

Das Unterkapitel *Würdigung und Kritik* bewertet den Beitrag dieser Theorieperspektive zu einer Theorie der Organisationsberatung. Der Würdigung und Kritik liegt eine Metaperspektive zugrunde, auf die ich in Kap. 3 näher eingehen werde.

Die Unterkapitel *Fragen für Berater* und *Fragen für Klienten* wenden sich direkt an Organisationsberater und ihre Klienten. Beratern wie Klienten werden sich neue Erkenntnis- und Handlungsmöglichkeiten eröffnen, wenn sie die Situation, in der sie als Berater oder Klient handeln müssen, aus der Perspektive eines Theorieansatzes zu analysieren versuchen. Daher werden am Ende jedes Theoriekapitels Fragen präsentiert, mit deren Hilfe Berater und Klienten aus der Perspektive dieses Theorieansatzes ihre Situation analysieren können. Bei der Zusammenstellung der Fragen bin ich davon ausgegangen, dass Leser nicht beide Unterkapitel lesen werden, sondern dass sie entweder die Fragen für Berater oder die Fragen für Klienten bevorzugen werden. Falls Leser entgegen meiner Annahme beide Unterkapitel hintereinander lesen sollten, wird unweigerlich der Eindruck von Wiederholungen entstehen, freilich immer aus der Perspektive des jeweils anderen Akteurs in der Berater-Klient-Beziehung. Für diese stilistische Unzulänglichkeit bitte ich um Entschuldigung.

Teil III reflektiert abschließend den Stand der Forschung zu Organisationsberatung. Die beschriebenen Theorieansätze sind um solche zu ergänzen, deren Beiträge erwünscht wären, die aber bisher nicht in hinreichender Form ausgearbeitet sind. Aus dem sich anschließenden Theorienvergleich, aus einer Zusammenstellung und Systematisierung von zentralen Debatten, die die Forschung zu Organisationsberatung begleitet haben, wird jene Metaperspektive abgeleitet, die den Unterkapiteln *Würdigung und Kritik* zugrunde liegt, und auf die in Kapitel 3 nur hingewiesen, die aber noch nicht entfaltet werden konnte (Kapitel 13).

---

[2] Der Begriff Ansatz wird von mir in der Regel als Synonym für Theorieansatz gebraucht. In Kapitel 5 werden Idealtypen der Organisationsberatung vorgestellt, die in der Literatur häufig als Beratungsansätze bezeichnet werden. Beide Begriffe sind strikt voneinander zu trennen: Beratungsansätze bezeichnen Ansätze, denen Berater während ihres Beratungshandelns folgen. Theorieansätze bezeichnen soziologische Theorien, die Beratungshandeln beschreiben, verstehen und/oder erklären wollen.

Teil I:

Grundlagen

2. Begriff der Organisationsberatung

2.1. Begriff der Organisation

Es gibt nicht *den* Begriff der Organisation. Die Organisationsdefinition ist abhängig von der Theorieperspektive. Diese wird sich insbesondere in Teil zwei dieses Buches von Unterkapitel zu Unterkapitel verändern. Es wird daher erforderlich sein, dort den jeweils zugrundeliegenden Organisationsbegriff zu erörtern. Hier würde es nur Verwirrung stiften, wenn diese Organisationsbegriffe untereinandergestellt und diskutiert würden, während andererseits nicht der Platz ist, den Theoriehintergrund hinreichend ausführlich darzustellen. Deshalb soll an dieser Stelle eine Organisationsdefinition vorgegeben werden, die ohne umfangreiche Theoriekenntnisse verständlich ist:

> Eine Organisation ist ein von „bestimmten Personen gegründetes, zur Verwirklichung spezifischer Zwecke planmäßig geschaffenes, hierarchisch verfasstes, mit Ressourcen ausgestattetes, relativ dauerhaftes und strukturiertes Aggregat (Kollektiv) arbeitsteilig interagierender Personen, das über wenigstens ein Entscheidungs- und Kontrollzentrum verfügt, welches die zur Erreichung des Organisationszweckes notwendige Kooperation zwischen den Akteuren steuert, und dem als Aggregat Aktivitäten oder wenigstens deren Resultate zugerechnet werden können." (Abraham/Büschges 2004: 58f.)

Diese Definition macht deutlich, dass sich dieses Buch nicht mit Organisation als sozialem Prozess des Organisierens (auch tätigkeitsorientierter Organisationsbegriff genannt, vgl. Bea/Göbel 2002) und auch nicht mit Organisation im Sinne von Organisiertheit (instrumenteller Organisationsbegriff) befassen wird. Stattdessen gibt dieses Kapitel einen institutionellen Organisationsbegriff vor. Eine Organisation wird als eine bestimmte Art von Institution aufgefasst. Dieser institutionelle Organisationsbegriff wird in Teil zwei von Unterkapitel zu Unterkapitel in den Begriffen einer anderen Theorie reformuliert werden.

2.2. Begriff der Beratung

So, wie es *den* Begriff der Organisation nicht gibt, gibt es auch *den* Begriff der Beratung nicht. Zu einer Soziologie der Beratung liegen Skizzen vor (Schützeichel 2004: 274 ff.), deren Überlegungen zur begrifflichen Abgrenzung hier aufgenommen werden sollen.[3]

So ist es sinnvoll, zwischen Beratungen, Belehrungen und Betreuungen zu unterscheiden. Sie stellen Interaktionssysteme zwischen zwei Akteuren dar, die sich auf Entscheidungsprobleme konzentrieren, und lassen sich von Interaktionssystemen abgrenzen, die sich auf Probleme des Verstehens und des Erreichens von Kommunikation beziehen. Beispiele für letztere sind Alltagsgespräche, Klatsch, Ansprachen, Benachrichtigungen oder Vorträge.

Als *Belehrung* wird ein Interaktionssystem bezeichnet in dessen Rahmen ein Akteur spezifische Situationsdefinitionen und spezifische Handlungen von einem anderen Akteur übernehmen muss. Die Übernehme wird überprüft, da es Maßstäbe für richtig und falsch gibt. Wird eine als falsch bewertete Situationsdefinition übernommen, so erfolgt eine Sanktionierung. Eine Belehrung soll einen Akteur nicht zur Übernahme von bestimmten spezifischen Situationsdefinitionen oder spezifischen Handlungen zwingen. Vielmehr soll der Akteur sie aus Einsicht übernehmen. Beispiele für Belehrungen sind der Schul- und Universitätsunterricht.

Betreuung zeichnet sich dadurch aus, dass ein Akteur für den zweiten Akteur die Entscheidung trifft. Die Entscheidungsmöglichkeit des zweiten Akteurs ist eingeschränkt. Beispiele hierfür finden sich in der sozialen Hilfe für alte und psychisch kranke Menschen.

Beratung dagegen schreibt dem Ratsuchenden die Verantwortung für die Auswahl einer Entscheidung zu. Die Entscheidung wird nicht überprüft, da es keine anerkannten Maßstäbe für richtig und falsch gibt. Wird eine vom Ratgebenden als falsch bewertete Situationsdefinition oder Handlungsmöglichkeit übernommen, erfolgt keine Sanktionierung.

Vorläufig sei Beratung daher wie folgt definiert: Ein Interaktionssystem zwischen einem Ratgeber und einem Ratsuchenden, das sich auf Entscheidungsprobleme konzentriert, und das dem Ratsuchenden die Verantwortung für die Auswahl einer Entscheidung überläßt.

Man kann unterschiedliche Formalisierungsgrade von Beratungshandeln unterscheiden:

Informelle oder nicht-professionelle Beratung bezeichnet Beratung außerhalb definierter beruflicher Zuständigkeiten (Rechtien 1988). Ratgeber und Ratsuchende sind Familienangehörige, FreundInnen, NachbarInnen oder KollegInnen. Der weitaus größte Teil von Entscheidungsproblemen wird im Alltag mit der Hilfe dieses informellen sozialen Netzwerks bewältigt.

---

[3] Jedoch ohne die dort vertretende sozialphänomenologische Perspektive zu übernehmen.

Professionelle oder institutionalisierte Beratung wird aufgrund definierter beruflicher Zuständigkeiten ausgeübt. Ratgeber verfügen zumeist über eine professionelle Beratungsqualifikation (verstanden im angelsächsischen Verständnis des Wortes; nicht im engeren soziologischen Sinn, welcher die Ausbildung einer geschlossenen Profession bezeichnet, die sich selbst kontrolliert und reguliert; vgl. Bohn/Kühl 2004). Ihr Beratungshandeln ist an ein Regelsystem gebunden, dessen Verbindlichkeit sozial anerkannt ist, und das eine gewisse Stabilität aufweist.

2.3. Begriff der Organisationsberatung

Da es nun weder *den* Begriff der Organisation noch *den* Begriff der Beratung gibt, kann es nicht verwundern, dass auch keine einheitliche Definition des Begriffs Organisationsberatung vorliegt (vgl. Kröber 1991). Hier seien zwei Beispiele angeführt:

„Unternehmensberatung wird definiert als Dienstleistung, die durch eine oder mehrere unabhängige und qualifizierte Person(en) erbracht wird. Sie hat zum Inhalt, Probleme zu identifizieren, definieren und analysieren, welche die Kultur, Strategien, Organisation, Verfahren und Methoden des Unternehmens des Auftraggebers betreffen. Es sind Problemlösungen zu erarbeiten, zu planen und im Unternehmen zu realisieren" (Niedereichholz 1997a: 1).

„Management consulting is an independent professional advisory service assisting managers and organizations in achieving organizational purposes and objectives by solving management and business problems, identifying and seizing new opportunities, enhancing learning and implementing changes" (Kubr 1996: 8).

Während sich beide Definitionen in der Betonung der Professionalität einig sind, bleibt es weitgehend unklar, wo die Grenze der Hilfeleistung bzw. der Dienstleistung gegenüber den Auftraggeber liegen.

Vorläufig sei *Organisationsberatung* daher wie folgt definiert: Ein Interaktionssystem zwischen einem oder mehreren Ratgebern und Mitgliedern einer ratsuchenden Organisation, das sich auf Entscheidungsprobleme konzentriert, und den Mitgliedern der ratsuchenden Organisation die Verantwortung für die Auswahl einer Entscheidung zuschreibt. Der Ratgeber verfügt über eine professionelle Beratungsqualifikation. Ratgeber kann eine Person sein oder ein oder mehrere Mitglied(er) einer Organisation.

3. Theorie, Erkenntnisinteresse und Theorienvielfalt

3.1. Theorie und Erkenntnisinteresse

Theorien im hier verstandenen Sinne sind Mittel der wissenschaftlichen Erkenntnisgewinnung. Sie grenzen sich ab von Alltagstheorien, die der Erkenntnisgewinnung im Alltag dienen. (Wissenschaftliche) Theoriebildung unterscheidet sich von Theoriebildung im Alltag durch ein höheres Maß an systematischem Vorgehen, sowie durch intersubjektive Überprüf- und Kritisierbarkeit. Eine (wissenschaftliche) Theorie sei daher vorläufig definiert als ein System von in sich widerspruchsfreien Aussagen, das der wissenschaftlichen Erkenntnisgewinnung dient (vgl. hierzu einführend Poser 2001).

Sozialwissenschaftlichen Theorien liegen bekanntermaßen unterschiedliche Erkenntnisinteressen zugrunde (Habermas 1968). Dies impliziert unterschiedliche wissenschaftstheoretische Positionen, die mit unterschiedlichen Theoriebegriffen, und unterschiedlichen Methodologien einhergehen. Idealtypisch lassen sich drei Positionen unterscheiden:

Normativ-ontologisches Erkenntnisinteresse: Primäres Ziel ist die Beschreibung des Wesens sozialer Phänomene. Theorien stellen Systeme von logischen Sätzen (insbesondere Definitionen) und präskriptiven Sätzen (Werturteile und/oder normative Sätze) dar. Werturteile beruhen auf ontologisch und anthropologisch begründeten Werten.

Empirisch-analytisches Erkenntnisinteresse: Primäres Ziel ist das Auffinden gesetzesartiger Zusammenhänge, die sozialen Phänomenen zugrunde liegen. Theorien stellen Systeme von logischen Sätzen (insbesondere Definitionen) und empirischen Sätzen (deskriptive und hypothetische Sätze) dar.

Kritisch-emanzipatorisches Erkenntnisinteresse: Primäres Ziel ist die Formulierung von Gesellschaftskritik. Theorien stellen Systeme von logischen Sätzen (insbesondere Definitionen) und präskriptiven Sätzen (Werturteile und/oder normative Sätze) dar. Werturteile beruhen auf historisch begründeten Werten, insbesondere dem Wert der Emanzipation des Individuums.

Traditionelle Darstellungen dieser idealtypischen Positionen verbinden die hermeneutische Wissenschaftstheorie schwerpunktmäßig mit dem normativ-ontologischen Erkenntnisinteresse, die analytische Wissenschaftstheorie mit dem empirisch-analytischen Erkenntnisinteresse und die dialektische Wissenschaftstheorie mit dem kritisch-emanzipatorischen Erkenntnisinteresse. Mit dieser Zuordnung sollte man in neuerer Zeit vorsichtig sein: sämtliche Theorien rationalen Handelns liegen in einer normativen und einer positiven (empirisch-analytischen) Variante vor, und basieren doch durchwegs auf der analytischen Wissenschaftstheorie.

3.2. Theorienvielfalt und Theorieauswahl

Was bedeuten diese Aussagen für eine sozialwissenschaftliche Theorie der Organisationsberatung? Wie die Theorien der Allgemeinen Soziologie und die soziologischen Organisationstheorien, so stellt auch die sozialwissenschaftliche Theorie der Organisationsberatung nicht eine in sich geschlossene Theorie dar.[4] Es gibt unterschiedliche Erkenntnisinteressen, die mit unterschiedlichen Begriffen der Organisationsberatung, unterschiedlichen zentralen Aussagen und unterschiedlichen Vorstellungen über die zu verwendenden Forschungsmethoden verbunden sind. Statt einer Theorie gibt es viele unterschiedliche theoretische Ansätze.

Weder in der deutsch- noch in der englischsprachigen sozialwissenschaftlichen Literatur liegt bisher eine systematische Darstellung zur Theorie der Organisationsberatung vor. Insofern wird mit diesem Buch Neuland betreten. Die Fülle der Theorien der Allgemeinen Soziologie und der soziologischen Organisationstheorien, die einen Beitrag zu einer sozialwissenschaftlichen Theorie der Organisationsberatung leisten können, zwingt zu einer Auswahl. Hier wurden folgende Kriterien für die Auswahl angewandt:

Es sollten die wichtigsten der bereits verstreut in der Literatur zur Organisationsberatung zur Anwendung kommenden Ansätze in einer systematisierend-vergleichenden Weise behandelt werden.

Das breite Spektrum unterschiedlicher Erkenntnisinteressen und damit verbundener unterschiedlicher Auffassungen von Organisationsberatung und den in der Forschung zu Organisationsberatung anzuwendenden Methoden sollte sichtbar werden.

Es sollten Ansätze bevorzugt werden, die beim gegenwärtigen Stand der Forschung interessante Aussagen zur Gestaltung der Praxis der Organisationsberatung versprechen.

---

[4] Als einführende Überblicksdarstellung zu Theorien der Allgemeinen Soziologie sei verwiesen auf Kaesler 2003 und Münch 2002, 2004. Einen einführenden Überblick über Organisationstheorien bieten Scott 2003, Bea/Göbel 2002, Kieser 2002 und Morgan 2002.

Mit Theorieansätzen der Allgemeinen Soziologie und der soziologischen Organisationstheorien, aus deren Reihe uns bisher nennenswerte Beiträge zur Organisationsberatung fehlen, und die deshalb in diesem Lehrbuch nicht ausgewählt wurden, beschäftigt sich Kapitel 13.1.

3.3. Theorienvielfalt und Notwendigkeit einer Metaperspektive

Aus der systematisierend-vergleichenden Darstellung verschiedener Theorieansätze ergibt sich keine in sich kohärente Theorie der Organisationsberatung. Die verschiedenen Theorieansätze sind inkommensurabel (Kuhn 1976): Die Befürworter konkurrierender Theorieansätze stimmen oft nicht über die Liste der Probleme überein, die ein Theorieansatz lösen muss. Ihre Normen oder Definitionen der Wissenschaft weichen voneinander ab. Definitionen von Grundbegriffen stimmen nicht überein und gestatten es daher nicht, Probleme, die die eine Theorie weder formulieren noch lösen kann ohne Bruch in der Argumentationslogik und Sprache einer anderen Theorie zu formulieren und zu lösen. Am Ende dieses Buches kann daher keine kohärente Theorie der Organisationsberatung stehen. Die Theorienvielfalt bleibt erhalten. Doch sollen die Theorien nicht unkommentiert hintereinandergestellt werden. Inkommensurabilität impliziert nicht fehlende Vergleichbarkeit: Es soll abgewogen werden, was die Theorieansätze im Hinblick auf Aspekte, die Theoretikern und Praktikern der Organisationsberatung bedeutungsvoll erscheinen, jeweils leisten. Solche Abwägungen können nur auf Basis einer Metaperspektive vollzogen werden, die nicht an *einen* Theorieansatz gebunden ist. Sie soll als Bezugsrahmen für „Organisationsberatung als Ganzes" dienen. Folgende Metaperspektiven werden den Unterkapiteln *Würdigung und Kritik* sowie *Fragen für Berater* und *Fragen für Klienten* zugrunde liegen.

3.3.1. Metaperspektive für den Theorienvergleich

In den Unterkapiteln *Würdigung und Kritik* werden kritische Argumente und Fragen an den jeweiligen Theorieansatz nicht aus dem Vergleich mit anderen Theorieansätzen bezogen, nach dem Motto, dem einen fehlt, was der andere hat. Hierdurch könnte das Missverständnis entstehen, dass alle Theorieansätze zusammengenommen ein Ganzes ergäben. Das ist, es sei wiederholt, nicht der Fall. Stattdessen werden kritische Argumente und Fragen aus einer Metaperspektive abgeleitet.

Gewonnen wird diese Metaperspektive aus einer Zusammenstellung und Systematisierung von zentralen Debatten, die die Forschung zu Organisationsberatung begleitet haben. Dabei soll es nicht darauf ankommen, ob es diese Debatten wirklich gab. Entscheidend soll sein, dass sich die Entwicklung der verschiedenen Theorieansätze nachträglich so rekonstruieren lässt, als ob diese Debatten stattgefunden hätten.

Diese Debatten lassen sich nur im Nachhinein rekonstruieren: Sie setzen die Kenntnis der zentralen Aussagen der verschiedenen Theorieansätze zu Organisationsberatung voraus. Deshalb wird die Metaperspektive für den Theorienvergleich nicht an dieser Stelle, sondern im Schlusskapitel erarbeitet.

3.3.2. Metaperspektive für die Ausarbeitung von Reflexionsfragen an die Praktiker

In den Unterkapiteln *Fragen für Berater* und *Fragen für Klienten* werde ich keine theoriekritische Perspektive einnehmen, sondern eine weitmöglich theorieimmanente. Es geht mir darum, Fragen aus dem jeweiligen Theorieansatz abzuleiten, und dabei die einzigartige Perspektive jedes Theorieansatzes zu erhalten. Ich werde dabei so weit wie irgend möglich darauf verzichten, interessante Anschlussfragen zu formulieren, die auf Begriffe zurückgreifen, die nicht Begriffe dieser Theorie sind.

Ich werde jedoch die Annahmen oder Axiomen eines jeden Theorieansatzes in sofern in Frage stellen, als dass ich nie davon ausgehe, dass diese Annahmen oder Axiome vorbehaltlos gelten. Stattdessen werde ich danach fragen, welche Perspektiven sich einem Praktiker öffnen, welche Handlungsmöglichkeiten sich ihm erschließen, welche Verständnismöglichkeiten sich ihm auftun, wenn er die besagten Annahmen oder Axiome zugrunde legt. Ich werde danach fragen, wann Praktikern die Einnahme dieser Perspektive hilfreich ist und wann nicht. Dabei gehe ich davon aus, dass dieses Buch von Individuen gelesen wird (was kein vernünftiger Leser bezweifeln würde, aber in den Begriffen mancher soziologischen Theorie nicht formuliert werden kann), und dass diese Individuen „ständig, Tag und Nacht, mit dem Lösen von Problemen beschäftigt" sind (Popper 1973: 289). Die Soziologie bietet durch ihre Theorien ein Aufklärungsprogramm, das dazu beitragen kann, dass Praktiker Interaktionsprobleme lösen können. Nicht oder nicht unbedingt dadurch, dass sie konkrete Gestaltungsvorschläge macht, sondern zunächst dadurch, dass sie soziales Handeln in unterschiedlichster Weise beschreibt und erklärt und Praktikern hierdurch Perspektiven, Verständnis- und Handlungsmöglichkeiten erschließt, die ohne diese Theorien nicht zugänglich wären.

Teil II:

Theorie der Organisationsberatung

4. Beratungshandeln als interpretative Prozesse gegenseitiger Rollenbildung (symbolisch-interaktionistischer Ansatz)

4.1. Vertreter und wichtige Quellen

Namensgebend für den Symbolischen Interaktionismus ist die Annahme, dass menschliches Verhalten als symbolisch vermittelte Interaktion begriffen werden muss. Bewusstsein, Individuum und Gesellschaft konstituieren sich durch symbolisch vermittelte Interaktion (Mead 1934). Symbolisch vermittelte Interaktion ist insbesondere sprachlich vermittelte Interaktion. Sprache eignet sich dazu, Bedeutung zu kommunizieren. Menschliches Handeln befasst sich immer mit der Bedeutung von Objekten. Bedeutung entwickelt sich aus der sozialen Interaktion. Bedeutung wird in Deutungsprozessen definiert (Blumer 1969).

Der Symbolische Interaktionismus greift auf die Rollentheorie zurück. Soziale Rollen liegen unabhängig vom Individuum in Begriffen der Sprache vor. Die Kenntnis dieser Rollen und die Fähigkeit, sie auf sich anzuwenden und das eigene Verhalten danach auszurichten, werden in Interaktionsprozessen erworben. Während Mead (1934) die Rollenübernahme (*Role-Taking*) ins Zentrum seiner rollentheoretischen Argumentation stellt, betont Turner (1962), die aktive Rollengestaltung (*Role-Making*) durch das Individuum.

Auf interaktionistischer Grundlage hat Carqueville (1991) eine rollentheoretische Analyse der Beziehung zwischen Berater und Klient in der Organisationsberatung vorgelegt.

4.2. Begriff der Organisationsberatung

Aus interaktionistischer Perspektive sind Organisationen, das Beratungs- und das Klientunternehmen, die Interaktionsträger von Organisationsberatungsprozessen. Organisationen werden als soziale Systeme gekennzeichnet, die sich aus einer Vielzahl von Individuen zusammensetzen (Carqueville 1991: 257). Beratungsprozesse sind durch interpretative Prozesse gegenseitiger Rollenbildung geprägt. Der Leistungsaustausch zwischen beratender Organisation und ratsuchender Organisation beruht auf einer wechselseitigen interpretativen Erschließung entsandter Symbolstrukturen. In der Organisationsberatung liegen Rollenerwartungen an die Rolle „Berater" und an die Rolle „Klient" vor. Beratende und ratsuchende Organisation erleben an sie herangetragene Rollenerwartungen, und streben gleichzeitig die Durchsetzung eigener Verhaltensvorstellungen an.

Organisationen sind soziale Aggregate. Da das Konzept der sozialen Rolle in allen Rollentheorien als ein mikroanalytisches Konzept eingeführt ist, ist eine Anwendung des Rollenbegriffs auf soziale Aggregate nicht ohne weiteres möglich. Um das Rollenkonzept auch auf soziale Aggregate anwenden zu können, wurde die Unterscheidung von Mikro- und Makrorolle eingeführt. Die Unternehmungen übernehmen die Makrorolle des Beraters bzw. des Klienten. Individuen, die als Repräsentanten beider Unternehmen handeln, übernehmen die Mikrorolle des Beraters bzw. des Klienten. Aus dieser Unterscheidung leitet sich die Aufgabe der Mikro- und Makrorollenanalyse ab.

4.3. Zentrale Aussagen

4.3.1. Mikro- und Makrorollenanalyse

Welche Erwartungen sind mit den Rollen Berater und Klient verbunden? Hierzu finden sich in der Beratungsliteratur zahlreiche Aufzählungen, die durchaus einen gemeinsamen Kern von Merkmalen ergeben. So lassen sich folgende allgemeine Verhaltenserwartungen des Beraters an die Makrorolle des Klienten herausarbeiten:
- offene Darstellung der Problemsituation;
- Fähigkeit und Bereitschaft, Informationen zu liefern, die zur Problemlösung notwendig sind;
- Absicherung der Unterstützung des Projekts auf allen Stufen des Unternehmens;
- Bereitschaft, auch unangenehme und unbequeme Argumente anzuhören und zu diskutieren;
- Offenheit gegenüber Neuerungen, insbesondere neuen Denkweisen;
- Konfliktfähigkeit;
- partizipative Einstellung;
- Kommunikationsbereitschaft;
- Vermeidung einer reinen Alibifunktion des Beratungsprojekts (Carqueville 1991: 268-272).

Zentrale Aussagen

Folgende allgemeine Verhaltenserwartungen richten sich an die Makrorolle des Beraters:

- Analysefähigkeit;
- Sachkompetenz;
- Erfahrung;
- Anbieten maßgeschneiderter, d.h. auf die spezifische Beratungssituation zugeschnittener Lösungen;
- verständliche Sprache;
- Unvoreingenommenheit, Neutralität;
- Vertrauenswürdigkeit, Verantwortungsbewusstsein;
- Bereitstellung von Informationen;
- Diagnose und eventuelle Neudefinition des Problems;
- Empfehlungen auf der Basis der Diagnose;
- Unterstützung bei der Implementierung der empfohlenen Lösungen;
- Lösen der Probleme des Klienten;
- Absicherung von Konsens und Commitment im Umfeld der Beratungsmaßnahmen;
- Unterstützung von Lernprozessen beim Klienten zur Lösung ähnlicher Probleme;
- ständige Verbesserung des organisationalen Erfolgs (Carqueville 1991: 261-263).

Wenn man Mikro- und Makrorolle unterscheidet, dann muss man die Frage beantworten, in welchem Verhältnis beide zueinander stehen. Werden die Erwartungen an die Makrorollen automatisch auf die Mikrorollen übertragen? Unter Berufung auf die Transferhypothese von Kirsch und Schneider (1973) argumentiert Carqueville, „dass das organisierte Verhalten als Summe der Verhaltensweisen auf der mikroanalytischen Ebene gekennzeichnet werden kann. Dort werden soziale Beziehungen geknüpft, Erwartungen geäußert, interpretative Handlungen vollzogen. Werden Makrosystemen bestimmte Rollenerwartungen entgegengebracht, so werden sich ähnliche Erwartungen auf deren Repräsentanten auf der Mikroebene richten. ... Von Makrosystemen geäußerte Erwartungen werden letztendlich von deren Repräsentanten an das interagierende Makrosystem bzw. dessen Repräsentanten herangetragen. Die herausragenden Positionsinhaber der beteiligten Makrosysteme werden damit quasi zum Medium der Rollenbeziehungen auf der Makroebene und sämtliche Makrorollenbeziehungen laufen damit über die Individualebene ab" (1991: 259f).

Die Unterscheidung in Mikro- und Makrorolle ist für Carqueville „auf der Klientenseite nachrangig, da die Beratung dort zunächst nicht an bestimmte Individuen oder Positionen angeknüpft ist" (1991: 268). Es finden sich daher zur Mikrorolle des

Klienten auch keine weiteren Ausführungen. Diese Vernachlässigung der Klientenseite der Beratung ist typisch für die gesamte Beratungsforschung (Grün 1990).

Man kann drei Rollensender unterscheiden, die normative Verhaltenserwartungen an die Mikrorolle des Beraters herantragen:

(1) Zum einen tritt der individuelle Berater als Repräsentant der Beratungsunternehmung auf. Vertreter des Beratungsunternehmens richten an ihn deshalb Erwartungen, wie er als Mitglied der Beratungsunternehmung auftreten soll. Die Erwartungen richten sich z.B. auf seine Kleidung, sein Verhalten, auf seine fachlichen, psychologischen und sozialen Kompetenzen, sowie seine Fähigkeit, zu verkaufen.

(2) Zweitens tritt der Berater als Vertreter der Beratungsunternehmung gegenüber dem Klienten auf. Vertreter der Klientunternehmung übertragen gemäß der Transferhypothese ihre (Makrorollen-)Erwartung an die Beratungsunternehmung auf den individuellen Berater.

(3) Gegebenenfalls richten sich an den Berater modifizierte Erwartungen von Seiten der Mitglieder des Projektsystems, das sich im Zuge der Beratung konstituiert.

Es hängt von der relativen Bedeutung der einzelnen Rollensender ab, welche der geforderten Rolleninhalte letztendlich im *Role-Set* (der Gesamtheit aller Rollenbeziehungen, die eine Person in einer bestimmten sozialen Position eingeht; vgl. Merton 1957) dominieren. Die relative Bedeutung für den Rollenempfänger ergibt sich aus der Fähigkeit des jeweiligen Rollensenders, bei Nichterfüllung der Rollenerwartungen Sanktionen gegen den Rollenempfänger zu erlassen (Carqueville 1991: 267).

Einen Eindruck von der Vielfalt der Rollenerwartungen an den Berater vermittelt Titscher (1997: 157-161), der die Praxis des *Staffing* beschreibt, d.h. der Zusammenstellung des Projektteams von Seiten des Beratungsunternehmens. Er unterscheidet zehn Varianten der Arbeitsteilung, die den beteiligten individuellen Beratern unterschiedliche Mikrorollen zuweisen: (1) Senior oder Junior Consultant, (2) Akquisiteur oder Berater, (3) *bad guy* oder *good guy*,[5] (4) Arbeitsteilung nach Sachthemen, (5) Beratung oder Implementierung, (6) Berater oder Trainer, (7) Fachberater oder Prozessberater, (8) Aufteilung des Staffs nach Hierarchieebenen oder Betriebsbereichen des Kundenunternehmens und (9) Berater oder Ko-Berater.[6] Als zehnte Variante und Technik der Rollenteilung erläutert er ein *Splitting* genanntes Verfahren, in dem wichtige Widersprüche im Klientensystem dadurch aufgegriffen werden, dass sie durch je einen Berater vertreten werden.

---

[5] Darunter ist laut Titscher (1997: 158) die Praxis einiger Unternehmensberatungsfirmen zu verstehen, „einen Berater als freundlichen Consultant und einen zweiten als harten Burschen auftreten zu lassen. Dahinter steckt die Absicht, einen Beraterkollegen vor dem Kunden zu stärken, seine Durchsetzungsfähigkeit zu stärken."
[6] Diese Arbeitsweise hat ihre Wurzeln in der systemischen Familientheapie. Der Berater arbeitet mit den Klienten. Der Ko-Berater beobachtet dies aus dem Hintergrund. Er kontrolliert den Gesamtprozeß, um die Arbeitsfähigkeit seines Kollegen abzusichern und zu erhöhen. Er ist kein Junior (Titscher 1997: 160).

Zentrale Aussagen

Der Nachteil aller oben wiedergegebenen Listen von Verhaltenserwartungen an die Makro- bzw. Mikrorolle des Beraters bzw. des Klienten ist, dass die Verhaltenserwartungen rein induktiv gewonnenen wurden und keiner erkennbaren Systematik folgen.

Es ist jedoch auch möglich, Verhaltenserwartungen an die Berater- und Klientenrolle aus einer Systematik heraus zu entwickeln. Als Beispiel sei hier eine Typologie der Makrorollen des Beraters vorgestellt, die Lippitt und Lippitt (1979) entwickelt haben. Entlang eines Kontinuums zwischen direktiver und nicht-direktiver Handlungsorientierung des Beraters bei der Unterstützung der Problemlösung des Klienten werden acht Makrorollen des Beraters unterschieden (vgl. Tabelle 1). Während sich die Verhaltenserwartungen an den Berater bei nicht-direktiver Handlungsorientierung im Minimalfall auf das Fragen-Stellen beschränken, umfassen sie im Maximalfall direktiver Beratung das Vorschlagen von Richtlinien, die Übernahme von Überzeugungsarbeit oder steuernder Tätigkeiten im Rahmen des Problemlösungsprozesses.

\	\	\	\	Multiple roles of the consultant	\	\	\	\
reflector	process specialist	fact finder	alternative identifier	collaborator in problem-solving	trainer/ educator	technical expert	advocate	
client								consultant
				Level of consultant activity in problem-solving				
non-directive								directive
raises questions for reflection	observes problem-solving processes and raises issues mirroring feedback	gathers data and stimulates thinking	identifies alternatives and resources for client and helps assess consequences	offers alternatives and participates in decisions	trains the client and designs learning experiences	provides information and suggestions for policy or practice decisions	proposes guidelines, persuades, or directs in the problem-solving process	

Tabelle 1: Verhaltenserwartungen an die Berater- und Klientenrolle im Kontinuum zwischen direktiver und nicht-direktiver Handlungsorientierung (nach Lippitt/Lippitt 1979: 31)

4.3.2. Rollenbildung

Hinsichtlich der aktiven Beteiligung an der Rollenbildung wird bei beiden Makrorollen die Dominanz des *Role-Making* hervorgehoben, d.h. die aktive Neudefinition der Rolle durch die Rolleninhaber (Carqueville 1991: 262, 269, 269). Der Rolleninhaber wägt dabei ab zwischen den an ihn herangetragenen Verhaltenserwartungen und seinen eigenen, auf seinem Selbst (Meads Konzept des „self"; vgl. Mead 1934) beruhenden Rollenvorstellungen. Letztere basieren auf Interpretationen biographischer Daten aus bereits durchgeführten Beratungsprojekten, und auf der Identität des Beraters jenseits seiner Beraterrolle. Nur im Falle von Beratung als gutachterlicher Tätigkeit sieht sie keine Möglichkeit für die Genese differenzierter Rollenmuster, so dass hier *Role-Taking* überwiege (Carqueville 1991: 263).

Aus symbolisch-interaktionistischer Perspektive wurden Hypothesen zur Veränderungsdynamik der Rolleninhalte aufgestellt, in der der Machtverteilung zwischen beiden Akteuren eine zentrale Rolle zukommt: Carqueville formuliert die These, dass zu Projektbeginn (vor Vertragsabschluß) die Klientenrolle dominiert (1991: 273). Es sei der Klient, der in dieser Phase des Beratungsprojekts die Macht habe, einen Berater auszuwählen. Der Berater könne in dieser Situation nichts anderes tun, als die Beraterrolle zu übernehmen und die geäußerten Erwartungen in seine Verhaltensdispositionen aufzunehmen. Es hänge von seiner Verhandlungsmacht gegenüber dem Klienten ab, wie stark er auf diese Erwartungen eingehe. Im weiteren Verlauf des Beratungsprojektes hänge die Dominanz der einen oder anderen Rolle davon ab, ob die Berater-Klient-Beziehung eher am einen oder anderen Ende des Kontinuums zwischen einer symmetrischen oder asymmetrischen Beziehung zu verorten sei: In asymmetrischen Berater-Klient-Beziehungen, z.B. in der klassischen Beratung, in der der Berater als Experte auftritt, dominiere der Berater dadurch, dass er seine Expertenmacht ausübe. Hierdurch könne er auch die Rollenbildung des Klienten dominieren. In symmetrischen Berater-Klient-Beziehungen gebe der Berater einen Teil seiner Einflussmöglichkeiten zugunsten einer kompetenten Teilnahme des Klienten am Problemlösungsprozess auf. Hierdurch komme es zu einer dialogischen Situation, die Raum für wechselseitige Rollenbildung schaffe (Carqueville 1991: 275).

4.3.3. Interpretative Prozesse

Wie die Beziehung zwischen Berater und Klient in der tatsächlichen Situation gestaltet wird, hängt davon ab, wie die beratende Organisation ihre Rolle als Berater und die Rolle des Klienten interpretiert, wie die ratsuchende Organisation ihre Rolle als Klient und die Rolle des Beraters interpretiert, sowie davon, wie die relevanten Mitglieder beider Organisationen die symbolischen Ausdrücke interpretieren, die sie in ihren Gesprächen verwenden. Mit anderen Worten, der Symbolische Interaktionismus hebt hervor, wie kontingent und ausgehandelt Beratungshandeln ist, sobald man die Interpretation von Bedeutung berücksichtigt. Hierzu sei ein Beispiel aus der Anliegen- und Auftragsklärung gegeben (das Fallbeispiel ist entnommen: Zwingmann et al. 2000: 183ff.). Wer Klient sein wird, steht – wie man gleich sehen wird – zu Beginn noch gar nicht fest. Ein Anrufer wendet sich an ein Beratungsunternehmen und erzählt von einer Jugendbegegnungsstätte einer mittelhessischen Kreisstadt in Randlage des Rhein-Main-Gebiets, die in Trägerschaft der evangelischen Kirchengemeinde der gleichen Stadt arbeitet. Im Folgenden berichtet eine Kollegin aus den Beratungsunternehmen über den Verlauf der Anliegen- und Auftragsklärung:

„Der Erstkontakt zu [Name des Beratungsunternehmens, N.J.S.] kam über den Pfarrer der Kirchengemeinde zustande. Ein ungewöhnlicher Zugang, da diese Person in keiner direkten betrieblichen Linie zur Jugendbegegnungsstätte steht. Der Pfarrer sorgte sich zum damaligen Zeitpunkt um das berufliche Wohlergehen seiner Tochter, die eine der beiden Mitarbeiter im Team des Jugendtreffs war. ... Die Anfrage an uns wurde von einer unserer Beraterinnen telefonisch angenommen. Ein *Vater* versuchte, sie im Auftrag seiner *Tochter* für Coaching-Gespräche in deren Team zu gewinnen.
Dieser Anfrage mit professionellem Respekt zu begegnen, heißt zu Anfang, vor allem anderen die grundlegenden Kontextfragen zu klären: Wer ist in diesem Zusammenhang zuständig für eine mögliche Auftragsvergabe? Wie kann der zuständige, zur Zeit noch potentielle Auftraggeber von dem Wunsch nach Coaching seiner Mitarbeiterin erfahren? Ist der ungewöhnlichen Kontaktaufnahme Bedeutung zuzumessen?
Ein Coaching-Vertrag mit dem Team würde leichter zustande kommen, wenn der Leiter der Jugendbegegnungsstätte das Coaching für sein Mitarbeiterteam zu seinem Anliegen machen könnte. ... Die Beraterin konnte das Verständnis des Gemeindepfarrers für die notwendige erste Klärung gewinnen: Nur der Jugendpfarrer als der Verantwortliche für den Jugendtreff kann Auftraggeber für eine Beratung sein. Das konkrete Vorgehen überließ sie dem Gemeindepfarrer. Die Beraterin ging davon aus, dass er seine Fähigkeiten und Erfahrungen einsetzen würde, um sich mit dem Pfarrkollegen in einer Weise verständigen zu können, die der Sache dienlich ist.
Das telefonische Auftragsklärungs-Gespräch zwischen dem Jugendpfarrer und der Beraterin fand zwei Tage später statt. Die Fragestellung war: Was ist *sein* Anliegen bezüglich externer Beratung? Durch dieses Vorgehen konnte eine gemeinsame Basis geschaffen werden. Diese Grundlage bezog sich auf seine Entscheidungsautonomie in Leitungsfragen des Teams.
Der Arbeitsauftrag wurde wie folgt von ihm und der Beraterin formuliert: Es mangele erheblich an Kooperationsbereitschaft der beiden Mitarbeiter untereinander sowie zwischen der Mitarbeiterin und dem Leiter des Referats, dem Jugendpfarrer. ... Es wurde vereinbart, dass ein erstes Coaching-Gespräch mit den beiden Mitarbeitern des Jugendtreffs und der Beraterin stattfinden sollte. Der Jugendpfarrer gab ein grobes Ziel an, das für ihn eine Orientierungsgröße im Team-Coaching darstellte: Er wünschte sich ein kooperatives Team, in dem die beiden Mitarbeiter entsprechend ihren Aufgaben eigenverantwortliche Arbeit leisten ... ."

Im Fallbeispiel wird das Beratungsanliegen durch den Verlauf der Interaktion geprägt:
Die Beraterin interpretiert den Anruf des Vaters, der für seine schließlich erwachsene (!) Tochter anruft, nicht als unzulässige Bevormundung der Tochter, sondern als eine ungewöhnliche, aber unter bestimmten Umständen doch akzeptable Form der Kontaktaufnahme. Hätte die Beraterin die Anfrage als Bevormundung interpretiert, dann wäre möglicherweise kein Beratungsverhältnis zustande gekommen.

Der Vater interpretiert die Aussage der Beraterin, dass sie nicht eine Auftragserteilung von ihm, dem Gemeindepfarrer, sondern vom Jugendpfarrer benötigt, nicht als Kränkung seiner Autorität, sondern als berechtigten Hinweis auf in Rahmen der Beratung einzuhaltende Regeln. Die Beraterin wiederum erwartet vom Vater aufgrund seiner beruflichen Rolle als Gemeindepfarrer so viel Erfahrung im Umgang mit Menschen, dass sie diesem das durchaus kritische, erste Gespräch mit dem Jugendpfarrer überließ.

Die Beraterin interpretiert die Aussage des Jugendpfarrers über die mangelnde Kooperationsbereitschaft beider Mitarbeiter untereinander und auch gegenüber ihm, nicht als eine Problemlage, die eigentlich ein Coaching des Jugendpfarrers erfordern würde. Vielmehr schließt sie sich der Interpretation des Jugendpfarrers an, dass es beide Mitarbeiter der Jugendbegegnungsstätte sind, die dieses Coaching benötigen.

Es wird deutlich, wie kontingent und ausgehandelt Beratungshandeln ist, sobald man die Interpretation von Bedeutung berücksichtigt. Die Bedeutung des Beratungsanliegens wird durch den Verlauf der Interaktion geklärt („Auftragsklärung").

4.3.4. Rollenkonflikte

Aus den unterschiedlichen Erwartungen an die Mikrorolle des Beraters können Rollenkonflikte resultieren. Die Rollentheorie unterscheidet Intra- und Interrollenkonflikte. In Organisationsberatungsprozessen gibt es unzählige Möglichkeiten für die Entstehung von Rollenkonflikten. Beispiele sind:

Rollenkonflikte in Folge doppelter Arbeitsbelastung. Im Rahmen der „ordentlichen" Mitgliedsrolle des Mitarbeiters der Klientunternehmung wird die erfolgreiche Weiterführung des Tagesgeschäfts erwartet; gleichzeitig soll dieselbe Person die Erwartungen an die außerordentliche Mitgliedsrolle in der Steuerungsgruppe oder einer Umsetzungsgruppe im Rahmen des Organisationsberatungsprozesses erfüllen.

Rollenkonflikte aus Interessensgegensätzen. Von einer Person wird im Rahmen der außerordentliche Mitgliedsrolle in der Steuerungsgruppe oder einer Umsetzungsgruppe im Rahmen des Organisationsberatungsprozesses erwartet, dass sie Konzepte für den Abbau oder die Umgestaltung von Arbeitsplätzen entwickelt, wodurch sie sich in ihrer ordentlichen Mitgliedsrolle gefährden könnte; ein Berater wird als Selbständiger bei schlechter Auftragslage hin- und hergerissen sein, ob er

ein Beratungsmandat annimmt, das er als Repräsentant eines bestimmten Beratungsansatzes aus Prinzip ablehnen würde.
Rollenkonflikte zwischen Makro- und Mikrorolle. Während die Vertreter der Klientunternehmung erwarten, dass ein Berater sie als Repräsentant des Beratungsunternehmens bei der Problemlösung offen und kooperativ unterstützt, sieht die Staffing-Planung des Beratungsunternehmens für den Berater im Rahmen dieses Beratungsprozesses die bad guy-Rolle vor;
Rollenkonflikte in Folge von „Multiple Roles" (Rollen eines Rollenträgers in unterschiedlichen Interaktionssituationen). Während die Klientunternehmung erwartet, dass das Beratungsunternehmen sie berät, erwartet eine Bank, die Eigentümerin des Beratungsunternehmens ist, dass dieses Informationen über die Klientunternehmung liefert.

4.4. Empirische Forschung

Die oben wiedergegebenen symbolisch-interaktionistischen Aussagen zur Organisationsberatung sind weitgehend deskriptiv. Ihre Vertreter weisen ihnen eine heuristische – d.h. hypothesengenerierende – Funktion zur Erklärung des Einzelfalls zu (Carqueville 1991: 278). Aus diesem Grund existiert im Rahmen dieses Ansatzes keine nennenswerte hypothesentestende empirische Forschung.

Dies schließt nicht aus, dass verallgemeinernd-empirische Forschung zu einzelnen deskriptiven Aussagen durchgeführt wird. Beispielsweise sind normative Verhaltenserwartungen, die an bestimmte soziale Positionen gebunden sind, zu unterscheiden von tatsächlichem Verhalten der Rollenempfänger und auch von der Interpretation der Rolle seitens des Rollenempfängers. Hier befindet sich ein interessanter Ansatzpunkt für empirische Forschung. So hat Meffert (1990) auf Basis einer anscheinend nicht repräsentativen, spiegelbildlichen Befragung von 268 in Deutschland tätigen Klientunternehmen und 39 Beratungsunternehmen die Rolleneinschätzung zur Beraterrolle aus Berater- und Klientsicht analysiert. Dabei zeigte sich, dass die Interpretation, die Beratungsunternehmen von ihrer Rolle hatten, nicht identisch war mit der Interpretation dieser Rolle durch die Klientunternehmen. Sieben mögliche Beraterrollen wurden zur Auswahl gestellt (Mehrfachnennungen waren möglich). In der Eigeneinschätzung sahen Berater ihre wahrgenommene Rolle vornehmlich als Lösungsfinder, Prozessberater und Implementierer. In der Fremdeinschätzung durch das Klientunternehmen trat an die Seite des Lösungsfinders und Prozessberaters die Rolle des Problemfinders. Hinsichtlich der Rollen Prozessberater und Implementierer liegen sehr signifikante Unterschiede bei der Selbst- und Fremdeinschätzung vor: Klientunternehmen nehmen Beratungsunternehmen signifikant seltener als Prozessberater und Implementierer wahr, als jene sich selbst. Hinsichtlich der Rolle „Bestätiger bereits gefundener Lösungen" liegt ein interessanter signifikanter Unterschied vor: Klientunternehmen nehmen Beratungsunternehmen signifikant häufiger als „Bestätiger bereits gefundener Lösungen" wahr als jene sich selbst.

In gleicher Weise ließen sich viele in heuristischer Absicht zur Erklärung des Einzelfalls formulierte deskriptive Aussagen empirisch verallgemeinern. Beispielsweise könnte man feststellen, wie häufig Rollenkonflikte bestimmter Art in der Organisationsberatung sind.

4.5. Würdigung und Kritik

Zahlreiche wissenschaftliche Arbeiten zur Organisationsberatung beziehen sich in ihren Ausführungen zur Beziehung zwischen Berater und Klient auf rollentheoretische Konzepte (z.B. Kubr 1996, Schrädler 1996, Giegler 1994, Strasser 1993, Hoffmann 1991, Hoffmann/Hlawacek 1991, Szyperski/Klaile 1982). Die Summe dieser Arbeiten darf jedoch nicht darüber hinweg täuschen, dass die Mehrzahl dieser Studien eher dem funktionalistisch-rollentheoretischen Modell des *homo sociologicus* (Dahrendorf 1964) als der interpretativ-rollentheoretisch argumentierenden Position des Symbolischen Interaktionismus verpflichtet ist.

Die Bedeutung des Symbolischen Interaktionismus für eine Theorie der Organisationsberatung liegt darin, dass er Beratungshandeln als symbolisch vermittelte Interaktion begreift und die aktive Mitwirkung des Individuums an der Rollenbildung anerkennt. Berater und Klient konstituieren sich durch symbolisch vermittelte Interaktion. Symbolisch vermittelte Interaktion ist insbesondere sprachlich vermittelte Interaktion. Sprache eignet sich dazu, Bedeutung zu kommunizieren. Beratungshandeln befasst sich mit der Bedeutung von Objekten. Bedeutung entwickelt sich aus der sozialen Interaktion zwischen Berater und Klient. Bedeutung wird in Deutungsprozessen erzeugt. Wie die Beziehung zwischen Berater und Klient in der tatsächlichen Situation gestaltet wird, hängt davon ab, wie die beratende Organisation ihre Rolle als Berater und die Rolle des Klienten interpretiert, wie die ratsuchende Organisation ihre Rolle als Klient und die Rolle des Beraters interpretiert, sowie davon, wie die relevanten Mitglieder beider Organisationen die symbolischen Ausdrücke interpretieren, die sie in ihren Gesprächen verwenden. Mit anderen Worten, der Symbolische Interaktionismus zeigt, wie kontingent und ausgehandelt Beratungshandeln ist, sobald man die Interpretation von Bedeutung berücksichtigt. Wenn Berater und Klienten dies wissen, dann hilft es ihnen, Gestaltungsspielräume ausfindig zu machen und Interpretationschancen zu nutzen.

Vertreter des Symbolischen Interaktionismus erklären aber nicht, welchen Regeln *genau* die Aushandlung von Bedeutung folgt. Sie differenzieren auch nicht zwischen der Situation der Aushandlung und der Situation von Herrschaft. Sie vernachlässigen, dass viele symbolische Interaktionen durch Normen koordiniert werden. Und schließlich und endlich: Der Symbolische Interaktionismus ist eine Handlungstheorie, die bis heute keinen Organisationsbegriff formuliert hat. Organisation wird wie jede soziale Ordnung als ausgehandelte Ordnung betrachtet. Das Autoritätsverhältnis zwischen Untergebenem und Vorgesetztem wird in jeder sozialen Situation ausgehandelt. Beide interpretieren ihre eigene Rolle und die des anderen sowie die symbolischen Ausdrücke, die der andere im Gespräch verwendet. In Korrespondenz zu den verschiedenen möglichen Interpretationen verläuft die Interaktion in verschiedene Richtungen und zeitigt verschiedene Ergebnisse. Organisation wird gleichsam aufgelöst in symbolisch vermittelte Interaktion. Dies zeigt sich auch in der oben dargestellten Mikro- und Makrorollenanalyse, die keine differenzierte Analyse des Verhältnisses beider Rollen zueinander gestattet. Solange man mittels der Transferhypothese argumentiert, dass Rolleninhalte der Makrorolle auf die Mikrorolle übertragen werden, bleibt ungeklärt, wie welche Mitglieder der Klientorganisation zusammenwirken, um die Rolleninhalte für ihre Makrorolle und die Makrorolle der Beratungsunternehmung zu definieren. Was passiert, wenn es zu Meinungsverschiedenheiten kommt? Wer setzt seine Interpretation durch und wie setzt er sie durch? Das Konzept des Rollenkonflikts ist das einzige Konzept des symbolischen Interaktionismus, das darauf verweist, dass interpretative Prozesse auch mit Problemen, z.B. Konflikten verbunden sein können. Die bei Carqueville (1991: 273) formulierten Thesen über die Bedeutung der Machtverteilung bei der Aushandlung der Rolleninhalte thematisieren nicht das Zusammenwirken vieler Mitglieder der Organisation bei der Definition von Bedeutung, die für die gesamte Organisation verbindlich sein soll. Formale Strukturen, z.B. der Beratungsvertrag, der Normen für die Interaktion zwischen Berater und Klient etabliert, werden nicht herangezogen um zu erklären, dass und wie interpretative Prozesse kanalisiert bzw. mögliche Konflikte geregelt werden. Das Scheitern von Interaktionsbeziehungen wie auch die Möglichkeiten, dieses Scheitern zu verhindern, bleiben weitgehend unklar.

Zuletzt bleibt festzustellen, dass die Thesen zu den Rollenerwartungen, die mit den Makro- und Mikrorollen des Beraters bzw. des Klienten verbunden sind, sowie die Thesen zur Veränderungsdynamik der Rolleninhalte induktiv gewonnen wurden. Sie bedürfen noch empirischer Überprüfung.

Konsequenterweise können aus symbolisch-interaktionistischer Perspektive daher weder Vorhersagen zur tatsächlichen Ausgestaltung der Beziehung zwischen Berater und Klient abgeleitet werden, noch können dazu Empfehlungen ausgesprochen werden.

Im Folgenden finden Sie Fragen, die Ihnen als Berater oder Klienten Hilfestellung leisten sollten, Beratungshandeln aus symbolisch-interaktionistischer Sicht zu reflektieren.

4.6. Fragen für Berater

Welche Erwartungen richten Sie an den Klienten?

Wie wirken die relevanten Mitarbeiter Ihres Unternehmens bei der Erwartungsbildung gegenüber dem Klienten zusammen?

Resultieren Probleme oder Konflikte, die Sie in Ihrer Beratungstätigkeit wahrnehmen aus unklaren, sich widersprechenden oder nicht erfüllten Erwartungen an den Klienten?

Welche Erwartungen richtet der Klient an Sie?

Welche Erwartungen des Klienten erfüllen Sie nicht und warum nicht?

Gibt es Dritte, die für Ihr Beratungsprojekt relevante Erwartungen an Sie oder den Berater richten?

Gibt es in Ihrem Unternehmen divergierende Erwartungen an den Klienten? Wenn ja, von wem und warum?

Wie aktiv sind Sie in Prozessen, in denen Ihre Rolle als Berater ausgehandelt wird?

Erkennen und nutzen Sie interpretative Spielräume in Aushandlungsprozessen mit dem Klienten?

Wie viel Zeit räumen Sie interpretativen Prozessen in der Interaktion mit dem Klienten ein?

Erkennt und nutzt der Klient nach Ihrer Wahrnehmung seine interpretativen Spielräume in Aushandlungsprozessen mit Ihnen?

Beobachten Sie, dass Sie und der Klient bei der Interpretation von Handlungen oder Situationen zu unterschiedlichen Deutungen gelangen? Wenn ja, wann ist dies der Fall und warum? Auf welchen Annahmen basieren die von Ihnen abweichenden Interpretationen des Klienten?

Streben Sie eine dominierende Rolle in der Interaktionsbeziehung mit dem Klienten an? Warum?

Strebt nach Ihrer Wahrnehmung der Klient eine dominierende Rolle in der Interaktionsbeziehung mit Ihnen an? Warum?

Verändert sich die Machtverteilung zwischen Ihnen und dem Klienten? Wenn ja, wie und warum?

4.7. Fragen für Klienten

Welche Erwartungen richten Sie an den Berater?

Wie wirken die relevanten Mitarbeiter Ihres Unternehmens bei der Erwartungsbildung gegenüber dem Berater zusammen?

Resultieren Probleme oder Konflikte, die Sie im Beratungsprojekt wahrnehmen aus unklaren, sich widersprechenden oder nicht erfüllten Erwartungen an den Berater?

Welche Erwartungen richtet der Berater an Sie?

Welche Erwartungen des Beraters erfüllen Sie nicht und warum nicht?

Gibt es Dritte, die für Ihr Beratungsprojekt relevante Erwartungen an Sie oder den Klienten richten?

Gibt es in Ihrem Unternehmen divergierende Erwartungen an den Berater? Wenn ja, von wem und warum?

Wie aktiv sind Sie in Prozessen, in denen Ihre Rolle als Klient ausgehandelt wird?

Erkennen und nutzen Sie interpretative Spielräume in Aushandlungsprozessen mit dem Berater?

Wie viel Zeit räumen Sie interpretativen Prozessen in der Interaktion mit dem Berater ein?

Erkennt und nutzt der Berater nach Ihrer Wahrnehmung seine interpretativen Spielräume in Aushandlungsprozessen mit Ihnen?

Beobachten Sie, dass Sie und der Berater bei der Interpretation von Handlungen oder Situationen zu unterschiedlichen Deutungen gelangen? Wenn ja, wann ist dies der Fall und warum? Auf welchen Annahmen basieren die von Ihnen abweichenden Interpretationen des Beraters?

Streben Sie eine dominierende Rolle in der Interaktionsbeziehung mit dem Berater an? Warum?

Strebt nach Ihrer Wahrnehmung der Berater eine dominierende Rolle in der Interaktionsbeziehung mit Ihnen an? Warum?

Verändert sich die Machtverteilung zwischen Ihnen und dem Berater? Wenn ja, wie und warum?

5. Beratungshandeln als aus typischen Motiven und typisch gemeintem Sinn verständliches soziales Handeln (verstehender Ansatz)

5.1. Vertreter und wichtige Quellen

Max Weber gilt als Begründer der verstehenden Soziologie. Namensgebend ist die Definition der Soziologie als einer „Wissenschaft, welche soziales Handeln deutend verstehen und dadurch in seinem Ablauf und seinen Wirkungen ursächlich erklären will." (Weber 1976[1921]: 1). Handeln ist ein menschliches Verhalten, mit dem der Handelnde einen subjektiven Sinn verbindet. Erklären und verstehen werden als Tätigkeiten von WissenschaftlerInnen – und nicht von sozialen Laien – aufgefasst. Erklären bedeutet für eine mit dem Sinn des Handelns befasste Wissenschaft das Erfassen des „Sinnzusammenhangs, in den, seinem subjektiv gemeinten Sinn nach, ein aktuell verständliches Handeln hineingehört" (Weber 1976[1921]: 4). Subjektiv gemeinter Sinn muss damit nicht der Sinn sein, der das aktuelle Handeln tatsächlich bestimmt. Das Individuum muss sich seiner ‚wirklichen', für sein Handeln tatsächlich wirkungsvollen Motive nicht bewusst sein (Käsler 1979: 176).

Als zentrale Methode des Verstehens hat Max Weber die Konstruktion von Idealtypen eingeführt: „Verstehen heißt in all diesen Fällen: deutende Erfassung: a.) des im Einzelfall real gemeinten (bei historischen Betrachtungen), oder b.) des durchschnittlich und näherungsweise gemeinten (bei soziologischen Massenbetrachtungen) oder c.) des für den reinen Typus (Idealtypus) einer häufigen Erscheinung wissenschaftlich zu konstruierenden (‚idealtypischen') Sinnes oder Sinnzusammenhangs" (Weber 1976[1921]: 4). Idealtypen können (empirisch-statistischen) Durchschnittstypen gegenüber gestellt werden. Weber begründet die begrenzte Nützlichkeit von Durchschnittstypen in der Soziologie damit, dass Durchschnitte und Durchschnittstypen nur fruchtbar sind, wenn es sich um Gradunterschiede qualitativ gleichartigen sinnhaft bestimmten Handelns handelt. „In der Mehrzahl der Fälle ist aber das historisch oder soziologisch relevante Handeln von qualitativ heterogenen Motiven beeinflusst, zwischen denen ein ‚Durchschnitt' im eigentlichen Sinn gar nicht zu ziehen ist" (Weber 1976[1921]: 10). Man gewinnt Idealtypen durch einseitige (Über-)Steigerung der Merkmalsausprägungen eines bestimmten sozialen Handelns (Weber 1904: 191). „Je schärfer und eindeutiger konstruiert die Idealtypen sind: je weltfremder sie also, in diesem Sinne, sind, desto besser leisten sie ihren Dienst, terminologisch und klassifikatorisch sowohl wie heuristisch" (1976[1921]: 10). Idealtypen sind nicht als empirisch verifizierbare Hypothesen gemeint, sondern als heuristisches Hilfsmittel. Der Gebrauch von Idealtypen ermöglicht die Erklärung konkreter sozialer oder historischer Phänomene in ihrer Individualität und Einzigartigkeit. Man wird zunächst fragen, wie idealtypisch in einer gegebenen Situation gehandelt werden würde. Durch die Beantwortung dieser Frage versteht man zunächst den Anteil an einer konkreten Handlung, der dem wissenschaftlich konstruierten, idealtypischen Sinn entspricht. Danach gilt es, den Abstand zwischen dem realen und dem idealtypischen Verlauf dieser Handlung zu betrachten. Erst beide Schritte zusammen ermöglichen die Erkenntnis der „wirklichen Motive" eines sozialen Handelns (Weber 1976[1921]: 10).

Unter Anwendung der Weberschen Methodologie haben zahlreiche Autoren idealtypische Phasenschamata entwickelt, die den Ablauf von Organisationsberatungsprozessen beschreiben (z.B. Kubr 1996: 22, Niedereichholz 1997b: 3f., vgl. auch die Literaturübersicht bei Elfgen/Klaile 1987: 63). Walger (1995a) und Elbe/Saam (2007) haben Idealtypen der Organisationsberatung entwickelt. Ihre Idealtypen stehen einer ganzen Reihe von Typologien von Beratungsorganisationen (seltener Klientorganisationen) gegenüber, die mal idealtypisch, mal realtypisch sind, und deren Dimensionen vielfach der Analyse von Berater- und Klienten*rollen* entlehnt sind.

5.2. Begriff der Organisationsberatung

Organisationsberatung bezeichnet eine soziale Beziehung zwischen Tauschpartnern auf dem Markt. Die Beratungsbeziehung besteht in der Chance, dass Ratgeber und Ratsucher in einer sinnhaft angebbaren Art aufeinander eingestellt handeln. Beratungshandeln konzentriert sich auf Entscheidungsprobleme des Ratsuchers und es schreibt diesem die Verantwortung für die Auswahl einer Entscheidung zu. Der Ratsuchende ist ein Verband im Sinne Max Webers, d.h. eine soziale Beziehung, deren Ordnung durch das eigens auf deren Durchführung eingestellte Verhalten bestimmter Menschen, eines Leiters, eventuell eines Verwaltungsstabes hergestellt und garantiert wird (Weber 1976[1921]: 26). Der Ratgeber kann eine Person sein oder ein Verband.

5.3. Zentrale Aussagen

5.3.1. Der idealtypische Ablauf von Organisationsberatungsprozessen

Organisationsberatung bezeichnet eine befristete soziale Tauschbeziehung von variabler Dauer. Sie umfasst in der Regel mindestens mehrere Wochen, im Maximalfall mehrere Jahre. Über diese Variabilität hinaus lassen sich jedoch Gemeinsamkeiten in der grundsätzlichen Struktur und zeitlichen Abfolge von Interaktionen im Beratungsprozeß feststellen. Diese Gemeinsamkeiten bieten einen ersten Ansatzpunkt für die Entwicklung idealtypischer Phasenschemata. In der Beratungsliteratur wurden zahlreiche Phasenschemata entwickelt, die den Beratungsprozeß aus der Perspektive geplanten organisationalen Wandels (Bartling 1985: 123ff), aus entscheidungslogischer (Strasser 1993: 94), aus sachlogischer (z.B. Lippet/Lippet 1984: 18ff, Niedereichholz 1997b: 3f) und aus chronologischer Perspektive untergliedern. Im folgenden wird der sachlogisch-chronologische Phasenablauf (Kubr 1996: 22) vorgestellt, der die fünf idealtypischen Teilphasen Startphase (*entry*), Diagnose (*diagnosis*), Handlungsplanung (*action planning*), Durchführung (*implementation*) und Abschluß (*termination*) unterscheidet. Diese Teilphasen umfassen folgende sozialen Interaktionen zwischen Berater und Klient:

- *Startphase*: Kontaktaufnahme zum potentiellen Klienten, vorläufige Problemdiagnose, Klärung der Rollen von Berater und Klient, Angebotserstellung, Unterbreitung des Angebots an den potentiellen Klienten, Abschluss des Beratungsvertrags;
- *Diagnose*: Problemanalyse, Datensammlung, Datenanalyse, Rückmeldung an den Klienten;
- *Handlungsplanung*: Entwicklung und Bewertung alternativer Lösungskonzepte, Unterbreitung der Lösungskonzepte an den Klienten, Planung der Implementation;
- *Durchführung*: Unterstützung der Implementation, Anpassung der unterbreiteten Lösungskonzepte an unvorhergesehene Probleme und Widerstände, Durchführung von Schulungsmaßnahmen und
- *Abschluss*: Evaluation, Abschlußbericht, Abklärung von Verbindlichkeiten, Planung von Folgeaufträgen, Rückzug des Beraters.

Beratungsprozesse weisen eine strukturelle Ähnlichkeit zu Planungsprozessen auf (Elfgen/Klaile 1987: 65, Stutz 1991: 196). Man hat beobachtet, dass in jeder Teilphasen fast jede Interaktion zwischen Berater und Klient auf qualitativ verschieden sinnhaft bestimmtem Handeln beruhen kann. Es lassen sich jedoch typische Kombi-

nationen von qualitativ verschieden sinnhaft bestimmtem Beratungshandeln herausarbeiten. Diese werden in den Idealtypen der Organisationsberatung systematisiert.
Selbstverständlich gilt für den idealtypischen Ablauf von Organisationsberatungsprozessen, was für alle Idealtypen gilt: In der Realität sind vielfach Abweichungen zu beobachten. Beispielsweise können sich zwei oder mehrere Phasen überlappen, eine Phase kann wiederholt werden oder Phasen können sich umkehren (die Problemanalyse könnte etwa auf die Entwicklung und Bewertung eines Lösungskonzepts folgen, anstatt ihr voraus zu gehen). Eine Phase könnte auch übersprungen werden. Von der linearen Abfolge im Idealtyp wird oft abgewichen.

5.3.2. Idealtypen der Organisationsberatung

Im deutschsprachigen Raum war Walger (1995a) der erste, der explizit eine Typologie der Unternehmensberatung auf der Basis von Idealtypen vorgestellt hat. Er griff dabei auf die Typologien von Hoffmann (1991), Hofmann (1991), Steyerer (1991) und Szyperski/Klaile (1982) zurück und führte die vier Idealtypen gutachterliche Beratung, Expertenberatung, Organisationsentwicklung und systemische Beratung ein. Diese Typologie soll hier nicht im Detail vorgestellt werden, die sie keine systematischen Ausführungen zu den ausgewählten zugrundegelegten Kategorien einhält, und da die idealtypische Unterscheidung von gutachterlicher und Expertenberatung in Frage gestellt werden kann. Auch Typologien der Beratung müssen sich der Kritik stellen, dass ihre Kategorien willkürlich festgelegt sind (Hempel 1968: 100) und vielfach keiner erkennbaren soziologischen Systematik folgen.

Diese Kritik versuchen Elbe/Saam (2007) ernst zu nehmen. Sie haben eine Systematik zugrunde gelegt, die sich auf das soziale Handeln während des Beratungsprozesses sowie auf dessen theoretische Fundierung bezieht. Sie folgt dabei dem sachlogisch-chronologischen Phasenablauf (Kubr 1996: 22). Darüber hinaus beziehen sie Kategorien ein, die alle Teilphasen der Beratung prägen: das Verhältnis des Beraters zum Klienten und zu den Mitgliedern der Klientenorganisation, die Kriterien des Beraters für ein erfolgreiches und zufrieden stellendes Beratungsprojekt, das Beratungsverständnis und der theoretische Hintergrund des Beraters.

Die Idealtypenbildung beruht auf den in Tabelle 2 wiedergegebenen Kategorien und Unterkategorien. Unter diesen Kategorien finden sich sechs, in denen jeder Idealtyp eine andere Merkmalsausprägung zeigt. Man kann sie daher auch als Alleinstellungsmerkmale bezeichnen (sie sind in Tabelle 2 durch ‚*' markiert). Es sind diese Merkmale, die rechtfertigen, dass man vier (und nicht weniger oder mehr) Idealtypen der Organisationsberatung unterscheidet: strategische Beratung, Kernprozess-Beratung, Organisationsentwicklung und systemische Organisationsberatung.

Idealtyp der strategischen Beratung

Das Konzept der strategischen Beratung ist eng mit der Herausbildung des strategischen Managements im Anschluss an die Arbeiten von Chandler, Andrews und Ansoff ab Mitte der 60er Jahre des 20. Jahrhunderts und der Verbreitung strategischer Managementideen und -instrumentarien (z.b. Erfahrungskurvenkonzept, Marktwachstums-Marktanteils-Portfolio) durch die Boston Consulting Group seit den 1970er Jahren verbunden (vgl. Hugenberg 2000: 51ff). Als Hintergrund sieht Wüthrich (1991: 15ff) die Staatsführungslehre und hierbei insbesondere die Kriegsführungslehre. Dem entspricht die gängige Annahme, dass Politikberatung eine der wichtigen Grundlagen der Organisationsberatung sei (z.b. Dichtl 1998: 27; Kröber 1991: 2) und speziell hier „Fachkenntnis in zunehmendem Maße Grundlage der Machtstellung der Amtsträger wird" (Weber 1976: 574), was auch in historischer Sicht zur zunehmenden Institutionalisierung von Beratung führt (ebd.). Strategische Beratung zielt auf die Rahmenbedingungen für Entscheidungsregeln in Organisationen unter Berücksichtigung von Umwelteinflüssen ab. Kennzeichnend für strategische Beratung sind:

- das Feststellen von Umweltbedingungen (z.b. in Marktanalysen) und deren angenommene Entwicklung (z.b. in Szenario-Modellen) als Rahmenbedingung von Strategieentwicklung (z.b. Bea/Haas 1995: 72ff; Hugenberg 2000: 73ff; Welge/Al-Lahm 1999: 183ff);
- die normative Festlegung langfristiger Ziele und deren Herleitung aus Visionen, Leitbildern, der Unternehmenskultur oder der Philosophie einer Organisation (Bea/Haas 1995: 460ff; Hugenberg 2000: 22ff; Welge/Al-Lahm 1999: 101ff);
- das Erarbeiten von hierarchisch gestuften Zweck-Mittel-Relationen (Strategie) für die gesamte Organisation oder selbständig handelnde Organisationsteile zur Erreichung der angestrebten Ziele (Bea/Haas 1995: 63ff; Hugenberg 2000: 23ff; Welge/Al-Lahm 1999: 101ff);
- ein langfristiger Zeithorizont strategischer Planung (Bea/Haas 1995: 46f; Hugenberg 2000: 926ff), der zu mittel- und kurzfristigen Maßnahmen bei der Strategieimplementierung führt (Welge/Al-Lahm 1999: 547ff) sowie
- inhaltliche Aussagen (Übertragung von Fachwissen) als Kern der Beratungsleistung.

In der Strategieberatung werden vielfach standardisierte Konzepte oder Instrumente angewandt, z.B. 7-S-Modell (Pascale/Athos: 1981; Peters/Waterman: 1982), Balanced Scorecard (Ehrmann 2003; Kaplan/Norton 1997; Müller 2000) aber auch Wettbewerbsanalysen, Portfoliomodelle etc. (z. B. Fink/Knoblach 2003; Hartenstein et al.: 2000; Niedereichholz 1997b) und hier wird versucht Standardisierungspotentiale in der Beratungsinteraktion auszuschöpfen, z.B. durch Computerunterstützung (Neuert 1990). Neben den politisch-militärwissenschaftlichen Hintergrund treten bei der strategischen Beratung verhaltenswissenschaftlich-organisationstheoretische (Hugenberg 2000: 208ff; Welge/Al-Lahm 1999: 20ff) und insbesondere finanzwirtschaftlich-kennzahlenorientierte Konzepte (z.B. Hartenstein et al. 2000; Heilmann 1989; Müller 2000). Der Idealtyp strategischer Beratung lässt sich folgendermaßen beschreiben:

Startphase: Der Berater tritt als Verkäufer standardisierter aber noch unternehmensspezifisch anzupassender Problemlösungen für Grundsatzentscheidungen auf, die sämtliche Unternehmensbereiche betreffen, und die in der Regel von der obersten Führungsebene (Top Management) eines Unternehmens getroffen werden. Im Rahmen einer ersten Problemdiagnose analysiert der Berater Leistungskennziffern und Umwelt-/Marktbedingungen des Kunden.

Diagnose: Das Problem mangelnder strategischer Positionierung wird als negativ bewertet. Der Berater liefert eine treffsichere, punktgenaue Diagnose problematischer Zustände auf der Basis von standardisierten Instrumenten (Markt- und Wettbewerbsanalyse, Zielanalyse, Potentialanalyse), deren Konzeption Ursache-Wirkungsbeziehungen zwischen Grundsatzentscheidungen und Marktbedingungen zugrunde liegen. Ansatzpunkte für die Problemanalyse des Beraters sind strategische Leistungskennziffern und Umwelt-/Marktbedingungen des Kunden.

Handlungsplanung: Der Berater passt die standardisierte Problemlösung unternehmensspezifisch an, gegebenenfalls unter Mitarbeit des Klienten auf Basis einer Projektgruppe. Die oberste Führungsebene gibt Anstöße, legt die Schwerpunkte fest, hält die erforderlichen Prozesse in Gang und nimmt die gebotenen Korrekturen vor. Detailaufgaben verbleiben bei der Projektgruppe, oder bei den Stäben und den unteren Führungsebenen. Die Mitarbeiter sind über Neuerungen bzw. Änderungen zu informieren. Sie haben diese zu akzeptieren. Mittel hierfür sind Informationsbroschüren oder -veranstaltungen.

Durchführung: Die Implementation verbleibt alleine beim Kunden. Widerstand gilt als kontraproduktiver Versuch der Beschränkung von Führungsentscheidungen.

Abschluss: Gegenstand der Strategieberatung ist nur die Strategieentwicklung. Das Beratungsprojekt gilt (spätestens) mit der Erstellung des Handlungsplanes als erfolgreich abgeschlossen.

Der Berater versteht sich selbst als Analyst und den Klienten, insbesondere die Unternehmensleitung, als Partner. Er vertritt einen instrumentellen Organisationsbegriff. Der Berater sucht die Unterstützung des Auftraggebers als Machtpromotor für das Beratungsprojekt. Darüber hinaus ist sein Verhältnis gekennzeichnet durch Neutralität gegenüber Personen, nicht jedoch gegenüber Problemen und Ideen. Der Berater verspricht als Ergebnis des Beratungs- und Implementationsprozesses die Optimierung des Unternehmensertrags.

Da das Beratungsergebnis ein Konzept ist, das der Berater entwickelt, aber der Kunde umsetzt, ist der Beratungserfolg in starkem Maße dem Kunden zuzurechnen. Aufgrund der (insbesondere finanzwirtschaftlichen) Kennzahlenorientierung ist die Evaluation der Umsetzung gewährleistet, sagt aber nichts über den Beratungserfolg aus. Strategieberatung ist Unterstützung bei der Analyse von Markt-/Umweltbedingungen und die Empfehlung von Maßnahmen zur langfristigen Positionierung der Klientenorganisation. Ein wesentlicher Teil ist hierbei die Erarbeitung eigener Visionen und Ziele der Organisation. Der Berater gibt inhaltlichen und methodischen Input durch Anwendung standardisierter Verfahren. Als theoretischer Hintergrund des Beraters dienen Staats- und insbesondere Kriegslehren (z.B. Clausewitz), sowie das Strategische Management. Es besteht ein eklektisches Theorieverständnis.

Idealtyp der Kernprozess-Beratung

Kernprozess-Beratung als Idealtyp lässt sich aus den ingenieurwissenschaftlich geprägten Bemühungen um die Steigerung technisch-ökonomischer Effizienz, letztlich also der Rationalisierung von Arbeits- und Prozessabläufen entwickeln. Die Ursprünge dieser Beratungstradition finden sich Ende des 19., Anfang des 20. Jahrhunderts im landwirtschaftlichen und industriellen Sektor. Geprägt ist diese Tradition durch das „Scientific Management" (Taylor 1913) und die Verbreitung „wissenschaftlicher" Arbeitsmethoden durch die ersten Beratungsunternehmen in den USA sowie die landwirtschaftlichen Genossenschaften, den Verein Deutscher Ingenieure und den Reichsausschuss für Arbeitzeitermittlung (REFA) in Deutschland (Dichtl 1998, Elbe 2001, Elfgen/Klaile 1987, Fink/Knoblach 2003). Eine einheitliche theoretische Grundlage wurde in Folge kaum entwickelt, es können aber gemeinsame Grundannahmen herausgearbeitet werden: die Betonung von kausalen Wirkungszusammenhängen, die Annahme der Dominanz von Zweckrationalität und der Möglichkeit der Optimierung von Problemlösungen und die Überzeugung, dass sich Problemlösungen standardisieren und in Rationalisierungsmaßnahmen umsetzen lassen.

Gegenstand der Beratung sind technische und administrative Abläufe. Grundsätzlich lässt sich zwischen technikorientierter Prozessberatung (z.B. Fertigungstechnologien, EDV-Beratung) und betriebswirtschaftlich orientierter Prozessberatung (z.B. Durchlaufzeitoptimierung, Business Process Reengineering, Lean Management) unterscheiden. Eine Sonderstellung nimmt dabei das Qualitätsmanagement (als einzig international normiertes Managementsystem) ein, das auf ingenieurwissenschaftlicher Basis allgemeine Managementprinzipien formuliert und mit Einführung der ISO 9000:2000ff (DIN 2000) die Prozessorientierung dem Ansatz explizit zugrunde legt. Als zentrales Thema dieser Organisationsansätze lässt sich die Normierung von Arbeit (insbesondere an der Schnittstelle zwischen Mensch und Maschine) feststellen (z.B. Battmann 1995), die Standardisierung in der Kernprozess-Beratung erzeugt (Dichtl 1998), gleichzeitig aber modischen Trends unterliegen und insbesondere von Beratungsunternehmen verbreitet werden (Kieser 1996). Als Realtypen zeigen die prozessorientierten Organisationsansätze in der Praxis durchaus Offenheit gegenüber sozialwissenschaftlichen Organisationsansätzen (Osterloh 1997) und auch in der Wissenschaft wird dies reflektiert (Springer 1998, Hauptmanns 1995).[7] Als Idealtyp gilt es aber auch hier die reinste Form der Prozessberatung als Rationalisierungsberatung herauszuarbeiten, als deren Grundlage insbesondere das Business Reegineering (Hammer/Champy 1996) herangezogen werden kann, da hier auf Ansätzen wie Durchlaufzeitenoptimierung, Lean Management oder TQM aufgebaut wird, diese aber in radikaler Form umzusetzen sucht (Stürzl 1996) und „erhebliche Rationalisierungs- und Leistungseffekte auslösen soll" (Picot/Frank 1996: 13). Der dominante Grundgedanke ist dabei die Radikalität ablauforganisatorische Fragen ins Zentrum der Betrachtung zu stellen (Picot/Frank 1996: 21)[8] und somit ganz auf eine sachlich interne Logik des Arbeitsprozesses abzustellen. In diesem Sinn ist Business Reengineering die konsequente Fortsetzung durch Reintegration der Zerlegung und Optimierung einzelner Arbeitsschritte im Sinne von Adam Smith oder Henry Ford (Stürzl 1996: 10) und als Beratungsprodukt zu klassifizieren (Nippa 1996: 66). Der Idealtyp der Kernprozess-Beratung lässt sich folgendermaßen beschreiben:

Startphase: Die Kontaktaufnahme zum Kunden geht vom Beratungsunternehmen aus, auch „heiße Akquisition" ist möglich. Die Problemeingrenzung ist auf das angebotene Beratungsprodukt eingeschränkt, hierfür wird ein Optimierungsversprechen abgegeben. Die Planung des Beratungsprozesses erfolgt als standardisierte Umsetzung des angebotenen technischen oder administrativen Konzepts aufgrund der Feststellung der Ist-Situation beim Beratungskunden. Gegenstand des Vertrages ist die Konzeptentwicklung und/oder -einführung.

Diagnose: Die Problemdiagnose erfolgt als Tatsachenfeststellung in Bezug auf das angebotene Produkt (Erhebung des Ist-Zustandes). Dies geschieht durch Beschreibung technischer oder ablauforganisatorischer Gegebenheiten, vielfach unter Zuhilfenahme von Kennzahlen und statistischen Verfahren. Die Datenerhebung

---

[7] Es sei angemerkt, dass der Begriff der Kernprozess-Beratung, wie er hier zur Idealtypenbildung herangezogen wird, nicht mit dem von Schein (2000) verwendeten Begriff der Prozessberatung verwechselt werden darf, der auf den prozessualen Charakter von Beratung als helfender Beziehung in der Tradition der Organisationsentwicklung abhebt. Der Begriff der Kernprozess-Beratung bezieht sich hingegen auf technische und administrative Prozesse in Organisationen, wie sie insbesondere im Prozessmanagement thematisiert und zu einer eigenständigen Beratungsperspektive verdichtet werden können: „Die Prozessberatung hat ihren klaren Fokus auf der Gestaltung der Kernprozesse des Kunden. Es geht in erster Linie um deren Abbildung bzw. Modellierung und die anschließende Optimierung (Business Process Reengineering). Auf Grundlage dieser Soll-Prozesse kann dann eine IT-Unterstützung erfolgen. Über die Optimierung und IT-Unterstützung der internen Abläufe erfolgt dabei die Gestaltung unternehmensübergreifender Geschäftsprozesse." (Scheer/Köppen 2000: 6).
[8] Spätere Versuche die Radikalität des Ansatzes abzumildern (Hammer 1997: 12) müssen bei der Idealtypenbildung in den Hintergrund treten.

erfolgt durch den Berater als inhaltlichen und methodischen Spezialisten. Als Experte ist der Berater dabei auf die Mitwirkung der Mitarbeiter nur in Hinblick auf sachliche Zuarbeit angewiesen. Der erhobene Ist-Zustand wird in Differenz zum angestrebten Soll-Zustand (dessen Erreichung durch das angebotene Beratungsprodukt realisiert werden soll) dargestellt.

Handlungsplanung: Aus der Differenz zwischen Soll- und Ist-Zustand ergibt sich die Handlungsplanung, die durch die Anwendung standardisierter Methoden strukturiert wird. Gegenstand ist die schrittweise Optimierung von technischen oder ablauforganisatorischen Prozessen, wobei die Aufrechterhaltung der Arbeitsfähigkeit auch während der Umgestaltung der Prozesse und die Anbindung an bestehende Verfahren im Zentrum der Betrachtung steht (Schnittstellenproblematik). Die Definition des zu erreichenden Soll-Zustandes und die Projektierung zur Zielerreichung ist Teil der Expertenkompetenz des Beraters.

Durchführung: Aufgrund des Handlungs-/Projektplanes werden neue Verfahren schrittweise eingeführt. Hierbei auftretende Widerstände werden als kontraproduktiv angesehen und sind zu beseitigen. Notwendige Schulungsmaßnahmen werden durch den Berater angeboten oder durch diesen von Drittanbietern zugekauft. Problemlösungen werden als Komplett-Lösungen implementiert, wobei ein strikter Top-Down-Ansatz verfolgt wird. Es werden aufbau- und ablauforganisatorische Veränderungen vorgenommen, technische und administrative Verfahren werden überarbeitet oder ersetzt. Eine Anpassung des Beratungsvertrages oder der Wiedereinstieg in eine frühere Beratungsphase sind nicht vorgesehen, und aufgrund der Standardisierung des Beratungsproduktes auch nicht nötig. Mit der Dokumentation der neuen Verfahren (z.B. Benutzerhandbücher, Verfahrensbeschreibungen) wird die Implementierungsphase abgeschlossen.

Abschluss: Mit Implementierung der neuen oder überarbeiteten Prozesse ist der Beratungsvertrag grundsätzlich erfüllt. Die Optimierung lässt sich anhand von Kennzahlen (z.B. Durchlaufzeiten, Ausschussquoten, Output) messen und das Beratungsprojekt somit evaluieren. Es können Folgeaufträge für andere Optimierungsbereiche vereinbart werden, für diesen Auftrag wurde eine (einstweilige) Optimierung erreicht. Aufgrund der Spezifität des Beratungsprodukts können Gewährleistungsansprüche entstehen, ansonsten endet die, als Lieferanten-Kunden-Beziehung angelegte Beratung.

Kernprozess-Beratung ist als spezifische Form der Dienstleistung aufzufassen, bei der ein (vielfach standardisiertes) Beratungsprodukt als Lösung für technische oder administrative Probleme angeboten wird. Der Berater ist Verkäufer dieses Produkts und bietet ein sachliches Lösungskonzept in spezifischer Anpassung für den Kunden an, der damit als Leistungsabnehmer erscheint. Gegenüber einzelnen Personen ist der Berater neutral. Organisationen sind offene sozio-technische Systeme, innerhalb derer technische und ablauforganisatorische Prozesse nach den Kriterien technischer und ökonomischer Effizienz optimal zu gestalten sind. Der theoretische Hintergrund findet sich in einem mechanistischen Weltbild mit Betonung von ingenieurswissenschaftlichen oder betriebwirtschaftlichen Steuerungsmöglichkeiten.

Idealtyp der Organisationsentwicklung

Organisationsentwicklung (OE) hat sich seit der Entwicklung des Ansatzes Mitte des 20. Jahrhunderts als verhaltenswissenschaftlich orientierte Methode der Organisationsberatung etabliert und schon bald den „Versuch einer theoretischen Grundlegung des Beratungsprozesses" (Hruschka 1969) beeinflusst. Sie wurde aus dem Bestreben entwickelt, eine sowohl wissenschaftlicher Erkenntnis, als auch direkter Wirkung im sozialen Feld verpflichtete sozial-psychologische Theorie (Lewin 1982) zu etablieren. Es entstand eine normative Richtung der Organisationsberatung, die unter einer gemeinsamen Theorietradition eine Vielzahl an teilweise sehr heterogenen Vorgehensweisen und Interventionen zu vereinen sucht. Als Konsequenz findet sich zum einen ein breites Feld an Definitionsversuchen dessen, was Organisationsentwicklung eigentlich ist (Trebesch 1982). Zum anderen wird kritisiert, dass die theoretische Absicherung ungenügend bleibt (Elbe 2001, Trebesch 1984) und teilweise nicht einmal die Organisationsentwickler selbst den Ansatz verstehen (Church 2001).[9] Neuberger (1991: 254ff) und Kieser (1999: 124ff) schlüsseln diese recht globale Kritik nach grundlegenden Annahmen des Ansatzes auf. Damit zeigt sich aber, dass trotz der prinzipiellen Gültigkeit des oben beschriebenen Paradoxons die Entwicklung eines Idealtyps der Organisationsentwicklung sehr wohl möglich ist. Hierfür spricht:

- die recht einheitliche Geschichtsschreibung zur Entstehung der Organisationsentwicklung (Cummings/Worley 1993: 6ff; French/Bell 1995: 36ff; French/Bell 1977; Hanson/Lubin 1995: 31f; Nevis 1993; Richter 1994), mit der Betonung von Kurt Lewin als „Gründungshelden";
- ein prinzipiell zugrunde gelegtes humanistisches Menschenbild (Becker/Langosch 1995: 20; Neuberger 1991: 242; Rieckmann 1991);
- die Betonung der Zieldualität von Humanisierung der Arbeit und organisationaler Effizienz (Becker/Langosch 1995: 17f; Neuberger 1991: 241f);
- die Hinzuziehung eines Beraters (Becker/Langosch 1995: 29ff; French/Bell 1995: 268ff; Hanson/Lubin 1995: 108ff);

---

[9] Church (2001) fordert deshalb die Professionalisierung von Organisationsentwicklung, deren Grenzen – zumindest für die Etablierung einer eigenständigen Profession – Kühl (2001) anhand der Entwicklung im deutschsprachigen Raum aufzeigt.

- die Einbeziehung der Mitarbeiter (Schlagwort: Betroffene zu Beteiligten machen) zur Förderung der Partizipation (Becker/Langosch 1995: 32ff; Neuberger 1991: 242; Rosenstiel 1987);
- die Betonung der Prozesshaftigkeit im Beratungsvorgehen (Becker/Langosch 1995: 46ff; Cummings/Worley 1993: 25ff; French/Bell 1995: 113ff; Neuberger 1991: 242) sowie
- eine sozial-psychologische Fundierung der angewandten Methoden.

Die gemeinsame Grundlage die sich hieraus und aus den Schnittmengen der Vielzahl an Definitionen (Trebesch 1982: 42) erarbeit lässt, bedarf zur Idealtypbildung der Übersteigerung nach der reinsten Form. Der Idealtyp der Organisationsentwicklung lässt sich folgendermaßen beschreiben:

Startphase: Die Klientenorganisation will einen andauernden Entwicklungsprozess initiieren und sucht deshalb von sich aus Kontakt zu einem OE-Berater, der den Prozess anstoßen und begleiten soll. Dabei geht es nicht nur um die kurzfristige Lösung eines spezifischen Problems. Im Vordergrund steht deshalb ein Kontrakt, in dem sich Klientenorganisation und OE-Berater auf einen ersten Erhebungs- und Feedbackzyklus im Sinne der Aktionsforschung einigen. Ziel ist dabei die Steigerung der organisationalen und der sozialen Effizenz der Organisation durch andauernden sozialen Wandel. Hierzu bedarf es der Verpflichtung der Unternehmensführung das OE-Vorhaben intensiv zu unterstützen (Promotor für kombinierten Top-Down- und Bottom-Up-Ansatz).

Diagnose: In reiner Form wird kontinuierlicher sozialer Wandel angestrebt. Hierzu werden die Betroffenen in der Organisation (Mitarbeiter aller hierarchischen Ebenen) zu Beteiligten im Problemlösungsprozess gemacht. Der OE-Berater initiiert einen Datenerhebungsprozess, in dessen Rahmen soziale, technische und administrative Probleme durch die Betroffenen angesprochen werden. Hierbei handelt es sich bereits um einen gruppendynamischen Prozess, da schon in der Problemformulierung Bewusstmachungs- und damit Veränderungspotential liegt (Metapher des ‚Auftauens' der Organisation). Unter methodischer Führung des OE-Beraters werden die vordergründig zu bearbeitenden Probleme systematisch gesammelt und analysiert. Dabei können sowohl qualitative und quantitative Verfahren der empirischen Sozialforschung, wie auch sozial- und tiefenpsychologische Verfahren eingesetzt werden. Das Feedback der erhobenen und ausgewerteten Daten erfolgt in derselben Beteiligungskonstellation, wie die ursprüngliche Erhebung. Dieser Gruppe bleibt letztlich auch die abschließende Synthese der Problemkonstellation vorbehalten. Die Daignosephase kann dabei mehrere Zyklen von Datenerhebung und -feedback umfassen.

Handlungsplanung: Mit der Erarbeitung von Lösungsvorschlägen und Handlungsalternativen geht die Phase des Auftauens in die Phase der Veränderung (Change) über, wobei die Phasen nicht strikt voneinander getrennt werden können, ein Wiederaufgreifen der Problemanalyse ist weiterhin möglich. In gruppendynamischen Prozessen, die der OE-Berater moderiert, wird durch die Beteiligten ein Handlungsplan entwickelt, der von diesen mitgetragen wird. Erst unter Zustimmung der Betroffenen und der Unternehmensführung wird letztlich ein Aktionsplan beschlossen, wobei durch die freiwillige Übernahme von Verantwortung für einzelne Realisationsschritte Engagement und Bindung erzeugt wird. Durch vereinbarte Terminierung von Projektfortschritten wird die ökonomische Effizienz des Organisationsentwicklungsprozesses gewährleistet. Die Ergebnispräsentation wird durch die Beteiligten vorgenommen und vom OE-Berater moderiert.

Durchführung: Aus OE-Perspektive ist die Implementierungsphase Teil des Change-Prozesses und von der Planung nicht zu trennen. Es wird hierbei darauf geachtet, dass die Umsetzung im selben Rahmen erfolgt, wie die Problemanalyse und die Handlungsplanung. Auch hier unterstützt der OE-Berater als Methodenspezialist und „Therapeut", indem er zum einen Hilfestellung leistet und Sozialverhalten trainiert, zum anderen aber Umsetzungsbemühungen so hinterfragt, dass eine sozialverträgliche Integration neuer Verfahren, Zusammenarbeitsstrukturen oder Technologien gewährleistet ist. Auch in dieser Phase besteht die Möglichkeit, in die Problemanalyse oder -lösungsplanung wieder einzusteigen und den Aktionsforschungszyklus wieder zu beginnen. OE ist (letztlich) ein andauernder Prozess sozialen Wandels und deshalb nie endgültig abgeschlossen. Widerstand erscheint in diesem Sinn als produktiv für den OE-Prozess, er zeigt Veränderungspotentiale auf.

Abschluss: OE-Beratung endet mit der Reinstitutionalisierung der anfangs aufgebrochenen Verfahren (Metapher des ‚Wiedereinfrierens' der Organisation). Damit endet aber nicht der Organisationsentwicklungsprozess, sondern nur der vereinbarte Beratungsabschnitt. Im Zuge der Reinstitutionalisierung wird Organisationsentwicklung als Form des andauernden sozialen Wandels selbst innerhalb der Organisation institutionalisiert. Hierin besteht auch die eigentliche Herausforderung an die Evaluation von Organisationsentwicklung: Es gilt festzustellen inwieweit es gelungen ist, die Organisation zu beständiger Organisationsentwicklung zu befähigen. Die Evaluation einzelner Entwicklungsabschnitte erscheint aufgrund der vereinbarten Ziele und Terminierungen unproblematisch. Mit der Institutionalisierung veränderter Verfahren endet die OE-Beratung, der Berater zieht sich aus der Organisation zurück. Durch den Organisationsentwicklungsprozess wurde die Organisation zur kontinuierlichen Steigerung organisationaler und sozialer Effizienz befähigt.

Der Berater ist im Sinne der OE Therapeut, der Menschen in Gruppen (und damit der gesamten Organisation) zu einer eigenverantwortlichen Verbesserung der Lebens- und Arbeitssituation verhilft. Einzelnen Personen und Lösungsvorschlägen gegenüber verhält er sich neutral. Der Auftraggeber ist Promotor des Veränderungsprozesses und unterstützt diesen aktiv. In der OE werden Organisationen als offene sozio-technische Systeme konzipiert, die in einem kombinierten Top-Down- und Bottom-Up-Ansatz bei der Institutionalisierung eines andauernden sozialen Entwicklungsprozesses begleitet werden. Beratung ist ‚Hilfe zur Selbsthilfe', der Berater ist Methodenspezialist mit Offenheit gegenüber qualitativen und quantitativen Verfahren der empirischen Sozialforschung, unter Nutzung von sozial- und tiefenpsychologischen Verfahren zur Entwicklung von Problemlösungen. Der theoretische Hintergrund findet sich in einer breiten sozialwissenschaftlichen Perspektive, in deren Zentrum gruppendynamische Prozesse stehen und der eine grundsätzlich verstehend-subjektivistische Position zugrunde liegt.

Idealtyp der systemischen Organisationsberatung

Der Idealtyp der systemischen Organisationsberatung umfasst alle Beratungsansätze, die sich explizit auf sozialwissenschaftliche Systemtheorien berufen, nicht jedoch die primär in betriebswirtschaftlichen Publikationen vertretenen Ansätze, die Organisationsberatung – ohne weitere Folgen – als soziales System betrachten (z.B. Kubr 1996: 51ff). Es sind verschiedene sozialwissenschaftliche Systemtheorien, mit Hilfe derer die systemische Organisationsberatung (Königswieser/Hillebrand 2004, Wimmer 2004, König/Volmer 2003, 1999, Schäfer et al. 2003, Königsieser/Exner 2002, Schlippe/Schweitzer 2002, Zwingmann et al. 2000, Groth 1996, Mingers 1996, Walger 1995b, Titscher 1991, Exner/Königswieser/Titscher 1987) die Beziehung zwischen Berater und Klient beschreiben: die systemtheoretischen Überlegungen der Bateson-Gruppe (Bateson 1981, Watzlawick/Beavin/Jackson 1969), der systemischen Familientherapie (Selvini-Palazzoli 1991, Boscolo u.a. 1988), der strukturellen Familientherapie (Minuchin 1977, Minuchin/Fishman 1983) und die Systemtheorie Niklas Luhmanns (Luhmann 1984, 1988e, 1989, 2000b).

Es gibt einige Differenzen zwischen diesen systemtheoretischen Ansätzen, so besteht z.B. keine Einigkeit über die Grundelemente sozialer Systeme. Während die Anhänger von Bateson und Watzlawick Individuen als Elemente sozialer Systeme betrachten (z.B. König/Volmer 1999: 31), sind es für die Anhänger Luhmanns Kommunikationen (z.B. Exner/Königswieser/Titscher 1987). Webers Methodologie der Übersteigerung von Merkmalsausprägungen bei der Idealtypenbildung bietet die Möglichkeit, auch bei Vorliegen von einzelnen Differenzen einen gemeinsamen Idealtyp zu bilden.[10] Der *Idealtyp der systemischen Organisationsberatung* lässt sich folgendermaßen beschreiben:

Startphase: Der Berater tritt als Verkäufer von kommunikativen Verfahren zur Entwicklung von Problemlösungen auf. Die Expertise des Beraters besteht darin, Kommunikationen zu analysieren und zu gestalten (initiieren, fördern, gegebenenfalls hemmen). Im Rahmen einer ersten Problemdiagnose befragt der Berater den

---

[10] „Er [der Idealtyp, N.J.S.] wird gewonnen durch einseitige Steigerung eines oder einiger Gesichtspunkte und durch Zusammenschluss einer Fülle von diffus und diskret, hier mehr, dort weniger, stellenweise gar nicht, vorhandenen Einzelerscheinungen, die sich jenen einseitig herausgehobenen Gesichtspunkten fügen, zu einem in sich einheitlichen Gedankengebilde." (Weber 1973: 191).

Haupt-kategorie	Unterkategorie	Idealtyp der strategischen Beratung	Idealtyp der Kernprozess-Beratung	Idealtyp der Organisationsentwicklung	Idealtyp der systemischen Beratung
Startphase	Kontaktaufnahme	Berater betreibt Akquisition	Berater betreibt Akquisition	Kontaktaufnahme geht vom Klienten aus	Kontaktaufnahme geht vom Klienten aus
Diagnose	Erkenntnisanspruch der Problemdiagnose	treffsichere, punktgenaue Diagnose von Entwicklungschancen und -hemmnissen	treffsichere, punktgenaue Diagnose von ineffizienten Prozessen	Unterstützung des Klienten bei der Selbstdiagnose	Aufstellen nicht unbedingt richtiger, aber nützlicher, weil irritierender Hypothesen
	Bekanntgabe der Problemdiagnose	ja	ja	nein	ja
	Ansatzpunkte für die Problemanalyse des Beraters	Kennzifferorientierung: Strategische Leistungskennziffern und Umwelt-/Marktbedingungen des Kunden	Kennzifferorientierung: Prozesskennziffern des Kunden	Kommunikationsorientierung: individuelle Verhaltensmuster, Strukturen und Kulturen in Organisationen	Kommunikationsorientierung: Struktur von Kommunikationsprozessen
	Problembewertung durch den Berater	Negativ, weil ökonomisch ineffektiv	Negativ, weil technisch und ökonomisch ineffizient	Negativ, weil sozial und ökonomisch ineffizient	das Problem ist nicht nur negativ, sondern es hat auch einen (sozialen) Sinn
	Grundlagen der Problemdiagnose (*)	Zweck-Mittel-Beziehungen zwischen Grundsatzentscheidungen und Marktbedingungen	Ursache-Wirkungs-Beziehungen innerhalb von technischen oder ablauforganisatorischen Prozessen	Wechselwirkungen zwischen individuellen Verhaltensmustern und Gruppenprozessen	Selbstorganisation sozialer Systeme, die sich durch Unvorhersehbarkeit auszeichnet
	Methodik (*)	Markt- und Wettbewerbsanalyse, Zielanalyse, Potentialanalyse	Anwendung betriebswirtschaftlicher und ingenieurwissenschaftlicher Instrumente zur Prozessanalyse	Aktionsforschung, Schaffung von Beteiligungsräumen	Irritation institutioneller Kommunikationsformen

Hauptkategorie	Unterkategorie	Idealtyp der strategischen Beratung	Idealtyp der Kernprozess-Beratung	Idealtyp der Organisationsentwicklung	Idealtyp der systemischen Beratung
Handlungsplanung	Erstellen des Handlungsplans	Erstellen eines Rahmenplans zur Strategieplanung und -umsetzung durch den Berater	Ablaufplan: Ausarbeitung von Projektschritten (Milestones und Verantwortlichkeiten) durch den Berater	Ablaufplan: gemeinsame Ausarbeitung von Projektschritten durch Berater und Betroffene	Ablaufplan: Ausarbeitung von Abfolgen von Kommunikationsverfahren durch den Berater
	Beitrag des Beraters zur Problemlösung	Inhaltsberatung: unternehmensspezifische Anpassung der standardisierten Strategieentwicklungsinstrumente	Inhaltsberatung: unternehmensspezifische Anpassung der standardisierten Verfahren zur Änderung von technisch-administrativen Prozessen	Methodenspezialist: Moderation von gruppendynamischen Prozessen	Methodenspezialist: Bestimmung und Gestaltung der geeigneten Kommunikationsverfahren
	Beitrag des Klienten zur Problemlösung	Management nennt Ziele	Sachliche Zuarbeit in allen Phasen des Beratungsprojekts	Erarbeitung von Lösungsvorschlägen durch die Betroffenen	Durchführung des Kommunikationsverfahrens und währenddessen inhaltliche Erarbeitung von Problemlösungen
	Ergebnispräsentation	Bericht durch den Berater	Bericht durch den Berater	Workshops	keine Präsentation
Implementation	Beteiligung des Beraters	nein	ja	ja	nein
	Widerstand	Widerstände sind kontraproduktive Versuche der Beschränkung von Führungsentscheidungen	Widerstände sind kontraproduktive Sabotagehandlungen	Widerstände sind produktiv: durch die Beteiligung der Betroffenen werden Widerstände als Veränderungspotentiale genutzt	Beratungswiderstand letztlich ohne Relevanz. Ggf. 'Nicht-Anschlussfähigkeit' von Interventionen
	Abschluss (*)	Implementierung bleibt in der Verantwortung des Klienten	Implementierung der neuen oder überarbeiteten Prozesse	Institutionalisierung eines andauernden sozialen Entwicklungsprozesses der Organisation	Institutionalisierung von Metakommunikation und Fähigkeit zum Perspektivenwechsel

Hauptkategorie	Unterkategorie	Idealtyp der strategischen Beratung	Idealtyp der Kernprozess-Beratung	Idealtyp der Organisationsentwicklung	Idealtyp der systemischen Beratung
Verhältnis des Beraters zum Klienten und zu Mitgliedern der Klientorganisation	Selbstverständnis des Beraters und Klientenverständnis (*)	Berater als Analyst; Klient (Unternehmensleitung) ist Partner	Berater ist Dienstleister; Klient ist Kunde	Berater ist Therapeut, Klienten sind Menschen in Gruppen	Berater ist Beobachter; Klient ist soziales (Kommunikations-)System
	Verhältnis zum Auftraggeber (*)	Der Berater sucht die Unterstützung des Auftraggebers	Berater löst für den Auftraggeber ein spezifisches technisch-administratives Problem	Auftraggeber ist als Promotor beteiligt und offen gegenüber Veränderungsprozessen	Der Berater wahrt Distanz zum Auftraggeber
	Neutralitätsverständnis	Neutralität gegenüber Personen	Neutralität gegenüber Personen	Neutralität gegenüber Personen, und Lösungsvorschlägen	Neutralität gegenüber Personen, Lösungsvorschlägen und Problemen
	Organisationsauffassung	instrumenteller Organisationsbegriff	Organisationen sind offene, sozio-technische Systeme	Organisationen sind offene, sozio-technische Systeme	Organisationen als sich selbst organisierende soziale Systeme
	Rolle der Mitarbeiter der Klientorganisation	Top-Down-Ansatz; passive Rolle der Mitarbeiter: sie werden informiert	Top-Down-Ansatz; aktive Rolle der Mitarbeiter: sie leisten sachliche Zuarbeit	kombinierter Top-Down- und Bottom-Up-Ansatz; aktive Rolle der Mitarbeiter: sie sind Beteiligte im Problemlösungsprozess	Bottom-Up-Ansatz; aktive Rolle der Mitarbeiter: sie erarbeiten im Rahmen der Kommunikationsverfahren die Problemlösung
Kriterien eines erfolgreichen Beratungsprojekts	Erfolgskriterien	optimale strategische Ausrichtung	optimale Gestaltung technischer oder ablauforganisatorischer Prozesse	Institutionalisierung eines andauernden sozialen Entwicklungsprozesses der Organisation	Ergebnisoffenheit und veränderte Kommunikation
	Effizienzkriterien	ökonomische Effektivität und ökonomische Effizienz	technische und ökonomische Effizienz	soziale und ökonomische Effizienz und Effektivität	keine expliziten Effizienz- oder Effektivitätskriterien
	Zurechnung des Beratungserfolgs	Klient	Berater	Klient	Klient

Verstehender Ansatz

Haupt-kategorie	Unterkategorie	Idealtyp der strategischen Beratung	Idealtyp der Kernprozess-Beratung	Idealtyp der Organisationsentwicklung	Idealtyp der systemischen Beratung
Beratungs-verständnis	Beratung als Tätigkeit	Beratung ist die inhaltliche Erarbeitung von Problemlösungen für die Klientenorganisation	Beratung ist die inhaltliche Erarbeitung von Problemlösungen für die Klientenorganisation	Beratung ist Hilfe zur Selbsthilfe (methodische Unterstützung der Klientorganisation bei der Problemlösung)	Beratung ist Hilfe zur Selbsthilfe (methodische Unterstützung der Klientorganisation bei der Problemlösung)
	Beratungsprodukt	Inhaltsberatung; standardisierte Problemlösungen für Grundsatzentscheidungen	Inhaltsberatung; standardisierte Lösungen für spezifische technische oder ablauforganisatorischen Probleme (Reorganisationsmaßnahmen)	methodische Beratung: qualitative und quantitative Verfahren der empirischen Sozialforschung, sowie sozial- und tiefenpsychologische Verfahren zur Entwicklung von Problemlösungen	methodische Beratung: kommunikative Verfahren zur Entwicklung von Problemlösungen
	Vertragsbedeutung	transaktional	transaktional	hybrid (transaktional und relational)	keine (das Anliegen des Auftraggebers kann ein Teil des Problems sein)
theoretischer Hintergrund	Wissenschaftsdisziplin (*)	Staats- und insbesondere Kriegslehren (z.B. Clausewitz), und Strategisches Management; eklektisches Theorieverständnis	mechanistisches Weltbild mit Betonung von ingenieurwissenschaftlichen oder betriebswirtschaftlichen Steuerungsmöglichkeiten	sozialwissenschaftliche Perspektive, in deren Zentrum gruppendynamische Prozesse stehen	allgemeine, naturwissenschaftliche und soziologische Systemtheorie, Psychologie (Familientherapeutischer Ansatz)
	Erkenntnistheoretische Position	teleologisch-objektivistisch	positivistisch-objektivistisch	verstehend-subjektivistisch	verstehend-konstruktivistisch

Tabelle 2: Idealtypen der Organisationsberatung

Kunden hinsichtlich der Handlungen innerhalb der Organisation und ihren Kontextbedingungen. Der Berater lernt die Sprache und Bedeutungswelt des Kunden. Wichtig sind ihm Aussagen, die sich auf Bedeutungen beziehen: Aussagen über die Bedeutung von Beziehungen zwischen Menschen, über die Kultur der Organisation, über den Sinn eines sozialen Systems und über Bedeutungsmuster von Kommunikation. Hierzu benötigt er hohe kommunikative Kompetenz. Das Erfragen des Kundenanliegens führt den Berater zu ersten Hypothesen über die Bedingungen und Stabilitätsfaktoren der beschriebenen problematischen Situation.

Diagnose: Die Diagnose ist immer auf das soziale System gerichtet und betrifft u. a. die Bewertung der Organisation in Bezug auf ihre Entwicklungsphase (Zeitzyklen, Entwicklungs- und Veränderungsgeschwindigkeiten). Die Diagnose hat den Stellenwert von – gegenüber den ersten Hypothesen aus der Startphase – überprüften und verfeinerten Hypothesen. Es geht nicht darum, „die" richtige Hypothese zu finden. Sie muss nur nützlich sein: Bedeutsames von Irrelevantem trennen (Ordnungsfunktion) und neue Sichtweisen anbieten (Anregungsfunktion). Das Problem wird nicht einfach als negativ bewertet, sondern es wird als zumindest *auch* sinnvoll im Rahmen der Selbstorganisation des sozialen Systems angesehen.

Handlungsplanung: Der Berater bestimmt die geeignete Intervention, d.h. das geeignete Kommunikationsverfahren.

Durchführung: Die Implementation besteht in der Durchführung kommunikativer Verfahren, denen das Prinzip der Selbstorganisation zugrunde liegt (z.B. Fragetechniken, Workshops, Open Space und andere Großgruppenverfahren). Die Erarbeitung von Problemlösungen geschieht während der Durchführung der kommunikativen Verfahren durch die Mitarbeiter des Kunden selbst. Visionen, Wünsche und Vorstellungen des Kunden werden aktiviert. Vorstellungen von wünschenswerten Zuständen und Zukunftsszenarien, sowie das Vorgehen zu deren Umsetzung werden vom Kunden entwickelt. Der Berater ist zuständig und verantwortlich für die Gestaltung der kommunikativen Verfahren. Beratungswiderstand gilt als letztlich nicht relevant. Widerstand erscheint als eine kontingente soziale Konstruktion, deren Bedeutung daher relativiert wird.

Abschluss: Das Beratungsprojekt gilt mit der Institutionalisierung von Metakommunikation als erfolgreich abgeschlossen.

Der Berater versteht sich selbst als Beobachter, den Klienten als soziales (Kommunikations-) System. Er betrachtet Organisationen als sich selbst organisierende soziale Systeme. Der Berater wahrt Distanz zum Klienten: Er wahrt Neutralität gegenüber Personen, Problemen und Ideen. Der Berater verspricht als Ergebnis des Beratungsprozesses (nur) Ergebnisoffenheit und veränderte Kommunikation. Da das Beratungsergebnis ein Resultat aus einem Prozess ist, an dem Kunde und Berater intervenierend teilnehmen, ist ein gutes Beratungsergebnis in erster Linie den Kontextbedingungen und damit in wesentlichem Maß dem Kunden zuzurechnen. Das

Selbstverständnis des Beraters besteht darin, dem Kunden zu helfen, seine Möglichkeiten zu nutzen. Beratung konstituiert ein neues (temporäres) soziales System. Soziale Systeme bestehen aus Kommunikationen. Streng genommen kann jede Kommunikation zwischen Berater und Klient als Intervention verstanden werden. Hierdurch verliert der Begriff jedoch seine Trennschärfe. Unter Intervention wird jede absichtsvolle Handlung des Beraters mit dem Klienten verstanden, die entweder Irritation erzeugen oder Veränderung ermöglichen soll. Allgemeine, naturwissenschaftliche und soziologische Systemtheorie, sowie systemtheoretische Ansätze in der Psychologie (familientherapeutischer Ansatz) bilden den theoretischen Hintergrund des systemischen Beraters.

5.4. Empirische Forschung

Wenngleich Idealtypen nicht als empirisch verifizierbare Hypothesen gemeint sind, sondern als heuristisches Hilfsmittel, so regen sie doch die empirische Forschung an: Welche Realtypen lassen sich den Idealtypen gegenüberstellen? Es ist nicht getan mit der Feststellung, dass in der Realität immer Mischtypen vorliegen. Denn es kann ja sein, dass nur ganz bestimmte Mischtypen auftreten, und dass die Analyse der Abweichungen dieser Mischtypen von den Idealtypen zu interessanten neuen Erkenntnissen führt.

5.4.1. Abweichungen der Beratungspraxis von den Idealtypen der Organisationsberatung

So haben Elbe/Saam (2007) auf der Basis von 48 Leitfadeninterviews mit OrganisationsberaterInnen aus dem deutschsprachigen Raum die Abweichungen der Beratungspraxis von den oben wiedergegebenen Idealtypen der Organisationsberatung untersucht. Als Beispiel sei hier die transkribierte Antwort eines interviewten Beraters wiedergegeben, der sich selbst der systemischen Organisationsberatung zurechnet. Die Interviewerin stellte die Frage, welches für ihn die Eckpfeiler seiner Beratungstätigkeit sind:

> „Also ganz großen Eckpfeiler, weiß ich jetzt nicht, ob Sie das meinen, das ist so der Bereich Wertschätzung. Das ist zwar mittlerweile auch schon wieder so ein abgedroschenes Wort, aber ich glaube einfach, das ist wahnsinnig wichtig. Eben Wertschätzung insofern, dass man sich wirklich anhört, was erzählen die und mit was arbeiten die. Also das ist für mich ein ganz großer Bereich. Das andere ... ein Eckpfeiler für mich in der beratenden Tätigkeit, das ist, wie soll ich das jetzt beschreiben, das ist ... machen, tun. Also bei mir gibt es jetzt keine Workshops oder Seminare, wo die Leute stundenlang sitzen und sich irgendwas anhören und das ist für mich schon ein Grundprinzip, die Klien-

ten in Bewegung zu bringen und das kann auch sprichwörtlich sein, also wirklich da Action reinzubringen und das ist für mich ein großer Punkt. Also ich will keine, die sitzen und zuhören, weil dann denke ich, das ist dann ein Bild dafür, da bewegt sich auch nichts, sondern dieses in Bewegung bringen und damit auch was bewegen. Also das würde ich mal sagen ... also diese Wertschätzung für den Klienten und dieses auf der anderen Seite da Bewegung reinzubringen, auf welche Art auch immer. Es ist schon sehr wichtig. Ansonsten, ... ich schreib mir zum Beispiel nicht auf meine Fahnen, dass ich ein systemischer Berater bin, also ich versuche immer systemischer zu denken und ranzugehen an manche Sachen. In sofern ist dieser ganze Bereich Systemtheorie, systemisches Denken und so was schon auch ein Eckpfeiler von der Angehensweise. Aber trotz alledem erwische ich mich auch immer wieder dabei, wie man wieder auf die andere Seite wechselt und plötzlich dann wieder genau an der Person arbeitet und also insofern würde ich das jetzt nicht über alles stellen, sondern nur sagen, also dieses Systemdenken ist auch ein Pfeiler davon." (Elbe/Saam 2007, Interview C8: Zeilen 145-156)

Kernelemente des idealtypischen systemischen Beratungsverständnisses sind die Überzeugungen, dass der Berater sich selbst als Beobachter zu verstehen hat und den Klienten als soziales (Kommunikations-) System. Organisationen sind sich selbst organisierende soziale Systeme. Der Berater wahrt Distanz zum Klienten, indem er Neutralität gegenüber Personen, Problemen und Ideen wahrt. Diese Beschreibung fasst die typischen Motive und den typisch gemeinten Sinn zusammen, der das Beratungshandeln systemischer Berater verständlich macht. Sie fungiert als die theoretische Referenz für die Analyse von Abweichungen.

Im Fallbeispiel äußert sich ein Berater zu seinem Beratungsverständnis. Aus dem hier wiedergegebenen Ausschnitt seines Interviews lässt sich erkennen, dass es dem Berater nicht gelingt, dauerhaft mit dem Konzept des sozialen Systems zu arbeiten. Er sagt, dass er sich immer wieder dabei erwischt, wie er an der Person, also nicht am sozialen System, arbeitet. Auch sein Motiv wird erkennbar. Er bringt den Individuen Wertschätzung entgegen, nicht dem sozialen System.

Unter Einbezug weiterer Aussagen aus diesem Interview, sowie weiterer Interviews mit systemischen Beratern, lässt sich dann eine These – die *Werte-Vermittlungs-These* – ableiten, die das reale Beratungshandeln typischer systemischer Berater vollständig verständlich macht:

Vielen systemischen Beratern gelingt es nicht, dauerhaft mit dem Konzept des sozialen Systems zu arbeiten, weil sie eine Wertschätzung für das Individuum empfinden, die sie als nicht vereinbar mit systemischer Beratungspraxis erleben. Der systemischen Organisationsberatung gelingt es offenbar nicht, bei Beratern einen Wertewandel hin zur Wertschätzung sozialer Systeme zu bewirken. BeraterInnen geraten deshalb in bestimmten, typischen Beratungssituationen in einen Wertekonflikt, der mit der Abwendung von der systemischen Beratungskonzeption und der Zuwendung zur Organisationsentwicklung aufgelöst wird, deren Beratungsverständnis personenorientiert ist. Die weitere Analyse zeigt, das es sich bei den typischen Situationen, in denen systemische Berater das systemische Beratungsverständnis aufgeben, um Interaktionssituationen handelt, in denen sie mit Konflikt und Widerstand konfrontiert werden, oder Konsens, Selbstverpflichtung oder Vertrauen herstellen wollen. Die systemische Organisationsberatung hat zumindest ein Vermittlungsproblem, möglicherweise aber sogar ein konzeptionelles Problem, in der systemischen Konzipierung dieser Interaktionssituationen in der Organisationsberatung.

Die darüber hinaus festgestellten Abweichungen lassen sich zu zwei weiteren Thesen verdichten:

Konvergenzthese. Alle Organisationsberater müssen sich am Markt orientieren. Kundenerwartungen konvergieren – unabhängig davon, welchen Organisationsberater sie sich ausgesucht haben – dahingehend, dass vom Berater erwartet wird, dass er die Problemdiagnose bekannt gibt, Lösungsvorschläge benennt, Verantwortung für die Implementation übernimmt und die Mitarbeiter berücksichtigt. Dies hat eine Konvergenz der Beratungspraxis zur Folge. Abweichungen zum jeweiligen Idealtyp, die sich auf diese Kategorien beziehen, sind somit systematisch in den Kundenerwartungen angelegt.

Drei-Realtypen-These. Als Realtypen lassen sich strategische Beratung und Kernprozess-Beratung auf der inhaltsorientierten Seite und Organisationsentwicklung aus der methodenorientierten Perspektive unterscheiden. Die systemische Beratung dagegen erscheint als semantisch verbrämte Form der Organisationsentwicklung, die ähnliche methodische Konzepte verwendet, sich allerdings einer eigenen Semantik bedient, die es in der Praxis jedoch nicht rechtfertigt, hier von einem eigenständigen Ansatz der Organisationsberatung zu sprechen (siehe ausführlich Elbe/Saam 2007).

5.4.2. Herleitung idealer Interaktionspartner

Den zahlreichen Beratertypologien stehen in der Literatur auffällig wenige Klientetypologien gegenüber. Man kann den Versuch unternehmen, Klientetypen geeignete Beratertypen zuzuordnen, mit dem Ziel, mögliche Interaktionszusammenhänge logisch herzuleiten. Eine solche Herleitung hat Carqueville (1991) vorgenommen. Ihre Aussagen wurden von Hoffmann/Hlawacek (1991) empirisch überprüft. Carquevilles Klientetypologie (1991: 270ff.) basiert auf den zwei Dimensionen Problemdruck (gering bis hoch) und Lern- und Kooperationsbereitschaft (gering bis hoch) des Klienten. Hieraus lassen sich vier Typen von Klienten ableiten:

- Von der Führung getriebene Klienten, die bei hohem Problemdruck doch nur geringe Lern- und Kooperationsbereitschaft aufweisen;
- Krisenbewältiger, bei denen hoher Problemdruck mit hoher Lern- und Kooperationsbereitschaft einhergeht;

- Imagepfleger, bei denen ein geringer Problemdruck mit geringer Lern- und Kooperationsbereitschaft korrespondiert; und
- kooperative Problemlöser, die sich bei geringem Problemdruck durch hohe Lern- und Kooperationsbereitschaft auszeichnen.

Ihre Beratertypologie unterscheidet

- inhaltsorientierte Berater (Fachberater), deren zentrales Rollenelement das Erstellen einer Problemlösung und deren Anbieten in meist gutachterlicher Form ist, und
- prozessorientierte Berater, die den Problemlösungsprozess beim Klienten begleiten, indem sie die sozialen Prozesse konzipieren und steuern, in deren Rahmen der Klient selbst die notwendigen inhaltlichen Problemlösungsschritte erarbeitet.

Inhaltsorientierte Berater werden als geeignete Interaktionspartner für von der Führung getriebene Klienten eingestuft, während prozessorientierte Berater ideale Interaktionspartner für kooperative Problemlöser seien. Entscheidend für diese Zuordnung ist der mit dem Problemdruck verbundene zeitliche Druck. Ein begrenzter Zeitrahmen sei ungünstig für partizipative Problemlösungen. Dem Imagepfleger und dem Krisenbewältiger ließen sich keine idealen Beratertypen zuordnen. Anspruch dieser Zuordnung ist nicht, eine Vorhersage über häufige Interaktionen zu treffen. Vielmehr wird ihr ein explorativer Charakter zugeschrieben (Carqueville 1991: 270). Dennoch überprüfen Hoffmann/Hlawacek (1991), ob die Zuordnungen empirisch generalisiert werden können. Auf Basis einer Stichprobe von 62 EDV- und Organisationsberatungen, die zwischen 1985 und 1988 durch das österreichische Bundes-Wirtschaftsförderungsinstitut gefördert wurden, können sie die vermuteten Zusammenhänge zwischen Beratertyp und Klienttyp nur teilweise bestätigen. Von der Führung getriebene Klienten und Krisenbewältiger gehen ausschließlich Beratungsverträge mit Fachberatern ein. Doch auch bei kooperativen Problemlösern und Imagepflegern überwiegen Beratungsverträge mit Fachberatern. Prozeßberatung lässt sich nur bei mehr als einem Drittel der kooperativen Problemlöser beobachten. Die Verfasser schränken selbst ein, dass ihre Untersuchungsergebnisse dadurch verzerrt sein könnten, dass EDV-Beratung an sich bereits ein höheres Ausmaß an inhaltsorientierter Beratung erfordert, als andere Beratungsfelder (Hoffmann/Hlawacek 1991: 423). Daher ist eine Verallgemeinerung dieses Befundes nicht möglich. Eine repräsentative Studie hätte darüber hinaus den Marktanteil von Fach- bzw. Prozessberatung in Rechnung zu stellen.

5.4.3. Empirisch begründete Typologisierungsversuche

Wenngleich Weber die Methode der Idealtypenbildung stark bevorzugte, so räumte er doch der Bildung von Durchschnittstypen einen – wenngleich untergeordneten - Rang ein. Sie seien nur fruchtbar, wenn es sich um Gradunterschiede qualitativ gleichartigen sinnhaft bestimmten Handelns handelt. In diesem Sinne werden Durchschnittstypen vielfach durch die empirisch-statistische Methode der Clusteranalyse abgeleitet. So hat Meffert (1990) mit den Daten seiner anscheinend nicht repräsentativen Studie, einer spiegelbildlichen Befragung von 268 in Deutschland tätigen Klientunternehmen und 39 Beratungsunternehmen, eine Clusteranalyse durchgeführt. Er leitet hieraus fünf Typen von Beratungsunternehmen (bereichsübergreifende Beratungen mit Schwerpunkt Organisation, 12%; bereichsübergreifende Beratungen mit Schwerpunkt Strategie, 32%; Personalberatungen mit ergänzender Organisationsberatung, 16%; EDV- und Organisationsberatungen, 32 %; Spezialberater, 8%) und fünf Typen von Klientunternehmen ab (Intensiv-Nutzer, 12%; Selektiv-Nutzer, 37%; Extensiv-Nutzer, 25%; Gelegenheitsnutzer, 10%, Skeptiker und Ablehner, 16%).

5.5. Würdigung und Kritik

In der Forschung zur Organisationsberatung werden Idealtypen wegen ihrer terminologischen, klassifikatorischen und heuristischen Funktion geschätzt. Die Bedeutung der verstehenden Soziologie Max Webers für eine Theorie der Organisationsberatung liegt darin, dass sie diejenigen Aspekte von Beratungshandeln gut beschreiben und strukturieren kann, die von qualitativ heterogenen Motiven beeinflusst sind. Berater und Klient handeln in einer aufeinander eingestellten Art, welche aus typischen Motiven und typisch gemeintem Sinn verständlich sind. An die Stelle des für wissenschaftliche Analyse nicht zugänglichen subjektiven Sinns setzt Weber den im Idealtypus objektivierten Sinn. Die idealtypische Methode gestattet es so, typischerweise auftretende Regelmäßigkeiten festzustellen (Weber 1976: 6). Als wissenschaftlich fruchtbar erweisen sich Idealtypen erst dadurch, dass man sie auf empirische Einzelfälle anwendet. Durch die „Ermittlung der Nähe oder des Abstandes vom theoretisch konstruierten Typus" (Weber 1988: 537) lässt sich herausarbeiten, was die Eigenart eines Einzelfalls ausmacht. „Diese Möglichkeit kann sowohl heuristisch wie für die Darstellung von Wert, ja unentbehrlich sein. Für die Forschung will der idealtypische Begriff das Zurechnungsurteil schulen: er ist keine ‚Hypothese', aber er will der Hypothesenbildung die Richtung weisen" (Weber 1973: 190). Ein Idealtyp ist daher weder Abbild sozialer Wirklichkeit noch formuliert er ein Ideal im Sinne eines Sein-Sollens. Stattdessen ist er ein Vergleichsmaß für empirisches

sches soziales Handeln. Der Idealtyp fungiert als theoretischer Referenzpunkt. Die Analyse der Abweichungen vom Idealtyp führt zu interessanten neuen Hypothesen.

Im Gegensatz zum symbolisch-interaktionistischen Ansatz, der die Kontingenz von Beratungshandeln betont, stellt der verstehende Ansatz damit Regelmäßigkeiten von Beratungshandeln heraus. Kontingenz wird durch typische Motive und typisch gemeinten Sinn reduziert.

Die Idealtypen der Organisationsberatung kommen jedoch nicht nur in der Forschung zur Anwendung. Es gibt eine Wechselwirkung zwischen wissenschaftlichen Typisierungsversuchen und Selbstbeschreibungen von Organisationsberatern. Insbesondere strategische und systemische Berater bezeichnen und vermarkten sich auch unter Bezugnahme auf die Idealtypen. Auch Fort- und Weiterbildungen beziehen sich auf die Idealtypen, so gibt es beispielsweise Fortbildungen in systemischem Coaching etc.

Webers Methode der Idealtypenbildung hat fundamentale Kritik von Seiten der analytischen Wissenschaftstheorie erfahren: „Den in anderen Teilgebieten der Sozialwissenschaften benutzten Idealtypen mangelt es an Klarheit und Präzision der in der theoretischen Ökonomie angewendeten Konstruktionen. Die Verhaltensregelmäßigkeiten, die einen bestimmten Idealtyp definieren sollen, werden gewöhnlich nur mehr oder minder intuitiv festgelegt und die Parameter, die durch sie verbunden werden sollen, sind nicht ausdrücklich spezifiziert, und schließlich ist noch der für die empirische Anwendbarkeit und damit auch Überprüfbarkeit des typologischen Systems in Anspruch genommene Bereich nicht klar abgegrenzt" (Hempel 1968: 100). Diese Kritik hat zweifelsohne weiterhin Berechtigung und sie sollte sich jeder zu Herzen nehmen, der Idealtypen dennoch als heuristisches Hilfsmittel entwickelt.

Hempel formuliert darüber hinaus die These, dass Idealtypen ihrer Intention nach eher Theorien und nicht Begriffe darstellen: Wenn man Idealtypen als interpretierte theoretische Systeme einführt, dann ist jedoch „der Gebrauch von ‚Idealtypen' bestenfalls ein unwichtiger terminologischer Aspekt, nicht aber ein besonderes methodologisches Kennzeichen der Sozialwissenschaften: die Methode der Idealtypen wird ununterscheidbar von den Methoden, die andere wissenschaftliche Disziplinen zur Bildung und Anwendung erklärender Begriffe und Theorien benutzen" (ebd.). Diese Aussage kann nur im Zusammenhang mit Webers Begriff des Erklärens verstanden werden: „‚Erklären' bedeutet also für eine mit dem Sinn des Handelns befasste Wissenschaft soviel wie: Erfassung des Sinnzusammenhangs, in den, seinem subjektiv gemeinten Sinn nach, ein aktuell verständliches Handeln hineingehört" (Weber 1976: 4). Die Webersche Vorstellung eines erklärenden Verstehens ist nicht vereinbar mit modernen Positionen der analytischen Wissenschaftstheorie und muss heute als veraltet bewertet werden (Kaesler 2003, Bd. 1: 208).

Abschließend sei eine Kritik aus soziologischer Perspektive ausgeführt: auf Idealtypen basierende Forschung zur Organisationsberatung greift notwendig und ausschließlich auf Individuen als Akteure zurück. Da nur Individuen Träger von sinnhaft orientiertem Handeln sein können, sind Kollektive wie die Beratungs- und Klientunternehmung nicht aus sich heraus verstehbar. Vielmehr müssen sie in Handlungsmuster von Individuen aufgelöst werden.

Im Folgenden finden Sie Fragen, die Ihnen als Berater oder Klient Hilfestellung leisten sollten, Beratungshandeln aus verstehender Perspektive zu reflektieren.

5.6. Fragen für Berater

Welche typischen Motive und welchen typisch gemeinten Sinn verbinden Sie mit Ihrem Handeln in den verschiedenen idealtypischen Phasen von Organisationsberatungs-Prozessen (Startphase, Diagnose, Handlungsplanung, Durchführung, Abschluss)?

Welche typischen Motive und welchen typisch gemeinten Sinn verbindet Ihr Klient mit seinem Handeln in den verschiedenen idealtypischen Phasen von Organisationsberatungs-Prozessen (Startphase, Diagnose, Handlungsplanung, Durchführung, Abschluss)? (Wie) Sind Sie darauf vorbereitet?

Welchen Schwerpunkt legen Sie auf die einzelnen idealtypischen Phasen des Beratungsprozesses? Warum? Welche Motive und welchen Sinn verbinden Sie typischerweise damit?

Welchen Schwerpunkt legt Ihr Klient auf die einzelnen idealtypischen Phasen des Beratungsprozesses? Warum? Welche Motive und welchen Sinn verbindet der Klient typischerweise damit? (Wie) Sind Sie darauf vorbereitet?

Helfen Ihnen die vier Idealtypen der Organisationsberatung – Strategische Beratung, Kernprozess-Beratung, Organisationsentwicklung, systemische Organisationsberatung - bei der Klärung Ihres Selbstverständnisses als Berater? Wenn ja, wie und wofür? Wenn nein, warum nicht?

Helfen dem Klienten die vier Idealtypen der Organisationsberatung bei der Klärung seines Beratungsbedarfs? Wenn ja, wie könnten Sie dies unterstützen?

Benutzen Sie einen der vier Idealtypen für Ihr Marketing? Wenn ja, warum? Wenn nein, warum nicht?

Bezieht sich der Klient bei der Ausschreibung des Beratungsprojekts auf einen der vier Idealtypen der Organisationsberatung? Wenn ja, wie sind Sie darauf vorbereitet?

Sehen Sie sich die Übersicht über Idealtypen der Organisationsberatung an (Tabelle 2). In Bezug auf welche Kategorien weichen Ihr Selbstverständnis und/oder Ihre

Beratungspraxis von dem Idealtyp ab, dem Sie nahe stehen? Warum? Sind diese Abweichungen typisch für einen der anderen Idealtypen der Organisationsberatung? Welchen Grund könnte es dafür geben, dass Sie notfalls auf diesen Idealtyp mit seinen typischen Motiven und seinem typisch gemeinten Sinn ausweichen? Erkennen Sie bei sich dieselben Motive, wie man sie in der empirischen Forschung vorgefunden hat?

Sehen Sie sich die Übersicht über Idealtypen der Organisationsberatung erneut an (Tabelle 2). In Bezug auf welche Kategorien weicht die Vorstellung Ihres Klienten von dem Idealtyp ab, dem Sie nahe stehen? Warum? Sind diese Abweichungen typisch für einen der anderen Idealtypen der Organisationsberatung? Welchen Grund könnte es dafür geben, dass der Klient auf diesen Idealtyp mit seinen typischen Motiven und seinem typisch gemeinten Sinn ausweicht? Erkennen Sie beim Klienten dieselben Motive, wie man sie in der empirischen Forschung vorgefunden hat?

Welcher Typ von Klient wäre Ihr idealtypischer Interaktionspartner? Beziehen Sie diese Überlegungen in Ihr Marketing ein?

Welchen Typ von Berater schätzt Ihr Klient als idealtypischen Interaktionspartner ein? Beziehen Sie diese Überlegungen in Ihr Marketing ein?

Welche Handlungsmöglichkeiten eröffnen sich Ihnen, wenn Sie sich Ihr eigenes Handeln wie auch dasjenige Ihres Klienten als von typischen Motiven und typisch gemeintem Sinn geleitet denken?

Welche Handlungsmöglichkeiten eröffnen sich Ihrem Klienten, wenn er sich sein eigenes Handeln wie auch Ihr Handeln als von typischen Motiven und typisch gemeintem Sinn geleitet denkt? Welche Konsequenzen könnte dies für Sie haben? (Wie) Könnten Sie dies unterstützen?

5.7. Fragen für Klienten

Welche typischen Motive und welchen typisch gemeinten Sinn verbinden Sie mit Ihrem Handeln in den verschiedenen idealtypischen Phasen von Organisationsberatungs-Prozessen (Startphase, Diagnose, Handlungsplanung, Durchführung, Abschluss)?

Welche typischen Motive und welchen typisch gemeinten Sinn verbindet Ihr Berater mit seinem Handeln in den verschiedenen idealtypischen Phasen von Organisationsberatungs-Prozessen (Startphase, Diagnose, Handlungsplanung, Durchführung, Abschluss)? (Wie) Sind Sie darauf vorbereitet?

Welchen Schwerpunkt legen Sie auf die einzelnen idealtypischen Phasen des Beratungsprozesses? Warum? Welche Motive und welchen Sinn verbinden Sie typischerweise damit?

Welchen Schwerpunkt legt Ihr Berater auf die einzelnen idealtypischen Phasen des Beratungsprozesses? Warum? Welche Motive und welchen Sinn verbindet der Berater typischerweise damit? (Wie) Sind Sie darauf vorbereitet?

Helfen Ihnen die vier Idealtypen der Organisationsberatung – Strategische Beratung, Kernprozess-Beratung, Organisationsentwicklung, systemische Organisationsberatung – bei der Klärung Ihres Beratungsbedarfs? Wenn ja, wie und wofür? Wenn nein, warum nicht?

Nutzt der Berater die vier Idealtypen der Organisationsberatung bei der Klärung seines Selbstverständnisses als Berater? Wenn ja, welche Konsequenzen könnte dies für Sie haben?

Benutzt der Berater einen der vier Idealtypen für sein Marketing? Wenn ja, warum? Wenn nein, warum vermutlich nicht?

Beziehen Sie sich bei der Ausschreibung des Beratungsprojekts auf einen der vier Idealtypen der Organisationsberatung? Wenn ja, warum? Wenn nein, warum nicht?

Sehen Sie sich die Übersicht über Idealtypen der Organisationsberatung an (Tabelle 2). In Bezug auf welche Kategorien weicht Ihre Vorstellung über Ihren Berater von einem der Idealtypen ab? Warum? Sind diese Abweichungen typisch für einen der anderen Idealtypen der Organisationsberatung? Welchen Grund könnte es dafür geben, dass Sie notfalls auf diesen anderen Idealtyp mit seinen typischen Motiven und seinem typisch gemeinten Sinn ausweichen? Erkennen Sie bei sich dieselben Motive, wie man sie in der empirischen Forschung vorgefunden hat?

Sehen Sie sich die Übersicht über Idealtypen der Organisationsberatung erneut an (Tabelle 2). In Bezug auf welche Kategorien weichen das Selbstverständnis und/oder die Beratungspraxis Ihres Beraters von dem Idealtyp ab, dem er nahe steht? Warum? Sind diese Abweichungen typisch für einen der anderen Idealtypen der Organisationsberatung? Welchen Grund könnte es dafür geben, dass der Berater auf diesen anderen Idealtyp mit seinen typischen Motiven und seinem typisch gemeinten Sinn ausweicht? Erkennen Sie beim Berater dieselben Motive, wie man sie in der empirischen Forschung vorgefunden hat?

Welcher Typ von Berater wäre Ihr idealtypischer Interaktionspartner? Beziehen Sie diese Überlegungen in Ihre Ausschreibung des Beratungsprojekts ein?

Welchen Typ von Klient schätzt Ihr Berater als idealtypischen Interaktionspartner ein? Beziehen Sie diese Überlegungen in Ihre Ausschreibung des Beratungsprojekts ein?

Welche Handlungsmöglichkeiten eröffnen sich Ihnen, wenn Sie sich Ihr eigenes Handeln wie auch dasjenige Ihres Beraters als von typischen Motiven und typisch gemeintem Sinn geleitet denken?

Welche Handlungsmöglichkeiten eröffnen sich Ihrem Berater, wenn er sich sein eigenes Handeln wie auch Ihr Handeln als von typischen Motiven und typisch gemeintem Sinn geleitet denkt? Welche Konsequenzen könnte dies für Sie haben?

6. Beratungshandeln als rationales Handeln unter der Bedingung asymmetrischer Information (institutionenökonomischer Ansatz)

6.1. Vertreter und wichtige Quellen

Theorien rationalen Handelns bilden die Grundlage für die Analyse von Beratungshandeln als rationales Handeln unter der Bedingung asymmetrischer Information. Sie basieren auf dem methodologischen Individualismus, nach dem die Analyse und Erklärung kollektiver Phänomene durch Annahmen über das Handeln von Akteuren in bestimmten Situationen erfolgt. Akteure verfügen über Ressourcen (dies schließt Handlungsbeschränkungen oder Restriktionen ein), die sie zur Erreichung ihrer Ziele (auch Präferenzen genannt) einsetzen können. Hierzu können sie zwischen verschiedenen Handlungsalternativen wählen. Die Akteure wählen diejenige Handlungsalternative, unter der sie ihre Ziele unter Berücksichtigung der Handlungsbeschränkungen in höchstem Maße realisieren. Die weitere Ausdifferenzierung von Annahmen über Handlungsbeschränkungen und das, was „in höchsten Maße" meint (z.B. Nutzenmaximierung, Maximierung des subjektiv erwarteten Nutzens, *„satisficing"*), führt zu verschiedenen Varianten der Rational Choice-Theorie:

Die *Nutzentheorie* basiert auf der mikroökonomischen Theorie des vollkommenen Wettbewerbs in einer Welt, in der Ressourcen knapp sind (Frank 1997, McKenzie/Tullock 1984). Sie geht von vollständig informierten Akteuren aus, die sich als Nachfrager und Anbieter von Gütern auf dem Markt gegenüberstehen, wobei die Handlungen eines Akteurs keine direkten Rückwirkungen auf die Entscheidungen anderer Akteure haben. Der Ansatz geht von vielen Konsumenten und großen Märkten aus, in denen sich die Akteure (Haushalte, Firmen) nur als Preisanpasser verhalten können. Wegen der großen Zahl an Konkurrenten können sie das Gesamtangebot nur unwesentlich beeinflussen. Konsumenten und Produzenten reagieren daher nur auf die Marktpreise, nicht jedoch auf die Handlungen der anderen Marktteilnehmer. Die Zielgrößen, die die Marktteilnehmer maximieren, hängen nur von den eigenen Entscheidungen bezüglich der Absatzmengen bzw. konsumierten Gütermenge und den Marktpreisen ab. Der Ausdruck direkte Rückwirkungen bezieht sich auch auf die Qualität der Produkte. Die Produkte werden als Austauschgüter beschreiben, d.h. als fertige Produkte auf deren Merkmale im Moment der Übergabe an den Kunden niemand mehr Einfluss nehmen kann, weder der Käufer, noch der Verkäufer. Im Rahmen der Nutzentheorie kommen Optimierungskalküle zum Einsatz.

John v. Neumann und Oscar Morgenstern (1947) kritisierten die Nutzentheorie mit dem Argument, dass die meisten ökonomischen Probleme strategische Probleme seien, d.h. Probleme, bei denen die Marktteilnehmer auch die Aktionen der anderen Akteure in ihre Entscheidungen einbeziehen müssen. Beispielsweise stehen sich oftmals nur wenige Firmen als Anbieter gegenüber. Die daraus resultierenden Probleme unvollständigen Wettbewerbs lassen sich nur adäquat durch strategische Kalküle behandeln. Aus diesen Anfängen heraus hat sich die *Spieltheorie* (als Einführung sei Rieck 1993, als Vertiefung Berninghaus/Ehrhart/Güth 2002 empfohlen) als jene Theorie rationalen Handelns entwickelt, die annimmt, dass die Handlungen eines Akteurs direkte Rückwirkungen auf die Entscheidungen anderer Akteure haben (strategische Interdependenz).

In einem nächsten Schritt entstand die *Neue Institutionenökonomik* (Erlei/Leschke/Sauerland 1999, Richter/Furubotn 1996) aus der Kritik an den neoklassischen Theorien rationalen Handelns. Die neoklassische Theorie „hat es mit einer reibungslosen Welt zu tun, in der es keine Institutionen gibt und in der jede Veränderung auf einem vollkommen funktionierenden Markt vor sich geht. Kurz gesagt, es gibt keine Informationskosten, keine Unsicherheit und keine Transaktionskosten" (North 1988: 5). In drei parallel laufenden Entwicklungslinien werden die Theorie der Verfügungsrechte, die Transaktionskostentheorie und die Agenturtheorie entwickelt, die alle die Vorstellung der völlig reibungslosen und kostenlosen Interaktion zwischen den Akteuren aufgeben. Sie bilden heute die Teilansätze der Neuen Institutionenökonomik.

Die Gründung und Nutzung von Institutionen oder Organisationen durch ökonomische Akteure wird von der Neoklassik als selbstverständlich und kostenlos vorausgesetzt. Coase (1937) hebt dagegen hervor, dass deren Gründung und Nutzung Kosten verursacht, die er Transaktionskosten nennt. Sie umfassen in modernen Volkswirtschaften 70-80% des Nettosozialprodukts (Richter 1994: 5). Transaktionskosten umfassen die Kosten der Bereitstellung, Nutzung, Aufrechterhaltung und Nutzung von Institutionen. Sie sind in den Worten Arrows (1969: 48) die Kosten der Betreibung eines Wirtschaftssystems. Der *Transaktionskostenansatz* erklärt die Entstehung nicht-marktlicher Institutionen, wie die Entstehung von Organisationen (inklusive von Unternehmen) und dem Staat, aus dem Ziel der rational handelnden Interaktionspartner ihre Transaktionskosten zu minimieren (Williamson 1975, 1990).

In einer Welt mit Unsicherheit und Transaktionskosten wird die Frage nach dem Eigentum an Sachen bedeutsam, da dem Eigentum starke Anreize zur effizienten

Bereitstellung und Nutzung von wirtschaftlichen Gütern (Ressourcen) zugeschrieben werden. Der *Property-Rights-Ansatz* (Alchian 1961, Demsetz 1967, Alchian/Demsetz 1972) problematisiert daher die Eigentumsverhältnisse in der Gesellschaft. Er definiert Eigentum als ein Bündel aus vier Verfügungsrechten: dem Recht auf Gebrauch (usus), dem Recht auf Aneignung der Erträge (usus fructus), dem Recht auf Veränderung der Substanz (abusus) und dem Recht der Übertragung. Verfügungsrechte werden in Verträgen (z.B. Kaufverträgen, Arbeitsverträgen, Verfassungen) geregelt, die die Akteure abschließen. Die Akteure verhalten sich auch gegenüber ihren Verfügungsrechten rational, d.h. sie werden aus ihren Verfügungsrechten „das meiste herausholen". Infolge dessen lassen sich unterschiedliche Verfügungsrechtsstrukturen hinsichtlich ihrer Effizienz unterscheiden, und Aussagen über die Wirkung von Privateigentum und Gemeineigentum ableiten.

Im Mittelpunkt der *Agenturtheorie* (Ross 1973, Jensen und Meckling 1976, Fama 1980) stehen die Institution des Vertrags und seine Ausgestaltung in Austauschbeziehungen zwischen einem Auftraggeber (Prinzipal) und einem Auftragnehmer (Agent). Beispiele für Agenturbeziehungen sind die Beziehungen zwischen Käufer und Verkäufer, Arbeitgeber und Arbeitnehmer, Kapitaleigner und Manager. Der Prinzipal überträgt bestimmte Aufgaben und Entscheidungskompetenzen an den Agenten (Delegation), der für seine Dienste eine Vergütung erhält. Die Agenturtheorie nimmt an, dass das Handeln der Individuen durch individuelle Nutzenmaximierung, Rationalität und Opportunismus gekennzeichnet ist. Die Annahmen der Nutzenmaximierung und der Rationalität teilt die Agenturtheorie mit verschiedenen Ansätzen innerhalb der Rational Choice-Theorie (Nutzentheorie, Spieltheorie). Dort stellt Opportunismus jedoch eine Zusatzannahme dar. Die Annahme von Opportunismus geht über die Annahme von Nutzenmaximierung hinaus. Es wird davon ausgegangen, dass die Akteure Verhaltensspielräume, die ihnen beispielsweise unvollständige Verträge bieten, opportunistisch nutzen, dass sie in strategischer Verfolgung ihrer individuellen Interessen Arglist anwenden (Williamson 1975: 26) bzw. unehrlich in dem Sinne sind, dass sie Präferenzen verschleiern, Daten verdrehen, und Fakten mit Absicht durcheinander bringen (Furubotn/Richter 1991: 4). Williamson hat klargestellt, dass es sich bei dieser Annahme nicht um eine Aussage über ein allgemeines Menschenbild handeln soll, sondern nur um eine situationsbezogene Verhaltensannahme, beispielsweise wenn Menschen als Prinzipale und Agenten interagieren. „Ich nehme lediglich an, dass manche Menschen zeitweilig opportunistisch sind und dass unterschiedliche Vertrauenswürdigkeit selten im Vorhinein klar erkennbar ist" (Williamson 1990: 73). Die prinzipielle Möglichkeit opportunistischen Verhaltens wird bei der Vertragsgestaltung berücksichtigt. Agenturbeziehungen sind darüber hinaus durch asymmetrische Informationsverteilung, Unsicherheit und unterschiedliche Risikoneigung von Prinzipal und Agent gekennzeichnet. Die Agenturtheorie analysiert typische Probleme von Agenturbeziehungen aus der Perspektive des Prinzipals und leitet Gestaltungsempfehlungen zu ihrer Lösung ab.

Die Theorie rationalen Handelns findet vor allem in ihrer institutionenökonomischen Variante Anwendung auf Organisationsberatung. Organisationsberatung wird als Kontraktgut und nicht als Austauschgut klassifiziert (Kaas/Schade 1995). Zwischen Berater und Klient besteht asymmetrische Information, und sie interagieren in einer Welt, die durch Unsicherheit und Transaktionskosten gekennzeichnet ist, so wie es die Agenturtheorie annimmt (Saam 2001). Weiershäuser (1996) analysiert aus agenturtheoretischer Perspektive das Verhalten der Mitarbeiter im Beratungsprozess und leitet dann Gestaltungsempfehlungen zur Steuerung des Mitarbeiterverhaltens ab. Typische Betriebsformen von Beratungshandeln lassen sich auf Basis der Transaktionskostentheorie und der Theorie sozialer Netzwerke erklären (Becker/Schade 1995).

6.2. Begriff der Organisationsberatung

Der Begriff der Organisationsberatung in der Theorie rationalen Handelns ist geprägt vom vertragstheoretischen Organisationskonzept der Neuen Institutionenökonomik. Organisationen und ihre Umweltbeziehungen werden als Netzwerke von impliziten oder expliziten Verträgen betrachtet, die zwischen den Beteiligten zur Regelung ihrer Interaktionen geschlossen werden, als „legal fictions which serve as a nexus for a set of contracting relationships among individuals" (Jensen/Meckling 1976: 310). Explizite Verträge können die Form klassischer, neoklassischer oder relationaler Verträge annehmen (MacAuley 1963, MacNeil 1974). Implizite Verträge lassen sich nicht nur im Rechtssinne, sondern auch im nicht-rechtlichen Sinne verstehen. Das Konzept des Vertrags wird dann als Metapher eingesetzt (Jensen/Meckling 1976). Welches der vier Vertragskonzepte Anwendung findet, hängt vom zu erklärenden Tatbestand ab. Gedacht ist dabei immer an bilaterale Einzelverträge.

Organisationsberatung als Produkt ist ein auf dem Markt gehandeltes Kontraktgut (konstituiert durch einen bilateralen Beratungsvertrag), das in mehr oder weniger intensiver Interaktion zwischen Berater und Klient erst nach Vertragsschluss erstellt wird (Kaas/Schade 1995). Der Berater kann ein Individuum oder eine Organisationen sein. Beratende und beratene Organisation werden in ihren Makrorollen als Agent und Prinzipal konzipiert. Beratungs- und Klientorganisation werden als Netzwerke von expliziten, bilateralen Einzelverträgen (Arbeitsverträgen) aufgefasst. Die Mitarbeit an einem spezifischen Beratungsprojekt wird vom Arbeitgeber bzw. Vorgesetzten erwartet, aber nicht explizit im Arbeitsvertrag festgelegt. Man spricht hier von einem impliziten Vertrag. In Folge dessen stehen sich einzelne Mitglieder beider Organisationen in ihren Mikrorollen wiederum als Prinzipal und Agent gegenüber. Beratungshandeln wird als rationales Handeln rekonstruiert, das gekennzeichnet ist von Unsicherheit und asymmetrischer Information sowie unterschiedlicher Risikobereitschaft von Berater und Klient.

6.3. Zentrale Aussagen

6.3.1. Organisationsberatung als Kontraktgut

Eine oberflächliche Analyse würde Organisationsberatung wie jedes andere Gut auf dem Markt als Austauschgut (Alchian/Woodward 1988: 66) klassifizieren und Konzepte der neoklassischen Ökonomik anwenden, um Beratungshandeln als rationales Handeln im Rahmen eines Kaufaktes zu rekonstruieren. Diese Vorstellungen weisen Kaas und Schade (1995) zurück. Sie klassifizieren Organisationsberatung stattdessen als Kontraktgut, als ein Gut, für das besondere Informations- und Unsicherheitsprobleme typisch sind, die Schade und Schott (1993) auf Basis der Informationsökonomie herausgearbeitet haben.

Organisationsberatung existiert im Moment des Kaufes nicht als Gut, sondern nur als Kontrakt, der ein Leistungsversprechen enthält. Wenn man die Verkaufsverhandlungen vornehmlich als Kaufakt, also als Austausch von Eigentumsrechten begreift, geht man an den wesentlichen Merkmalen, die den Markt für Organisationsberatung kennzeichnen, vorbei. Vielmehr handelt es sich bei den Verkaufsverhandlungen von Organisationsberatung im Wesentlichen um die Aushandlung eines Vertrages über eine Kooperationsbeziehung, in deren Rahmen das Gut nach Vertragsabschluß produziert werden wird. Hieraus ergibt sich, dass Käufer (Klient) als auch Verkäufer (Berater) nach Vertragsschluss erheblichen Einfluss auf die Qualität des Gutes nehmen können. Während manche Leistungsversprechen standardisiert werden können (z.B. das Essen in einer Restaurant-Kette), stellt Organisationsberatung ein nicht standardisiertes Leistungsversprechen dar. Dies hat Informations- und Unsicherheitsprobleme zur Folge: Die Qualität des Gutes kann weder vor noch nach dem Kauf eindeutig bestimmt werden. Organisationsberatung hat Vertrauensqualitäten (Darby/Karni 1973). Organisationsberatung lässt sich weder als Suchgut noch als Erfahrungsgut korrekt beschreiben, denn weder die Optimierung der Anzahl der Suchschritte vor der Kaufentscheidung noch *Trial-and-Error*-Prozesse nach dem Kauf können Sicherheit über die Qualität der Organisationsberatung herstellen. Für *Trial-and-Error*-Prozesse ist die Kauffrequenz zu gering (Williamson 1990). Auch ist der Wert einer Organisationsberatung vielfach so hoch, dass der Klient den Kauf nicht ohne weiteres wiederholen kann (Günter 1979). Viel gravierender sind jedoch die Pfadabhängigkeiten, die durch eine erste Organisationsberatung geschaffen werden. Es wird selten möglich sein, dieselbe Beratung für dasselbe Problem erneut zu kaufen. Das Problem wird sich durch eine erste Beratung verändern und wenn nicht, dann wird man dieselbe Beratung nicht mehr kaufen wollen.

Zusammenfassend lässt sich festhalten, dass im Falle von Organisationsberatung der Vertrag zu einer herausragenden Produkteigenschaft wird, was man von Austauschgütern nicht behaupten kann.

6.3.2. Informationsprobleme und Unsicherheit

Kaas/Schade (1995: 1068) beschreiben fünf Besonderheiten des Marktes der Unternehmensberatung, die sich für den Markt der Organisationsberatung verallgemeinern lassen: Der Markt für Unternehmensberatungsleistungen ist intransparent. Die Qualifikation von Beratern und die Qualität ihrer Leistung ist nicht einfach zu beurteilen. Die Informationsasymmetrie zwischen Beratern und Klienten ist oft beträchtlich. Der Klient ist in einem hohen Maße an der Erstellung des Beratungsproduktes beteiligt. Die ökonomischen Folgen von Beratungsleistungen sind für das Klientunternehmen oft gravierend.

Diese Besonderheiten legen es nahe, Berater und Klient nicht als Akteure auf neoklassischen Märkten, sondern als Prinzipale (Klienten) und Agenten (Berater) im Rahmen eines institutionenökonomischen Ansatzes zu konzipieren. Eine sich auf Gütermengen und Marktpreise konzentrierende Analyse geht an den wesentlichen Kennzeichen des Marktes für Organisationsberatungsdienstleistungen vorbei. Weil dieser Markt in beachtlichem Ausmaß von Informationsproblemen und Unsicherheit gekennzeichnet ist, muss aus der Perspektive der Theorie rationalen Handelns stattdessen die Analyse der Institutionen im Mittelpunkt stehen, durch deren Gestaltung es Berater und Klient gelingt in eine Beratungsbeziehung einzutreten.

Klient und Berater als Prinzipal und Agent

Im Folgenden wird zunächst gezeigt, wie sich die Beziehung zwischen Berater und Klient agenturtheoretisch rekonzeptualisieren lässt. Danach wird erörtert, wie das Vertragsverhältnis zwischen Berater und Klient im besten Fall gestaltet werden kann. In der (traditionellen) Agenturtheorie wird die Beziehung zwischen Prinzipal und Agent aus der Sicht des Prinzipals analysiert. Für die diagnostizierten Agenturprobleme werden Gestaltungsempfehlungen für den Prinzipal abgeleitet.

Die Agenturbeziehung ist geprägt von Informationsasymmetrie, unterschiedlicher Risikoneigung, Zielkonflikten und Machtasymmetrie:

Informationsasymmetrien. Rationale Akteure werden nur dann in eine Agenturbeziehung eintreten, wenn entweder (1) der zukünftige Agent über Kompetenzen (allgemein: Informationen) verfügt, die Aufgabe zu erfüllen, der zukünftige Prinzipal aber nicht (Pratt/Zeckhauser 1985: 3), oder (2) beide zwar über die Kompetenz verfügen, der zukünftige Agent die Aufgabe aber zu geringeren Kosten erledigen kann als der zukünftige Prinzipal. Informationsasymmetrien entstehen dadurch, dass der Prinzipal die Kompetenz (*hidden characteristics*), die Handlungsabsichten (*hidden intention*), das Wissen (*hidden knowledge*), die Informationen (*hidden information*) und die Handlungen (*hidden action*) des Agenten entweder gar nicht oder nur zu sehr hohen Kosten beobachten kann. Der Prinzipal benötigt diese Informationen, um den Agenten leistungsgerecht entlohnen zu können. Zusätzlich dazu benötigt der Prinzipal im Laufe des Arbeitsprozesses Information über Umweltfaktoren, die das Arbeitsergebnis des Agenten mit beeinflusst haben, aber nicht aus seiner Arbeitsleistung resultierten. Im Standardfall geht die Agenturtheorie daher von einem Informationsvorsprung des Agenten (private Information) und einem Informationsdefizit des Prinzipals (unvollständige Information) aus. Diese Informationsasymmetrien sind einerseits notwendig und erwünscht, da sie Ausdruck von Arbeitsteilung und Spezialisierung sind und den allgemeinen Wohlstand steigern. Andererseits bergen sie eine Gefahr, nämlich die, dass der besser informierte (Agent) den schlechter informierten (Prinzipal) ausnutzt. Sie werden deshalb auch als Agenturprobleme bezeichnet. Dem Prinzipal und dem Agenten entstehen dafür (Agentur-)Kosten, dass sie versuchen, trotz ungleicher Informationsverteilung zu einem Vertragsabschluß zu gelangen.

Zwischen Berater und Klient bestehen all diese Informationsasymmetrien: Gravierend wirkt sich insbesondere aus, dass eine Berufsausbildung zum Berater nicht existiert noch standardisiert ist und die Berufsbezeichnung nicht geschützt ist (Ausnahme: Österreich). Jeder kann sich Berater nennen und auf dem Markt auftreten. Während der vielfach langen Dauer eines Beratungsprojektes können sich die Umweltbedingungen eines Klienten massiv ändern, was das Arbeitsergebnis des Beraters stark beeinflussen kann.

Unterschiedliche Risikoneigung: Die Akteure sind in unterschiedlichem Ausmaß bereit, für die Realisierung ihrer Ziele Risiken in Kauf zu nehmen. Risiken sind für sie mit unterschiedlichen Entlohnungssystemen (z.B. Pauschalhonorar, Honorar mit Erfolgskomponente) verbunden. Insofern sich unterschiedliche Entlohnungssysteme auf die Handlungen des Agenten zur Bearbeitung der vom Prinzipal delegierten Aufgabe vor verlagern – z.B. wird ein Berater andere Handlungen auswählen, wenn er pauschal und nicht mit einer Erfolgskomponente bezahlt wird – wird auch davon gesprochen, dass „ ... the principal and the agent may prefer different actions because of the different risk preferences" (Eisenhardt 1989: 58). Im Standardfall gelten Agenten als risikoscheu.[11] Dies wird damit begründet, dass ihre Entlohnung im Vergleich zum Prinzipal gering ist. Einkommenseinbußen bedrohen ihre Existenz. Agenten werden also bezüglich ihrer Entlohnung kein (oder wenig) Risiko eingehen wollen. Der Prinzipal gilt im Standardmodell als risikoneutral.[12] „This is justified if the principal can diversify, while the agent cannot" (Eilers 1998: 4). Diese Standard-

---

[11] Dies wird formal durch eine streng konkave Nutzenfunktion dargestellt. Ihre zweite Ableitung ist kleiner als Null.
[12] Risikoneutralität wird durch eine lineare Nutzenfunktion dargestellt.

annahmen dürften für große Beratungsunternehmen eher nicht gelten. Inzwischen werden auch Modelle für risikoneutrale Agenten spezifiziert (z.b. Milgrom/Roberts 1992: 236ff).

Für die zentrale Forschungsfrage der Agenturtheorie, die optimale Ausgestaltung des Vertrags, spielt die Risikoverteilung zwischen Prinzipal und Agent eine wichtige Rolle. Wenn der Agent (Berater) keinerlei Risiko übernimmt (z.b. bei einem Pauschalhonorar), hat er auch keine Anreize, eine hohe Leistung zu erbringen. Das Risiko verbleibt bei dieser Variante vollständig beim Prinzipal (Klienten).

Zielkonflikte entstehen durch unterschiedliche Präferenzen von Prinzipal und Agent. Beiden geht es um die Maximierung ihres Nutzens. Diesen sieht der Berater (Agent) in seinem Beraterhonorar für das er als Gegenleistung arbeiten muß. Er möchte dieses Honorar durch möglichst wenig Arbeit erlangen. Der Klient (Prinzipal) sieht seinen Nutzen dagegen in einem hohen Ertrag, der durch die möglichst hohe Arbeitsleistung des Beraters erzielt werden soll.

Machtasymmetrie. Unter Hinzuziehen des Machtbasen-Begriffs von French und Raven (French/Raven 1959, Raven 1965, Raven 1992) hat Saam (2002) gezeigt, dass in Beziehungen zwischen Prinzipal und Agent nicht nur eine Informationsasymmetrie zugunsten des Agenten vorliegt, sondern darüber hinaus eine Machtasymmetrie, die in entgegen gesetzte Richtung wirkt. Raven definiert Einfluss als „a change in the belief, attitude or behavior of a person – the target of influence, which results from the action, or presence, of another person or group of persons – the influencing agent" und soziale Macht als „*potential* for such influence" (Raven 1992: 218). Machtbasen sind die Grundlage für die Ausübung von Macht. Macht kann auf der Grundlage von Belohnung (*reward power*), Bestrafung (*coercive power*), Legitimation (*legitimate power*), Identifikation (*referent power*), Sachkenntnis (*expert power*) oder Information (*informational power*) ausgeübt werden. Sie stellen kein abgeschlossenes Set an Machtbasen dar. Als weitere Machtbasen nennt Raven (1992: 222) ökologische Kontrolle und die Einbeziehung oder die Verminderung der Macht Dritter. Der Prinzipal verfügt im Falle jedes Agenturproblems nicht nur über quantitativ mehr Machtbasen als der Agent, sondern auch über diejenigen Machtbasen, deren Machtbereich umfangreicher ist. Tabelle 3 gibt die Machtbasen von Prinzipal und Agent vor bzw. nach Vertragsschluss[13] wieder. Es lässt sich zeigen, dass die unten genannten Lösungsmechanismen für die Agenturprobleme des Prinzipals auf dem Einsatz der Machtbasen des Prinzipals beruhen (Saam 2002).

---

[13] Die Agenturtheorie geht von einem diskontinuierlichen Übergang aus. D.h. sie betrachtet die Situation ab dem Zeitpunkt, zu dem der potentielle Prinzipal und seine potentiellen Agenten in Interaktion treten. Die Auswahlphase wird durch den Vertragsschluss abgeschlossen. Im Falle klassischer, neoklassischer und relationaler Verträge ist diese Annahme zumeist sinnvoll. Weniger sinnvoll erscheint sie dann, wenn das Konzept des Vertrags als Metapher gebraucht wird.

	Vor Vertragsschluss	*Nach Vertragsschluss*
Machtbasen des Agenten	Information (Belohnung und Bestrafung nur bei Mangel von Agenten auf dem Markt)	Expertenwissen Information Belohnung Bestrafung
Machtbasen des Prinzipals	Identifikation Belohnung Bestrafung Ökologische Kontrolle	Legitimation Identifikation Belohnung Bestrafung Ökologische Kontrolle

Tabelle 3: Die Machtbasen von Prinzipal und Agent vor bzw. nach Vertragsschluss

Die Beziehung zwischen Prinzipal und Agent findet nicht in einem kontextfreien Raum statt. Beide interagieren in einer Umwelt, die durch Effizienz als Effektivitätskriterium, Ressourcenplastizität (Handlungsspielräume beim Gebrauch von Ressourcen) und Unsicherheit über alle anderen Einflüsse gekennzeichnet ist. Die Agenturtheorie konzentriert sich nicht darauf, die unsicheren Umwelteinflüsse zu identifizieren. Stattdessen werden sie als monolithischer Block, d.h. im Aggregat betrachtet, und hier erscheinen sie dann letztendlich als Zufall(-svariable).

Die traditionelle Agenturtheorie kategorisiert eine Reihe von Problemen, die aus der Sicht des Prinzipals in Agenturbeziehungen entstehen. Sie werden Agenturprobleme genannt (Tabelle 4). Sie werden im Folgenden mit Hilfe von Beispielen aus der Berater-Klient-Beziehung erläutert.

Hidden characteristics[14] (verborgene Merkmale). Vor Vertragsschluss hat der Berater private Information über seine Merkmale, z.B. seine Qualifikation. Der Berater kann dem Klienten Qualifikationen vorspiegeln („inszenieren"), über die er gar nicht verfügt. Für den Klienten ergibt sich das Problem der Qualitätsunsicherheit. Er wird erst nach Vertragsabschluß erfahren, welche Qualifikationen der Berater tatsächlich besitzt.

Hidden intentions (verborgene Absichten). Nach Vertragsabschluß hat der Berater aufgrund der vertraglichen Bindung zwischen dem Klienten und ihm die Gelegenheit, verborgene Absichten umzusetzen. Er kann willentlich unfair gegen den Klienten handeln. Dieses Agenturproblem wird auch als Überfall (*hold up*) bezeichnet. Der Klient kann nicht einfach aus dem Vertragsverhältnis austreten, weil ihm dadurch Kosten entstehen. Er verliert die Investitionskosten, die er aufbrachte, als er den Vertrag mit dem Berater abschloss (*sunk costs*).

---

[14] Bisher hat sich keine einheitliche deutsche Sprachregelung durchgesetzt, so dass auf die englischen Fachbegriffe zurückgegriffen wird.

Hidden knowledge (verborgenes Wissen) und *hidden information* (verborgene Informationen). Nach Vertragsabschluß kann der Berater privates Wissen erlangen, das zur Beurteilung seiner Tätigkeit und des Ergebnisses relevant ist. Es kann sich dabei um Expertenwissen oder um Informationen handeln. Er kann dieses Wissen opportunistisch ausnutzen.

Hidden action (verborgenes Handeln). Nach Vertragsabschluß kann der Berater aufgrund der Ressourcenplastizität Handlungsalternativen auswählen. Dabei kann er wissentlich weniger geeignete Arbeitsmethoden anwenden, ein geringeres Arbeitsvolumen wählen oder ein größeres Arbeitsvolumen vortäuschen („inszenieren"), ohne dass der Klient dies beobachten oder beurteilen kann.

Agenturproblem	*hidden characteristics*	*hidden intentions*	*hidden knowledge*[15] *und hidden information*	*hidden action*
Informationsproblem des Klienten	Qualifikation des Beraters unbekannt	Absichten des Beraters unbekannt	Fachwissen oder Informationen des Beraters unbekannt	Anstrengungen und Arbeitseinsatz des Beraters nicht beobacht- oder beurteilbar
Zeitpunkt	vor Vertragsschluss	nach Vertragsschluss	nach Vertragsschluss	nach Vertragsschluss
Verhaltensform	exogen gegeben	willensabhängig	exogen gegeben	willensabhängig
Verhaltenstransparenz	ex post bekannt	ex post bekannt	ex post verborgen	ex post verborgen
Randbedingungen	Informationsineffizienz	*sunk costs*	Informationsineffizienz	Ressourcenplastizität
Lösungsmechanismen	Selbstwahlschemata, Signalisieren, *screening*, Identifikationssysteme	Autoritätssysteme, Spieltheoretische Lösungsdesigns, Identifikationssysteme	Anreizsysteme, Selbstwahlschemata, Signalisieren, *screening*, Identifikationssysteme	Anreizsysteme, Selbstbindung, Kontrollsysteme, Identifikationssysteme

Tabelle 4: Agenturprobleme des Klienten und Lösungsmechanismen der traditionellen Agenturtheorie (Saam 2001)

---

[15] Wir unterscheiden im Folgenden beide Konzepte gemäß der Differenzierung von Experten- und Informationsmacht bei Raven (1965).

Gestaltungsempfehlungen für Klient und Berater

Allen vier Agenturproblemen ist gemeinsam, dass sich die Informationsasymmetrie zu Ungunsten des Klienten auswirkt. Die Agenturtheorie nimmt an, dass der Berater seinen Informationsvorsprung opportunistisch nutzt und entweder seine Leistung reduziert oder Ressourcen für andere Zwecke gebraucht, so dass der Klient mit einem suboptimalen Ergebnis der Aufgabenerfüllung rechnen muss. Für jedes Agenturproblem wurden in der Agenturtheorie allgemeine Lösungsdesigns entwickelt. Grundsätzlich können Prinzipal und Agent dazu beitragen, die Agenturprobleme zu lösen. Den vier Grundtypen von Agenturproblemen werden unterschiedliche Lösungsansätze als „typisch" zugeordnet.

Anreizsysteme. Je schwieriger bzw. teurer die Kontrolle der Aktivitäten des Beraters ist, desto mehr gewinnt die Schaffung positiver (Leistungs-)Anreize an Gewicht. Anreizsysteme sollen eine Interessensangleichung zwischen Klient und Berater bewirken. Effiziente Anreizsysteme beteiligen den Berater am Ertrag. Dadurch sind beide Vertragspartner an hohen Erträgen interessiert. Die Implementierung von Anreizsystemen ist mit Agenturkosten verbunden, so dass ein *Trade-Off* zwischen den Agenturkosten und dem Produktivitätszuwachs durch verbesserte Anreizwirkung zu berücksichtigen ist. Anreizsysteme gelten als typische Lösung für die Agenturprobleme *hidden information* und *hidden action*.

Kontroll- und Informationssysteme. Mit Kontroll- und Informationssystemen bezweckt der Klient die Disziplinierung des Beraters. Gleichzeitig erhöht er sein eigenes Wissen über den Berater und seine Handlungen. Es wird davon ausgegangen, dass der Berater die Interessen des Klienten um so stärker berücksichtigt, je besser informiert der Klient ist. Die Einführung und laufende Anwendung von Kontroll- und Informationssystemen erzeugt vergleichsweise hohe Agenturkosten. Perfekte, zentrale Kontroll- und Informationssysteme sind in der Realität unmöglich. Sie widersprechen darüber hinaus der arbeitsteiligen modernen Gesellschaft, deren Vorteile in Delegation und Dezentralisierung liegen. Als Informationssysteme werden Butgetierungs-, Berichts- und Dokumentationssysteme vorgeschlagen (Eisenhardt 1985: 61) und ihre Ausgestaltung in Abhängigkeit von Agenturproblemen diskutiert. Nicht-Agenturtheoretiker sprechen hier meist von Systemen zum Zwecke des Wissensmanagements. Kontrollsysteme überprüfen in der Regel nicht nur die Ausprägung bestimmter Größen, sondern sie nehmen zusätzlich einen Soll-Ist-Vergleich vor. Kontroll- und Informationssysteme gelten als typische Lösung für *hidden action*-Probleme.

Autoritätssysteme. Autoritätssysteme stellen Rahmenverträge dar, die Regelungen beinhalten, in denen sich der Berater der Autorität des Klienten unterstellt. Von Fall zu Fall führt er Anweisungen des Klienten aus. Die ursprünglich anvisierte Partnerschaft von Klient und Berater ist durch Hierarchie ersetzt. Explizite Verhaltensnormen schreiben dem Berater bestimmte Handlungsweisen vor oder verbieten sie ihm. Der Klient verfügt über Sanktionsmöglichkeiten, so dass der Berater nur selten die Ausführung der Anweisungen des Klienten verweigern wird. Autoritätssysteme gelten als typische Lösung für *hidden intention*-Probleme.

Spieltheoretische Lösungsdesigns. Agenturtheoretische Probleme lassen sich als Spiele im Sinne der Spieltheorie darstellen und vice versa (Rasmussen 1990). Principal-Agent-Beziehungen werden als „hybrid between a cooperative and noncooperative game" (Myerson 1982: 68) betrachtet. Bei Agentengruppen, bei denen Autoritätssysteme nur begrenzt greifen, kann man stattdessen auf spieltheoretische Lösungsdesigns zurückgreifen. Beispielsweise kann ein agenturtheoretisches Problem als Gefangenendilemma dargestellt werden, und man kann versuchen, auf der Basis der abstrakten Empfehlungen, die die Spieltheorie zum Zustandekommen von dauerhafter Kooperation gibt (Axelrod 1987), die Struktur der Situation umzugestalten. Hierzu zählen Empfehlungen wie die Erhöhung von Interaktionsfrequenz und -dauer, die Erhöhung der Bedeutung zukünftiger Interaktionen sowie eine Änderung der Auszahlungen durch Sanktionen zuungunsten der einseitig defektiven Spielzüge. Langfristig Erfolg versprechende Strategien in Gefangenendilemma-Situationen zeichnen sich durch eine Mischung von Freundlichkeit, Reziprozität, Nachsicht und Verständlichkeit aus (Axelrod 1987). In Einmalspiel-Situationen, die in Organisationen seltener sind, und die sich als Gefangenendilemma darstellen lassen, empfiehlt sich kooperatives Handeln dagegen nicht.

Offenbarung. Unter dem Begriff Offenbarung fasst Spremann (1990: 578ff) zwei Mechanismen zusammen, die den Berater bewegen, seine verborgenen Merkmale ex ante offen zu legen. Der Klient kann dem Berater unterschiedlich gestaltete Vertragsangebote vorlegen, die beispielsweise die Risikolast des Beraters und den Ertragsanteil, der dem Berater zukommen soll, variieren. Der Berater wählt einen Vertrag aus und gibt dadurch bekannt, wie risikogeneigt und leistungsbereit er ist. Solche Selbstwahlschemata (Arrow 1986*)* werden vielfach bei der Preisgestaltung eingesetzt. Die Kosten für Selbstwahlschemata werden vom Klienten getragen. Der Berater kann von sich aus Risikoneigung und Leistungsbereitschaft *signalisieren* (Spence 1973*)*. Er offenbart seine verborgenen Merkmale um einen höheren Preis für seine Leistung zu erzielen. Dafür trägt er selbst die Kosten der Erzeugung des Signals.

Identifikationssysteme. Identifikationssysteme für Klienten lassen sich als Systeme von Maßnahmen definieren, die das Übernehmen von Verhaltensweisen des Klienten durch den Berater bewirken (Saam 2002). Sie beruhen auf der Identifikationsmacht des Klienten und machen den Klienten für den Berater attraktiv. Sie wirken ohne Unterstützung durch weitere Maßnahmen, etwa Anreiz- oder Autoritätssysteme. Hier lässt sich die kulturelle Einbindung des Beraters zuordnen (Schrumpf/Quiring 1993).

Weitere Mechanismen zur Lösung von Agenturproblemen stellen Selbstbindung und *screening* dar. Selbstbindung (Jensen/Meckling 1976: 323-326, 337-339, *bonding*) verringert das *hidden action*-Problem. Der Berater verpflichtet sich zu bestimmten Leistungen, z.B. zur Lieferung von Informationen über seinen Arbeitseinsatz, gegenüber dem Klienten und vereinbart mit diesem Sanktionen für den Fall der Nichterfüllung. Seine Entlohnung wird dann teilweise an diese Leistung gekoppelt. Im Falle des *screening* verbessert der Prinzipal seine Auswahlinstrumente (z.b. Durchführung von Tests, Einholung von Gutachten), wofür er auch die Kosten trägt.

Diese Lösungsmechanismen lassen sich auf die Gestaltung der Organisationsberatung durch den Klienten übertragen. Die Agenturtheorie als normative Theorie empfiehlt Klienten, die rational handeln wollen, die Ausgestaltung folgender Institutionen, um ihre Informationsprobleme im Umgang mit dem Berater zu lösen (Saam 2002):

- Führen Sie vor Vertragsabschluß Beraterauswahlverfahren durch (Lösungsmechanismus: *Screening*).
- Schlagen Sie dem Berater verschiedene Vertragsangebote hinsichtlich der Art des Honorars und der Art des Verhaltenskodex vor (Lösungsmechanismus: Selbstwahlschemata).
- Schließen Sie immer einen Beratungsvertrag ab und nehmen Sie eine Nachverhandlungs- und eine Schiedsgerichtsklausel in den Beratungsvertrag auf (Lösungsmechanismus: Autoritätssysteme).
- Bauen Sie langfristige Geschäftsbeziehungen zu Beratern auf (Spieltheoretisches Lösungsdesign).
- Bestehen Sie auf einem Erfolgshonorar für den Berater (Lösungsmechanismus: Anreizsystem).
- Führen Sie während der Projektlaufzeit Berichts-, Butgetierungs- und Dokumentationssysteme (Lösungsmechanismus: Kontroll- und Informationssysteme).
- Gestalten Sie Identifikationssysteme für den Berater, so dass er sich mit Ihrem Unternehmen identifizieren kann.
- Beratern, die rational handeln wollen, empfiehlt die normative Agenturtheorie den Rückgriff auf folgende Institutionen (Kaas/Schade 1995):
- Bauen Sie Reputation auf. Reputation ist ein Signal für Seriosität und Kompetenz, besonders auf Kontraktgütermärkten.
- Signalisieren Sie Seriosität und Kompetenz durch Maßnahmen der Öffentlichkeitsarbeit wie Vorträge auf Kongressen, Tagungen, Seminaren und an der Universität, durch Publikationen und Lehrtätigkeiten. Öffentlichkeitsarbeit stellt ein Signal für die Qualifikation des Beraters dar, weil es für ein Beratungsunternehmen mit unqualifizierten Beratern zu teuer ist, gute Vorträge und Publikationen auszuarbeiten. Vermeiden Sie massenmediale Werbung und Maßnahmen des Direct Marketing, die als Signale dafür interpretiert werden, dass der Berater keine Klienten hat.

- Signalisieren Sie Seriosität und Kompetenz durch den Abschluss eines Beratungsvertrags.
- Investieren Sie in Geschäftsfreundschaften (vertrauensvolle Beziehungen zwischen Teilnehmern des Wirtschaftslebens; sie sind nicht identisch mit Geschäftsbeziehungen). Geschäftsfreundschaften wirken selbstbindend.

6.3.3. Betriebsformen des Beratungshandelns

Auch die typischen Betriebsformen von Unternehmensberatungsfirmen lassen sich als Ergebnis rationalen Handelns rekonstruieren. Ein Einzelberater muss seine Arbeitszeit zwischen zwei Tätigkeiten aufteilen: der Akquisition von Beratungsprojekten und deren Bearbeitung, d.h. der eigentlichen Problemlösung. Die Akquisition kann als *Networking* rekonstruiert werden, als Handeln, das unmittelbar auf den Aufbau und Erhalt von Netzwerkpositionen mit hoher Zentralität in dynamischen, d.h. stetigen Veränderungen unterworfenen sozialen Netzwerken ausgerichtet ist (Becker/Schade 1995: 338). Beide Tätigkeiten stehen in Konkurrenz zueinander. Der Ertrag einer Tätigkeit stellt die Opportunitätskosten der jeweils anderen Tätigkeit dar. Die Betriebsform des Einzelberaters ist nur effizient, wenn die relevanten Netzwerke klein sind und nicht zu viel Akquisitionszeit in Anspruch nehmen.

Wenn das *Networking* (Problemlösen) steigende positive Grenzerträge aufweist, ist es für den Berater rational, sich auf *Networking* (Problemlösen) zu spezialisieren und für das Problemlösen (*Networking*) einen anderen Berater hinzuzuziehen. Dadurch können *Economies of scale* erzielt werden. Diese Kooperation zwischen Beratern muss nicht zwingend in der rechtlichen Form einer Firma stattfinden. Die Kooperationen können stattdessen informell organisiert sein, als so genannte Quasifirma. Hier findet die Kooperation zwischen den Beratern nur im Rahmen eines Beratungsprojekts statt. Schon beim nächsten Beratungsprojekt kann sich die Zusammensetzung der Berater ändern.

Ein Partnerunternehmen wird von rational handelnden Beratern dann gegründet, wenn sie ihre Kooperation auf Dauer auslegen wollen, und sich bezüglich der Zusammenarbeit als hierarchisch Gleichgestellten vertraglich absichern wollen. Sobald sich zwei Berater länger aneinander binden, lohnen sich für beide spezifische Investitionen. Hierdurch kann es jedoch auch zu asymmetrisch verteilten Abhängigkeiten zwischen den Beratern kommen, die Anreize für *Hold-up*-Praktiken darstellen und die die Transaktionskosten erhöhen. Die Betriebsform der Partnerunternehmung ermöglicht die ex-ante Festlegung der Verteilung der Gewinne, bessere Kontrollmöglichkeiten und ein teilweises Auffangen der spezifitäts-bedingten Risiken der Partner.

Wenn ein Partnerunternehmen wächst, führt die hierarchische Gleichstellung der Berater zu immer höheren Koordinationskosten. Gleichzeitig steigen die Anforderungen an die Kompatibilität des spezifischen Wissens der neu hinzutretenden Berater zu demjenigen der etablierten Partner. Unter diesen Bedingungen ist es rational, eine hierarchisch organisierte Beratungsunternehmung zu gründen, wenn es gelingt, Beratungsprodukte zu standardisieren (Tools) und das standardisierte Wissen in der betrieblichen Weiterbildung an Universitätsabsolventen ohne spezifisches Wissen weiterzugeben. Auch hier werden *Economies of scale* genutzt.

6.4. Empirische Forschung

Die empirische Forschung beschäftigt sich hauptsächlich mit der Frage, ob die von den Theorien rationalen Handelns diagnostizierten Probleme tatsächlich vorliegen und ob die von ihr empfohlenen Institutionen für Berater und Klienten auch tatsächlich zum Einsatz kommen.

95 % der von Marner und Jaeger (1990: 57) befragten Mitglieder von Klientorganisationen empfanden das Finden eines geeigneten Beraters als schwierig, was als Bestätigung für die Relevanz des Agenturproblems der *hidden characteristics* gewertet werden darf. Es zeigt sich, dass Berater und Klienten dieselben Kriterien für die Kontaktaufnahme nutzen, wenngleich in leicht geänderter Reihenfolge (Kaas/Schade 1995): Die Kriterien der Klienten sind: die Reputation des Unternehmensberaters für bestimmte Funktionsbereiche (1,6)[16], die Branchenreputation des Unternehmensberaters (1,7), das Beratungsangebot (1,8), die persönliche Bekanntschaft (2,1). Die Kriterien der Berater sind: die persönliche Bekanntschaft (1,5), die Branchenreputation (1,6), Empfehlungen durch Geschäftsfreunde (1,6), die Reputation für bestimmte Funktionsbereiche (1,7), Empfehlungen innerhalb von Unternehmen (1,7), das Beratungsangebot (1,9).

Dieser empirische Befund weise auf einen effizienten Prozess der „Evolution von Institutionen" hin (Kaas/Schade 1995: 1075). Reputation und Geschäftsfreundschaften seien Institutionen, die nicht nur aus theoretischer Sicht geeignet sind, Probleme asymmetrischer Information und der Unsicherheit zu reduzieren. Vielmehr hätten sie sich empirisch durchgesetzt. Dieses Ergebnis wird noch dadurch bestätigt, dass Berater wie Klienten im direkten Vergleich verschiedener kommunikationspolitischer Maßnahmen den Aufbau und die Pflege persönlicher Kontakte als die mit weitem Abstand wichtigste bewerten (vor der Öffentlichkeitsarbeit, dem *Direct Marketing*, der Werbung). Die positive Bewertung von Geschäftsfreundschaften durch die Berater wie Klienten bestärke die Vermutung, dass es sich hier um eine effiziente Institution handle. Zum selben Ergebnis kommt Svensson (2001) auf Ba-

---

[16] In Klammern der Mittelwert der Antworten aller Befragten; die Antworten wurden mit Hilfe von fünfstufigen Ratingskalen mit den Extremwerten 1 (sehr häufig, sehr wichtig, sehr positiv) und 5 (sehr selten, völlig unwichtig, sehr negativ) erhoben; es wurden Antworten von 121 Beratern und 74 Klienten ausgewertet.

sis eines Datensatzes zu schwedischen Beratungsfirmen, die sich um internationale Beratungsmandate bewerben. Er stellt fest, dass sowohl Indikatoren, mit denen er langfristige Geschäftsbeziehungen operationalisiert, als auch solche, die sich auf die Kompetenz und Erfahrung der Beratungsfirma beziehen, in signifikant positivem Zusammenhang mit der Wahrscheinlichkeit stehen, eine Ausschreibung zu gewinnen.

Ein differenzierteres Bild liefert die Studie von Höck/Keuper (2001; vgl. Kap. 7.4 für eine ausführlichere Beschreibung der Studie). Danach unterliegt die Auswahl einer Beratungsunternehmung zwei Phasen. In einer ersten Phase wird aus einer Vielzahl an möglichen Beratungsunternehmen ein engerer Kreis ausgewählt. In der zweiten Phase wird die letztendliche Auswahlentscheidung getroffen. Während in der ersten Phase Referenzen, Erfahrungen mit ähnlichen Projekten und die Branchenerfahrung als Indikatoren für die Kompetenz und Qualität des Beraters herangezogen werden, stellen in der zweiten Phase die Qualifikation des Beraterteams, die Branchenerfahrung und die Präsentation des Konzepts die am höchsten gewichteten Auswahlkriterien dar. In dieser zweiten Phase spielen Referenzen, persönliche Kontakte, der Bekanntheitsgrad und Empfehlungen nur noch eine untergeordnete Rolle (Höck/Keuper 2001: 430f.).

Ein weiteres interessantes empirisches Ergebnis liegt zur Akzeptanz von Erfolgshonoraren vor: Unternehmensberater sind sich deutlich sicherer als die Klienten, dass man den Erfolg ihrer Arbeit feststellen kann. Immerhin 57,6 % der Berater gaben an, dass dies einfach (in Teilbereichen 34,7%, insgesamt schwierig 7,8%) möglich sei, während bei den Klienten nur 35,6% (in Teilbereichen 39,7%, insgesamt schwierig 24,7%) davon ausgingen, dass die Erfolgsbeurteilung einfach sei. Interessant ist nun, dass lediglich in 9,9% aller Beratungsfälle ein Erfolgshonorar vereinbart wurde, und zwar vollkommen unabhängig davon, ob ein Berater davon überzeugt war, dass die Feststellung seiner Leistung einfach, in Teilbereichen möglich oder insgesamt schwierig sei. Aus der Nicht-Akzeptanz des Erfolgshonorars bei den Beratern (siehe auch die Ethikrichtlinien des Verbandes Deutscher Unternehmensberater) schließen die Autoren aber nun nicht auf die mangelnde Effizienz dieser Institution. Stattdessen vermuten sie, dass willentlich eine potentiell wichtige Institution zur Selektion leistungsfähiger und leistungswilliger Berater außer Kraft gesetzt wird (Kaas/Schade 1995: 1081).

Bei der Frage nach der Häufigkeit und Bedeutung von *After-Sales*-Maßnahmen zeigt sich, dass Klienten insbesondere Erfolgsmessung, Implementationskontrollen und gemeinsame Mitarbeiter-Schulungen als sehr wichtig einschätzen. Dies scheinen die Berater nicht erkannt zu haben, denn sie setzen diese Maßnahmen nicht häufig ein. Auch hier schließen Kaas und Schade (1995: 1083) nicht auf Ineffizienz der Maßnahmen, sondern auf mangelhaftes Qualitätsbewusstsein der Berater.

Insgesamt leidet die empirische Forschung zu den Auswahlkriterien von Beratungsunternehmen an mangelhaftem Theoriebezug und einem Wildwuchs von Konzepten und Indikatoren. Merkmale wie Referenzen, persönliche Kontakte, der Bekanntheitsgrad und Empfehlungen werden eher intuitiv ausgewählt und nicht in Bezug zu theoretischen Konzepten wie beispielsweise Reputation gestellt.

6.5. Würdigung und Kritik

In der Forschung zur Organisationsberatung werden die Theorien rationalen Handelns wegen ihrer hypothesengenerierenden und präskriptiven Funktion geschätzt. Die meisten Theorieansätze rationalen Handelns liegen als deskriptive Theorie (z.B. Agenturtheorie, New Experimental Game Theory) und als normative Theorie (Prinzipal-Agent-Ansatz, Normative Spieltheorie) vor. Erstere gestatten die Ableitung von Hypothesen, die sich empirisch überprüfen lassen, letztere die Ableitung von Gestaltungsempfehlungen.

Die Bedeutung der Neuen Institutionenökonomik für die Theorie der Organisationsberatung liegt darin, dass sie diejenigen Aspekte von Beratungshandeln gut beschreiben und strukturieren können, die auf Entscheidungen in einer Welt, in der Ressourcen knapp sind, beruhen. Berater und Klient entscheiden in einer aufeinander eingestellten Weise so, dass sie ihre Ziele unter Berücksichtigung der Handlungsbeschränkungen in höchstem Maße realisieren. Institutionen wie Beratungsverträge, langfristige Geschäftsbeziehungen und Reputation werden von rationalen Beratern und Klienten geschaffen und gestaltet um eine für beide Seiten nutzenstiftende Kooperation trotz asymmetrischer Information, Unsicherheit über die Umwelt des Beratungshandelns und unterschiedliche Risikoneigung von Berater und Klient zu ermöglichen. In einer solchen Welt ist opportunistisches Verhalten eine situationsbezogene Verhaltensannahme. So nimmt die Institutionenökonomik an, „dass manche Menschen zeitweilig opportunistisch sind und dass unterschiedliche Vertrauenswürdigkeit selten im Vorhinein klar erkennbar ist" (Williamson 1990: 73). Die genannten Institutionen sind Instrumente eines rationalen Vertrauensmanagements in Beratungsprozessen. Beratungshandeln ist auf Vertrauen angewiesen. Es ist schwer vorstellbar, dass der Klient Empfehlungen eines Beraters in Entscheidungen umsetzt, dem er nicht vertraut. Die genannten Institutionen beruhen letztendlich auf dem Einsatz von Macht – genau: Legitimationsmacht, Identifikationsmacht, Macht der Belohnung und Bestrafung, sowie auf ökologischer Kontrolle – durch den Klienten. Die Neue Institutionenökonomik begründet die Effizienz von Institutionen theoretisch und leitet davon theoretisch fundierte Gestaltungsempfehlungen ab. Darüber hinaus überprüft sie, ob der Einsatz dieser Institutionen auch in der Praxis beobachtet werden kann und ob sie dort auch die theoretisch vorhergesagten Wirkungen zeigen. Aus der Missachtung der theoretisch wirksamen Institutionen in der Praxis ist nicht auf ihre grundsätzliche Wirkungslosigkeit zu schließen. Vielmehr regt dieser Befund dann dazu an, nach Gründen für die Missachtung zu suchen.

Die Neue Institutionenökonomik entwickelt letzten Endes die oben angesprochenen Instrumente eines rationalen Vertrauensmanagements, damit es trotz aller Widrigkeiten doch eine Chance dafür gibt, dass Intervention als zielgerichteter Wissenstransfer stattfinden kann. Widrigkeiten entstehen einerseits aus Informationsasymmetrien zwischen Berater und Klient, andererseits aus dem opportunistischen Verhalten aller von den geplanten Veränderungen betroffenen Mitarbeiter beim Klienten. Für die Auftraggeber auf Seite des Klienten schlägt die Neue Institutionenökonomik daher zahlreiche Institutionen vor, die die Informationsasymmetrien zwischen Berater und Klient minimieren sollen und die Mitarbeiter von opportunistischem Verhalten abhalten sollen.

Die Kritik der Theorien rationalen Handelns setzt an verschiedenen Stellen an: Im handlungstheoretischen Kern der Theorie wird von feststehenden Zielen der Akteure ausgegangen: Die Präferenzen sind bekannt und konstant. Gegen diese Annahme ist erstens einzuwenden, dass sich Ziele häufig erst im Laufe eines Handlungsprozesses herausbilden bzw. hinreichend konkretisieren. Die entscheidungstheoretische Organisationsforschung hat gezeigt, dass Entscheidungen auch unter Bedingungen unklarer Präferenzen zustande kommen (March/Olsen 1976). Von einer generellen Vorrangstellung von Zielen gegenüber Handlungen kann nicht ausgegangen werden (March 1988). Zweitens ist einzuwenden, dass Ziele sich in Handlungsprozessen verändern, und etwa durch Wechselwirkungen von Präferenzen und Restriktionen. Auch Institutionen können als Restriktionen aufgefasst werden. Warum und wozu will der Klient einen Berater beauftragen? Zum Beispiel dazu, einen Mobbingfall aufzuklären. Im Laufe des Beratungsprozesses ändert der Klient seine Zielsetzung dahingehend, dass er nun die Einführung von Unternehmensleitlinien und die Umgestaltung der Unternehmenskultur wünscht. Oder: Der Erstkontakt zwischen Berater und Klient offenbart eine Problemstruktur, die zunächst einer intensiven Auftragsklärung bedarf (vgl. Kap. 4.3.3). Die Klärung von Zielsetzungen unter Berücksichtigung handlungsmotivierender Sinnbezüge und die Veränderung von Zielsetzungen im Laufe von Beratungsprojekten sind einer Erklärung durch Theorien rationalen Handelns nicht zugänglich. Konsequenterweise beschränkt sich ihre Erklärungskraft im Hinblick auf Interaktionen zwischen Berater und Klient auf weitgehend abstrakte Zielsetzungen: Beide Akteure wollen in eine Interaktion treten: dies ist die Zielsetzung, die als gegeben und konstant vorausgesetzt wird. Hierfür werden die oben genannten vertrauensbildenden Institutionen hergeleitet.

Als Konsequenz einer traditionellen, parteilichen Perspektive, die dem Agenten, aber nicht dem Prinzipal, opportunistisches Verhalten unterstellt, sind die Gestaltungsempfehlungen der Agenturtheorie darüber hinaus als einseitig zu kritisieren: Die Agenturtheorie beschäftigt sich bisher nicht mit der Lösung von Interaktionsproblemen des Agenten. Sie muss weiterentwickelt werden, damit sie in Zukunft auch aus der Perspektive des Agenten Gestaltungsempfehlungen geben kann (vgl. hierzu Saam 2001).

Der Erklärungsanspruch der Neuen Institutionenökonomik ruht auf der Hypothese, dass sich kostengünstigere Institutionen aufgrund der Selektionswirkung des marktlichen Wettbewerbs langfristig tendenziell durchsetzen. Es besteht ein effektiver Institutionenwettbewerb (Williamson 1990). Als Bestätigung dafür, dass eine Institution effizient ist, wird die aus empirischen Daten ermittelte hohe Korrelation zwischen den Merkmalen der Interaktion und der gewählten Institution interpretiert. Dies ist deswegen umstritten, weil der Institutionenwettbewerb u. a. durch Interessen- und Machtkonstellationen gestört sein kann. Dann besteht die Möglichkeit für Marktversagen, so dass ineffiziente Institutionen bestehen bleiben und effiziente Institutionen sich nicht durchsetzen können. Vertreter der Institutionenökonomik sind sich dieses Problems durchaus bewusst. Wie oben beschrieben, schließen Kaas und Schade (1995: 1081) aus der geringen Verbreitung von Erfolgshonoraren nicht auf die mangelnde Effizienz dieser Institution. Stattdessen vermuten sie, dass „willentlich eine potentiell wichtige Institution zur Selektion leistungsfähiger und leistungswilliger Berater außer Kraft gesetzt wird". Genau an dieser Stelle verfügt die Theorie jedoch nicht über Konzepte mit Hilfe derer diese Arten von Marktversagen überzeugend erklärt werden können (m. E. erscheint etwa das Konzept der Marktmacht als zu eng, um im genannten Beispiel zu überzeugen).

Die Theorien rationalen Handelns blenden den weiteren institutionellen Rahmen aus, in dem die Interaktion zwischen Berater und Klient stattfinden und in den die Institutionen eingebettet sind, die die Neue Institutionenökonomik als Lösungsmechanismen für Interaktionsprobleme ableitet. Ihr mikroanalytischer Fokus geht zu Lasten der Berücksichtigung makrosoziologischer, kultureller, politischer, rechtlicher und historischer Einflüsse auf die Interaktion zwischen Berater und Klient. Je nach sozialer Umwelt und historischer Situation kann die Effizienz alternativer Institutionen jedoch unterschiedlich ausfallen (Granovetter 1990). Es wird insbesondere ausgeblendet, dass die Erklärung der Durchsetzung spezifischer Austauschkonditionen die Konzepte Macht und Konflikt erfordern würde, sowie dass die Durchsetzung gegebenenfalls gleicher Austauschkonditionen die Konzepte Solidarität und Diskurs erfordert.

Im Folgenden finden Sie Fragen, die Ihnen als Berater oder Klient Hilfestellung leisten sollten, Beratungshandeln aus Institutionen-ökonomischer Perspektive zu reflektieren.

6.6. Fragen für Berater

Allgemeine Fragen

Weiß der Klient genau, was er von Ihnen will? Was sind seine Ziele?

Wissen Sie genau, was Sie vom Klienten wollen? Was sind Ihre Ziele?

Welche Zielkonflikte erkennen Sie? In welchen Zielsetzungen stimmen Sie überein?

Welche Ressourcen sind bei Ihnen besonders knapp? Wie gehen Sie damit um?

Welche Ressourcen sind beim Klienten besonders knapp? Wie geht er damit um? (Wie) Sind Sie darauf vorbereitet?

Welches Vertrauen bringen Sie dem Klienten entgegen?

Welches Vertrauen bringt der Klient Ihnen entgegen?

Haben Sie bedacht, dass Vertrauen nicht nur die Beziehung zwischen zwei Menschen beschreibt, z.B. zwischen einem Mitglied Ihrer Firma und einem Mitglied des Klienten, sondern im Falle von Organisationsberatung die Beziehung zwischen zwei Organisationen? Vertrauen in einem Organisationsberatungsprojekt ist unzureichend fundiert, wenn es nur auf persönlicher Sympathie gründet!

Wenn der Klient im Verlauf des Beratungsprojekts ein Ihnen unverständliches Handeln zeigt: Hilft es Ihnen, sein Handeln zu erklären, wenn Sie es sich als rational motiviert oder gar opportunistisch motiviert denken?

Welche Kosten-Nutzen-Kalküle stehen beim Klienten im Vordergrund? Wie stehen Sie dazu? Mit welchen Argumenten könnten Sie die Kosten-Nutzen-Kalküle des Klienten beeinflussen und verändern?

Welche neuen Perspektiven eröffnen sich Ihnen, wenn Sie sich den Klienten als Netzwerk aus bilateralen, impliziten oder expliziten Verträgen vorstellen? Welche neuen Perspektiven eröffnen sich Ihnen, wenn Sie Ihr Beratungsunternehmen aus demselben Blickwinkel betrachten?

Vor Vertragsschluss

Welche Bedeutung messen Sie dem Beratungsvertrag bei? Spiegelt sich dies wider in der Zeit und Aufmerksamkeit, die Sie den Vertragsverhandlungen mit dem Klienten widmen?

Welche Bedeutung misst Ihrer Wahrnehmung nach der Klient dem Beratungsvertrag bei? Spiegelt sich dies wider in der Zeit und Aufmerksamkeit, die der Klient den Vertragsverhandlungen mit Ihnen widmet?

Was wollen Sie und sollten Sie vor Vertragsschluss vom Klienten wissen?

Was will und was sollte der Klient vor Vertragsschluss von Ihnen wissen?

Wie könnten Sie den Klienten darin unterstützen, sein Informationsproblem in Bezug auf Ihre Qualität als Berater zu lösen? Nutzen Sie die Instrumente, die Ihnen zur Lösung des Informationsproblems des Klienten vor Vertragsschluss empfohlen werden (Signalisieren)?

Machen Sie genug Öffentlichkeitsarbeit und machen Sie diese an der richtigen Stelle?

Investieren Sie hinreichend in Ihre Reputation? Haben Sie bedacht, dass After Sales-Maßnahmen (z.B. Erfolgsmessung, Implementationskontrollen, Schulungen) von Klienten als sehr wichtig eingeschätzt werden? Sie können dem Aufbau von Reputation dienen!

Widmen Sie dem Aufbau und der Pflege von Geschäftsfreundschaften hinreichend Zeit und Aufmerksamkeit?

Nutzt der Klient die Instrumente, die ihm zur Lösung seines Informationsproblems vor Vertragsschluss empfohlen werden (Selbstwahlschemata, screening, Identifikationssysteme)? (Wie) Sind Sie darauf vorbereitet?

Nach Vertragsschluss

Was wollen Sie und sollten Sie nach Vertragsschluss während der verschiedenen Phasen des Beratungsprojekts über den Projektverlauf und über den Klienten wissen?

Durch welche Regelungen könnten Sie den von Ihnen gewünschten Informationsfluss sicherstellen?

Was will und was sollte der Klient nach Vertragsschluss während der verschiedenen Phasen des Beratungsprojekts über den Projektverlauf und von Ihnen wissen?

Wie könnten Sie den Klienten darin unterstützen, sein Informationsproblem während der verschiedenen Phasen des Beratungsprojekts zu lösen? Nutzen Sie die Instrumente, die Ihnen zur Lösung des Informationsproblems des Klienten nach Vertragsschluss empfohlen werden (Signalisieren, Selbstbindung)?

Nutzt der Klient die Instrumente, die ihm zur Lösung seines Informationsproblems nach Vertragsschluss empfohlen werden (Selbstwahlschemata, screening, Identifika-

tionssysteme, Autoritätssysteme, Spieltheoretische Lösungsdesigns, Anreizsysteme, Kontrollsysteme)? (Wie) Sind Sie darauf vorbereitet?

Führt der Klient Beraterauswahlverfahren durch? (Wie) Sind Sie darauf vorbereitet?

Müssen Sie damit rechnen, dass der Klient Ihnen verschiedene Vertragsangebote hinsichtlich der Art des Honorars und der Art des Verhaltenskodex vorschlägt? (Wie) Sind Sie darauf vorbereitet?

Enthält der Beratungsvertrag eine Nachverhandlungs- und eine Schiedsgerichtsklausel?

Pflegen Sie langfristige Geschäftsbeziehungen zu Klienten?

Könnte ein Erfolgshonorar auf Sie zukommen? (Wie) Sind Sie darauf vorbereitet dem Klienten zu vermitteln, dass ein Erfolgshonorar in bestimmten Fällen kontraproduktive Effekte für sein Unternehmen haben kann?

Führt der Klient während der Projektlaufzeit Berichts-, Butgetierungs- und Dokumentationssysteme? (Wie) Sind Sie darauf vorbereitet?

Gestaltet der Klient Identifikationssysteme für Sie? (Wie) Sind Sie darauf vorbereitet?

6.7. Fragen für Klienten

Allgemeine Fragen

Wissen Sie genau, was Sie vom Berater wollen? Was sind Ihre Ziele?

Weiß der Berater genau, was er von Ihnen will? Was sind seine Ziele?

Welche Zielkonflikte erkennen Sie? In welchen Zielsetzungen stimmen Sie überein?

Welche Ressourcen sind bei Ihnen besonders knapp? Wie gehen Sie damit um?

Welche Ressourcen sind beim Berater besonders knapp? Wie geht er damit um? (Wie) Sind Sie darauf vorbereitet?

Welches Vertrauen bringen Sie dem Berater entgegen?

Welches Vertrauen bringt der Berater Ihnen entgegen?

Haben Sie bedacht, dass Vertrauen nicht nur die Beziehung zwischen zwei Menschen beschreibt, z.B. zwischen einem Mitglied Ihrer Firma und einem Mitglied des Beraters, sondern im Falle von Organisationsberatung die Beziehung zwischen zwei Organisationen? Vertrauen in einem Organisationsberatungsprojekt ist unzureichend fundiert, wenn es nur auf persönlicher Sympathie gründet!

Wenn der Berater im Verlauf des Beratungsprojekts ein Ihnen unverständliches Handeln zeigt: Hilft es Ihnen, sein Handeln zu erklären, wenn Sie es sich als rational motiviert oder gar opportunistisch motiviert denken?

Welche Kosten-Nutzen-Kalküle stehen beim Berater im Vordergrund? Wie stehen Sie dazu? Mit welchen Argumenten könnten Sie die Kosten-Nutzen-Kalküle des Beraters beeinflussen und verändern?

Welche neuen Perspektiven eröffnen sich Ihnen, wenn Sie sich den Berater als Netzwerk aus bilateralen, impliziten oder expliziten Verträgen vorstellen? Welche neuen Perspektiven eröffnen sich Ihnen, wenn Sie Ihr Klientunternehmen aus demselben Blickwinkel betrachten?

Vor Vertragsschluss

Welche Bedeutung messen Sie dem Beratungsvertrag bei? Spiegelt sich dies wider in der Zeit und Aufmerksamkeit, die Sie den Vertragsverhandlungen mit dem Berater widmen?

Welche Bedeutung misst Ihrer Wahrnehmung nach der Berater dem Beratungsvertrag bei? Spiegelt sich dies wider in der Zeit und Aufmerksamkeit, die der Berater den Vertragsverhandlungen mit Ihnen widmet?

Was wollen Sie und sollten Sie vor Vertragsschluss vom Berater wissen?

Was will und was sollte der Berater vor Vertragsschluss von Ihnen wissen?

Nutzen Sie die Instrumente, die Ihnen zur Lösung Ihres Informationsproblems vor Vertragsschluss empfohlen werden (Selbstwahlschemata, screening, Identifikationssysteme)?

Was wissen Sie über die Öffentlichkeitsarbeit des Beraters? Fällt er durch Vorträge auf Kongressen, Tagungen, durch Seminare, Publikationen oder Lehrtätigkeiten an Weiterbildungseinrichtungen oder Universitäten auf?

Was wissen Sie über die Reputation des Beraters? Führt er After Sales-Maßnahmen durch (z.B. Erfolgsmessung, Implementationskontrollen, Schulungen)?

Was berichten Ihnen Ihre Geschäftsfreunde über den Berater?

Nutzt der Berater die Instrumente, die ihm zur Lösung Ihres Informationsproblems vor Vertragsschluss empfohlen werden (Signalisieren)? (Wie) Sind Sie darauf vorbereitet?

Nach Vertragsschluss

Was wollen Sie und sollten Sie nach Vertragsschluss während der verschiedenen Phasen des Beratungsprojekts über den Projektverlauf und über den Berater wissen?

Nutzen Sie die Instrumente, die Ihnen zur Lösung Ihres Informationsproblems nach Vertragsschluss empfohlen werden (Selbstwahlschemata, screening, Identifikationssysteme, Autoritätssysteme, Spieltheoretische Lösungsdesigns, Anreizsysteme, Kontrollsysteme)?

Führen Sie Beraterauswahlverfahren durch?

Möchten Sie dem Berater verschiedene Vertragsangebote hinsichtlich der Art des Honorars und der Art des Verhaltenskodex vorschlagen? Was könnten Sie hierdurch über den Berater erfahren?

Enthält der Beratungsvertrag eine Nachverhandlungs- und eine Schiedsgerichtsklausel?

Pflegen Sie langfristige Geschäftsbeziehungen zu Beratern?

Könnte ein Erfolgshonorar für den Berater für ein geplantes Beratungsprojekt sinnvoll sein oder eher kontraproduktiv? Denken Sie dabei insbesondere, an welchen Kriterien Sie den Erfolg messen könnten. Wenn der Berater wegen des Erfolgshonorars kurzfristig erzielbare Erfolge anstreben muss, kann dies langfristig kontraproduktive Effekte für Sie und Ihr Unternehmen haben!

Führen Sie während der Projektlaufzeit Berichts-, Butgetierungs- und Dokumentationssysteme?

Gestalten Sie Identifikationssysteme für den Berater, so dass er sich mit Ihrem Unternehmen identifizieren kann?

Nutzt der Berater die Instrumente, die ihm zur Lösung Ihres Informationsproblems nach Vertragsschluss empfohlen werden (Signalisieren, Selbstbindung)? (Wie) Sind Sie darauf vorbereitet?

Was will und was sollte der Berater nach Vertragsschluss während der verschiedenen Phasen des Beratungsprojekts über den Projektverlauf und von Ihnen wissen?

Durch welche Regelungen könnte der Berater den von ihm gewünschten Informationsfluss sicherstellen? (Wie) Sind Sie darauf vorbereitet?

7. Beratungshandeln als Inszenierung von Impression Management (strategisch-dramaturgischer Ansatz)

7.1. Vertreter und wichtige Quellen

Namensgebend für den strategisch-dramaturgischen Ansatz ist die Annahme, dass Handelnde im Umgang mit anderen zahlreiche Gründe dafür haben, den Eindruck, den sie von sich erzeugen, zu kontrollieren. Für dieses Eindrucksmanagement (Impression Management) nutzen die Handelnden dramaturgische Prinzipien, die an das Theater erinnern. Aus diesem Grund steht die Theater-Metapher im Zentrum des strategisch-dramaturgischen Ansatzes (Goffman 1983[1959], Burke 1969, Mangham/Overington 1987).

Goffman interessiert sich für die Struktur sozialer Begegnungen, „wann immer Personen anderen Personen unmittelbar physisch gegenwärtig werden" (Goffman 1983: 233), d.h. für die Kommunikation unter Anwesenden. So wie Schauspieler im Theater eine Rolle darstellen müssen, so müssen Individuen im Alltagsleben die Rollen darstellen, die sie jeweils übernehmen. Individuen im Alltagsleben wenden dieselben Techniken an, die auch Schauspieler bei der Darstellung ihrer Rollen anwenden. Individuen verfügen über zwei Arten von Ausdrucksmöglichkeiten im Hinblick auf eine soziale Rolle: den Ausdruck, den sie sich selbst geben und den Ausdruck, den sie ausstrahlen. Wenn sich ein Individuum vor einem anderen äußert, kann es verschiedene Intentionen haben: es kann wünschen, dass der andere es wertschätzt, oder dass der andere glaubt, es schätze ihn. Es kann wünschen, dass der andere seine wahre Meinung über ihn erfährt, oder es kann den anderen täuschen wollen. Im Allgemeinen wird sich ein Individuum so verhalten, dass es beim anderen den Eindruck hervorruft, den es hervorrufen will. Dabei handelt es sich zumeist um einen auf verschiedene Art und Weise idealisierten Eindruck. Die anderen wissen dies allerdings, und deswegen beobachten sie den Darsteller genau. Man kann die Interaktion des Darstellers mit seinem Publikum als ein Informationsspiel auffassen, einen potentiell endlosen Kreislauf von Verheimlichung, Entdeckung, falscher Enthüllung und Wiederentdeckung (Goffman 1983: 12). Das Spiel selbst dient der Situationsbestimmung, der Definition der Situation.

Goffman hebt hervor, dass Menschen nicht einfach handeln, sprechen, interagieren: Sie inszenieren ihr Handeln, Sprechen und Interagieren, indem sie es für den jeweiligen Interaktionspartner mit Deutungs- und Regieanweisungen versehen, die dem Interaktionspartner eine gewisse Zielstrebigkeit der Kooperation sichern. Sie greifen dabei auf ein in der Sozialisation und Erfahrung erworbenes Wissen um Bedeutungstypen und kommunikative Darstellungsformen zurück. Der Darsteller inszeniert seine Rolle für das Publikum. Er greift dabei im Verlauf seiner Vorstellung bewusst oder unbewusst auf ein standardisiertes Ausdrucksrepertoire („Fassade") zurück. Zur Fassade zählen das Bühnenbild, d.h. alle szenischen Komponenten wie Möbelstücke und die ganze räumliche Anordnung um den Darsteller, sowie die persönliche Fassade, d.h. Kleidung, Haltung, Gesichtsausdruck und alle jene Ausdrucksmittel, die man stärker mit dem Darsteller selbst identifiziert und die dieser ständig mit sich herumträgt. Während einige Rollen vorzüglich dazu geeignet sind, die vom Darsteller beanspruchten Eigenschaften und Fähigkeiten sichtbar zu machen, gilt dies für andere Rollen nicht. So etwa für Inhaber von Dienstleistungsbetrieben, die durch die dramatische Gestaltung ihrer Rolle dem Kunden nur schwer vermitteln können, was sie wirklich für den Kunden leisten (Goffman 1983: 32). In der Abwesenheit vollständiger Information wird sich der Kunde auf Ersatzinformationen stützen, etwa die vom Darsteller zum Vorschein gebrachte Fassade. Die von der Fassade vermittelten Eindrücke werden als Behauptungen und Versprechungen gewertet.

Oftmals ist ein Darsteller nicht alleine. Als Ensemble wird jede Gruppe von Individuen bezeichnet, die gemeinsam eine Rolle inszenieren. Es ist nicht notwendig, dass hierfür alle Mitglieder des Ensembles dieselbe Einzelvorstellung geben. Ausschlaggebend ist alleine, dass ihre Aufführung sich zu einem Ganzen zusammenfügt. In konkreten gesellschaftlichen Institutionen bilden oftmals alle übrigen Teilnehmer einer Interaktion, die nicht zum Ensemble gehören ihrerseits selbst ein Ensemble. Die Interaktion stellt sich dann als Dialog zwischen zwei Ensembles dar, dem Darstellerensemble, das das Bühnenbild kontrolliert, und dem Publikum. Der Ort, an dem eine bestimmte Vorstellung in Gang ist, wird als Vorderbühne bezeichnet. Zu ihr hat nur das Darstellerensemble Zutritt. Hier wird einer Rolle ein gewisser Ausdruck verliehen. An einem anderen Ort, der Hinterbühne, können stattdessen vom Darstellerensemble oder einzelnen seiner Mitglieder Handlungen ausgeführt werden, die mit den Handlungen auf der Vorderbühne in Widerspruch stehen. Der Zugang zur Vorderbühne wird vom Darstellerensemble streng kontrolliert, so dass die Eindrücke, die das Publikum von der Aufführung erhalten hat, hierdurch nicht gestört werden.

Goffman hat klargestellt, wo für ihn die Grenzen der Verallgemeinerbarkeit der Theater-Metapher liegen: eine Handlung, die in einem Theater stattfindet, ist eine

„künstliche Illusion" (Goffman 1983: 233). Anders als im Alltagsleben wird den Darstellern nichts Wirkliches oder Reales geschehen. Diese Grenze existiert bei Mangham (in Anlehnung an Burke) nicht mehr. Für ihn ist die Darstellung eines Managers in gleichem Sinne Kunst wie die Darstellung einer Rolle in einem Drama von Shakespeare: „I am not arguing that Iacocca's performance is *like* a performance of Edmund Kean. I am claiming that it *is* isomorphic: his performing, like yours or mine *is* theatre" (Mangham 1990: 107). In seinem Spätwerk hat Goffman (1977[1974]) die dramatologische Perspektive eingeschränkt. Das Theater erscheint dann nur noch als eine Rahmung unter vielen anderen, durch die soziale Interaktion ihren Sinn erhält.

Während Goffman die Rolle des Darstellers hervorhebt und nur dem Darsteller das Eindrucksmanagement zuschreibt, verwirft Mangham die Vorstellung eines passiven Publikums, das sich manipulieren lässt als zu einfach. Er betont, dass beide Seiten versuchen den Eindruck, den sie von sich erzeugen, zu kontrollieren (Mangham 1978).

Auf strategisch-dramaturgischer Grundlage hat Clark (1995) eine Analyse von Organisationsberatung als Inszenierung von Impression Management vorgelegt. Am auffälligsten ist das Eindrucksmanagement einiger Organisationsberater, die Huczynski (1993) als Management-Gurus bezeichnet. Ihre Darstellungen weisen Parallelen zu Techniken der Gehirnwäsche (Huczynski 1993: 245) bzw. zu magischen Praktiken auf (Clark/Salaman 1996b, Micklethwait/Wooldridge 1996). Unternehmensberater inszenieren nicht nur sich selbst. Im Rahmen ihrer Darstellung erzählen sie ihrem Publikum Geschichten, in denen sie den Helden des modernen Managements erschaffen, den Manager als Unternehmenslenker und Strategen. Sie inszenieren dabei zugleich organisationale Probleme und ihre Lösung. Die Geschichten der Berater erschaffen die Welt, die sie dem Publikum beschreiben (Clark/Salaman 1996a). Auf der Basis der Theater-Metapher liefert Mangham (1978) zwei Rollenbeschreibungen für Organisationsentwickler: sie können die Rolle eines Kritikers oder eines Dramaturgen übernehmen.

7.2. Begriff der Organisationsberatung

Aus strategisch-dramaturgischer Perspektive sind Organisationen Bühnen, auf denen Darsteller vor ihrem Publikum eine Aufführung geben. Die Theater-Metapher schafft dabei zwei Zugänge zum Verständnis von Organisation: zum einen imitiert das Theater das reale Handeln, hier das Handeln in Organisationen (*theatre imitates organization*). Zum anderen ähnelt reales Handeln den Aufführungen im Theater (*organization is like theatre*; vgl. Mangham/Overington 1987: 28).

Aus der Sicht Goffmans übernimmt in Organisationsberatungsprozessen die Beratungsunternehmung die Rolle des Darstellers, während diejenige des Publikums an die Klientunternehmung fällt. Die Interaktion stellt sich dann als Dialog zwischen zwei Ensembles dar, wobei das Darstellerensemble entgegen der Annahmen Goffmans in der Regel nicht das Bühnenbild kontrolliert, sondern das Publikum. Sowohl das Beratungs- wie das Klientunternehmen versuchen den Eindruck zu kontrollieren, den sie von sich erzeugen (Mangham 1978).

7.3. Zentrale Aussagen

7.3.1. Die Inszenierung von Impression Management

Clark (1995: 18) formuliert die These, dass „at the core of successful consultancy is the art of impression management." Er leitet diese These von den spezifischen Bedingungen ab, unter denen Berater und Klienten auf dem Markt für Beratungsdienstleistungen interagieren.
Spezifische Merkmale des Marktes für Beratungsdienstleistungen. Die Chancen des Markteintritts neuer Beratungsfirmen sind deshalb groß, weil etablierte Beratungsunternehmen keine nennenswerten Kostenvorteile gegenüber neuen Beratungsfirmen haben. Das notwendige Startkapital zur Gründung von Beratungsfirmen ist ausgesprochen gering. Größenvorteile („economies of scale") können die wenigsten Beratungsfirmen nutzen, und so hindern sie auch neue Beratungsfirmen nicht am Markteintritt. Gesetzliche Beschränkungen des Markteintritts, etwa in Form von Qualifizierungsnachweisen, existieren nicht. Über niedrige Markteintrittsschranken hinaus ist der Markt für Beratungsdienstleistungen durch ein hohes Maß an Vielfalt des Beratungsangebots (Heterogenität), sowie ein hohes Maß an Marktdynamik gekennzeichnet. Vielen Neugründungen stehen viele Marktaustritte gegenüber. Diese Charakteristika erschweren es potentiellen Klienten, geeignete Beratungsdienstleistungen zu erkennen, die Qualität des Angebots eines Beratungsunternehmens einzuschätzen und gegebenenfalls Langzeitbeziehungen zu einem Beratungsunternehmen zu entwickeln, mit dem man gute Erfahrungen gesammelt hat.
Spezifische Merkmale von Beratungsdienstleistungen. Beratungen sind nichts Greifbares und sie sind vergänglich in dem Sinne, dass sie durch den „Konsum" zerstört werden. Man kann daher weder dieselbe Beratung noch einmal kaufen, noch kann man gute Beratung lagern, noch kann man ex ante oder ex post die Qualität von Beratung einfach feststellen. Das Ergebnis der Beratungen hängt ab von der Interaktion mit dem Klienten, die im Vorne herein schwer einzuschätzen ist. Auch die Vielfalt und mangelnde Standardisierung von Beratungsdienstleistungen erschwert ihre Beurteilung. Organisationsberatern ist es nicht gelungen, Beratungswissen als einen eigenständigen Wissensbestand abzugrenzen und zu kontrollieren. Die Branche der Organisationsberatung zählt zu den wissensintensiven Branchen, deren

Unternehmen sich dadurch auszeichnen, dass sie einen besonderen Wert auf Selbstdarstellung und die Pflege der Beziehungen zum Klienten legen müssen (Alvesson 2001).

Mit anderen Worten: Klienten wissen nicht, was sie bekommen werden, bis sie es bekommen (Clark 1995: 64). In Ermangelung von etwas Greifbarem können Berater ihren potentiellen Klienten nur Eindrücke von sich selbst vermitteln. Selbstdarstellungen ersetzen die Darstellung eines Produktes. Klienten versuchen, aus den Selbstdarstellungen der Berater ihre Qualität abzuleiten und Berater wissen dies. Eindrucksmanagement ist daher der Kern der Beratungstätigkeit. Aus diesem Grund erweist sich die Theater-Metapher als wertvoll: „consultancy work can usefully be understood in terms of the general rubric of theatre. Consultants seek to create and sustain a reality that persuades clients of their value in the same way that actors seek to create a 'theatrical reality'" (Clark 1995: 87). Die Theater-Metapher beschreibt den Berater als einen Schauspieler, der vor einem Publikum eine Aufführung gibt, wobei er unter Zuhilfenahme von Drehbuch, Bühnenrequisiten und bestimmten Stichworten improvisiert. Dabei kommt Goffmans Konzeption der Theater-Metapher den Vorzug vor Manghams Konzeption. Das Eindrucksmanagement steht im Zentrum des Beratungshandelns des Organisationsberaters. Dem potentiellen Klienten wird die passive Publikumsrolle zugewiesen (Clark 1995: 108). Der Organisationsberater liefert eine Selbstdarstellung, die sein Erscheinungsbild zu seinen Gunsten manipuliert. Aspekte, die dem gewünschten Erscheinungsbild abträglich sein könnten, werden verborgen oder herunter gespielt. Qualifikationen und Tätigkeiten, die diesem Erscheinungsbild entsprechen, werden ins Zentrum der Darstellung gerückt und ihre Bedeutung wird weit über das zutreffende Maß hinaus betont.[17]

7.3.2. Die Inszenierung der Management-Gurus

Am auffälligsten ist das Eindrucksmanagement einiger Organisationsberater, die man zu den Management-Gurus zählt. Management-Gurus umfassen Akademiker, Berater und Manager, die höchst populäre Managementkonzepte geschaffen und publiziert haben, die im wesentlichen durch ihre eigene Person autorisiert werden (Huczynski 1993: 40). Über eine namentliche Benennung von Personen hinaus, die als Berater-Gurus („consultant gurus") bezeichnet werden (z.B. Peter Drucker, Philip Cosby, Tom Peters, Robert Waterman), liegt bisher keine nennenswerte soziologische Analyse dieser Teilgruppe der Management-Gurus vor. Im Gegensatz zu den akademischen Management-Gurus wird ihnen Skepsis gegenüber wissenschaftlichen Theorien zugeschrieben (Huczynski 1993: 107). Eine andere Abgrenzung nimmt

---

[17] Eine Übersicht über die Taktiken des Impression Management in Organisationen bietet Huczynski (1996: insbes. Kap. 5).

Jackson (2002) vor, der Management-Gurus von Organisationsberatern und Akademikern trennt. Demnach zeichnen sich Management-Gurus durch ihre geringere Anzahl, ihren weiterreichenden Einfluss auf Manager, ihre fast ausschließlich durch Massenmedien wie Bestseller vermittelte Kommunikation und ihr höheres Honorar aus. Auch Fincham (2002) trennt Management-Gurus von Organisationsberatern, und zwar anhand der Frage, wie sie ihr Wissen legitimieren. Mit Bezug auf Max Webers (1976) Typen legitimer Herrschaft lokalisiert er die Quelle der Legitimitätsansprüche der Management-Gurus in ihrem Charisma. Dagegen können sich die Organisationsberater auf die technische Rationalität des von ihnen angewandten Wissens berufen. Die Grenzziehung zwischen Management-Gurus und Organisationsberatern wird allerdings dadurch problematisch, dass Management-Gurus ganz im Sinne von Webers Konzept der Veralltäglichung des Charisma selbst Beratungsunternehmen gründen (Fincham 2002: 196f.).

Huczynski (1993: 35) fasst die Managementkonzepte der Management-Gurus als Guru-Theorien zusammen. Zentrales inhaltliches Merkmal aller Guru-Theorien ist die Heroisierung des Managers und die Botschaft, dass „everyone can be a winner, if they only try" (Huczynski 1993: 46). Guru-Theorien seien im Wesentlichen eine (US-)amerikanische Entwicklung. Beiträge europäischer Gurus seinen nicht weniger bedeutsam aber deutlich weniger sichtbar als diejenigen ihrer amerikanischen Kollegen (Huczynski 1993: 44). Guru-Theorien unterliegen der Vermarktung, wie andere Produkte auch. Im Gegensatz zu anderen Produkten sind sie in der Vermarktung stark auf sprachliche Vermittlung angewiesen, beispielsweise in Form von öffentlichen Vorträgen, Fernsehauftritten, oder Mitschnitten solcher Auftritte auf Video-Bändern oder Tonbändern (Huczynski 1993: 243).

Auch wenn für Management-Gurus dasselbe gilt, wie für Organisationsberater, dass sie nämlich durch ihre Selbstdarstellung das Publikum der anwesenden Manager von ihrem Wert und der Qualität ihrer Leistung überzeugen müssen, so liegt mit den Aufführungen von Management-Gurus dennoch eine besondere, nochmals gesteigerte Art von Impression Management vor: „Gurus aren't teams – they are stars" (Clark/Salaman 1996b: 87). Zunächst lassen sich diese Aufführungen durch eine Reihe typischer Merkmale kennzeichnen: eine auffällige physische Präsenz des Management-Guru, verbunden mit einer Verausgabung bis zur Erschöpfung; eine leidenschaftliche Präsentation, die absolute Sicherheit und Überzeugung ausstrahlt; eine Einbeziehung des Publikums, das durch Drohungen und Konfrontation herausgefordert wird; die Präsentation erweckt im Publikum Gefühle von Angst und Faszination; sie vermittelt sodann das als Einsichten präsentierte Wissen des als allwissend inszenierten Management-Guru (Clark/Salaman 1996b). Ziel dieser Aufführung ist nicht einfach die Selbstdarstellung. Stattdessen verfolgt der Management-Guru das Ziel, das Publikum von seiner Sicht der Dinge zu überzeugen, indem er ihre Überzeugungen, Einstellungen und Gefühle in Bezug auf organisationale Probleme schlagartig und nachhaltig verändert. Im Zentrum der Bemühungen steht eine

Bewusstseinstransformation auf Seiten des Publikums (Clark 1995: 118). Die dabei zur Anwendung kommenden Kommunikationstechniken setzen an den Emotionen des Publikums an und bauen auf kontrastierende Inszenierungen des „Neuen" versus des „Alten," in denen immer das „Neue" als attraktiver erscheint (Atkinson 1984, Huczynski 1993: 250ff.).

Huczynski (1993: 245) vergleicht die Präsentationstechniken der Management-Gurus mit Techniken der Gehirnwäsche. Es bestehe eine große Nähe zwischen beiden Techniken, auch wenn die Techniken der Gehirnwäsche von Management-Gurus in einer modifizierten Form angewandt würden. Dem steht die Interpretation gegenüber, dass diese Techniken Parallelen zu Praktiken von Medizinmännern aufweisen (Clark/Salaman 1996b, Micklethwait/Wooldridge 1996). Sie nutzten magische Praktiken. Beispielsweise konzentrierten sie sich darauf, die Effekte herbeizuführen, die man beobachten könnte, wenn die beklagten Probleme gelöst wären. Ihr Wirken richte sich jedoch nicht darauf, organisationale Strukturen und andere Faktoren tatsächlich zu ändern. Die beklagten Probleme werden also nicht gelöst (Clark/Salaman 1996b: 100f.). Trotz ihres Anspruchs, die Einstellungen von Menschen ändern zu wollen, würden die Management-Gurus doch nur das Verhalten ihrer Zuhörer verändern. Sie seien moderne Regenmacher: sie versuchten Ursachen herzustellen, indem sie die Wirkungen erzeugen, die sich bei Vorliegen der Ursachen einstellen müssten. „It is like trying to make rain by putting up umbrellas. These programmes have a magical component – the conviction that if staff can be made to behave in the way they would *if* they had more positive attitudes, then they *will* have positive attitudes" (Clark/Salaman 1996b: 101). In den Aufführungen der Management-Gurus erkenne man die Elemente, die Malinowski (1974) als magisches Handeln definiert habe: Sie inszenieren Emotionen. Sie inszenieren Bedrohung und Risiko einerseits, andererseits aber Vertrauen und Sicherheit in den Guru, die jeglichen Zweifel ausschalten sollen. Sie inszenieren Standhaftigkeit und Optimismus um Wankelmut und Pessimismus des Publikums zu überwinden. Sie destabilisieren auf diese Weise die Persönlichkeiten der Klienten im Publikum und präsentieren als Allheilmittel vereinfachte Handlungsanweisungen.

Die Organisationsberatung der Management-Gurus endet mit dieser Aufführung. In der Regel setzen die Klienten konventionelle Organisationsberater ein, um die Ideen umzusetzen, die ihnen infolge der Inszenierung der Management-Gurus umsetzenswert scheinen (Clark/Salaman 1996b: 105).

7.3.3. Die Konstruktion von Bedeutungen für das Management

Die Inszenierungen der Berater machen Organisationswirklichkeit verfügbar und dem Handeln der Manager zugänglich. Clark und Salaman (1996a: 182) formulieren die These, dass „management consultancies are ... 'systems of persuasion' *par ex-*

cellence and mastery of the management of meaning is not just external to the core of management, it is at its core."

Im Zentrum der Tätigkeit des Beraters steht die Konstruktion von Bedeutungen für den beratenen Manager. Manager sind nicht nur infolge von organisationalen Problemen mit unzureichendem Wissen und Unsicherheit konfrontiert. Ihre Unwissenheit erstreckt sich auch auf ihre eigene Rolle: auf die Erwartungen, die an sie gerichtet werden und auf die Möglichkeiten des Handelns, die ihnen offen stehen. Management-Gurus beeinflussen daher nicht nur das Bild des Managers von der Organisation, sondern insbesondere auch sein Selbst-Bild (Jackson 1996). Managementberater vermitteln Wissen und Sicherheit, indem sie ihrem Publikum Geschichten erzählen: „management consultants as story tellers attempt ... to create a reality for their audience (i.e. the clients)" (Clark/Salaman 1996a: 175). Überzeugende Geschichten („strong stories") erschaffen zum einen den Helden des modernen Managements, den Manager als Unternehmenslenker und Strategen. Diese Geschichten erzählen von mutigen strategischen Entscheidungen, harten Kämpfen gegen das Monster der Organisation und vom Erfolg des Helden. Zum anderen liefern diese Geschichten Interpretationen organisationaler Probleme. Sie vermitteln dem Klienten eine Beschreibungen seiner Organisation, ihrer Strukturen, Prozesse und Zielsetzungen. Dazu arbeiten Managementberater mit Mythen und Symbolen, die sie manipulieren. Manager leben und arbeiten in einer durch Symbole erzeugten Welt (Jackall 1988). „Managing is itself a form of performance: to manage is to engage in the art of performing ... a process that involves the reading and interpretation of events and circumstances and the expression and embodiment of that reading in action on the part of the manager" (Mangham 1990: 110). Weil Manager in einer durch Symbole erzeugten Welt leben und arbeiten, müssen sich auch Managementberater dieser Symbole bedienen, um für die Manager kompetent und attraktiv zu erscheinen. Es ist daher nicht das Wissen um organisationale Probleme, das das spezifische Wissen des Organisationsberaters bildet. Stattdessen besteht sein spezifisches Wissen darin, Symbole des Wissens im Zuge einer Aufführung vor dem Publikum zu manipulieren. Dies erreichen Organisationsberater, indem sie überzeugende Geschichten erzählen.

Die Worte und Geschichten der Berater erschaffen die Welt, die sie den Managern beschreiben (Clark/Salaman 1996a: 179). Die Worte der Berater machen Organisationswirklichkeit verfügbar und dem Handeln der Manager zugänglich: „The organization realities (structures, strategies, environments, scenarios, competencies, etc.) which consultancy talk makes available for and accessible to managerial action and understanding are textually constructed, known and described realities (Clark/Salaman 1996a: 180).

Dennoch wäre es unangemessen davon auszugehen, dass Organisationsberater Managern Bedeutungen aufzwingen oder überstülpen. Stattdessen handelt es sich eher um einen Prozess des Aushandelns („negotiation") im Rahmen dessen der Berater die Bedeutungen überdenkt und verändert, die der Manager Dingen und Ereignissen gibt. Am Ende dieses Prozesses steht eine unzweideutige Klassifikation der Organisation und der Situation, in der sie sich befindet, die der Klient als Beitrag zur Problemlösung erachtet. Diese Klassifikation greift auf grobe Etikettierungen und Metaphern zurück, sowie auf Selbstverständlichkeiten (Czarniawska-Joerges 1990: 139). Sie nehmen Unsicherheit und Angst. Sie objektivieren bisher nicht beachtetes, sie verwandeln Fremdes in Vertrautes, und Zweifelhaftes in Offensichtliches (Czarniawska-Joerges/Joerges 1990: 347).

Während die Vorderbühne dem Eindrucksmanagement der Organisationsberater dient, werden alle inhaltlichen Beratungstätigkeiten, die sich in Bezug auf das angewandte Wissen gar nicht von anderen Berufsgruppen unterscheiden, auf der Hinterbühne ausgeübt. Etwa die Personalberatung für Führungskräfte, bei der sich Headhunter nicht wesentlich von Personalabteilungen großer Unternehmen unterscheiden. Indem die Berater diese Tätigkeiten auf der Hinterbühne durchführen, bleiben sie für den Klienten verborgen. Auch potentielle Bewerber bleiben verborgen: „For those who fail the process, it never occurred – character and reputation remain intact. ... The executive search consultant's impression management is so total that there is no, or very little, public awareness of the event" (Clark 1995: 116).

7.3.4. Intervention zwischen Kritik und Dramaturgie

Eine weniger stark am Impression Management, sondern mehr an der Intervention durch den Berater interessierte Perspektive nimmt Mangham (1978) ein. Er übernimmt das Konzept des Skripts von Schank und Abelson (1977) in die dramaturgische Analyse. Ein Skript ist eine typische Handlungssequenz, deren Ablauf in ihren wesentlichen Punkten immer gleich ist, und die beim Rezipienten eine ziemlich genaue Erwartungshaltung bezüglich des potentiellen Geschehens hervorruft. Einem Restaurantbesuchs liegt ein starkes Skript zugrunde, da die zu erwartenden Vorgänge (sich setzen, Speisen und Getränke auswählen, essen, trinken, zahlen, gehen usw.) und die beteiligten Personen in einer festen Reihenfolge und mit sehr großer Wahrscheinlichkeit auftreten. Von einem schwachen Skript spricht man dann, wenn die Handlungen nur erwartbar, aber nicht genau vorhersagbar sind, wie etwa im Falle eines Einkaufs auf dem Münchner Viktualienmarkt. In Organisationen handeln Individuen unter Bezug auf situative, persönliche und strategische Skripts. Das Vorstandssitzungs-Skript ermöglicht etwa das situationsangemessene Handeln eines Managers, in das sich sein persönliches Skript mischt, das darin besteht, sich möglichst nie festzulegen. Er trifft dabei auf eine Kollegin, die dasselbe situative Skript anwendet und mit dem strategischen Skript verbindet, ihn in dieser Sitzung zu einer Entscheidung zu zwingen.

Aus dramaturgischer Sicht konzentriert sich die Intervention durch Berater auf die Analyse von situativen, strategischen und gegebenenfalls persönlichen Skripts, die in der Klientorganisation zur Anwendung kommen (Mangham 1978, Kap. 7-8). Damit ist zugleich der theoretische Blickwinkel auf den Ansatz der Organisationsentwicklung beschränkt (vgl. Kap. 5.3.2). Ein Organisationsentwickler kann als Kritiker oder als Dramaturg auftreten. Als Kritiker analysiert und bewertet er die Skripts in der Klientorganisation. Er konfrontiert die Organisationsmitglieder mit den aktuellen Skripts, wie er sie wahrnimmt und setzt eine Auseinandersetzung mit ihnen in Gang. Als Dramaturg unterstützt er die Organisationsmitglieder darin, situative Skripts (besser) zu lernen, oder er unterstützt die Klientorganisation bei der Veränderung situativer Skripts, die in ihrer aktuellen Form in Frage gestellt werden. Mangham merkt kritisch an, dass Coaching und Organisationsentwicklung zumeist nur darin bestehe, das jeweilige Organisationsmitglied an das Skript anzupassen: „Much of counselling and ... much of organization development, is of the nature of dramatic coaching, fitting the actor to his part and accepting that the broad lines of the script are appropriate and to be taken for granted" (Mangham 1978: 96). In Anlehnung an Watzlawick/Weakland/Fisch (1974) bezeichnet er den dadurch in der Klientorganisation herbeigeführten Wandel als Wandel erster Ordnung. Wandel zweiter Ordnung geschieht dann, wenn das Skript in Frage gestellt wird: Die Klientmitglieder nehmen dann eine Metaperspektive auf das Theaterstück ein: „From such a perspective the actors become aware of their own theatricality, the nature of the parts they play, and the scripts they create, sustain, and can transform" (Mangham 1978: 97). Die Metaperspektive erhöht die Rollendistanz der Klientmitglieder und hilft ihnen, unterstützt durch den Organisationsentwickler, alternative Skripts zu entwerfen, auszuprobieren und zu lernen. Organisation als Theater zu betrachten ermöglicht es, die Inszenierung in Frage zu stellen. Dies schafft die Möglichkeit organisationales Handeln zu entmystifizieren (Mangham/Overington 1987: 25).

7.4. Empirische Forschung

Interessanterweise handelt es sich bei der Studie, in der Clark (1995) die These formuliert, dass Impression Management zentrales Merkmal erfolgreicher Beratung ist, um eine empirische Untersuchung. Sie basiert auf zwei schriftlichen Umfragen, die zwischen 1986 und 1990 unter britischen Organisationsberatungsunternehmen durchgeführt wurden, und durch 72 strukturierte mündliche Interviews ergänzt wurden, sowie auf weiteren 60 qualitativen Interviews mit Beratern und 25 Interviews mit Klienten (Clark 1995: 19). Während der Verfasser Merkmale des Marktes für Organisationsberatungen, wie die geringen Markteintrittsschranken, durch einige Zitate aus diesen Interviews belegt (z.B. Clark 1995: 29f., 71, 112), verzichtet er aus nicht ersichtlichen Gründen in den zentralen Kapiteln 5 und 6, in denen er die These entfaltet, auf Beleg für diese These aus den Interviews.

Inzwischen liegen eine Reihe qualitativer empirischer Studien zur Frage vor, wie Organisationsberater ihre Aufführungen inszenieren. So hat Case (2002) im Anschluss an die teilnehmende Beobachtung an einem Beraterworkshop anhand von transkribierten Tonbandmitschnitten der Präsentationen und Diskussionen rekonstruiert, welche Themen die Berater aufgreifen (und welche nicht). Er demonstriert, welche Strategien die Berater in der Interaktion mit den Klienten anwenden (z.B. Aussagen des Klienten so zu reformulieren, dass sie in die geplante Agenda passen; strategische Zusammenarbeit mit einer Herstellerfirma verschweigen und die Rolle des neutralen Gastgebers spielen; soziale Konsequenzen technischer Problemlösungen am Arbeitsplatz verschweigen). Clark und Greatbatch (2002) analysierten die Aufführungen von zwei Management Gurus (Rosabeth Moss Kanter und Tom Peters) und zeigen, wie beide geschickt Geschichten in ihre Aufführungen einflechten, um das Publikum von ihrem Wissen zu überzeugen, und Manager und ihr Handeln zugleich zu kritisieren und doch ihre Zustimmung zu dieser Kritik sicherzustellen. Degele (2001) beschäftigt sich am Beispiel der Outplacement-Beratung mit der Frage, wie Organisationsberaterinnen im Gegensatz zu Organisationsberatern ihre Aufführungen inszenieren. Sie zeigt, dass Frauen auf Kompetenzen aus dem klassischen Rollenrepertoire zurückgreifen und Differenzen spielerisch und strategisch inszenieren.

Um zu überprüfen, ob Impression Management zentrales Merkmal erfolgreicher Beratung ist, benötigt man eine Studie, die Daten über den Erfolg von Organisationsberatungsprojekten erhebt, sowie Daten zu den verschiedenen möglichen Ursachen für den Erfolg. Eine solche Studie haben Höck und Keuper (2001) vorgelegt. Ihre Ergebnisse beruhen auf einer im Jahr 2000 durchgeführten schriftlichen Befragung der 1000 umsatzstärksten Firmen Deutschlands. In die Auswertung kamen Daten zu 71 Beratungsprojekten (Rücklaufquote 7,1%, Höck/Keuper 2001: 428). Höck und Keuper haben keinen soziologischen Hintergrund und hatten nicht das Ziel, Clarks These zu überprüfen. Dennoch liefert ihre Studie interessante Hinweise, wenn man das Merkmal „Präsentation des Konzepts" und die Dimension „Auftreten des Beraterteams" näherungsweise als Operationalisierung von Impression Management akzeptiert. Danach stellt die Präsentation des Konzepts das drittwichtigste Merkmal dar (hinter Qualifikation und Branchenerfahrung), das die Klientunternehmen heranziehen, wenn sie bei der Auswahl einer Beratungsunternehmung die Leistungsvoraussetzungen der Beratungsunternehmungen prüfen. Eine Faktorenanalyse zeigt, dass das Vertrauen in die Beratungsunternehmung (Variablen Erfahrung im Unternehmen, messbare Zielwerte, persönliche Kontakte), das Auftreten des Beraterteams (Variablen: Exposé, Präsentation, Erreichbarkeit/Zuverlässigkeit) und das Image (Variablen: Bekanntheitsgrad, Größe/Kapazität) die drei wichtigsten Dimensionen bei den Auswahlkriterien für Beratungsunternehmen darstellen. Bei der anschließenden Untersuchung auf den Zusammenhang aller Auswahlmerkmale mit dem wahrgenommenen Erfolg eines Beratungsprojekts (aus der Sicht des Klienten) zeigt sich, dass es weder zwischen dem Vertrauen und Erfolg, noch zwischen dem Auftreten und dem Erfolg, noch dem Image und dem Erfolg einen signifikanten Zusammenhang gibt. Als signifikant erweisen sich lediglich die Zusammenhänge zwischen Innovationskraft und Erfolg sowie zwischen Qualitätssicherung und Erfolg. Bei aller Vorsicht, die man aufgrund der geringen Rücklaufquote und den damit möglicherweise verbundenen Selektionseffekten bei der Bewertung dieser Ergebnisse walten lassen muss, legen es diese Ergebnisse nahe, dass man Clarks These präzisiert: Impression Management ist ein zentrales Merkmal für die Auswahl einer Beratungsunternehmung durch eine Klientunternehmung. Wenn man hier überhaupt von Erfolg sprechen will, dann bezieht er sich lediglich auf den Erfolg der Beratungsunternehmung im Rahmen des Auswahlprozesses zum Zuge gekommen zu sein, nicht jedoch auf den Erfolg des Beratungsprojekts. Es besteht kein Zusammenhang zwischen Impression Management und dem Erfolg eines Beratungsprojekts.

7.5. Würdigung und Kritik

In der Forschung zur Organisationsberatung sollte man den strategisch-dramaturgischen Ansatz als Ergänzung des symbolisch-interaktionistischen Ansatzes bewerten. Mehrere der oben zitierten Autoren rechnen sich explizit dem symbolischen Interaktionismus zu (Mangham 1978: 14, Mangham/Overington 1987: 4). Aber Beratungshandeln ist nicht einfach symbolisch vermittelte Interaktion. Bedeutung entwickelt sich nicht einfach aus der sozialen Interaktion zwischen Berater und Klient. Die Kreativität, mit denen Berater ihre Rolle gestalten überschreitet das *role-making*.

Der Berater inszeniert vielmehr seine Rolle für den Klienten. Er will einen bestimmten Eindruck beim Klienten hervorrufen. Die provokative Zuspitzung Clarks lautet, dass Eindrucksmanagement und nicht etwa eine problem-adäquate Beratungsleistung den Kern erfolgreicher Organisationsberatung darstellt. Beratungshandeln beinhaltet Elemente von Täuschung, Verheimlichung, aber auch von Entdeckung. Der Organisationsberater liefert eine Selbstdarstellung, die sein Erscheinungsbild zu seinen Gunsten manipuliert. Aspekte, die dem gewünschten Erscheinungsbild abträglich sein könnten, werden verborgen oder herunter gespielt. Qualifikationen und Tätigkeiten, die diesem Erscheinungsbild entsprechen, werden ins Zentrum der Darstellung gerückt und ihre Bedeutung wird weit über das zutreffende Maß hinaus betont. Und dies gilt nicht nur für das Erscheinungsbild des Beraters vor dem Klienten. Auch in der Leistung des Beraters finden sich Elemente der Täuschung, etwa wenn Guru-Berater sich nur darauf konzentrierten, die Effekte herbeizuführen, die man beobachten könnte, wenn die beklagten Probleme gelöst wären. Der Akteur des strategisch-dramaturgischen Ansatzes berechnet strategisch und zweckrational die besten symbolischen Möglichkeiten, wie er einerseits das Publikum positiv beeindrucken und andererseits die Erwartungen seines Publikums umgehen kann, wenn sie seinen persönlichen Interessen zuwiderlaufen. Goffmans Theater-Metapher lässt den Akteur jedoch nicht ausschließlich als zynischen Theaterspieler und Vorstellungskünstler erscheinen. Mit ihr verdeutlicht Goffman vielmehr, wie notwendig für den Akteur die „Arbeitsakzeptanz" (*working acceptance*) seiner Identität in Anbetracht der grundsätzlichen Brüchigkeit aller Realitätsdeutungen ist. Er ist darauf angewiesen, dass das Publikum seine Selbstdarstellung akzeptiert (Hettlage 2003: 197f.). Die Beratungsbeziehung kommt also *auch* ohne übereinstimmende Erwartungen, *ohne* gemeinsame Normen und Werte, und *ohne* die durchgehende Kontrolle des Handelns durch Herrschaft zustande, und sie kann auch ohne diese Merkmale aufrechterhalten werden. Im Gegensatz zur institutionen-ökonomischen Betrachtungsweise, die ein solches Beraterhandeln schnell als opportunistisch klassifiziert und dann dazu übergeht, Gestaltungsempfehlungen für den Klienten zur Vorbeugung gegen ein solches Beraterhandeln abzuleiten, legt der strategisch-dramaturgische Ansatz den Schwerpunkt darauf, die Inszenierungen der Berater umfassend zu beschreiben. Hier steht das „Wie" der Inszenierung im Vordergrund: Wie inszeniert der Berater sich selbst? Wie inszeniert er sein Bild von der Klientorganisation? Wie inszeniert er sein Bild des modernen Managers? Dies ist die originelle Perspektive, die der strategisch-dramaturgische Ansatz in die Analyse von Organisationsberatung einbringt.

Da Studien aus strategisch-dramaturgischer Perspektive in der Regel Fallstudien sind, kann man über den Bewährtheitsgrad der originellen These dieses Ansatzes nur mit Vorsicht urteilen. Die oben (vgl. Kap. 7.4) genannte Studie legt die Vermutung nahe, dass Impression Management tatsächlich ein zentrales Merkmal für die Auswahl einer Beratungsunternehmung durch eine Klientunternehmung ist. Es gibt jedoch keinen Hinweis auf einen Zusammenhang zwischen Impression Management und dem Erfolg von Beratungsprojekten.

Im Vergleich zu den Fragen der Inszenierung, der Darstellung und der Theatralisierung geraten viele anderen Forschungsfragen in den Hintergrund. Beispielsweise die Frage danach, wie man sich Organisationsberatung als Intervention vorzustellen hat. Oben wurden zwei Zugänge zu dieser Frage dargestellt: zum einen eine dem symbolischen Interaktionismus nahe stehende Sicht, nach der Intervention im wesentlichen in der Konstruktion von Bedeutung für das Management besteht; zum anderen eine stärker an der Theater-Metapher und dem Skript-Konzept orientierte Sicht, nach der Intervention Skripts mindestens bewusst macht und im Maximalfall gezielt an ihrer Veränderung arbeitet. Neue Erkenntnisse über Organisationsberatung werden hierdurch nicht zugänglich gemacht.

Die Grenzen des strategisch-dramaturgischen Ansatzes werden an vielen Stellen sichtbar. Selbst dort, wo seine unbestrittenen Stärken liegen, in der Analyse von Beratungshandeln als Inszenierung, ist er bisher weitgehend einseitig: Eindrucksmanagement wird einzig dem Beratungsunternehmen zugeschrieben. Diese Sichtweise wurde zwar von Mangham korrigiert, der betont, dass sowohl das Beratungs- wie auch das Klientunternehmen versuchen den Eindruck, den sie von sich erzeugen, zu kontrollieren (Mangham 1978). Dem sind bis heute jedoch keine Studien über die Inszenierungen der Klienten gefolgt. Darüber hinaus unterschlägt die Theater-Metapher die aktive Rolle des Publikums bei der Transformation von Bewusstseinsinhalten (Clark 1995: 129f.). Schließlich wird der Vorgang der Inszenierung von Impression Management immer nur beschrieben, nie aber die Wirkung einzelner Handlungen innerhalb dieser Inszenierung erklärt. Der strategisch-dramaturgische Ansatz erschöpft sich in der Beschreibung. In Folge dessen können daher weder Vorhersagen zur tatsächlichen Ausgestaltung der Beziehung zwischen Berater und Klient abgeleitet werden, noch können dazu Empfehlungen ausgesprochen werden.

Des Weiteren hat dieser Ansatz – ebenso wie der ihm nahe stehende Symbolische Interaktionismus – bisher keinen Organisationsbegriff entwickelt. Organisation wird in Begriffen der Interaktion unter Anwesenden beschrieben, unter Zuhilfenahme des Konzepts des Ensembles. Unklar bleibt dabei, wie sich die Mitglieder der Ensembles koordinieren, wie Ensembles gemeinsame Situationsdeutungen erarbeiten und wie sie mit Konflikten umgehen. Das Scheitern von Beratungsbeziehungen wie auch die Möglichkeiten, dieses Scheitern zu verhindern, bleiben außerhalb der theoretischen Reichweite dieses Ansatzes.

Im Folgenden finden Sie Fragen, die Ihnen als Berater oder Klienten Hilfestellung leisten sollen, Beratungshandeln aus dramaturgisch-strategischer Sicht zu reflektieren.

7.6. Fragen für Berater

Welche Einsichten und Handlungsmöglichkeiten eröffnet Ihnen die Vorstellung, Ihr Beratungshandeln gegenüber dem Klienten mit Hilfe der Theater-Metapher zu beschreiben? Wer gehört zu Ihrem Ensemble und wer ist Ihr Publikum? Was ist der Inhalt des Drehbuchs? Wer hat es geschrieben? Können Sie über das Bühnenbild verfügen? Welche Situationen stellen für Sie Vorderbühne und welche Hinterbühne dar? Welche Konsequenzen hat dies für Ihr Beratungshandeln?

Wie inszenieren Sie sich und Ihre Beratungsorganisation gegenüber Klienten?

Welches Erscheinungsbild wollen Sie beim Klienten hinterlassen? Welche Ihrer Qualitäten soll der Klient aus Ihrer Selbstdarstellung ableiten? Kann er das auch?

Welches Erscheinungsbild erzeugen Sie tatsächlich? Wenn Sie dies nicht wissen, wie könnten Sie es herausfinden?

Durch welche Schwerpunkte der Selbstdarstellung ersetzen Sie die Darstellung Ihres Beratungsprodukts? Warum? Gäbe es Alternativen dazu? Welche?

Wie professionell ist ihr Eindrucksmanagement?

Welche Ihrer Darstellungen beruhen auf Elementen der Manipulation, der Täuschung? Weshalb?

Nutzen Sie in Ihrer Darstellung Techniken, die Management-Gurus zugeschrieben werden?

In welchem Umfang verstehen Sie Ihre Beratungstätigkeit als Management von Bedeutung? Welches Bild der (Klient-)Organisation und welches Bild des Managers inszenieren Sie?

Welche Einsichten und Handlungsmöglichkeiten eröffnet Ihnen die Vorstellung, dass Ihr Beratungshandeln an situativen, strategischen und persönlichen Skripts in der Klientorganisation ansetzt? Unter welchen Bedingungen stellen Sie Skripts (nicht) in Frage?

In welchem Umfang konzentrierten sie sich darauf, nur die Effekte herbeizuführen, die man beobachten könnte, wenn die Probleme, die der Klient beklagt, gelöst wären? Richtet sich Ihr Wirken tatsächlich darauf organisationale Strukturen und andere Faktoren zu ändern?

Wie inszeniert sich der Klient Ihnen gegenüber?

Welches Erscheinungsbild will der Klient bei Ihnen hinterlassen? Welche Eindrücke sollen Sie aus seiner Selbstdarstellung ableiten? Welches Erscheinungsbild erzeugt er tatsächlich?

Welche Darstellungen des Klienten beruhen auf Elementen der Manipulation, der Täuschung? Weshalb?

7.7. Fragen für Klienten

Welche Einsichten und Handlungsmöglichkeiten eröffnet Ihnen die Vorstellung, das Handeln des Beraters gegenüber Ihnen mit Hilfe der Theater-Metapher zu beschreiben? Wer gehört zum Ensemble des Beraters? Wer gehört zum Ensemble des Publikums? Was ist der Inhalt des Drehbuchs? Wer hat es geschrieben? Können Sie über das Drehbuch und das Bühnenbild verfügen? Welche Situationen stellen für den Berater Vorderbühne und welche Hinterbühne dar? Welche Konsequenzen hat dies für Ihr Handeln als Klientorganisation?

Wie inszenieren sich der Berater und seine Organisation gegenüber Ihnen? Nehmen Sie gegenüber der Inszenierung des Beraters eine passive Zuschauerrolle ein? Warum? Gäbe es eine Alternative dazu?

Welches Erscheinungsbild will der Berater bei Ihnen hinterlassen? Welche seiner Qualitäten sollen Sie aus seiner Selbstdarstellung ableiten? Welches Erscheinungsbild erzeugt der Berater tatsächlich?

Durch welche Schwerpunkte der Selbstdarstellung ersetzt der Berater die Darstellung seines Beratungsprodukts? Warum? Könnten Sie ihn gezielt herausfordern, sein Beratungsprodukt besser darzustellen?

Wie professionell ist das Eindrucksmanagement des Beraters?

Könnte es sein, dass Sie die Qualitäten des Beraters aufgrund seiner Inszenierung überschätzen oder unterschätzen?

Welche der Darstellungen des Beraters beruhen vermutlich auf Elementen der Manipulation, der Täuschung? Weshalb? In welchem Umfang wollen Sie Täuschungsversuche tolerieren?

Nutzt der Berater in seiner Darstellung Techniken, die Management-Gurus zugeschrieben werden? (Warum) findet dies bei Ihnen Anklang? Wie wollen Sie damit umgehen? Gäbe es Alternativen?

Welche Einsichten und Handlungsmöglichkeiten eröffnet Ihnen die Vorstellung, dass Beratungshandeln als Management von Bedeutung verstanden werden kann? Welches Bild der (Klient-)Organisation und welches Bild des Managers inszeniert der Berater vor Ihnen?

Welche Einsichten und Handlungsmöglichkeiten eröffnet Ihnen die Vorstellung, dass Beratungshandeln an situativen, strategischen und persönlichen Skripts in Ihrer Klientorganisation ansetzt? Unter welchen Bedingungen sind Sie (nicht) bereit Skripts in Frage zu stellen?

In welchem Umfang konzentriert sich der Berater nur darauf, die Effekte herbeizuführen, die man beobachten könnte, wenn die Probleme, die Sie beklagen, gelöst wären? Richtet sich sein Wirken tatsächlich darauf organisationale Strukturen und andere Faktoren zu ändern?

Wie inszenieren Sie sich dem Berater gegenüber?

Welches Erscheinungsbild wollen Sie beim Berater hinterlassen? Welche Ihrer Qualitäten soll der Berater aus Ihrer Selbstdarstellung ableiten?

Welches Erscheinungsbild erzeugen Sie tatsächlich? Wenn Sie dies nicht wissen, wie könnten Sie es herausfinden?

Welche Ihrer Darstellungen beruhen auf Elementen der Manipulation, der Täuschung? Weshalb? Gäbe es Alternativen dazu?

8. Beratungshandeln als Beteiligung des Beraters an einem Innovationsspiel (mikropolitische Ansätze)

8.1. Vertreter und wichtige Quellen

Namensgebend für mikropolitische Ansätze ist die Annahme, dass Macht und Politik wesentliche Bestandteile des Geschehens in Organisationen sind. Es gibt nicht nur die „große Politik" – ob nun als Unternehmenspolitik oder als Politik der Gesellschaft –, sondern ein „Arsenal jener alltäglichen ‚kleinen' (Mikro-)Techniken, mit denen Macht aufgebaut und eingesetzt wird, um den eigenen Handlungsspielraum zu erweitern und sich fremder Kontrolle zu entziehen" (Neuberger 1995: 14). Küpper und Ortmann (1986: 18) verwenden hierfür auch den Begriff organisationale Innenpolitik. Hinsichtlich der Definition von Macht, Politik und Mikropolitik unterscheiden sich die mikropolitischen Ansätze (einen umfassenden Überblick bietet das Lehrbuch von Neuberger 1995). Der Begriff Mikropolitik wurde als erstes von Burns (1961/62) eingeführt. Im deutschsprachigen Raum hat Bosetzky (1977) wesentlich an seiner Verbreitung Anteil. Im Folgenden werden nur diejenigen mikropolitischen Ansätze vorgestellt, aus deren Perspektive Studien zur Organisationsberatung entstanden sind. Dies sind die strategische Organisationsanalyse (Crozier/Friedberg 1979) sowie eine um Anthony Giddens Theorie der Strukturierung (Giddens 1984) erweiterte strategische Organisationsanalyse.

Die strategische Organisationsanalyse betrachtet Organisation als eine Gesamtheit von Spielen, die miteinander verbunden sind (Crozier/Friedberg 1979: 69). Ihr Begriff des Spiels nimmt den Regelaspekt von Spielen auf und ist strikt zu trennen vom Spielbegriff der Spieltheorie in der Theorie rationalen Handelns (mit der generellen Fruchtbarkeit des Spielbegriffs für die Organisationstheorie setzt sich Neuberger 1992 auseinander). Das Spiel vereint Freiheit und Zwang. „Der Spieler bleibt frei, muss aber, wenn er gewinnen will, eine rationale Strategie verfolgen, die der Beschaffenheit des Spiels entspricht, und muss dessen Regeln beachten. Das heißt, dass er zur Durchsetzung seiner Interessen die ihm auferlegten Zwänge zumindest zeitweilig akzeptieren muss" (Crozier/Friedberg 1979: 68). Das Spiel wird als indirekter sozialer Integrationsmechanismus divergierender und/oder widersprüchlicher Verhaltensweisen von relativ autonomen Akteuren betrachtet. Es ist ein grundlegendes Instrument kollektiven Handelns, das die Menschen erfunden haben, um ihre Zusammenarbeit und die damit unweigerlich verbundenen Macht- und Abhängigkeitsverhältnisse zu strukturieren und zu regeln und sich dabei doch ihre Freiheit zu belassen (Crozier/Friedberg 1979: 4). Die Akteure können und müssen die Strategien, die sie im Rahmen dieser Spiele verfolgen, selbst auswählen. Im Gegensatz zum Strategiebegriff der Spieltheorie erfordert eine Strategie im Theoriekonzept der strategischen Organisationsanalyse weder eine klare und konstante Zielsetzung des Akteurs, noch ein durchdachtes, mit dem Willen identisches, bewusstes Handeln. Der Begriff der Strategie wird auf rationale wie scheinbar völlig erratische Verhaltensweisen angewendet. In der strategischen Organisationsanalyse ist eine Strategie die „ex post *gefolgerte Grundlage* der empirisch *beobachteten Verhaltensregelmäßigkeiten*" (Crozier/Friedberg 1979: 34, kursiv im Original). Das Verhalten der Akteure ist nicht das Produkt passiven Gehorsams oder einer Konditionierung. Es ist auch nicht die unmittelbare Folge materieller Problemstrukturen, wie es die Spieltheorie in der Theorie rationalen Handelns annimmt, mit der sich Crozier und Friedberg (1979: 9-11) explizit auseinandersetzen. Erst wenn man die diese Problemstrukturen wesentlich bedingende, soziale Strukturierung der Handlungsfelder untersucht und die Mechanismen offen legt, die diese Strukturierung hervorbringen und durch die die Strukturierung wirkt, kann man das kontingente, d.h. relativ autonome Verhalten der Akteure unserem Verständnis zugänglich machen. Friedberg (1995: 223f.) spricht in diesem Zusammenhang von einem methodologischen Utilitarismus: Die strategische Organisationsanalyse nimmt zunächst im Sinne einer Heuristik an, dass die Akteure sich rational verhalten. Diese Annahme gestattet in einem zweiten Schritt die Aufdeckung von Abweichungen, die „progressive Entdeckung und Anreicherung der Bedeutung des in diesem Handlungsfeld beobachteten, utilitaristischen Verhaltens ... bei gleichzeitiger Aufdeckung der Strukturelemente des Handlungsfeldes, die materiell und immateriell, strategisch und kulturell, rational und affektiv sein können" (Friedberg 1995: 223f.).

Es ist die These der strategischen Organisationsanalyse, dass Machtbeziehungen letztendlich die widersprüchlichen Strategien und Verhaltensweisen der Organisationsmitglieder regulieren und stabilisieren. Durch ihre Beteiligung an Handlungsfeldern haben Akteure Interessen. Diese Interessen stimmen nicht von selbst überein. Die Handlungsfelder bewirken eine wechselseitige Abhängigkeit der Akteure voneinander. Die Akteure versuchen, die Mitwirkung anderer zu erreichen, indem sie mögliche Handlungen zum Tausch anbieten. Voraussetzung dafür ist, dass sie über Macht im Sinne von Handlungsfähigkeit verfügen. In Machtbeziehungen werden die Handlungsmöglichkeiten der beteiligten Akteure ausgetauscht: Der grundlegende Einsatz, der letztlich in jeder Machtbeziehung auf dem Spiel steht, ist die Voraussehbarkeit des Verhaltens der Beteiligten. Diese Voraussehbarkeit hängt davon ab, in welchem Umfang jeder Beteiligte dem anderen verweigern kann das zu tun, was dieser von ihm wünscht. Jeder Akteur wird dabei versuchen, seinen eigenen Freiraum soweit wie möglich auszuweiten und gleichzeitig den Freiraum des anderen einzuschränken. Friedberg (1977: 13-15) spricht in diesem Zusammenhang von relevanten Unsicherheitszonen, die ein Akteur infolge der Unvorhersehbarkeit seines Handelns gegenüber dem anderen kontrolliert. Die Machtbeziehungen in einer Organisation stimmen nie genau mit den in der Formalstruktur der Organisation festgelegten Autoritätsstrukturen überein. Friedberg leitet die Existenz von vier großen Unsicherheitszonen, die die Machtstruktur einer Organisation umreißen, aus empirischen Studien ab. Unsicherheitszonen werden kontrolliert von 1.) Experten, die über die Fähigkeit verfügen, tagtägliche Funktionsprobleme zu lösen; 2.) Personen, die den Kontakt zwischen der Organisation und ihrer Umwelt monopolisieren; 3.) Personen, die den Kontakt zwischen verschiedenen Einheiten einer Organisation monopolisieren indem sie wichtige Informations- und Kommunikationskanäle kontrollieren; und sie bilden sich 4.) um die Vorschriften und Verfahren, die ursprünglich geschaffen wurden, um die Unvorhersehbarkeit des Verhaltens der Organisationsmitglieder zu verringern. Potentielle Machtquellen sind mit anderen Worten: Expertenwissen, Umweltbeziehungen, Kontrolle von Informations- und Kommunikationskanälen und die Nutzung organisationaler Regeln. In der Praxis erfordert die Nutzung organisationaler Regeln immer ein selektives, situationsabhängiges Verletzen und Dulden von Verletzungen dieser Regeln, denn Organisationen funktionieren nur dann zufrieden stellend, wenn die Organisationsmitglieder mehr tun als das, was die – in der Regel zu starren – Vorschriften vorschreiben. Diese Situationen sind Einfallstore für Mikropolitik (Friedberg 1995). Dies bedeutet nicht, dass Akteure nichts anderes als Macht im Kopf haben. Es bedeutet nicht, dass es das Ziel von Akteuren wäre, ihre Macht zu maximieren. „Die Existenz von Macht als Tauschmedium macht aus ihr keinen Beweggrund zum Handeln" (Friedberg 1995: 265). Mikropolitisches Handeln der Organisationsmitglieder wird nicht auf machiavellistisches Machtstreben einzelner verkürzt. „Nichts geht in Macht und Mikropolitik auf, nichts ist darauf reduzierbar. Wohl aber hat fast alles einen mikropolitischen Aspekt: Technik, Organisation, Ökonomie, Kommunikation und Normen und Regeln" (Ortmann el al. 1990: 5; vgl. auch Friedberg 2003: 98-100).

Das Vorhandensein einer Ungewissheitszone sagt noch nichts über den Willen oder die Fähigkeit der Akteure aus, die sich bietende Gelegenheit auch wirklich zu ergreifen (Crozier/Friedberg 1979: 50f.). Kontingent ist das Verhalten der Organisationsmitglieder deshalb, weil die Spielstrukturen und -regeln nur einen indirekten Einfluss auf das Verhalten der Organisationsmitglieder haben: in der Regel sind mehrere gewinnbringende Strategien möglich, zwischen denen die Beteiligten wählen können, und welche sie wählen, kann nicht vorhergesagt werden. Spielstrukturen und -regeln sind für die Akteure einerseits Restriktionen, andererseits sind sie aber auch Produkt früherer Machtverhältnisse und Verhandlungen, und als solche sind sie nicht unangefochten. Alle Akteure werden versuchen, die Spielstrukturen und -regeln zu ihren Gunsten zu verändern.

Soziologen, die in der strategischen Organisationsanalyse eine Soziologie der Freiheit erblicken (z.B. Ortmann el al. 1990, Iding 2000; vgl. dagegen die explizite Klarstellung in Friedberg 2003: 97), weil sie bei aller Berücksichtigung von Macht und Mikropolitik dennoch die Kontingenz und damit die Freiheit der Akteure unangemessen betone, führen die strategischen Organisationsanalyse mit der Theorie der Strukturierung (Giddens 1984) zusammen. Dann erscheinen Organisationen als Arenen mikropolitischer Aushandlungsprozesse und Kämpfe, in der die Kontingenz der Akteure zwar erhalten bleibt, in der jedoch die theoretischen Freiräume durch Machtstrukturen und –strategien zugestellt werden: „'Anders möglich' wäre vieles, wenn man es unter dem Gesichtspunkt vermeintlicher ökonomischer Zwänge oder scheinobjektiver wirtschaftlicher Kalküle sieht. Mit Blick auf Machtstrukturen und Mikropolitik aber ist vieles unmöglich" (Ortmann el al. 1990: 6). „Ein derart großes Maß an voluntaristischem Handeln, ... so viele Freiräume gibt es m. E. in großen Organisationen bei weitem nicht" (Bosetzky 1992: 37). Dabei erfährt der Machtbegriff von Crozier und Friedberg wie auch derjenige von Giddens eine Erweiterung. Es werden schließlich sechs Dimensionen der Machtausübung unterschieden: eine sinnlich-ästhetische, eine kognitive, eine normative, eine autoritativ-administrative, eine ökonomische und eine technische Dimension. Machtstrukturen werden mit Herrschaftsordnungen gleichgesetzt. Sie bestehen aus Regeln (der Wahrnehmung und Formgebung, der Sinnkonstitution und der Sanktionierung) und (organisatorischen, ökonomischen und technischen) Ressourcen. Machtstrukturen werden unter Nutzung von Machtmitteln reproduziert, die sie selbst bereitstellen (Ortmann el al. 1990: Kap. II). Indem Akteuren die Fähigkeit zugeschrieben wird, die bestehenden Regeln und Ressourcenverteilungen zu ändern, bleibt dieser Ansatz vor den Beschränkungen eines Strukturdeterminismus bewahrt: das Handeln wird durch formale und informelle Spielregeln geleitet aber nicht determiniert. Die Regeln können missachtet oder verändert werden, oder durch neue Regeln ersetzt werden.

Bereits in ihrem Klassikerwerk haben sich Crozier und Friedberg (1979: Teil 5) mit dem Wandel von Organisationen auseinandergesetzt und mit der Bedeutung, die Interventionen hierbei zukommt. Aufbauend hierauf hat Friedberg (1995) eine mikropolitische Interventionstheorie entwickelt. An Crozier und Friedberg knüpfen Ortmann el al. (1990) an, die zwei Klassen von Spielen unterscheiden, die für die Analyse von Prozessen der Organisationsberatung relevant sind, Routinespiele und Innovationsspiele. Auf mikropolitischer Grundlage haben Iding (2000) und Muhr (2005) umfangreiche Fallstudien von Organisationsentwicklungsprozessen vorgelegt.

8.2. Begriff der Organisationsberatung

Aus Perspektive der strategischen Organisationsanalyse sind Beratungsprozesse mikropolitische Innovationsspiele in Klientunternehmen, die unter Beteiligung eines Beraters stattfinden. Das Ziel der Innovationsspiele ist die Veränderung von Routinespielen. Während des Beratungsprozesses nimmt der Berater die Rolle eines Meta-Spielers ein: er agiert als Mitspieler im Meta-Spiel, im Innovationsspiel. An den Routinespielen nimmt er nicht teil (Iding 2000).

Im Mittelpunkt der Analyse steht das mikropolitische Handeln der Organisationsmitglieder in Klient- und Beratungsunternehmen. Organisationen als Gesamtheit von Spielen, die miteinander verbunden sind, sind dabei immer spezifische Lösungen, die relativ autonome Akteure mit ihren jeweiligen Ressourcen und Fähigkeiten schaffen, um sicherzustellen, dass sie trotz widersprüchlicher Interesselagen und Zielvorstellungen gemeinsame Ziele in gemeinsamer Zusammenarbeit erreichen können (Crozier/Friedberg 1979: 7). Oder, in anderen Worten: Organisationen sind mikropolitische Arenen zur Austragung von Konflikten. Ihre Funktionsweise ist das Ergebnis der Auseinandersetzungen zwischen den kontingenten, vielfältigen und divergierenden Rationalitäten relativ freier Akteure, die die zu ihrer Verfügung stehenden Machtquellen nutzen (Crozier/Friedberg 1979: 57).

8.3. Zentrale Aussagen

8.3.1. Innovations- versus Routinespiele

Bei betrieblichen Veränderungsprozessen entsteht zwangsläufig ein Konflikt zwischen Routine und Innovation. Für die Analyse von Prozessen der Organisationsberatung sind daher zwei Klassen von Spielen relevant: Routinespiele und Innovationsspiele (Ortmann el al. 1990: 58f., 464ff.).

Routinespiele sind Spiele, die in Rahmen der Erfüllung normaler Aufgaben gespielt werden, z.B. der Lohn- und Gehaltsabrechnung. Routinespiele sind typische Spiele innerhalb und zwischen Abteilungen. Sie sind die etablierten Spiele in der Klientorganisation und sie sichern den Bestand und die Funktionserfüllung der Organisation. Entlang der traditionellen Arbeitsorganisation haben sich spezifische Standards, Normen und Interpretationsschemata herausgebildet, die spezifische Unsicherheitsquellen und eine spezifische Ressourcenverteilung zur Folge haben. In ihrer Gesamtheit bilden die Routinespiele das bestehende Kooperationsmuster der Klientorganisation. Dieses Kooperationsmuster ist das ausbalancierte Resultat von Machtverhältnissen und Verhandlungen formeller und informeller Art zwischen den

Organisationsmitgliedern. Die Handlungsfreiräume der Routinespiele wurden in mikropolitischer Kleinarbeit zur Ausbildung von Pfründen und Erbhöfen genutzt. Innovationsspiele sind Metaspiele im Verhältnis zu Routinespielen. Sie sind besondere Spiele des Managements. Sie verändern Routinespiele, weil sie die normalen Aufgaben reorganisieren. Deshalb gefährden die Innovationsspiele die Routinespiele. Innovationsspiele folgen einer anderen Spiellogik als Routinespiele: Während Routinespieler in Kategorien von Beständigkeit und Sicherheit denken und hierfür Wertschätzung erhalten, folgen Innovationsspieler einer auf Wandel und Risiko basierenden Handlungs- und Gratifikationslogik. Die Innovationsspieler sind auf die Kooperation der Routinespieler angewiesen, da letztlich nur die Routinespieler die Routine verändern können. Die Bemühungen um Wandel stoßen bei den Routinespielern auf Widerstand. Innovationsspiele in Organisationen zu spielen ist inzwischen Routine. Insofern kann man sie auch nur mehr als besondere Routinespiele des Managements betrachten (Iding im Erscheinen).

8.3.2. Wandel und Widerstand

Crozier und Friedberg (1979: 240 ff.) fassen Wandel als Systemphänomen auf: Wandel liegt nur dann vor, wenn ein ganzes Handlungssystem sich verändert. Und dies ist dann der Fall, wenn sich nicht nur die Regeln der Spiele ändern, die die sozialen Beziehungen steuern, sondern die Beschaffenheit dieser Spiele. Diese Veränderung wird von den Mitgliedern der Organisation als gefährlich wahrgenommen, unabhängig davon, ob sie Anhänger oder Gegner eines geplanten Wandels sind. Denn jegliche Veränderung stellt die Bedingungen in Frage unter denen die Akteure am Spiel mitwirken. Indem die Veränderungen die relevanten Ungewissheitszonen ändern oder zum verschwinden bringen, die ein Akteur kontrolliert, stellen sie seine Machtquellen und seine Handlungsfreiheit in Frage. Aus dieser Perspektive erscheint Widerstand gegen Wandel als einerseits selbstverständlich und unvermeidlich wie auch andererseits legitim. Widerstand gegen Wandel ist kein bürokratischer Immobilismus, kein irrationales Verhalten eines operativ geschlossenen Systems. Es ist Ausdruck des rationalen Handelns interessegeleiteter Akteure, die sich in einer Auseinandersetzung befinden (Iding 2000). Crozier und Friedberg (1979: 242) billigen den Organisationsmitgliedern eine „fast instinktive, aber sehr vernünftige Einschätzung der Risiken" zu, die eine Veränderung mit sich bringen kann. Unbewusst werden sie allem, was ihre Autonomie bedrohen kann, entgegentreten. Sie werden versuchen, den Wandel so zu beeinflussen, dass sie die von ihnen bisher kontrollierten Ungewissheitszonen weiterhin in ihren Händen halten und vielleicht sogar vergrößern. Wenn die Organisationsmitglieder Interesse an den ihnen angebotenen Spielen finden, sind sie sehr schnell bereit, den Wandel mit zu vollziehen. Wenn ihre Ungewissheitszonen jedoch bedroht oder eliminiert werden, kann der Widerstand gegen den Wandel so stark werden, dass die formalen Veränderungen zwar umgesetzt werden, sich die wesentlichen Merkmale der Spiele jedoch nicht ändern. Der Wandel ist dann gescheitert. Crozier und Friedberg (1979: 243) attestieren jeglichen menschlichen Systemen die außergewöhnliche Fähigkeit, alle formalen Veränderungen zu absorbieren, ohne sich grundlegend zu wandeln. Wandel ist daher immer kontingent. Geplanter Wandel muss immer die Strukturierung der Handlungsfelder berücksichtigen. Das alte Spiel kann das neue Spiel nicht automatisch hervorbringen. Im Gegenteil: Das alte Spiel hemmt die Entstehung des neuen Spiels, weil nicht nur mit den Interessen und Machtbeziehungen zu brechen ist, sondern auch mit affektiven Schutzmechanismen und theoretischen Modellen, die das alte Spiel stabilisieren. Aus diesem Grund verfügen einmal konstituierte Handlungssysteme über eine hohe Fähigkeit zur Selbsterhaltung. „Die Akteure [sind] Gefangene von Handlungssystemen, und also von alten circuli vitiosi, …, außerhalb derer sie keine ausreichende Handlungsfähigkeit zu wahren wissen oder wahren können" (Crozier/Friedberg 1979: 250).

8.3.3. Der Berater als Meta-Spieler in Innovationsspielen

Aus Perspektive der strategischen Organisationsanalyse sind Berater klientorganisations-externe Akteure, die von Mitgliedern der Klientorganisation zu einem bestimmten Zeitpunkt zu einem laufenden Innovationsspiel hinzugezogen werden (Iding 2000, ebenso Muhr 2005: 242). Die Kontaktaufnahme zum Berater stellt einen Spielzug in diesem Spiel dar. Die Auftraggeber haben für ihn eine bestimmte Rolle in diesem Spiel vorgesehen. Es wird immer eine Rolle sein, die ihre Interessen fördern soll. Beispielsweise können Manager durch Einsatz von Unternehmensberatern eigenen Projekten mehr Durchsetzungskraft verleihen oder die Projekte anderer Manager torpedieren wollen. Im Verlauf des Beratungsprozesses wird der Berater Koalitionsangebote von verschiedenen Akteuren erhalten. Die Spielregeln für mikropolitische Spiele werden in Organisationen nicht ständig geändert. So wenden die Organisationsmitglieder die Regeln, die sie untereinander zur Anwendung bringen auch im Spiel mit dem Berater an. Wenn der Berater diese Spiele analysiert, lernt er viel über die verdeckten Strukturen der Klientorganisation. Diese Lernerfahrung kann er nur sammeln, wenn er sich auf das Spiel der Organisation einlässt. In dem Maße, in dem Innovationsspiele in Organisationen zur Routine geworden sind, haben Organisationen Regeln für den Umgang mit Beratern ausgebildet, nach denen auch das Spiel mit jeweils neuen Beratern gespielt wird. Der Eintritt des Beraters in die Organisation richtet sich nach den Regeln der Klientorganisation (Iding im Erscheinen).

Während des Beratungsprozesses nimmt der Berater die Rolle eines Meta-Spielers ein (Iding 2000): er agiert als Mitspieler im Meta-Spiel, im Innovationsspiel. An den Routinespielen nimmt er nicht teil. Ein Meta-Spieler ist ein Akteur, der zu Metakommunikation in der Lage ist und einen Meta-Spielzug wahrscheinlicher werden lässt. Nachdem der Berater die Spielregeln in der Klientorganisation analysiert hat, kann er Akteurstrategien bewusst und diskutabel machen. Er ermöglicht Kommunikation über Kommunikationsstrukturen (Metakommunikation). Die wechselseitige Einsicht in die konfligierenden Strategien der Akteure ermöglicht es diesen dann neue Spielräume zu erkennen. Die neuen Spielräume erhöhen die Chance auf eine Einigung über Ziele und Maßnahmen im Hinblick auf den organisationalen Wandel, d.h. den gewünschten Meta-Spielzug im Innovationsspiel.

Ist der Berater selbst Mitglied in einem größeren Beratungsunternehmen, so muss darüber hinaus berücksichtigt werden, dass er in Routinespiele im eigenen Beratungsunternehmen eingebunden ist. Die wechselseitige Beeinflussung von Routinespielen beim Berater und Innovationsspielen beim Klienten ist bisher nicht erforscht (Iding 2000).

8.3.4. Neutralität und Parteilichkeit als mikropolitische Strategien des Beraters

Der Berater verfügt über Macht im Beratungsprozess: die von ihm kontrollierten Ungewissheitszonen erstrecken sich beispielsweise auf den privilegierten Zugang zu verschiedenen Akteuren im Beratungsprozess oder zu relevanten Organisationen in der Umwelt der Klientorganisation. Auch das Wissen der anderen Akteure um das Beraterhonorar verleiht dem Berater Macht: Beraterhonorare können prohibitiv hoch sein. Sie verhindern dann, dass Einwände gegen Beraterempfehlungen geltend gemacht werden, die nach Wahrnehmung des Klienten nur Geld kosten und Zeit vergeuden. Sein Wissen über Moderations- und Interventionsmethoden und andere kommunikative Verfahren ermöglicht ihm die Steuerung des Beratungsprozesses, verbunden mit der Kontrolle über die Regeln, die diesem Prozess zugrunde liegen. Er kann diese Regeln bestimmen und gegebenenfalls ändern. Die Ermöglichung von Meta-Spielzügen ist an die Aufrechterhaltung von Ungewissheitszonen gebunden, die der Berater selbst für die Klientorganisation darstellt (Iding 2000).

Neutralität gegenüber Akteuren, Problemen und Ideen, wie sie von Vertretern des systemischen Beratungsansatzes vertreten wird (von Schlippe/Schweitzer 2002: 119-123), kann eine Strategie des Beraters sein, die von ihm kontrollierten Ungewissheitszonen zu bewahren. Wenn mit der Aufrechterhaltung von Neutralität im Laufe eines lange andauernden Beratungsprozesses nicht gerechnet werden kann, können Taktiken wie das Auswechseln von Beraterteams zu festgelegten Zeitpunkten zum Einsatz kommen (Iding 2000).

Muhr (2005: 242-245) stellt in Frage, dass Berater in Angesicht der mikropolitischen Verstrickungen überhaupt neutral sein könnten. Distanz und Neutralität seien keine Lösung, sondern ein Problem. Berater könnten sich nicht von der mikropolitischen Dynamik fernhalten. Berater hätten immer ein Interesse daran, eine Beziehung zu den Koalitionen des Wandels herzustellen. Ebenso bestehe von Seiten der Akteure beim Klienten immer das Interesse, den Berater für eine bestimmte Richtung des betrieblichen Wandels zu gewinnen.

In Anschluss daran diskutiert Muhr die Frage, ob Berater überhaupt neutral sein *sollten*. Um Spielraum für Beratung zu haben, sei Unterstützung erforderlich. Berater müssten sich daher auf Unterstützung einlassen oder sich Unterstützer suchen. Die Notwendigkeit zur Koalitionsbildung wirke durchaus heilsam, weil sie beraterischen Rigorismus verhindere und alle Akteure zu pragmatischen Kompromissen zwinge. Die der Neutralität entgegen gesetzte Strategie besteht daher in der bewussten Parteilichkeit des Beraters. Seine Parteilichkeit kann auf seinen Interessen im Innovationsspiel beruhen oder auch auf den Prinzipien des Beratungsansatzes, denen er sich verpflichtet sieht. Organisationsentwickler etwa geraten durch ihre hierarchiekritische Grundeinstellung leicht in eine Konfrontation mit dem Management. Im Management werden durch die partizipative Ausrichtung des Organisationsentwicklers Kontrollverlustängste geweckt. Deshalb treffen Organisationsentwickler vielfach auf Widerstand des Managements (Iding 2000).

Am weitesten fortgeschritten sind die Vorstellungen zur Strategie der Parteilichkeit im Beratungsansatz der Organisationsentwicklung (vgl. Kap. 5.3.2). Cobb und Margulies (1981) unterscheiden drei Intensitätsniveaus, mit der Organisationsentwickler in den Klientunternehmen Macht[18] ausüben und an Mikropolitik beteiligt sind, die sie als pazifistische, eingeschränkte oder aktive politische Position bezeichnen (in Original: *political pacifism, political moderation, political activism*).

Die *pazifistische Position* nimmt sich selbst als unpolitisch wahr, wirkt jedoch in sofern politisch, als die Ziele der Organisationsentwicklung, insbesondere Kooperation und Partizipation es erfordern, dass zwischen den Interaktionspartnern in Organisationen Macht ausgetauscht, geteilt und zusammengelegt wird. Das zentrale Konzept ist das der *power equalization* (Strauss 1963). Wenn Organisationsentwickler beispielsweise neues Rollenverhalten mit den Mitgliedern einer Organisation einüben, dann verändern sie immer auch die Macht-, Autoritäts- oder Einflussbeziehungen zwischen den Rollenträgern.

Die Vertreter der *eingeschränkt politischen Position* (Pettigrew 1975, Cobb/Margulies 1981, French/Bell 1995) befürworten den Einsatz von Macht durch den Organisationsentwickler, wenn er damit politische Totpunkte eines Projekts oder politische Hindernisse überwinden kann, die ansonsten den Erfolg des gesamten Projekts gefährdet hätten. Grundsätzlich bleibt der Einsatz von Macht für Vertreter dieser Position untergeordnet gegenüber dem Einsatz anderer Strategien. „OD consultants are clinicians, not politicians" (Cobb/Margulies 1981: 55). Von stärkerem politischem Engagement gingen mehrere Gefahren aus: der permanente Einsatz

---

[18] Es sei darauf hin gewiesen, dass der Organisationsentwicklungs-Ansatz nicht das Macht- und Mikropolitik-Konzept der strategischen Organisationsanalyse verwendet, sondern im Allgemeinen das Machtbasen-Konzept von French und Raven (1959) zugrunde legt.

von Macht erfordere politisches Feingefühl, über das nicht jeder Organisationsentwickler verfüge. Die Vertreter der Klientorganisation könnten auf unterschiedlichste Weise auf diesen Einsatz reagieren. Dabei könnten Projekte sowohl langfristig gefährdet als auch der Organisationsentwicklung als Profession langfristig Schaden zugefügt werden.

Die Vertreter einer *aktiven politischen Position* akzeptieren das mikropolitische Handeln des Organisationsentwicklers in vollem Umfang. Greiner und Schein (1988: 6) betrachten als ihr Ziel die „enlightened use of power by OD [Organization Development, N.J.S.]". Der Organisationsentwickler ist sich seiner Macht und der Macht der anderen Akteure bewusst. Er baut seine Macht auf und aus. Er versucht seine Macht für den Projekterfolg einzubringen. Er ist sich bewusst, dass Macht sowohl von ihm selbst wie von anderen missbraucht werden kann, dass auch er selbst Opfer von Machtmissbrauch sein kann. In Saam (2002: 109-116) wird die Diskussion zu diesen Positionen in aktualisierter Version zusammengefasst.

8.3.5. Mikropolitisch informierte Organisationsberatung

Der mikropolitische Ansatz wird nicht nur eingesetzt, um die Interaktionsbeziehung in der Organisationsberatung zu analysieren. Er wird auch als Ausgangspunkt für Beratungsansätze bzw. Interventionstheorien (vgl. Kap. 8.3.6) genutzt. In einem an Giddens angelehnten mikropolitischen Beratungsansatz sieht Iding (2000) die Aufgabe des Beraters darin, die Regeln, Ressourcenverteilungen und Ungewissheitszonen der verschiedenen beteiligten Akteure zu rekonstruieren, um deren Strategien nachvollziehen zu können. In der Diagnosephase ist die spezifische Organisationsstruktur der Klientorganisation entlang dreier Dimensionen zu analysieren: den Regeln der Sinnkonstruktion, den Regeln der Sanktionierung sozialen Handelns und der Verteilung allokativer und autoritativ-administrativer Ressourcen. Dabei hat der Berater folgende Fragen zu beantworten:

Regeln der Sinnkonstruktion: Welche Wahrnehmungsmuster steuern das Handeln welcher Akteure? Welche Rückschlüsse lassen sich aus dem verwendeten Organisationsvokabular für die Bewältigung des Alltagshandelns ziehen? Welches Leitbild organisiert das Handeln? Stehen diesbezüglich Änderungen an oder haben sie gerade stattgefunden?

Regeln der Sanktionierung sozialen Handelns: Welche rechtlichen Normen sanktionieren das Handeln welcher Akteure? Welche organisationalen Regeln steuern die Arbeit? Welche formellen und informellen Standards guter Arbeit gibt es? Haben diese sich gerade geändert oder steht eine Änderung an?

Verteilung allokativer und autoritativ-administrativer Ressourcen: Wodurch sind Aufbau- und Ablauforganisation gekennzeichnet? Wie ist die Verwaltung strukturiert? Welche Planungsinstrumente werden benutzt und welche Bedeutung haben sie für die Arbeit? Wer verfügt über Budgets, Technik, Rohstoffe?

Die Organisationsstruktur ist dann in Beziehung zu interessegeleitet agierenden Personen zu setzen. Die mikropolitische Organisationsberatung verkürzt mikropolitisches Handeln der Organisationsmitglieder nicht auf machiavellistisches Machtstreben einzelner, sondern erkennt darin ein Handeln aufgrund von Regeln und Ressourcenverteilungen. Deswegen richtet sie ihr Augenmerk nicht auf Personen aus. Vielmehr arbeitet sie primär an Strukturen. Die Entstehung dieser Struktur ist als Organisationsgeschichte zu rekonstruieren. Das Ergebnis dieser Diagnose könne jedoch nicht naiv dem Klienten gegenüber offengelegt werden. Die Latenz, die beispielsweise viele organisationale Regeln auszeichne, übe eine Schutzfunktion für die Organisation aus (vgl. auch Wimmer 1992: 79). Insofern bieten die Ergebnisse dem Berater nur Hinweise auf Chancen und Grenzen des Beratungsprozesses. Der Berater muss die gültigen Regeln und Ressourcenverteilungen in der Klientorganisation berücksichtigen, denn diese ermöglichen und verhindern Interventionen (Iding im Erscheinen). Die Kontingenz des Beratungsprozesses wird hierdurch nicht berührt. Es lassen sich daraus keine Patentrezepte für den Umgang mit spezifischen Beratungssituationen ableiten (Iding 2000). Dieser mikropolitische Beratungsansatz ermöglicht eine mikropolitisch informierte Organisationsberatung, ihm fehlt jedoch eine eigentliche Interventionstheorie.

8.3.6. Mikropolitische Interventionstheorie

Vertreter mikropolitischer Ansätze halten das Erlernen neuer Spiele trotz des unvermeidlichen Widerstands für möglich. Gelungene Veränderung ist das Ergebnis eines kollektiven Lernprozesses, in dem alle Organisationsmitglieder neue Spiele mit den dazugehörigen affektiven, kognitiven und Beziehungskomponenten erfinden und festlegen. Crozier und Friedberg (1979: 266) formulieren die Eckpfeiler einer auf der strategischen Organisationsanalyse basierenden Interventionstheorie. Das Beraterhandeln basiert demnach auf den Arbeitsschritten Analyse und Ergebnisvermittlung.

Analyse

Gelungener organisationaler Wandel basiert auf der detaillierten Kenntnis des Kontexts: Nur die Kenntnis der tatsächlichen Funktionsweise eines Handlungssystems ermöglicht es mit dem System und nicht gegen es zu arbeiten. Die einzelnen Veränderungsschritte sollen aus der Kenntnis des Kontexts und aus der Analyse der erlebten Erfahrungen der betroffenen Akteure hergeleitet werden. Die Analyse basiert daher auf einer induktiven Methodologie: Nur im Einzelfall kann der Berater nach konkreter Kenntnis der vorhandenen Verhaltensweisen und Beziehungsmuster die interne Logik der von den Organisationsmitgliedern verfolgten Strategien und die diese Strategien bedingenden und steuernden Spielstrukturen aufdecken. Hierdurch werden die spezifischen Problemzusammenhänge und die sich daraus entwickelnde Eigendynamik offen gelegt.

Als Beispiel sei der Fall einer Nahrungsmittelfirma beschrieben, die Apfelkompott erzeugt (vgl. Friedberg 1995: 285f.): Die Qualität von Apfelkompott ist im Allgemeinen maßgeblich von der Qualität des eingelieferten Rohstoffs, d.h. der eingelieferten Äpfel abhängig. Da es sich um ein Naturprodukt handelt unterliegt diese Qualität Ungewissheiten und Zufällen. Ein besonders fähiger Laborleiter setzte eine Strategie durch, die es der Produktion ermöglichte, ein Apfelkompott von gleich bleibender Qualität herzustellen, unabhängig von der Qualität der frischen Äpfel. Diese Strategie wurde vom Einkauf ausgenutzt, der seine Einkaufspolitik vorrangig auf Preise und weniger auf die Qualität der Äpfel ausrichtete. Dies erhöhte erneut die Abhängigkeit des Gesamtsystems vom Laborleiter, der aus Äpfeln minderer Qualität ein gutes Apfelkompott herstellen konnte. Diese Rückkopplung entfaltete eine Eigendynamik, die in der Überinvestition in die Fähigkeiten des Labors mündete. Das Labor beanspruchte am Ende den wesentlichen Teil der Ressourcen und des Prestiges der Firma. Es fing an, den anderen Bereichen und der Hauptverwaltung seine Bedingungen zu diktieren. Überspitzt formuliert, war es am Ende nicht mehr das Firmenziel ein gutes Apfelkompott zu produzieren, sondern ein gutes Apfelkompott auch aus verfaulten Äpfeln zu produzieren.

Der Berater erwirbt eine detaillierte Kenntnis des Kontexts indem er qualitative Interviews mit den Akteuren durchführt. Dabei ist darauf zu achten, dass die ausgewählten Interviewpartner viele sich überschneidende und Vergleiche ermöglichende Sichtweisen liefern. Während der Analyse soll der Berater eine emphatische Beziehung zu den Akteuren des betroffenen Handlungssystems einnehmen. Er muss zeigen, „warum sie recht haben so zu tun, zu sprechen oder zu denken" wie sie tun, sprechen oder denken" (Friedberg 1995: 304). Der Berater hat jegliche kritische Haltung und jeden Wunsch, zu bewerten, aufzugeben (Friedberg 1995: 303f.). Er muss die Gefühle, Meinungen und Verhaltensweisen der Akteure ernst nehmen und so gut wie möglich nachvollziehen. Er hat vom Erleben der Akteure auszugehen. Er hat die Aussagen der Akteure zu respektieren.

Anschließend muss der Berater die gesammelten Materialien und Interviewdaten interpretieren. Hierzu muss er seinen Status als Außenstehender wiedergewinnen. Dazu dient ihm der Vergleich. Er vergleicht die ihm zur Verfügung stehenden Beobachtungsdaten und stellt Inkohärenzen, Widersprüche, kurz Abweichungen fest. Durch diesen Vergleich kann der Berater Abstand von den subjektiven Sichtweisen der Befragten gewinnen und schließlich die Eigenschaften der grundlegenden Strukturen des analysierten Handlungsfeldes rekonstruieren. Weil diese Interpretation auf dem Vergleich der subjektiven Sichtweisen der Befragten beruht, zwingt sie einer Organisation keinen externen Bezugsrahmen auf. Die Interpretationen sind als Hypothesen aufzufassen, die sich von den Aussagen der Interviewpartner dadurch unterscheiden, dass sie einen größeren Allgemeinheitsgrad besitzen, weil sie auf einer größeren Zahl von Sichtweisen beruhen.

Die detaillierte Kenntnis des Kontexts gestattet es dem Berater, die Wandlungs- und Entwicklungschancen einer Organisation einzuschätzen und die für eine wirkungsvolle Veränderungsstrategie notwendigen Ansatzpunkte und Handlungsspielräume zu entdecken. Daraus ergibt sich weder eine allgemeine deskriptive Theorie, noch eine normative Theorie (Friedberg 1977: 33-35). Ein solches Ansinnen stellt nach Ansicht der strategischen Organisationsanalyse eine Überschätzung der Möglichkeiten der Organisationstheorie dar. Die strategische Organisationsanalyse kann grundsätzlich weder die Frage beantworten, welche Handlung ein Akteur ergreifen wird, noch warum er dies tut und welche Bedeutung dies für ihn hat. „Die allgemeine und radikale Kontingenz der Organisierungs- und Regulierungsweisen eines Handlungsfeldes zwingt zur Anerkennung der allgemeinen und radikalen Kontingenz der vorgeschlagenen Lösungen" (Friedberg 1995: 299).

Ergebnisvermittlung

Die Ergebnisvermittlung des Beraters berücksichtigt, dass die Klientorganisation ein politisches System darstellt (Friedberg 1995: 338), in dem eine Vielzahl von partiellen Problemdiagnosen existiert. Der Berater muss die partiellen Diagnosen relativieren. Die Relativierung würde jedoch misslingen, wenn der Berater seine Diagnose direkt präsentieren würde. Diese Vorgehensweise würde die politische Dimension der Einigung auf eine globale Diagnose ausblenden. Der Berater muss deshalb darauf verzichten seine Interpretation direkt zu präsentieren. Stattdessen muss der Berater die Erarbeitung der globalen Analyse zum Gegenstand eines Verhandlungsprozesses zwischen den Akteuren in der Organisation machen. Gelungene Veränderung basiert auf der Anerkennung und Berücksichtigung der Tatsache, dass Menschen oft zunächst nicht wissen, was sie wollen, dann ihre Wünsche entsprechend den von ihnen wahrgenommenen Gelegenheiten entdecken und gegebenenfalls zwischenzeitlich ändern. Wenn man Interventionen so anlegt, dass sie grundsätzlich die Handlungsfreiräume der beteiligten Akteure erweitern, dann gibt man ihnen hierdurch die Chance, ihre Ziele selbst zu verwirklichen. Eine solche Intervention erfordert also weder die Erhebung der konkreten Wünsche der Betroffenen noch gar eine Entscheidung für das eine oder andere Ziel.

Stattdessen beschränkt sich die Intervention des Beraters darauf, die Akteure in der Klientorganisation bei der Selbstdiagnose, Zielformulierung und -verwirklichung zu unterstützen: In diesem Rahmen wird er a) Akteure – in der Regel Führungskräfte – unterstützen oder schaffen, die als soziale Unternehmer den Veränderungsprozess anstoßen, steuern und strukturieren ohne dessen Inhalte im Detail festzuschreiben, und b) Projektgruppen unterstützen oder schaffen, die weitere betroffene Akteure mobilisieren und in denen die Inhalte eines Veränderungsvorhabens im Detail ausgehandelt werden. Als Startimpuls für die Projektgruppen trägt der Berater die gesammelten Sichtweisen der interviewten Akteure bei. Friedberg (1995: 381) betont, dass die Sichtweisen zuvor einzeln genommen fast alle bekannt seien. Die Beziehungen zwischen diesen Sichtweisen, ihre Wechselwirkungen, sowie die ausgelöste Eigendynamik würden in der Regel jedoch außer Acht gelassen. In Diskussionen wird eine gemeinsame Interpretation dieser Sichtweisen erarbeitet. Die gemeinsame Interpretation ermöglicht anschließend die Vereinheitlichung der Problemsicht und der Lösungsvorschläge.

Diese Vorgehensweise berücksichtigt, dass jedes Veränderungsvorhaben der Führung bedarf, insbesondere der Formulierung eines allgemeinen Orientierungsrahmens (Friedberg 1995: 346ff.). Sie ermöglicht es den Akteuren einerseits, sich der Grenzen und Zwänge ihres Handelns bewusst zu werden. Andererseits bietet sie den Akteuren die Möglichkeit, neue Ressourcen und Gelegenheiten zu entdecken, und so ihren Spielraum zu vergrößern. Sie stellt gleichzeitig sicher, dass die Akteure die spezifischen Merkmale der Spiele und des zu verändernden Akteurssystems berücksichtigen. Insgesamt ermöglicht dies den Bruch bestehender Gleichgewichte und der sie unterstützenden eigendynamischen Rückwirkungsschleifen. Darüber hinaus lehrt dieses Vorgehen die Akteure eine neue Denkweise: Sie lernen, in Begriffen von Handlungssystemen zu denken, insbesondere Produktions- und Managementprobleme in Funktionsprobleme des Akteurssystems zu übersetzen. Friedberg sieht darin den dauerhaftesten Gewinn der Arbeit von Projektgruppen (Friedberg 1995: 389, 394f.).

8.4. Empirische Forschung

Aus der Perspektive der strategischen Organisationsanalyse liegen mehrere Fallstudien zu Beratungsprozessen vor. Mit ihren detaillierten Fallstudien zu Organisationsentwicklungsprozessen in zwei Krankenhäusern (Iding 2000) bzw. in einem mittelständischen Maschinenbauunternehmen (Muhr 2005) belegen Iding und Muhr eindrücklich, dass Organisationsberatung im Nahblick nicht einer linearen Interventionslogik folgt, sondern nur als mikropolitischer Prozess rekonstruierbar ist, bei dem die Interessen der beteiligten Akteure inklusive der Berater von zentraler Bedeutung für den Fortgang des Beratungsprozesses sind. Aus den Fallstudien werden u. a. folgende Hypothesen abgeleitet: Beratungsthemen und -anlässe haben kein homogenes Ziel. Vielmehr werden sie zum Spielball interessegeleiteter Akteure. Dies gilt für Klient wie Berater (Muhr 2005: 233). Koalitionen, die sich im Zuge der Beratungsprozesse zwischen Akteuren bilden, entwickeln eine spezifische Eigendynamik, die dazu führen kann, dass sich die Ziele der Koalitionen von den Zielen des Veränderungsvorhabens entfernen (Muhr 2005: 233). Die wichtigsten im Rahmen beider Fallstudien abgeleiteten Hypothesen wurden aus Gründen der besseren Lesbarkeit bereits oben (Kap. 8.3.3, 8.3.5) dargestellt.

Ortmann el al. (1990) befassen sich aus mikropolitischem Blickwinkel mit der Einführung und Nutzung computergestützter Informations- und Planungssysteme. Anhand von Fallstudien beantworten sie die Fragen, mit welchen mikropolitischen Mitteln und mit welchem Ergebnis auf die Informatisierung im Betrieb Einfluss genommen wird, sowie welche Auswirkungen die Informatisierung auf Macht und Herrschaftsstrukturen im Betrieb hat. Berater sind aus diesem Blickwinkel eine Gruppe von Akteuren unter vielen. Aus den Fallstudien heraus belegen Ortmann el al. (1990: 395f.), dass die heftigen mikropolitischen Kämpfe entlang folgender Linien stattfanden: zwischen Interessenten an Routine- und an Innovationsspielen, zwischen EDV- und Fachabteilungen, zwischen höheren und niedrigeren Hierarchieebenen, zwischen Treibern und Bremsern, zwischen verschiedenen Vorstandsressorts, zwischen Generationen (die über generationsspezifische kulturelle Deutungsmuster verfügen), zwischen verschiedenen Fachabteilungen, zwischen Anwenderunternehmen und Software-Häusern (Beratern) und zwischen Zentralen und dezentralen Einheiten. Sie rekonstruieren die verschiedenen Spiele, an denen diese Akteure teilnehmen und deren Einsätze, Regeln, Strukturen, Gewinn- und Verlustchancen. Dabei wird folgendes Muster erkennbar: Die Akteure des Innovationsspiels werden durch Karrierechancen und durch das eigene Selbstverständnis in eine andere, zum Teil sogar die entgegen gesetzte Richtung orientiert, als die der Routinespiele (z.B. Veränderung versus Beständigkeit, Risiko versus Sicherheit, Projekt versus operative Aufgaben). Die mikropolitisch so prekäre Verzahnung von Spiel und Metaspiel, die strukturell begründet ist, wird von den Akteuren personalisiert. Personen und Abteilungen werden in wechselnden Wahrnehmungen, Wahrnehmungsverzerrungen, Zuschreibungen, Abgrenzungen und Denunziationen für Entwicklungen und Zustände verantwortlich und haftbar gemacht. Dass diese Entwicklungen strukturell angelegt sind, und die Personen austauschbar sind, wird von den Akteuren nicht erkannt (Ortmann el al. 1990: 464-471). Vor der vorschnellen Zuschreibungen von Akteuren zu Innovationsspielern wird gewarnt: Auch das obere Management spiele seine Routinespiele. Dies verdeutliche, wie sehr Innovationen eine Machtfrage seien: Immer ginge es darum, „wer die Macht hat, in die Routinespiele anderer verändernd einzugreifen" (Ortmann el al. 1990: 471). Aus zwei Fallstudien heraus belegen Ortmann el al. (1990: 487-489), dass Berater den Machtverhältnissen im Unternehmen genaue Beachtung schenken, ohne sie jedoch zur Diskussion zu stellen. Da es eine hohe Interessensüberschneidung zwischen ihnen und dem Top-Management gibt, das ihr Expertenwissen mikropolitisch einsetzt, sind sie in der Praxis weder neutrale Experten, noch geraten sie massiv zwischen die Fronten der mikropolitischen Auseinandersetzungen, wie dies für Softwarehäuser beobachtet wird. Berater nutzen ihre Handlungsfreiräume um die mächtige Koalition zu stärken und damit auch ihre eigenen Interessen zu fördern. In Anbetracht der geringen Fallzahl darf bezweifelt werden, ob diese Aussage verallgemeinerbar ist: Es scheint zumindest

fraglich, ob diese Aussage auch für Berater gilt, die vom Betriebsrat in ein Unternehmen geholt werden.
In der anglo-amerikanischen Forschung ist der mikropolitische Ansatz bisher in Studien zur Organisationsberatung nicht explizit aufgenommen worden. Dennoch lassen sich zentrale Aussagen mehrerer Fallstudien implizit dieser Perspektive zuordnen. So analysieren Smith und Zane (2004) den Fall einer Bank, die sich von zwei Beratungsunternehmen gleichzeitig beraten lässt, und beschreiben die Konflikte, die dabei zwischen den Beratern, zwischen den Beratern und verschiedenen Akteuren innerhalb der Bank, sowie innerhalb der Akteure der Bank stattfinden. Smith und Zane (2004: 43) schlussfolgern, dass sich die Bank zwei Berater ins Haus holte, damit die in der Bank selbst vorhandene Polarisierung zunächst externalisiert und dann mit Hilfe der Berater überwunden werden konnte. Dies ist eine interessante Strategie im Rahmen eines Innovationsspiels. Fincham (1999) arbeitet in seinen Fallstudien heraus, dass Berater und Klient sich in einem politischen Spiel (*political game*, Fincham 1999: 344) befinden, wobei die Machtbeziehung zwischen Berater und Klient als kontingent zu gelten hat.

8.5. Würdigung und Kritik

In diesem Kapitel wurden nur diejenigen mikropolitischen Ansätze vorgestellt, aus deren Perspektive Studien zur Organisationsberatung entstanden sind. Während sich für alle mikropolitischen Ansätze feststellen lässt, dass sie das „störende" Problem der Macht in der Beratung nicht ausblenden, gelten die weiteren nun folgenden Bewertungen aufgrund der jeweils unterschiedlichen Definitionen von Macht und Mikropolitik nur für die strategische Organisationsanalyse.

Die Bedeutung der strategischen Organisationsanalyse für eine Theorie der Organisationsberatung liegt darin, dass sie die Kontingenz des Verhaltens von Berater und Klient, wie auch der vorgeschlagenen Lösungen mikropolitisch erklärt. Dabei gelingt es ihr insbesondere, Widerstand gegen Wandel als zugleich unvermeidlich und legitim verständlich zu machen. Möchte man meinen, dass dies einer mikropolitisch fundierten Interventionstheorie jegliche Grundlage entzieht, so sieht man sich getäuscht. Sieht man nämlich die Kompetenz des Beraters in der Durchführung kommunikativer Verfahren, so ist weder die Kontingenz noch der Widerstand ein unüberwindbares Problem für Berater. Die Interventionstheorie von Crozier und Friedberg vermag sogar eine mikropolitische Fundierung jener Beratungsansätze zu leisten, die den Schwerpunkt der Beratertätigkeit in der Durchführung kommunikativer Verfahren erkennen (d.h. insbesondere der systemischen Organisationsberatung).

Systemtheoretische und rollentheoretische Positionen werden durch die strategische Organisationsanalyse herausgefordert: Wenn man Beratungshandeln als Mitwirkung eines Beraters in einem Innovationsspiel begreift, dann konstituiert Beratung nicht etwas Eigenes im Sinne eines Berater-Klient-Systems. Diese These gilt den Vertretern einer strategischen Organisationsanalyse als systemische Überhöhung. Beratung stellt vielmehr „nur" den Eintritt eines Beraters in ein laufendes Innovationsspiel dar. Diese Aussage kann man als „Banalisierung von Beratung" bewerten (Muhr 2005: 7). Wenn man das Spielkonzept als einen Gegenbegriff zu Rolle, Systemimperativ und Rational Choice (Neuberger 1995: 214) konzipiert, dann existiert auch keine feststehende Rolle des Beraters. Wie alle anderen Akteure in Organisationen auch unterliegen Berater Freiheiten und Zwängen. Sie sind Mikropolitiker, keine Rollenträger. Im Hinblick auf die Koordination heterogener Interessen und Ziele erfüllt Macht während des Beratungsprozesses eine zentrale Stabilisierungs- und Regulierungsfunktion.

Die Kritik an der strategischen Organisationsanalyse entzündet sich weniger an den Schlussfolgerungen für das Verständnis von Organisationsberatung als vielmehr an den Grundbegriffen und -annahmen des Ansatzes selbst. Den Rationalitätsbegriff von Crozier und Friedberg kritisiert Ortmann als extrem weit und damit leer (Ortmann 1992: 23). Ihr Machtbegriff wird als übiquitär kritisiert. Das Phänomen des Vertrauens werde zu wenig beachtet. Dies beeinträchtige die Analyse von Beratungsprozessen, bei denen Vertrauen und dem Aufbau von Vertrauen eine besondere Bedeutung zukomme (Geßner 2001: 52).

Die Operationalisierung des Spielbegriffs wird als nahezu unlösbares Problem bezeichnet. Ortmann el al. (1990: 57) merken an, das sie die Schwierigkeit einer operationalen Definition und intersubjektiven Bestimmung von Spielen fast zur Preisgabe des Spielkonzepts gebracht hätte. Man darf vermuten, dass dieses Problem in anderen Studien nur deshalb nicht als relevant erkannt wird, weil sich die Anforderung der intersubjektiven Überprüfbarkeit nicht schon im Forschungsprozess stellt, solange dort nur ein Forscher forscht. Wie also kann man ein Spiel von einem anderen abgrenzen, wenn es sich um implizite, nicht um diskursive Regeln handelt, die von den Akteuren nur stillschweigend verstanden werden? Wenn nicht einmal die Akteure über die Regeln Auskunft geben können, wie können es dann Wissenschaftler?

Kritiker werfen der strategischen Organisationsanalyse vor, dass sie organisationale Abläufe zu sehr personalisiere (Baethge/Overbeck 1986: 423). Sie sensibilisiere zwar ehrenwerter Weise für innerbetriebliche Machtstrukturen, gerate über die Rekonstruktion von mikropolitischen Konflikten in konkreten Kontexten aber in die Gefahr der Personalisierung. Strukturelle Bedingungen gerieten dadurch aus dem Blick. Ortmann el al. (1990: 593ff.) erwidern hierauf, dass sich vermeintlich objektive Strukturen innerhalb eines Theorieansatzes, der den Subjekt-Objekt-Dualismus verwirft, nur über die interpretative Rekonstruktion der Wahrnehmungen, Deutungen und Strategien der Akteure zugänglich machen lassen. In kritischer Anlehnung an Giddens gehe es um die Vermeidung der Reifizierung von Struktur. Anerkannt wird, dass durch diesen Ansatz und seine Anwendung im Rahmen von Fallstudien die Verallgemeinerbarkeit von Aussagen erschwert wird. Die Interpretation spiele die entscheidende Rolle bei der „tastenden, orientierenden Vergewisserung, ob wir einen jedenfalls prinzipiell verallgemeinerungsfähigen Fall vor Augen haben oder nicht" (Ortmann el al. 1990: 596).

Nicht zuletzt entzündet sich Kritik am Politikbegriff der strategischen Organisationsanalyse. Die mikropolitische Perspektive habe kein emanzipatorisches Potential. Aus der Perspektive einer kritischen Gesellschaftstheorie ist das Spielkonzept apolitisch, da es die Spielstrukturen und -inhalte nicht auf eine konkrete historische Gesellschaftsformation bezieht (Türk 1989: 131). Der Zusammenhang zwischen Makrostrukturen der Gesellschaft und Mikrostrukturen der Organisation bleibt unausgeführt. Dieser Kritik entgegnet Neuberger: Wie immer der Zusammenhang zwischen Makrostrukturen der Gesellschaft und Mikrostrukturen der Organisation ausgeführt werde, die von Crozier und Friedberg ins Zentrum gestellte Kontingenz des Handelns bliebe gewahrt. Widersprüche und Freiheitsgrade, die konkrete historische Gesellschaftsformationen bieten, können von den Akteuren taktisch genutzt werden (Neuberger 1995: 217).

Im Folgenden finden Sie Fragen, die Ihnen als Berater oder Klient Hilfestellung leisten sollen, Beratungshandeln aus mikropolitischer Sicht – insbesondere aus Perspektive der strategischen Organisationsanalyse – zu reflektieren.

8.6. Fragen für Berater

Rekonstruieren Sie die Kontaktaufnahme des Klientunternehmens zu Ihnen als Berater als Spielzug in einem laufenden Innovationsspiel! Wie lässt sich das Innovationsspiel in der Klientorganisation charakterisieren? Wie lange ist das Innovationsspiel schon im Gange? Welche Akteure nehmen daran teil und welche nicht? Haben sich im Laufe des bisherigen Innovationsspiels Koalitionen zwischen einzelnen Akteuren gebildet, die dazu geführt haben, dass sich die Ziele der Koalitionen von den Zielen eines Veränderungsvorhabens entfernt haben? Welche Rolle haben Ihre Auftraggeber für Sie vorgesehen? Wollen Sie diese Rolle übernehmen? Welche Interessen haben die Innovationsspieler? Welche Strategien verfolgen sie? Welche Ungewissheitszonen kontrollieren sie?

Waren oder sind bereits andere Berater beim Klienten? Welche Spiele wurden oder werden mit Ihren Vorgängern bzw. Kollegen gespielt? Welche Regeln hat das Klientunternehmen für den Umgang mit Beratern ausgebildet?

Welche Spiele charakterisieren das Klientunternehmen? Welches sind die Routinespiele in der Klientorganisation? Welche Akteure nehmen an welchem Spiel teil und welche nicht? Wer spielt wann tatsächlich welches Spiel mit wem und/oder gegen wen?

Welche Ungewissheitszonen kontrolliert welcher Routinespieler in der Klientorganisation? Welche Routinespieler stellen die Experten dar, die über die Fähigkeit verfügen, tagtägliche Funktionsprobleme zu lösen? Welche Routinespieler monopolisieren den Kontakt zwischen der Organisation und ihrer Umwelt? Welche Routinespieler monopolisieren den Kontakt zwischen verschiedenen Einheiten einer Organisation indem sie wichtige Informations- und Kommunikationskanäle kontrollieren?

Welche Vorschriften und Verfahren wurden geschaffen, um die Unvorhersehbarkeit des Verhaltens welcher Routinespieler der Klientorganisation zu verringern? Welche dieser Vorschriften müssen in der Praxis verletzt werden, damit die Klientorganisation funktioniert? Welche dieser Verfahren müssen in der Praxis modifiziert werden, damit die Klientorganisation funktioniert? Welche Routinespieler kontrollieren diese Ungewissheitszonen?

Welche Abhängigkeiten bestehen zwischen den solchermaßen bestimmten Routinespielern beim Klienten? Welche Interessen haben sie? Welche Strategien verfolgen sie? Charakterisieren Sie die Handlungsmöglichkeiten jedes Routinespielers beim Klienten: Welche mögliche Handlung kann welcher Routinespieler zum Tausch anbieten? Durch welche Handlung kann welcher Routinespieler seinen eigenen Freiraum soweit wie möglich ausweiten und gleichzeitig den Freiraum der anderen einschränken?

Welche spezifischen Spielstrukturen und -regeln welcher Routinespiele lassen sich als Produkt früherer Machtverhältnisse und Verhandlungen rekonstruieren? Welche Routinespieler fechten diese Spielstrukturen und -regeln an?

Welche Erkenntnis- und Handlungsmöglichkeiten erschließen sich Ihnen, wenn Sie das mikropolitische Handeln der Organisationsmitglieder nicht auf machiavellistisches Machtstreben einzelner verkürzen, sondern darin ein Handeln aufgrund von Regeln und Ressourcenverteilungen erkennen? Welche Erkenntnis- und Handlungsmöglichkeiten entdecken Sie, wenn Sie Ihr Augenmerk nicht auf Personen ausrichten, sondern auf Strukturen? Welche Erkenntnis- und Handlungsmöglichkeiten erschließen sich Ihnen, wenn Sie die Entstehung dieser Struktur als Organisationsgeschichte rekonstruieren?

Welche Erkenntnis- und Handlungsmöglichkeiten erschließen sich Ihnen, wenn Sie während der Analyse eine empathische Beziehung zu den Akteuren des betroffenen

Handlungssystems einnehmen und jegliche kritische Haltung und jeden Wunsch zu bewerten aufgeben? Welche Erkenntnis- und Handlungsmöglichkeiten entdecken Sie, wenn Sie die Gefühle, Meinungen und Verhaltensweisen der Akteure ernst nehmen und so gut wie möglich nachvollziehen? Welche Erkenntnis- und Handlungsmöglichkeiten erschließen sich Ihnen, wenn Sie Ihre Analyse einzig auf den Vergleich der subjektiven Sichtweisen der Akteure stützen?

Welche Handlungsmöglichkeiten erschließen sich Ihnen, wenn Sie die Erarbeitung der globalen Analyse zum Gegenstand eines Verhandlungsprozesses zwischen den Akteuren in der Klientorganisation machen? Welche Handlungsmöglichkeiten bleiben Ihnen durch diesen Ansatz verwehrt? Wollen und können Sie hierauf verzichten?

Welche Routinespiele sollen durch das Innovationsspiel verändert werden? Wie lässt sich das Verhältnis zwischen Innovationsspielern und Routinespielern beschreiben? Welche Konflikte bestehen zwischen ihnen? Welche relevanten Ungewissheitszonen werden die geplanten Neuerungen ändern oder zum verschwinden bringen? Welche Routinespieler kontrollieren derzeit diese Ungewissheitszonen? Von welchen Routine- und Innovationsspielern geht Widerstand gegen den geplanten Wandel aus?

Welche Ungewissheitszonen beim Klienten kontrollierten Sie als Berater? Nutzen Sie die von Ihnen kontrollierten Ungewissheitszonen für Ihre Interventionen beim Klienten?

Wie gehen Sie mit Widerstand gegen Wandel im Klientunternehmen um? Gibt der Beratungsansatz, dem Ihr Beratungsunternehmen in der Regel folgt, eine Empfehlung zum Umgang mit Widerstand gegen Wandel? Folgen Sie dieser Empfehlung? Wenn nein, warum nicht? Welche Instrumente stellt Ihnen Ihr Beratungsansatz zum Umgang mit Widerstand zur Verfügung? Nutzen Sie diese Instrumente? Wenn nein, warum nicht?

Bezieht sich Ihr gegenwärtiges Beratungsmandat auf ein Klientunternehmen, dem Sie die Fähigkeit zuschreiben, bisher alle formalen Veränderungen absorbiert zu haben, ohne sich grundlegend gewandelt zu haben? Was könnten Sie hier bewirken, wenn Sie versuchen, den Wandel so zu beeinflussen, dass die Routinespieler die von ihnen bisher kontrollierten Ungewissheitszonen weiterhin in ihren Händen halten und vielleicht sogar vergrößern? Wodurch könnten die Routinespieler Interesse an den ihnen angebotenen Spielen finden?

Welche mikropolitische Strategie will Ihr Beratungsunternehmen während des Beratungsprojekts bei einem Klienten verfolgen? Formuliert der Beratungsansatz, dem Sie in der Regel folgen, eine Empfehlung zugunsten der Strategie der Neutralität oder der Parteilichkeit? Folgen Sie dieser Empfehlung? Wenn nein, warum nicht? Welche Instrumente stellt Ihnen Ihr Beratungsansatz zur konkreten Umsetzung einer neutralen bzw. parteilichen Strategie zur Verfügung? Nutzen Sie diese Instrumente? Wenn nein, warum nicht?

Hält Ihr Beratungsunternehmen tatsächlich diese mikropolitische Strategie durch oder lassen Sie sich in der Praxis von mikropolitischen Prozessen beim Klienten „jagen", so dass von einer Strategie nicht mehr die Rede sein kann? Unter welchen Bedingungen gelingt es ihnen nicht mehr, Ihre Strategie konsequent anzuwenden?

In welche Routinespiele im eigenen Haus sind Sie als Berater eingebunden? Welche Wechselwirkungen hat dies mit den Innovationsspielen beim Klienten?

8.7. Fragen für Klienten

Rekonstruieren Sie die geplante Kontaktaufnahme Ihres Klientunternehmens zu einem Berater als Spielzug in einem laufenden Innovationsspiel! Wie lässt sich das Innovationsspiel in Ihrer Klientorganisation charakterisieren? Wie lange ist das Innovationsspiel schon im Gange? Welche Akteure nehmen daran teil und welche nicht? Haben sich im Laufe des bisherigen Innovationsspiels Koalitionen zwischen einzelnen Akteuren gebildet, die dazu geführt haben, dass sich die Ziele der Koalitionen von den Zielen eines Veränderungsvorhabens entfernt haben?

Welche Rolle haben Sie als Auftraggeber für den Berater vorgesehen? Könnte diese Rolle auch ein anderer Akteur übernehmen? Wenn ja, welcher? Wenn nein, warum nicht? Welche Strategie verfolgen Sie? Welche Interessen haben die anderen Innovationsspieler? Welche Strategien verfolgen die anderen Innovationsspieler?

Welche Ungewissheitszonen könnte ein Berater in Ihrem Unternehmen kontrollierten? Wollen Sie dies zulassen? Wenn nicht, könnten Sie den Auftrag an den Berater so formulieren, dass er nur die Ungewissheitszonen kontrolliert, die Sie ihm offen halten wollen?

Waren oder sind bereits andere Berater in Ihrem Klientunternehmen tätig? Welche Spiele wurden oder werden mit diesen Beratern gespielt? Wollen Sie damit fortfah-

ren? Welche Regeln hat Ihr Klientunternehmen für den Umgang mit Beratern ausgebildet? Wollen Sie diese Regeln beibehalten?

Bitte bedenken Sie, dass man das Innovationsspiel, das in Ihrem Unternehmen stattfindet, als ein Metaspiel betrachten kann, das das Ziel verfolgt, einige Routinespiele in Ihrem Unternehmen zu ändern. Die folgenden Fragen zu den Routinespielen in Ihrem Unternehmen eröffnen Ihnen neue Erkenntnis- und Handlungsmöglichkeiten, sowohl innerhalb Ihres Unternehmens als auch im Umgang mit dem Berater:

Welche Spiele charakterisieren Ihr Klientunternehmen? Welches sind die Routinespiele in Ihrem Unternehmen? Welche Akteure nehmen an welchem Spiel teil und welche nicht? Wer spielt wann tatsächlich welches Spiel mit wem und/oder gegen wen?

Welche Ungewissheitszonen kontrolliert welcher Routinespieler in Ihrem Unternehmen? Welche Routinespieler stellen die Experten dar, die über die Fähigkeit verfügen, tagtägliche Funktionsprobleme zu lösen? Welche Routinespieler monopolisieren den Kontakt zwischen Ihrem Unternehmen und seiner Umwelt? Welche Routinespieler monopolisieren den Kontakt zwischen verschiedenen Einheiten Ihres Unternehmens indem sie wichtige Informations- und Kommunikationskanäle kontrollieren?

Welche Vorschriften und Verfahren wurden in Ihrem Unternehmen geschaffen, um die Unvorhersehbarkeit des Verhaltens welcher Routinespieler zu verringern? Welche dieser Vorschriften müssen in der Praxis verletzt werden, damit Ihr Unternehmen funktioniert? Welche dieser Verfahren müssen in der Praxis modifiziert werden, damit Ihr Unternehmen funktioniert? Welche Routinespieler kontrollieren diese Ungewissheitszonen?

Welche Abhängigkeiten bestehen zwischen den solchermaßen bestimmten Routinespielern in Ihrem Unternehmen? Welche Interessen haben die Routinespieler? Welche Strategien verfolgen sie? Charakterisieren Sie die Handlungsmöglichkeiten jedes Routinespielers: Welche mögliche Handlung kann welcher Routinespieler zum Tausch anbieten? Durch welche Handlung kann welcher Routinespieler seinen eigenen Freiraum soweit wie möglich ausweiten und gleichzeitig den Freiraum der anderen einschränken?

Welche spezifischen Spielstrukturen und -regeln welcher Routinespiele lassen sich als Produkt früherer Machtverhältnisse und Verhandlungen rekonstruieren? Welche Routinespieler fechten diese Spielstrukturen und -regeln an?

Welche Erkenntnis- und Handlungsmöglichkeiten erschließen sich Ihnen, wenn Sie das mikropolitische Handeln Ihrer Organisationsmitglieder – wie auch Ihr eigenes Handeln – nicht auf machiavellistisches Machtstreben einzelner verkürzen, sondern darin ein Handeln aufgrund von Regeln und Ressourcenverteilungen erkennen? Welche Erkenntnis- und Handlungsmöglichkeiten erschließen sich Ihnen, wenn Sie Ihr Augenmerk nicht auf Personen ausrichten, sondern auf Strukturen? Welche Erkenntnis- und Handlungsmöglichkeiten erschließen sich Ihnen, wenn Sie die Entstehung dieser Struktur als Organisationsgeschichte rekonstruieren?

Welche Erkenntnis- und Handlungsmöglichkeiten erschließen sich Ihnen, wenn Sie während dieser Analyse eine emphatische Beziehung zu Ihren Organisationsmitgliedern einnehmen und jegliche kritische Haltung und jeden Wunsch zu bewerten aufgeben? Welche Erkenntnis- und Handlungsmöglichkeiten erschließen sich Ihnen, wenn Sie die Gefühle, Meinungen und Verhaltensweisen Ihrer Organisationsmitglieder ernst nehmen und so gut wie möglich nachvollziehen? Welche Erkenntnis- und Handlungsmöglichkeiten erschließen sich Ihnen, wenn Sie Ihre Analyse einzig auf den Vergleich der subjektiven Sichtweisen Ihrer Organisationsmitglieder stützen?

Welche Handlungsmöglichkeiten erschließen sich Ihnen, wenn Sie die Erarbeitung der globalen Analyse zum Gegenstand eines Verhandlungsprozesses zwischen den Routinespielern in Ihrem Unternehmen machen? Welche Handlungsmöglichkeiten wollen Sie hierbei für die Innovationsspieler vorsehen? Welche Handlungsmöglichkeiten wollen Sie dem Berater zugestehen?

Welche Routinespiele sollen durch das Innovationsspiel verändert werden? Wie lässt sich das Verhältnis zwischen Innovationsspielern und Routinespielern beschreiben? Welche Konflikte bestehen zwischen ihnen? Welche relevanten Ungewissheitszonen werden die geplanten Neuerungen ändern oder zum verschwinden bringen? Welche Routinespieler kontrollieren derzeit diese Ungewissheitszonen? Von welchen Routine- und Innovationsspielern geht Widerstand gegen den geplanten Wandel aus?

Wie wollen Sie mit Widerstand gegen Wandel in Ihrem Unternehmen umgehen? Fragen Sie Ihren Berater, wie er mit Widerstand gegen Wandel in Ihrem Unternehmen umzugehen plant. Gibt der Beratungsansatz, dem er in der Regel folgt, eine Empfehlung zum Umgang mit Widerstand gegen Wandel? Welche Instrumente stellt ihm sein Beratungsansatz zum Umgang mit Widerstand zur Verfügung? Passen Ihre Vorstellungen und die Ihres Beraters zum Umgang mit Widerstand zusammen? Wenn nicht, wie wollen Sie damit umgehen?

Würden Sie Ihrem Unternehmen die Fähigkeit zuschreiben, bisher alle formalen Veränderungen absorbiert zu haben, ohne sich grundlegend gewandelt zu haben? Was könnten Sie hier bewirken, wenn Sie – mit oder ohne Berater – versuchen, den Wandel so zu beeinflussen, dass die Routinespieler die von ihnen bisher kontrollierten Ungewissheitszonen weiterhin in ihren Händen halten und vielleicht sogar vergrößern? Wodurch könnten die Routinespieler Interesse an den ihnen angebotenen Spielen finden?

Bitte bedenken Sie, dass manche Beratungsunternehmen einer mikropolitischen Strategie folgen, in der sie festgelegt haben, wie sie mit mikropolitischen Prozessen beim Klienten umgehen. Welche mikropolitische Strategie plant Ihr Beratungsunternehmen während des Beratungsprojekts bei Ihnen zu verfolgen? Formuliert der Beratungsansatz, dem der Berater folgt, eine Empfehlung zugunsten der Strategie der Neutralität oder der Parteilichkeit? Fragen Sie den Berater danach, welche Instrumente er zur konkreten Umsetzung einer neutralen bzw. parteilichen Strategie einsetzt. Ist dies in Ihrem Interesse? Wenn nicht, wie wollen Sie damit umgehen?

In welche Routinespiele ist der Berater in seinem eigenen Unternehmen eingebunden? Welche Wechselwirkungen ergeben sich hieraus mit den Innovationsspielen bei Ihnen? Sind diese Wechselwirkungen in Ihrem Interesse? Wenn nicht, wie wollen Sie damit umgehen?

9. Beratungshandeln als funktionale Interaktion von Organisationssystemen (funktionalistischer Ansatz)

9.1. Vertreter und wichtige Quellen

Die struktur-funktionalistische Systemtheorie Talcott Parsons (Parsons 1976, 2000) bildet die Grundlage für die Analyse von Beratungshandeln als funktionale Interaktion von Organisationssystemen. Parsons rezipierte den Systembegriff aus der Allgemeinen Systemtheorie, die wesentliche Impulse aus der Kritik der Biologie an der Physik erhielt (v. Bertalanffy 1951). Darüber hinaus knüpft er an kybernetische Denkmodelle an (Wiener 1963). Der Begriff System bezeichnet ursprünglich etwas Zusammengesetztes im Vergleich zum Elementaren. Er bezieht sich dabei auf eine Ganzheit, die als Einheit gedacht wird und die mehr sei als die Summe ihrer Teile. Alle Forschungsrichtungen, die sich als systemtheoretisch bezeichnen, beschäftigen sich mit der wechselseitigen Relation von Elementen in Ganzheiten, die sie Systeme nennen. Einen anspruchsvollen Überblick über die Entwicklungslinien der soziologischen Systemtheorie bietet Bühl (1989). Parsons übernimmt die Vorstellung offener Systeme aus der allgemeinen Systemtheorie. Offene Systeme unterhalten Austauschbeziehungen zu ihrer Umwelt. Hiermit sind die wesentlichen Übereinstimmungen mit der Allgemeinen Systemtheorie genannt.

Der Begriff Struktur steht im Zentrum der struktur-funktionalistischen Systemtheorie Talcott Parsons. Er bezieht sich auf diejenigen Systemelemente, die von kurzfristigen Schwankungen im Verhältnis System-Umwelt unabhängig sind. Sie können daher „in einem bestimmten Rahmen im Vergleich mit anderen Elementen als Konstanten gelten" (Parsons 1976: 168). Sie bezeichnet das verhältnismäßig feste Gefüge, das die Elemente eines Systems bilden. Eine sich ändernde Umwelt ist eine Herausforderung für den Bestand der Struktur jedes Systems. Die struktur-funktionalistische Systemtheorie untersucht die Struktur sozialer Systeme, um die Funktionen herauszuarbeiten, die für die Systemerhaltung notwendig sind. Ein System befindet sich im Gleichgewicht, wenn die Bewältigung der Erfordernisse einer sich wandelnden Umwelt ohne wesentliche Veränderung gelingt. Entgegen einer weit verbreiteten Kritik ist Parsons Gleichgewichtsbegriff nicht statisch: „Das Gleichgewicht des sozialen Systems selbst baut sich auf zahlreichen Gleichgewichten der Subsysteme [im Original: ‚subequilibriums'] auf ... . Alle treten in ein höchst bewegliches Gleichgewicht ein, in dem die Unstabilität in einem Subsystem ... entweder das größere System oder einen Teil von ihm in Ungleichgewicht bringen, oder ... einem neuen Gleichgewicht Platz geben, oder ... die Formen des totalen Gleichgewichts ändern" (Parsons/Shils 1951a; Übersetzung entnommen aus Kiss 1977: 187f.). Parsons Konzept des Gleichgewichts lässt sich daher zutreffender als Fließgleichgewicht beschreiben (Kiss 1977: 187). Ungleichgewicht kann zu strukturellem Wandel führen. (Parsons 1976: 169f.). Der Begriff Funktion bezeichnet die Leistung eines sozialen Elements für den Aufbau, die Erreichung, Erhaltung oder Veränderung eines bestimmten Zustands des gesamten Systems. Parsons hat ein originäres Schema entwickelt, das die differenzierte Analyse von Systemen und Teilsystemen auf der Basis von genau vier universellen Funktionen ermöglichen soll, das so genannte AGIL-Schema. Es wurde im Rahmen der von Bales durchgeführten Kleingruppenuntersuchungen hergeleitet. In diesen Untersuchungen war der Gruppenprozess bei der Bearbeitung von Aufgaben in vier Phasen (A-G-I-L) eingeteilt worden (Parsons/Bales/Shils 1953):

Adaptation (Anpassung). Ein Handlungssystem muss sich an seine Umwelt anpassen, so dass es aus dieser Mittel zu seiner Zielverfolgung mobilisieren kann.

Goal-attainment (Zielerreichung). Ein Handlungssystem muss in seiner Umwelt selbst gesetzte Ziele verfolgen und erreichen.

Integration (Integration). Ein Handlungssystem muss, um in seiner Umwelt Ziele verfolgen und erreichen zu können, intern seine Strukturen und Prozesse beständig entsprechend untereinander abstimmen.

Latent pattern maintenance (Erhaltung latenter Strukturen). Ein Handlungssystem muss zur dauerhaften Gewährleistung seiner inneren Ordnung generalisierte und unhinterfragte – deshalb latente – Ordnungsmuster ausbilden und aufrecht erhalten.[19]

Gegenstand von Parsons Analyse und Theorie sind Menschen, die sozial handeln, d.h. miteinander in Interaktion treten, und die gesellschaftlichen Rahmenbedingungen innerhalb derer gehandelt wird. Als grundlegende Einheit auf die seine Theorie aufbaut, wählt Parsons (Parsons/Shils 1951b) das Handlungssystem. Durch strukturelle Analyse bestimmt Parsons vier Teilsysteme, aus denen sich jedes Handlungssystem zusammensetzt: Persönlichkeitssystem, Organismussystem, Sozialsystem und Kultursystem. Ausgangspunkt der strukturellen Analyse bildet die Vorstellung eines Aktors, der eine Absicht verfolgt. Parsons definiert das Persönlichkeitssystem als ein organisiertes System von Handlungsorientierungen und –motivationen eines individuellen Aktors. In der Handlungssituation trifft der Aktor auf nicht-

---

[19] Ich übernehme hier die auf das Wesentliche konzentrierte Beschreibung der vier Funktionen in Schimank (1996: 95f.).

soziale Objekte, beispielsweise natürliche Gegebenheiten der Umwelt oder seinen eigenen biologischen Organismus. Diese vom Aktor zu berücksichtigende naturgegebene Basis menschlichen Handelns nennt Parsons das Organismussystem. In der Handlungssituation trifft der Aktor darüber hinaus auf soziale Objekte. Um seine Handlungsziele durchzusetzen, muss der Aktor mit anderen Personen in Interaktion treten, insbesondere muss er mit ihnen kommunizieren. Als Sozialsystem bezeichnet Parsons die Beziehungen zwischen Individuen. In der Handlungssituation orientiert sich der Aktor an Normen, die nicht auf subjektiven, sondern auf gesellschaftlich anerkannten Werten beruhen. Werte und Normen, die für soziales Handeln relevant sind, fasst Parsons als Kultursystem zusammen. Parsons versteht die so bezeichneten Systeme nicht als empirische Systeme, sondern als analytische. Jedes Teilsystem erbringt eine Leistung zur Erhaltung des gesamten Systems: das Persönlichkeitssystem die Zielsetzung und -verwirklichung (Goal-attainment), das Organismussystem die Anpassung an wechselnde Situationen der Umwelt (Adaptation), das soziale System die Integration (Integration) und das Kultursystem die Bewahrung latenter Strukturen (Latent pattern maintenance).

Darauf aufbauend hat Parsons das AGIL-Schema schließlich als universelles Kategorisierungsschema angewandt, das es gestattet, jedes System in genau vier (analytische, nicht empirische!) Subsysteme zu untergliedern, von denen jedes zwingend eine der vier Funktionen für das Gesamtsystem übernimmt. Jedes Subsystem erbringt darüber hinaus spezifische Leistungen für die anderen Subsysteme. In Parsons/Smelser (1956; vgl. auch Parsons 1980) wird diese Systemtheorie um eine Theorie generalisierter Kommunikationsmedien erweitert. Als Subsysteme des Sozialsystems werden das ökonomische System (Medium Geld), das politische System (Medium Macht), das Gemeinschaftssystem (Medium Einfluß) und das Treuhandsystem (Medium Wertbindungen) herausgearbeitet.

Parsons hat nicht nur eine Systemtheorie, sondern auch eine Handlungstheorie formuliert. Parsons selbst hat die Ansicht vertreten, dass er handlungs- und systemtheoretische Fragestellungen in *einem* Theoriekonzept verbunden habe. Diese Ansicht ist umstritten, wird aber von Münch (2003: 46, 2004) geteilt. Für die hiesige Themenstellung ist Parsons voluntaristische Handlungstheorie (Parsons 1937) nicht relevant: Die funktionalistische Rollentheorie ist für die Beschreibung und Analyse von Beratungshandeln nicht in nennenswertem Umfang rezipiert worden – ganz im Gegensatz zur symbolisch-interaktionistischen Rollentheorie (vgl. Kap. 4). Es wird daher darauf verzichtet, sie an dieser Stelle darzustellen.

Als zentrale Methode der strukturfunktionalistischen Systemtheorie hat Parsons die funktionale Analyse entwickelt. Sie untersucht, welche Funktionen für ein System bestandsnotwendig sind. Die funktionale Analyse darf als Bindeglied zu allen funktionalistischen Theorien gelten, die die Systemtheorie Parsons kritisierten und weiterentwickelten bzw. ihr nachfolgten. So hat Merton (1995; das englischsprachige Original erschien 1949) das Verständnis von Funktionen und die Methode der funktionalen Analyse wesentlich weiterentwickelt: Innerhalb der funktionalen Analyse kann nach funktionalen Alternativen gefragt werden: Funktional äquivalent sind alle Sachverhalte, die die gleiche Funktion erfüllen können. Beispielsweise ist der Kindergarten in Bezug auf die Erziehung von Kindern ein funktionales Äquivalent zur Familie. Merton hat die Unterscheidung von manifesten und latenten Funktionen eingeführt. Eine manifeste Funktion liegt vor, wenn den Handelnden die objektiven Konsequenzen ihres Handelns bewusst sind. Eine objektive Konsequenz, die den Handelnden nicht bewusst ist, wird als latente Funktion bezeichnet. Gerade die latenten Funktionen und deren Analyse machen nach Merton das eigentliche Gebiet der Soziologie aus, da sie die Aufmerksamkeit auf theoretisch ergiebige Forschungsfelder lenken und soziologische Aufklärung möglich machen. Weiterhin bestritt Merton die Vorstellung, dass die beste aller Welten funktional vollkommen integriert sei. Er führte die Unterscheidung von Funktionen und Dysfunktionen ein. Funktionen werden als diejenigen beobachteten Folgen präzisiert, die zur Erhaltung eines gegebenen Systems beitragen, während Dysfunktionen die Anpassung des Systems herabsetzen (Merton 1995: 48). Ein Phänomen kann sowohl funktionale als auch dysfunktionale Folgen haben. Am Ende dieser Entwicklung stellt sich funktionale Analyse als Methode dar, die sich mehr oder weniger weit von Parsons Vier-Funktionen-Schema gelöst hat, aber unbeirrt nach der objektiven Kategorie der Funktion fragt, und diese klar von der subjektiven Kategorie des Motivs trennt (Alexander 1985, 1998).

Parsons begreift Organisationen als einen spezifischen und zwischen Interaktions- und Gesellschaftssystem zu verortenden Systemtyp. Das Systembildungsprinzip der Organisation ist die Mitgliedschaft, während das Interaktions- bzw. das Gesellschaftssystem sich auf Anwesenheit bzw. kommunikative Erreichbarkeit stützen. Das entscheidende Definitionsmerkmal von Organisationen ist die bewusste Orientierung an einem gemeinsamen Zweck (Parsons 1961).

Parsons hat eine Modernisierungstheorie formuliert, die als Differenzierungstheorie angelegt ist. Gesellschaftliche Modernisierung erscheint dabei als fortwährender, linearer Prozess der funktionalen Differenzierung von Gesellschaft in Teilsysteme, die sich zu einem späteren Zeitpunkt selbst in Teilsysteme ausdifferenzieren usw.

In der Organisationstheorie wird die funktionalistische Perspektive einerseits vom kontingenztheoretischen Ansatz, andererseits vom populationsökologischen Ansatz aufgenommen (Donaldson 2003: 44). Beide übernehmen die Annahme, dass individuelles Handeln keinen unabhängigen Beitrag zur Erklärung sozialer Tatsachen erbringt. Die Handlungen, für die sich Individuen entscheiden, werden von ihnen gewählt, weil sie als funktional erkannt werden. Der zentrale funktionale Prozess, den die Kontingenztheorie analysiert, die Anpassung der Organisation an ihre Umwelt (Donaldson 2001). Stattdessen konzentriert sich der populationsökologische Ansatz auf den Mechanismus der Selektion, der als funktional betrachtet wird.

Durch Selektion wandeln sich Populationen von Organisationen. Organisationen, die in ihren ökologischen Nischen nicht überleben können, sterben aus. Neue Organisationen entstehen und besetzen frei gewordene ökologische Nischen. Als dysfunktional zu bewertende Resultate organisationalen Handelns führen mit großer Wahrscheinlichkeit dazu, dass die Organisation nicht überlebt. Es überleben diejenigen Organisationen, deren Leistungen als funktional zu bewerten sind (Hannan/Freeman 1989)

In der beratungswissenschaftlichen Literatur gibt es einige Arbeiten, die sich mit den Funktionen von Organisationsberatung befassen. Der umfassendste Beitrag aus strukturfunktionalistischer Perspektive stammt von Eschbach (1984). Er fasst Beratungshandeln als funktionale Interaktion von Organisationssystemen auf. Diese funktionale Sicht erfährt von zwei Seiten Kritik: Weinstein (1985) unterscheidet konventionelle von illegitimen Funktionen und konzentriert sich in der Darstellung auf letztere. In den Sammelbänden von Kipping/Engwall (2002) und Clark/Fincham (2002) wird der funktionalen eine kritische Perspektive gegenübergestellt (vgl. Kap. 13.1), die jedoch letztendlich dem funktionalistischen Ansatz verpflichtet bleibt. Nur wird die dominierende Funktion der Organisationsberatung nicht mehr in der Vermittlung von Wissen und Erfahrung gesehen, sondern darin, Unsicherheit und Angst des Klienten durch die Anwendung einfacher Managementprinzipien und vereinfachender Interpretationsangebote zu reduzieren. Werr (2002) hat hierzu eine empirische Studie vorgelegt. Alle bisher vorgestellten funktionalistischen Arbeiten konzentrieren ihre Analyse auf die Moderne. Diese Perspektive wird durch die Frage nach funktionalen Äquivalenten der Organisationsberatung überwunden. In diesem Sinne wurden intermediäre Institutionen und persönliche Netzwerke (Faust 2000) die kirchliche Seelsorge (Froschauer/Lueger 1999) und das Hofnarrentum des Mittelalters und der Renaissance (Fuchs 2002) als funktionale Äquivalente der Organisationsberatung identifiziert. Aus der Frage nach funktionalen Äquivalenten zur Organisationsberatung ergeben sich dann ein weiteres Mal neue Antworten auf die Frage nach den Funktionen von Organisationsberatung. Eine Modernisierungs- bzw. differenzierungstheoretische Erklärung der Bedeutung von Organisationsberatung in modernen Gesellschaften haben Ernst/Kieser (1999) vorgelegt.

Weder aus der Kontingenztheorie noch aus der Populationsökologie liegen theoretische oder empirische Beiträge zur Organisationsberatung vor. Dies liegt in den theoretischen Perspektiven beider organisationstheoretischen Ansätze begründet: Die Umwelt jeder Organisation wird nicht als aus spezifischen Interaktionspartnern bestehend konzipiert. Stattdessen wirken gleichsam anonyme situative bzw. ökologische Bedingungen. Eine Interaktion zwischen Berater und Klient kann im Rahmen beider Theorieansätze nicht formuliert werden. Eine kontingenztheoretische Analyse würde sich auf das Überleben von Klienten *oder* Beratern in ihrer jeweiligen Umwelt konzentrieren. In der Umwelt sind Interaktionspartner (Berater *oder* Klienten) nicht abbildbar. Populationsökologische Ansätze müssten Populationen von Klienten und Populationen von Beratern miteinander in Interaktion treten lassen. Hierzu liegen keine Studien vor.

9.2. Begriff der Organisationsberatung

Die funktionalistische Analyse betrachtet den Klienten und den Berater aus der Makroperspektive. Beide erscheinen als offene soziale Systeme, die durch ihre Umwelt in hohem Grad beeinflusst werden können. Beratungshandeln wird als funktionale Interaktion von Organisationssystemen aufgefasst. Organisationsberatung hat die Funktion, Defizite in der organisationalen Leistungserbringung des Klientsystems zu beheben (Eschbach 1984: 37) und hierdurch zur Bestandserhaltung, Umweltanpassung und Zielverwirklichung der Klientorganisation beizutragen.

9.3. Zentrale Aussagen

9.3.1. Die Struktur des Wirtschaftssystems

Jeder funktionalen Analyse hat eine strukturelle Analyse voranzugehen (Parsons 1976). Parsons und Smelser (1956) hatten das Sozialsystem in die vier Subsysteme Wirtschaftssystem, treuhänderisches System,[20] politisches System und Gemeinschaftssystem untergliedert. Dabei kommt dem Wirtschaftssystem die Funktion zu, durch Mobilisierung von Ressourcen für die Anpassung (Adaptation) des Sozialsystems an wechselnde Umweltbedingungen zu sorgen. Parsons und Smelser wenden nun das AGIL-Schema erneut an, so dass die Struktur des Wirtschaftssystems sichtbar wird. Es lässt sich untergliedern in vier Subsysteme:

Commitment-System (Funktion: *Latent pattern maintenance*). Das Wirtschaftssystem bedarf eines institutionalisierten Systems von Werten, dass die Verfügungsrechte in Bezug auf die Bereitstellung und Nutzung von wirtschaftlichen Gütern und Dienstleistungen regelt. Ihre Verbindlichkeit ermöglicht erst die Aufnahme eines stabilen Wirtschaftsprozesses. Das Commitment-System bezeichnet dasjenige Subsystem, dass das diese Normen und Werte beiträgt und daher die Funktion der Strukturerhaltung für das Wirtschaftssystem übernimmt.

Produktions- und Distributionssystem (Funktion: *Goal-Attainment*). Das Wirtschaftssystem bedarf eines Subsystems, das die Produktion, Verteilung und den Verkauf von Gütern und Dienstleistungen steuert, und so die Zielerreichung sichert.

---

[20] Von Münch auch als sozial-kulturelles System interpretiert (Münch 2004: 87).

Unternehmenssystem (Funktion: *Integration*). Das Wirtschaftssystem bedarf eines Subsystems, das gegebene Ressourcen im Produktionsprozess miteinander verbindet. Diese eigentliche unternehmerische Aufgabe übernimmt das Unternehmenssystem.
Kapitalisierungssystem (Funktion: *Adaption*). Auch das Wirtschaftssystem muss sich an seine Umwelt anpassen. Dies geschieht durch Kapitalzu- und abfluss in Form von Investitionen. Diese Aufgabe übernimmt das Kapitalisierungssystem.

A Kapitalisierungssystem	Commitment- system	L	L
		Treuhänderisches System	
Wirtschaftssystem			
Produktions- und Distributionssystem G	Unternehmens- system I		
Politisches System		Gemeinschaftssystem	
G			I

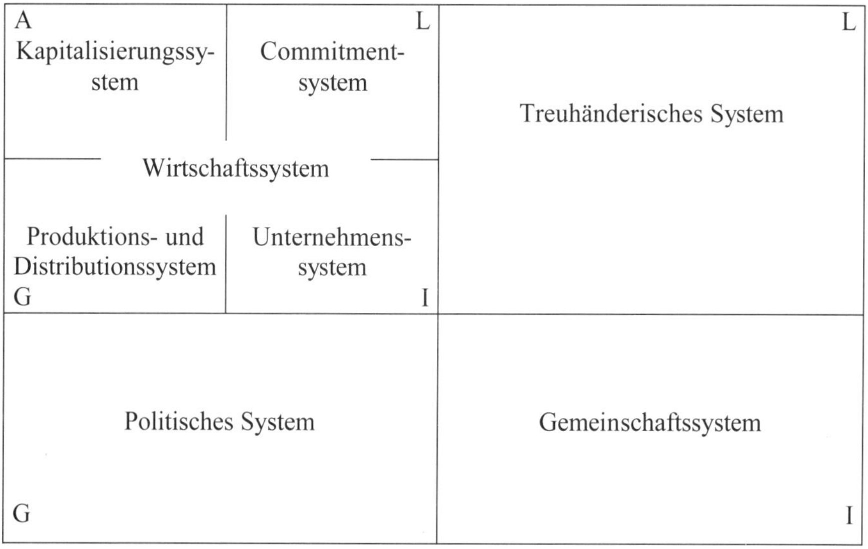

Abbildung 1: Die Struktur des Sozialsystems

9.3.2. Funktionen der Organisationsberatung

Eschbachs funktionale Analyse der Organisationsberatung baut konsequent auf Parsons und Smelsers strukturelle Analyse auf. Er fragt danach, ob sich aus empirischer Sicht Mängel oder Defizite in der Erbringung der vier Funktionen feststellen lassen, die durch „äußere Instanzen behoben werden können" (Eschbach 1984: 28). Aufbauend auf einer Bewertung der wirtschaftlichen Rahmenbedingungen, die erkennbar die 80er Jahre reflektiert – und deshalb hier nicht wiedergegeben wird – diagnostiziert er die Notwendigkeit für eine weitere Ausdifferenzierung des Unternehmenssystems: spezialisierte Teilsysteme übernehmen innerhalb des Unternehmenssystems unterschiedliche Teilaufgaben.

Das Verwaltungssystem nehme die Abwicklung von Routinetätigkeiten war, und stelle damit die Ressourcen für die Aufnahme von Produkten, Distribution etc. dar. Das Planungssystem leiste die Vorarbeit zur Hierarchisierung von Zielen auf der Basis der im Verwaltungssystem entstandenen Informationen. Aufgabe des Führungssystems sei die Verbindung der unterschiedlichen Teilsysteme. Im Rationalisierungssystem liege die „Fähigkeit zur Bewahrung der Grundstruktur wie auch die Fähigkeit zur Anpassung an sich verändernde Bedingungen" zugrunde (Eschbach 1984: 34).

A Verwaltungssystem	L Rationalisierungssystem
Unternehmenssystem	
Planungssystem G	Führungssystem I

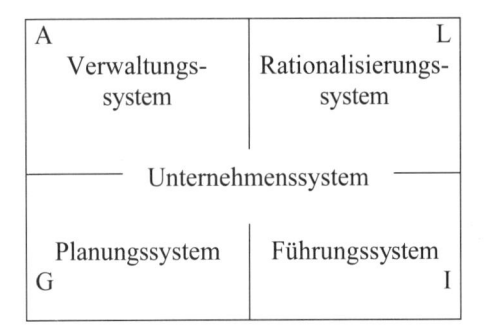

Abbildung 2: Die Struktur des Unternehmenssystems

Die Bedingung der Systemerhaltung sei dann gegeben, wenn der Grad der Ausdifferenzierung den äußeren Anforderungen adäquat sei und sich das „Ineinandergreifen der Steuerungselemente ohne Reibungsverluste, d.h. *harmonisch*" vollziehe (Eschbach 1984: 34; kursiv im Original). Hierbei seien drei Fehlentwicklungen möglich: zu tiefe Differenzierung, mangelhafte Ausdifferenzierung und Ausdifferenzierung in eine falsche Richtung. Diese Fehlentwicklungen seinen dysfunktional und es stelle sich die Frage, ob und inwiefern das Unternehmenssystem in der Lage sei, diese Fehlentwicklungen aus eigener Kraft zu vermeiden, oder bei Eintreten, zu korrigieren. Mit eigenen Mitteln könnten Fehlentwicklungen dann nicht mehr behoben werden, wenn

- spezifische Probleme den Einsatz eines Experten erforderten, dieser jedoch im Unternehmen nicht verfügbar sei;
- Betriebsblindheit, Eigeninteressen oder direkte Betroffenheit der Mitarbeiter die Handlungsfähigkeit lähmen;
- das Führungssystem selbst nur noch von Spezialisten und nicht mehr von Generalisten besetzt sei, so dass die Integrationsleistung nicht erbracht werden könne;

- bürokratische Routinen des Verwaltungssystems den Wandlungsprozess blockieren;
- das Management infolge von Spezialisierung im eigenen Unternehmen isoliert sei und nicht mehr verstanden werde;
- relevante Umwelten des Systems wie z.B. Kapitalgeber das Vertrauen in die Handlungsfähigkeit des Unternehmens verloren haben;

Unternehmensberatung habe die Funktion, die Defizite in der unternehmerischen Leistungserbringung zu beheben. Eschbach unterscheidet Korrespondenz-Funktionen und Supplementär-Funktionen.

Als Korrespondenz-Funktionen werden Leistungsangebote bezeichnet, die einen Beitrag zur Aufhebung eines Defizits im Integrations-Subsystem zum Ziel haben:

- Eine Transfer-Funktion übernehmen Unternehmensberatungen, wenn sie Wissen, Fachwissen, Know-how oder Erfahrungen auf die Klientunternehmung übertragen.
- Sie übernehmen eine Wirtschaftlichkeits-Funktion, wenn sie fehlendes Personal beim Klienten zeitweilig vorhalten.
- Sie übernehmen eine Objektivierungs-Funktion, wenn sie als neutrale Dritte eine nur logische Perspektive auf Unternehmensabläufe werfen.
- Sie übernehmen eine Katalyse-Funktion, wenn sie Lösungen moderieren und stimulieren.
- Sie übernehmen eine Vertrauensfunktion, wenn sie hausinterne Mitarbeiter ersetzen, denen aus unterschiedlichsten Gründen Aufgaben nicht anvertraut werden können - etwa bei bevorstehenden Fusionen.
- Berater übernehmen die Durchsetzungs-Funktion, wenn sie unter Umgehung klientinterner Verwaltungsstrukturen Maßnahmen realisieren.
- Sie übernehmen eine Legitimations-Funktion, wenn sie als Sündenbock vorbestimmter Maßnahmen benutzt werden.
- Sie übernehmen die Sanierungs-Funktion, wenn sie in einer Notsituation die Weiterexistenz eines Klienten ermöglichen.

Als Supplementär-Funktionen der Unternehmensberatung bezeichnet Eschbach Leistungsangebote, die die unternehmerische Leistung ergänzen oder qualitativ verbessern, nicht aber funktional erforderlich sind:

- Berater übernehmen eine Ausstaffierungs-Funktion, wenn sich der Klient von ihrem Einsatz einen Prestigegewinn verspricht.
- Sie übernehmen Orientierungs-Funktion, wenn sie wegen der extremen Unsicherheit bezüglich einer bevorstehenden Entscheidung eingesetzt werden.

- Sie übernehmen System-Funktion, wenn sie den gesamten Systemzusammenhang einbringen und dem Klienten bewußt machen sollen.
- Sie übernehmen eine Ertüchtigungs-Funktion, wenn ihr Einsatz der Prophylaxe und Steigerung der Rentabilität des Klienten dient.
- Berater übernehmen eine Motivations-Funktion, wenn sie durch ihre bloße Anwesenheit Motivation zu kreativer Veränderung stiften.
- Sie übernehmen Entwicklungs- und Innovationsfunktion, wenn sie für alle Bereiche neue Ideen entwickeln.
- Sie übernehmen Konfirmationsfunktion, wenn sie Entscheidungen absichern.
- Sie übernehmen eine Kommunikations-Funktion, wenn sie als Gesprächspartner der Klientmanager kritische Reflexion ermöglichen.

Deutschmann (1993) diskutiert die Frage, ob man Organisationsberatern in der modernen Gesellschaft die Funktion einer Reflexionselite[21] im Sinne Schelskys (1975) zuschreiben kann. Der Begriff Reflexionselite bezog sich ursprünglich auf linksliberale Intellektuelle, denen Schelsky vorwarf, die Suggestivkraft der von ihnen propagierten säkularen Heilslehren zu nutzen, um ihre soziale Position zu legitimieren und sich stillschweigend als neue herrschende Klasse zu etablieren. Nicht die wirtschaftlichen Eliten oder die technische Intelligenz, sondern die politische, sozial- und kulturwissenschaftliche Intelligenz sei zur entscheidenden gestaltenden Kraft in der Gesellschaft geworden. Ihre Hegemonie basiere auf der Sinn- und Heilsvermittlung, auf Herrschaft über Sprache und Symbole. Schelskys Schrift ist auf weitgehende Ablehnung, aber auch auf Zustimmung gestoßen. Wenn man daher linksliberalen Intellektuellen die Funktion einer Reflexionselite weitgehend absprechen darf, stellen Organisationsberater heute vielleicht eine solche Reflexionselite dar? Deutschmann selbst verneint diese Frage: Bei allem Einfluss, den das Consulting-Gewerbe auf Sprache, Selbstbild und Selbstdarstellung großer Unternehmen habe, sei der „vertraute kommerzielle Charakter" ihres Gewerbes „offensichtlich und über jeden Zweifel erhaben" (Deutschmann 1993: 62). Ihre Heilsbotschaften ließen sich unschwer als ordinäre Produkte dechiffrieren, die sie zum Aufbau von Einfluss, nicht jedoch von Herrschaft nutzten. Bei den Botschaften der Consulting-Industrie handle es sich nicht nur um Ideologien im klassischen Sinne einer interessebedingt verzerrten Symbolisierung der Wirklichkeit. Die Heilsbotschaften der Berater seinen vielmehr „Wissen in Warenform mit unmittelbaren (nicht nur legitimatorischen) Funktionen für die Verwertung von Kapital" (Deutschmann 1993: 80). Unter Bezug auf die Marxsche Unterscheidung von Tauschwert und Gebrauchswert einer Ware argumentiert er, dass der Gebrauchswert der Heilsbotschaften der Organisationsberater darin bestehe, dass sie Sprachregelungen für Kommunikationen in der Wirtschaft

---

[21] Man beachte, dass Eschbachs (1984) Definition der Kommunikations-Funktion, die in der Ermöglichung kritischer Reflexion besteht, die Reflexion auf den Kontext der Organisation beschränkt und nicht – wie Deutschmann (1993) - auf den gesamtgesellschaftlichen Kontext bezieht.

lieferten und insoweit zur Konstruktion sozialer Wirklichkeit beitragen würden. Organisationsberatung mache die Konstruktion gesellschaftlicher Wirklichkeit selbst zu einem Geschäft. Sie sei eine Wissensindustrie und als solche vollständig in die Logik der Kapitalverwertung des kapitalistischen Systems integriert.✓

Die Liste der Funktionen von Organisationsberatung ist damit noch lange nicht vollständig. Weinstein (1985) stellt konventionellen Funktionen, als die sie die Transfer- und Objektivierungs-Funktion betrachtet, unkonventionelle oder inoffizielle Funktionen gegenüber:

- Berater werden von Klienten für reguläre Mitarbeitertätigkeiten eingesetzt, um personalrechtliche oder tarifliche Regelungen zu umgehen (Mitarbeiter-Ersatz-Funktion).
- Berater werden von Klienten in fingierten Beratungsprojekten auf ihre Eignung als Mitarbeiter getestet (Rekrutierungs-Funktion).
- Interne Berater werden von Klienten durch interne Beratungsprojekte auf Positionen im mittleren und oberen Management vorbereitet (Trainings-Funktion).
- Berater werden von Klienten eingesetzt, um die reguläre Belegschaft zu kontrollieren: Beispielsweise sollen sie verhindern, dass reguläre Mitarbeiter sich gewerkschaftlich organisieren (USA). Beratungsmandate werden von Klienten an ehemalige führende Mitarbeiter vergeben, um ihre Loyalität und Verschwiegenheit zu sichern (Kontroll-Funktion).
- Berater werden von Klienten gegenüber staatlichen Verwaltungen oder Interessensgruppen als Lobbyisten eingesetzt (Lobby-Funktion).
- Berater werden von Klienten eingesetzt, um Gutachten zu verfassen, die unerwünschte Entscheidungen verhindern sollen (Verhinderungs-Funktion).
- Berater werden von Klienten eingesetzt, um schlechte Nachrichten zu überbringen (Sündenbock-Funktion).

Die vier letztgenannten latenten Funktionen werden als „improper" bewertet und daher als politische Funktionen der Organisationsberatung zusammengefasst (Weinstein 1985: 97). Die Allgegenwart politischer Prozesse in Organisationen mache es wahrscheinlich, dass Berater oft in politischer Funktion eingesetzt würden. Diese Funktion sprechen auch Ernst/Kieser (2002) an. Sie arbeiten folgende latente Funktionen der Organisationsberatung heraus:

- Berater werden von Gruppen von Managern des Klienten eingesetzt, um in mikropolitischen Auseinandersetzungen mit rivalisierenden Gruppen von Managern Unterstützung für ihre eigenen Projekte zu erhalten und Argumente gegen die Projekte der Rivalen aufzubauen (politische Funktion).

- Berater bieten Ideen, Metaphern, Modelle und Konzepte, die Ordnung und Sinn in eine als komplex wahrgenommene Welt bringen und so die Erfahrungen der Manager rekonstruieren (Funktion der Interpretation, Vereinfachung und Beruhigung).
- Berater werden von Managern eingesetzt, um Kontrolle über jegliche Art von Organisationsprozessen zurück zu gewinnen oder zu verbessern. Ernst/Kieser (2002: 67) betonen, dass Manager damit den Erwartungen entsprechen möchten, die sich an ihre Rolle richtet. Im Weiteren führen sie auch eine psychologische Begründung (mit Verweis u. a. auf Adler 1929, Nietzsche 1912, White 1959) an: Kontrolle über Ereignisse zu erlangen, die die eigene Zukunft bestimmen, sei eines der stärksten Motive menschlichen Handelns (Kontroll-Funktion[22]).

Man kann Beraterfunktionen auch als in Wirkungen übersetzte Beraterrollen interpretieren. Unter diesem Gesichtspunkt ist es nicht überraschend, dass einige Beraterrollen, die im Rahmen der (interaktionistischen) Rollentheorie unterschieden wurden (vgl. Kap. 4) sich im funktionalistischen Ansatz als Beraterfunktionen wieder finden.

9.3.3. Austauschprozesse und Austauschmedien

Aus funktionalistischer Perspektive wird Beratungshandeln als funktionale Interaktion von Organisationssystemen aufgefasst. Berater und Klient erscheinen als offene soziale Systeme, die durch ihre Umwelt in hohem Grad beeinflusst werden können. Zwischen beiden Systemen finden Austauschprozesse statt, die auf dem Einsatz von sozialen Interaktionsmedien beruhen. Medien dienen der Mitteilung dessen, was man möchte. Sie sollen den Interaktionspartner zu einem gewünschten komplementären Verhalten motivieren (Parsons 1980). Für Beratungshandeln lässt sich hieraus die Frage ableiten, auf dem Einsatz welches sozialen Interaktionsmediums die Wirksamkeit des Beraters beruht. Ihm stehen die Medien Geld, Macht, Einfluss und Wertbindungen zur Verfügung.

In seiner Analyse kommt Eschbach (1984: 57ff.) zum Ergebnis, dass es das Medium Einfluss ist, das in der Interaktion zwischen Berater und Klient dominiert. Der Berater setzt nicht Geld ein, um den Klienten zum Handeln zu bewegen. Die Ratschläge des Beraters können Ressourcen beim Klienten freisetzen, die den Klienten motivieren könnten, die Ratschläge des Beraters zu akzeptieren. Jedoch setzt dies bereits die Wirksamkeit des Beraters voraus. Sie muß also auf einem anderen Medium beruhen. Auch Macht ist nicht dieses Medium. Macht symbolisiert die Fähigkeit,

---

[22] Man beachte den Unterschied in den Definitionen der Kontroll-Funktion bei Weinstein (1985) und Ernst/Kieser (2002).

die Angelegenheiten eines kollektiven Systems erfolgreich zu regeln und basiert auf Verbindlichkeit durch Legitimität (Parsons 1980: 235). Macht in diesem Sinne kommt dem Berater nur selten zu, beispielsweise wenn Beraterleistungen knapp sind (z.B. Spezialistentum), wenn zwingende Umstände in der Klientorganisation vorliegen, wenn eine verbindliche Empfehlung der Konsultation eines Beraters vorliegt oder wenn der Berater Mitglied im Aufsichtsrat des Klienten ist (Dahl 1966). Dies sind erkennbar Ausnahmesituationen. Wertbindungen scheiden als bedeutendes Interaktionsmedium aus, weil der Ratschlag des Beraters einen Grad an Detailliertheit hat, der immer auch alternative Ratschläge ermöglicht, die auf denselben Werten beruhen. Was bleibt, ist Einfluss. Einfluss bezeichnet die Fähigkeit, unverifizierte Information oder Absichtserklärungen als verantwortungsvolle Äußerungen erscheinen zu lassen (Parsons 1980: 153). Einfluss operiert auf der Basis von Überzeugung. Indem der Berater einen wohlbegründeten Ratschlag zu einer Problemstellung erarbeitet und vorträgt, kann er unter Einsatz von Überzeugungsmitteln versuchen, den Klienten zur Umsetzung des vorgetragenen Ratschlags zu veranlassen. Es ist Parsons selbst, der feststellt, dass die Ausführung professioneller Dienstleistungen ein Kontext ist, in dem sich der Einsatz von Einfluss als besonders wichtig erweist (Parsons 1980: 238).

9.3.4. Funktionale Äquivalente der Organisationsberatung

Interessante neue Perspektiven öffnen sich, wenn man nicht nur nach den Funktionen der Organisationsberatung, sondern auch nach funktionalen Alternativen der Organisationsberatung fragt. Hierdurch werden insbesondere latente Funktionen der Organisationsberatung sichtbar. In diesem Sinne wurden intermediäre Institutionen und persönliche Netzwerke, die kirchliche Seelsorge und das Hofnarrentum als funktionale Äquivalente der Organisationsberatung identifiziert.

Intermediäre Institutionen und persönliche Netzwerke als funktionales Äquivalent der Organisationsberatung

Aus der Gegenüberstellung der Etablierung von Organisationsberatung in den USA und Großbritannien einerseits, sowie in Deutschland, Frankreich und Japan andererseits schließt Faust (2000) auf intermediäre Institutionen als funktionale Äquivalente der Organisationsberatung. Intermediären Organisationen der Wirtschafts- und Berufsverbände, Kammern und korporativen Akteure kommt in Deutschland eine zentrale Bedeutung als „Arenen der kommunikativen Validierung des Managementwissens" (Faust 2000: 71) zu. Sie sind Arenen des transorganisationalen Austauschs. Branchenbezogene Wirtschafts- und Arbeitgeberverbände bieten anonymisierte Vergleichsstatistiken etwa zu Kostenstrukturen in der Fertigung und Entwicklung an. Der zwischenbetriebliche Erfahrungsaustausch wird durch Veranstaltungen und Arbeitskreise in Berufsverbänden wie dem VDI, den Industrie- und Handelskammern, dem RKW ermöglicht und gefördert. Die Wirtschaft organisiert in Eigenregie mit Wissenschaftlern der Universitäten Kongresse, Tagungen, Arbeitskreise und Weiterbildungskurse, die als „hidden business schools" (Kipping 1998) bezeichnet werden. Die halb-öffentliche REFA-Organisation vernetzte alle an der Einführung von neuen Methoden Beteiligten, indem sie die Möglichkeit der Fortbildung für im jeweiligen Unternehmen angestellte Fachkräfte bot. So mussten die Unternehmen nicht auf unabhängige Berater zurückgreifen, um neue Produktionstechnologien o. ä. kennen zu lernen und einzuführen. Manager konnten sich ihre persönlichen Netzwerke auf der Basis der Kontakte aufbauen, die ihnen diese Arenen ermöglichten. Mit dem Begriff „deutsches Modell" verbindet sich eine korporatistische institutionelle Infrastruktur sowie Netzwerke, die „quasi-public or associationally constructed" sind (Hollingsworth 1997: 143). Auch die deutsche Tradition der Überkreuzverflechtung von Unternehmen, die sich in der oft wechselseitigen Besetzung von Aufsichtsgremien widerspiegelt, und die Traditionen der Besetzung von Aufsichtsratmandaten bieten weitere Arenen zur Beobachtung, wechselseitigen Beratung und des Erfahrungs- und Ideenaustauschs zwischen Führungskräften verschiedener Unternehmen. Der Status eines herausragenden Wissensintermediärs für Unternehmen kam unabhängigen Unternehmensberatern in Deutschland daher lange nicht zu. Dass ihnen inzwischen eine deutlich gewachsene Bedeutung zukommt, wird darauf zurückgeführt, dass es den erfolgreichen Beratern gelungen ist, sich in die durch etablierte Institutionen zur Verfügung gestellten Arenen einzuschalten. So fanden und finden sie in die persönlichen Netzwerke der Manager Aufnahme. Es wird erwartet, dass die Globalisierung in der näheren und weiteren Zukunft intermediäre Institutionen schwächt. Mit ihr verbreitet sich das angelsächsische marktorientierte Governance Modell, das unabhängige Unternehmensberater begünstigt (Faust 2000: 80).

Kirchliche Seelsorge als funktionales Äquivalent der Organisationsberatung

Froschauer/Lueger (1999) arbeiten heraus, dass die systemische Organisationsberatung und die Organisationsentwicklung die Funktion der Sinnstiftung übernehmen, die einstmals der Kirche zukam. Die Kirche integrierte moralische Wertungen in die Sinnstiftung. Nach dem Monopolverlust der Kirche ist es die Organisationsberatung, die die Bedeutung der Sinnstiftung durch Arbeit definiert: „Der Sinn des Lebens liegt im entscheidungsfreudigen Einsatz für das Unternehmen, welcher den ökonomischen Erfolg einschließlich der zentralen Teilhabe an der Strukturierung des gesellschaftlichen Lebens garantiert und den Weg in eine ‚bessere' Gesellschaft eröffnet" (Froschauer/Lueger 1999: 126). Organisationsberatung vermittle Normalitätsvorstellungen über zeitgemäße Lebensführung, die sich in Anforderungen an Organisationsmitglieder manifestiere. Dies sei die beste Voraussetzung für moralische

Kommunikation, in der die Bewertung von Handlungen nach ‚gut' und ‚böse' – für die Organisation wie für die Gesellschaft – kommuniziert werde. Organisationsberatung übernehme die Funktion, die Ordnung des Statusgefüges in der Organisation zu sichern. Sie fördere „das moralische Prinzip eines solchen Herrschaftsprinzips ... : Wer sich mit Engagement und Kompetenz für das ökonomische Florieren des Unternehmens einsetzt, erhält Unterstützung bei der Übernahme und Ausübung von Führungsfunktionen" (Froschauer/Lueger 1999: 126). Damit setze Organisationsberatung eine Herrschaftsordnung durch, die sich aus der moralischen Bewertung der Beiträge der Menschen für das menschliche Kollektiv speist. Organisationsberatung nehme das Recht in Anspruch, die Interessen der Gesellschaft zu vertreten, auch wenn diese Interessen den Betroffenen (noch) nicht bewusst sein mögen (Froschauer/Lueger 1999: 127).

Dagegen bewege sich Organisationsberatung, die die Erweiterung des Selbstbestimmungspotentials der Organisationsmitglieder verfolge, auf der Ebene der Gesellschaftskritik (Froschauer/Lueger 1999: 130). Sie fungiere als Schrittmacher gesellschaftlicher Moralvorstellungen und sei ein „zutiefst moralisches Geschäft" (Froschauer/Lueger 1999: 132), welches die Sinnhaftigkeit und die Bewertung individueller Tätigkeiten so zu verändern suche, dass sie gleichzeitig die Identität einzelner Menschen in ein organisationales und gesellschaftliches Kollektiv einbinde. Im Zentrum stehe die Neuformierung bzw. die Modifikation der bestehenden Unternehmenskultur im Sinne einer gesellschaftlichen Entwicklung. Leistungen für die Organisation würden dadurch individuelle und kollektive Beiträge zur Herstellung einer erstrebenswerten Lebensqualität für alle. Damit stelle sich Organisationsberatung als funktionales Äquivalent moderner Seelsorge dar. Seelsorge wie systemische Beratung und Organisationsentwicklung werbe für überzeugte individuelle Anteilnahme am Kollektiv, Sinnstiftung durch Beiträge für die Gesellschaft und Anpassung an sich wandelnde Lebensbedingungen. Seelsorge wie Organisationsberatung versuchten, den Alltag erträglich zu machen und in Krisen zu helfen.

Das Hofnarrentum als funktionales Äquivalent der Organisationsberatung

Als historisches funktionales Äquivalent zur Organisationsberatung arbeitet Fuchs (2002) das Hofnarrentum des Mittelalters und der Renaissance heraus. Beide stabilisierten soziale Ordnung. Da die Analyse von Fuchs auf den Luhmann'schen Systembegriff aufbaut, sei an dieser Stelle nur auf die Ausführungen in Kap. 10 verwiesen.

9.3.5. Organisationsberatung als Folge wechselseitiger Steigerung von gesellschaftlicher und organisationaler Differenzierung und Komplexität

Die zunehmende Bedeutung von Organisationsberatung (aber auch ganz allgemein von Beratung) in modernen Gesellschaften lässt sich mit Bezug auf Parsons Modernisierungstheorie begründen (vgl. Ernst/Kieser 1999). Es ist nicht einfach steigende Komplexität und Dynamik der Umwelt, die Manager dazu nötigt, Expertenrat bei Beratern zu suchen. Steigende Komplexität und Dynamik sind das Ergebnis moderner Gesellschaftsentwicklung, die sich durch positive Rückkopplungsprozesse selbst verstärkt. Funktionale Differenzierung und Spezialisierung sind eigentlich auf die Reduktion von Komplexität gerichtet, erhöhen aber ihrerseits wiederum die Komplexität. Beispielsweise reagieren Organisationen auf die zunehmende funktionale Differenzierung und Spezialisierung des Sozialsystems mit der organisationsinternen Ausbildung von differenzierten und spezialisierten Subsystemen. Spezialisierte Subsysteme und Expertengruppen steigern so die interne Komplexität der Organisation, sie ermöglichen aber auch die verbesserte Wahrnehmung der als komplex und dynamisch erlebten Umwelt der Organisation. Das Wissenschaftssystem greift die organisationale Komplexitätssteigerung durch organisationsbezogene spezialisierte Subsysteme auf und erzeugt einen wissenschaftlichen Diskurs, der in Wechselwirkung mit dem praktischen Diskurs der Manager tritt. Während die intendierte Folge dieser Spezialisierung im Wissenschaftssystem die Reduktion von Komplexität auf Seiten der Praktiker ist, stellt sich auch hier die unintendierte Folge einer weiteren Steigerung von Gesamtkomplexität ein. Jedes neu ausdifferenzierte Subsystem wirft das Problem der Koordination mit anderen Subsystemen und der Integration in das Gefüge aus übergeordnetem System und untergeordneten Teilsystemen auf. Organisationsberater erscheinen dem Management in dieser Situation als Experten zweiter Ordnung („Supra-Experten", vgl. Ernst/Kieser 1999: 6): als Experten, die einen ganzheitlichen Überblick über die Vielzahl der Experten erster Ordnung haben, die die Mitglieder spezialisierter Teilsysteme stellen. An die Organisationsberater richtet sich daher die Erwartung der Manager, Komplexität zu reduzieren. Kurzfristig kann diese Erwartung durchaus erfüllt werden. Auf mittlere Sicht wird sie jedoch aufgrund der aufgezeigten Eigendynamik des Wunsches nach Reduktion von Komplexität und der dadurch unintendiert herbeigeführten weiteren Steigerung von Komplexität enttäuscht werden. Auch unter den Organisationsberatern kommt es zu Spezialisierung und permanenter Weiterentwicklung von Expertenwissen. Diese Vielfalt erzeugt steigende Komplexität und erneuert die Nachfrage nach Beratung. Aus Sicht der Modernisierungs- oder Differenzierungstheorie erklärt sich der Bedeutungszuwachs von Organisationsberatung aus der wechselseitigen Steigerung von Komplexität durch gesellschaftliche und organisationale Differenzierung. Organisationsberater versprechen vorübergehende Entlastung im ständigen Wettlauf mit weiterer Ausdifferenzierung und Komplexitätssteigerung, setzen aber letztlich eine Dynamik des permanenten Wandels in Gang, der nicht mehr zu stoppen scheint (Ernst/Kieser 1999).

9.4. Empirische Forschung

Eschbach (1984) hat nicht nur die oben aufgeführten Funktionen der Organisationsberatung herausgearbeitet, er hat auch eine empirische Untersuchung unter einer Zufallsstichprobe nordrhein-westfälischer Unternehmen mit mehr als 800 Mitarbeitern durchgeführt. Zum Themenblock „Funktion der Berater" konnten 71 ausgefüllte und zurückgesandte Fragebögen (24 % des Samples) analysiert werden. Tabelle 5 zeigt die relative Häufigkeit, mit der die befragten Klienten die jeweilige Funktionen als wichtig kennzeichneten (Mehrfachnennungen waren möglich; vgl. Eschbach 1984: 44, 123-129).

Funktion der Organisationsberatung	Häufigkeit der Nennung
Transfer-Funktion (Wissens- und Erfahrungsübertragung)	89%
Objektivierungsfunktion (Objektivierung)	50%
Wirtschaftlichkeits-Funktion (Kostenersparnis)	50%
Entwicklungs- und Innovationsfunktion (Innovation)	37%
Katalyse-Funktion (Moderation unternehmenseigener Ideen)	25%
Durchsetzungs-Funktion (Durchsetzung von Ideen)	20%
Konfirmationsfunktion (Abdeckung unpopulärer Entscheidungen)	10%
Sanierungs-Funktion (Hilfe in wirtschaftlicher Notlage)	10%
Legitimations-Funktion (Legitimation gefasster Entschlüsse)	8%
Ausstaffierungs-Funktion (Prestigegewinn)	5%

Tabelle 5: Die Wichtigkeit spezifischer Funktionen der Organisationsberatung (Eschbach 1984: 125)

Werr (2002) hat eine empirische Studie vorgelegt, in der anhand von zwei Fallstudien überprüft wurde, ob Organisationsberatung sich als funktionale Interaktion von Organisationssystemen rekonstruieren lässt, in deren Mittelpunkt die Vermittlung von Wissen und Erfahrung steht. Diese theoretische Perspektive wurde einem „kritischen" Ansatz (vgl. Kap. 13.1) gegenübergestellt, der postuliert, dass die Funktion der Organisationsberatung eher darin besteht, Unsicherheit und Angst des Klienten durch die Anwendung einfacher Managementprinzipien und vereinfachender Interpretationsangebote zu reduzieren. Organisationsberatung schaffe keine Werte, sie erzeuge beim Klienten nur die Illusion, Werte schaffen zu können im Sinne eines *impression management*: „The impact of consultants is dependent upon beliefs about them being able to offer something of value to clients. These beliefs are formulated not by an objectivistic and functionalist knowledge-base but by the manipulation of myths and symbols through language" (Clark/Salaman 1996a: 176). Beide detaillierten Fallstudien zeigen, dass das Beratungshandeln der beobachteten internationalen und lokalen Organisationsberatungsfirmen in großen Maße in der Vermittlung von Wissen und Erfahrung bestand und nicht im Impressionsmanagement. Freilich lässt sich dieser Befund nicht verallgemeinern.

9.5. Würdigung und Kritik

Zusammenfassend und vergleichend lässt sich festhalten, dass die strukturfunktionalistische Systemtheorie insbesondere den Beitrag des Organisationsberaters zur Bestandserhaltung, Umweltanpassung und Zielverwirklichung von Klientorganisationen herausarbeitet. Klient- wie Beraterorganisation erscheinen als auf einen Zweck hin ausgerichtete Handlungssysteme, die sich analytisch in Subsysteme untergliedern lassen, die jeweils einen spezifischen Beitrag zur Bestandserhaltung des Gesamtsystems leisten. Die Subsysteme gelten als offene Systeme, wie die übergeordneten Systeme auch. Das Klientsystem befindet sich im Gleichgewicht, wenn die Bewältigung der Erfordernisse einer sich wandelnden Umwelt ohne wesentliche Veränderung gelingt. Parsons Konzept des Gleichgewichts lässt sich entgegen einer weit verbreiteten Kritik als Fließgleichgewicht beschreiben. Ungleichgewicht kann zu strukturellem Wandel führen. Dieser Wandel kann durch den Berater gezielt beeinflusst werden. Aus theoretischer Perspektive ist weiterhin bedeutsam, dass Beratungshandeln als Interaktion konzipiert wird. Die Wirksamkeit des Beraters beruht dabei hauptsächlich auf dem Einsatz des sozialen Interaktionsmediums Einfluss. Individuelles Handeln erbringt keinen unabhängigen Beitrag zur Erklärung von Beratungshandeln. Die Handlungen, für die sich individuelle Mitglieder der Beratungs- und Klientorganisation entscheiden, werden von ihnen gewählt, weil sie als funktional erkannt werden.[23]

Die Anwendung des Parsonschen AGIL-Schemas gestattet es, eine größere Anzahl von Funktionen aufzuzeigen, die der Berater grundsätzlich beim Klienten übernehmen kann. Die bedeutendste Funktion besteht in der Übertragung von Wissen, Fachwissen, Know-how oder Erfahrungen auf die Klientorganisation. Die Anzahl der diagnostizierbaren Funktionen vergrößert sich zusätzlich, wenn man a) sich nicht mehr am Vierfunktionen-Schema orientiert, sondern den Blick für alle möglichen Arten von Funktionen öffnet, b) nach latenten und nicht nur nach manifesten

---

[23] So wie ich oben darauf verzichtet habe, Parsons voluntaristische Handlungstheorie (Parsons 1937) darzustellen, da sie für die Beschreibung und Analyse von Beratungshandeln nicht in nennenswertem Umfang rezipiert wurde, so verzichte ich an dieser Stelle darauf, sie in meine Kritik einzubeziehen. Kollegen, die die Ansicht vertreten, dass Parsons handlungs- und systemtheoretische Fragestellungen in *einem* Theoriekonzept verbunden habe, mögen mir dies verzeihen.

Funktionen fragt, sowie c) nach funktionalen Äquivalenten der Organisationsberatung fragt. Die Perspektive weitet sich zusätzlich, wenn man d) nicht nur nach Funktionen der Organisationsberatung, sondern auch nach Dysfunktionen fragt, also nach Wirkungen, die die Bestandserhaltung, Umweltanpassung oder Zielverwirklichung der Klientorganisation reduzieren.

Die strukturfunktionale Analyse von Organisationsberatung muss sich nicht auf die Interaktion von Organisationssystemen beschränken. Das Vierfelder-Schema gestattet es auch, nicht nur nach den Funktionen von Organisationsberatung für das Unternehmenssystem des Klienten, sondern auch für das (direkt übergeordnete) Wirtschaftssystem, oder für das (erneut übergeordnete) Sozialsystem zu fragen. Insgesamt bietet die funktionalistische Analyse daher die Möglichkeit, ein vielfältiges Bild von Organisationsberatung zu zeichnen.

Die Entstehung und der Wandel von Organisationsberatung werden darüber hinaus in den Kontext gesamtgesellschaftlicher Entwicklung gestellt. Aus Sicht der Modernisierungs- oder Differenzierungstheorie erklärt sich der Bedeutungszuwachs von Organisationsberatung aus der wechselseitigen Steigerung von Komplexität durch gesellschaftliche und organisationale Differenzierung. Organisationsberater versprechen vorübergehende Entlastung im ständigen Wettlauf mit weiterer Ausdifferenzierung und Komplexitätssteigerung, setzen aber letztlich eine Dynamik des permanenten Wandels in Gang, der nicht mehr zu stoppen scheint.

Als Ausgangspunkt für die Kritik an der strukturfunktionalistischen Perspektive soll nicht die übliche Kritik an der auf die Bestandserhaltung von Systemen orientierten Perspektive Parsons herangezogen werden. Im Kontext von Beratungshandeln ist diese Perspektive nämlich vollkommen plausibel.

Stattdessen kann man kritisieren, dass es die Theorie zwar gestattet, eine große Vielfalt vom Berater wahrnehmbarer Funktionen aufzuzeigen, dass diese Vielfalt aber unüberschaubar und schwer zu systematisieren ist. Die Diagnose von Fehlentwicklungen, die vom Unternehmenssystem selbst nicht mehr behoben werden können, geschieht induktiv und nicht deduktiv. Sie leiten sich nicht konsequent aus der Struktur des Unternehmenssystems ab. Infolge dessen wird eine große Vielfalt an vom Berater wahrnehmbaren Funktionen zur Behebung dieser Defizite beschrieben. Insgesamt zeichnet sich ein heterogenes Bild von Beraterfunktionen, bei dem man klare Aussagen vermisst. Wovon ist es abhängig, ob der Berater die Transfer-Funktion, die Durchsetzungs-Funktion oder die Vertrauensfunktion übernimmt? Welche Konsequenzen hätte es, wenn er auch noch gleichzeitig die Legitimationsfunktion übernehmen würde? Welche Effekte hat die Tätigkeit des Beraters, wenn er vom Klienten gleichzeitig in der Rekrutierungs-Funktion ins Haus gerufen wird? Mit der Vielfalt potentieller Funktionen ist nicht nur das Problem der überzeugenden Systematisierung von Beraterfunktionen verbunden, das noch dadurch erschwert wird, dass Berater im Laufe eines Beratungsprozesses verschiedene Funktionen übernehmen und dass sich Funktionen während des Beratungsprozesses ändern können (Grün 1984: 16). Während des Verlaufs eines Beratungsprozesses werden in empirisch kaum zu ermittelnder Weise unterschiedliche Mischungen dieser Funktionen realisiert (Kieser 1998: 201). Bedeutsam ist ebenfalls, dass der Funktionalismus die Antwort schuldig bleibt, warum der Organisationsberater in welcher Situation welche Funktion wahrnimmt, und ob aus der gleichzeitigen Wahrnehmung diverser Funktionen unerwünschte Folgeeffekte resultieren. Dies ist ein grundsätzliches Problem aller funktionalistischen Ansätze.

Weiterhin kann man kritisieren, dass die Theorie keine Zweifel am Gelingen von Organisationsberatung aufkommen lassen kann. Es ist nicht vorgesehen, dass Organisationsberatung ihre Funktionen nicht erfüllt. Dass es Hindernisse für die Funktionserfüllung geben könnte, kommt nicht in den Blick. Dass Organisationsberatung scheitern könnte, und erst recht, wann und warum sie scheitern könnte, bleibt außerhalb der theoretischen Reichweite der strukturfunktionalistischen Theorie. Die Existenz von Organisationsberatung als soziale Tatsache wird ja damit erklärt, dass sie zur Bestandserhaltung, Umweltanpassung und Zielverwirklichung von Klientorganisationen beiträgt. Würde sie dazu nicht beitragen, dann könnte aus funktionalistischer Sicht nicht erklärt werden, warum es Organisationsberatung überhaupt gibt.

So interessant die Suche nach funktionalen Äquivalenten ist, so können funktionalistische Ansätze doch nicht erklären, warum im konkreten Fall welche funktionale Alternative vorliegt: sie können nur die Erfüllung einer funktionalen Voraussetzung deduzieren, nicht aber das Vorliegen z.B. des Hofnarrentums, der kirchlichen Seelsorge oder der Organisationsberatung zu einem konkreten historischen Zeitpunkt mit guten Gründen versehen (Hempel 1965).

Betrachtet man die bisherigen funktionalistischen Analysen von Organisationsberatung, so lasst sich darüber hinaus eine einseitige Anwendung mit Konzentration auf die Funktion des Beraters feststellen. Es ist ehrlicher, wenn Simon (1995) von der Funktion des Organisationsberaters spricht, denn es wird (bisher) nicht in die umgekehrte Richtung gefragt, d.h. es bleibt unbeachtet, welche Funktionen der Klient für den Berater wahrnimmt.

Schließlich muss man auch die umfangreiche Kritik an Parsons Modernisierungs- bzw. Differenzierungstheorie aufnehmen. Die oben wiedergegebene Argumentation, der zufolge Organisationsberatung eine Entlastung im ständigen Wettlauf mit weiterer Ausdifferenzierung und Komplexitätssteigerung in Organisation und Gesellschaft bietet, ist unter anderem entgegen zu halten, dass (1) Differenzierung nicht notwendig ein linear fortschreitender Prozess sein muss, (2) sozialer Wandel nicht ausschließlich als Funktion von Differenzierungsprozessen verstanden werden muss und (3) Differenzierung sich nicht nur als analytische Kategorie, sondern auch als empirisches Konzept verstehen lassen könnte (Colomy 1990: 473f.;). Diese Kritikpunkte öffnen den Blick dafür, dass die Differenzierungstheorie keinen Rückgang der Bedeutung von (Organisations-)Beratung erklären könnte, da sie von einem ständigen Fortschreiten der Differenzierung ausgeht. Sozialer Wandel kann aber auch die Gestalt von Entdifferenzierung und Reintegration annehmen. Differenzierung kann ins Stocken geraten. Welche Konsequenzen dies für Organisationsberatung haben könnte, kann im Lichte der Parsonschen Differenzierungstheorie nicht diskutiert werden.

Im Folgenden finden Sie Fragen, die Ihnen als Berater oder Klient Hilfestellung leisten sollten, Beratungshandeln aus funktionalistischer Perspektive zu reflektieren.

9.6. Fragen für Berater

Wenn Sie sich den Klienten als soziales System denken, das sich von seiner Umwelt abgrenzen lässt, wo liegen dann in Ihrem derzeitigen Beratungsmandat die Grenzen des Systems? Was gehört zur Umwelt?

Wenn Sie sich Ihr Beratungsunternehmen als soziales System denken, das sich von seiner Umwelt abgrenzen lässt, wo liegen dann die Grenzen dieses Systems? Was gehört zur Umwelt?

Welche neuen Perspektiven erschließen sich Ihnen, wenn Sie sich die Klientorganisation als ein offenes soziales System vorstellen? In welchen Zusammenhängen ist Ihnen und Ihrer Arbeit diese Vorstellung hilfreich? Welche Austauschbeziehungen unterhält die Klientorganisation zu ihrer Umwelt?

Welche neuen Perspektiven erschließen sich Ihnen, wenn Sie sich Ihr Beratungsunternehmen als ein offenes soziales System vorstellen? In welchen Zusammenhängen ist Ihnen und Ihrer Arbeit diese Vorstellung hilfreich? Welche Austauschbeziehungen unterhält Ihr Beratungsunternehmen zu seiner Umwelt?

Welche Handlungsmöglichkeiten erschließen und verschließen sich Ihnen dann, wenn Sie sich den Klienten als offenes soziales System vorstellen?

Wie würden Sie den Zustand des Klientsystems beschreiben: Befindet sich der Klient im Gleichgewicht (Fließgleichgewicht) oder im Ungleichgewicht? Welche Konsequenzen könnte dies für Ihr Beratungshandeln haben?

Wenden Sie nun den Blick auf Ihr Beratungsunternehmen: Befindet sich Ihr soziales System im Gleichgewicht (Fließgleichgewicht) oder im Ungleichgewicht? Welche Konsequenzen könnte dies für Ihr gegenwärtiges Beratungsmandat haben?

Betrachten Sie die vier Funktionen, die Parsons für jedes System als bestandsnotwendig erachtet hat (Anpassung, Zielerreichung, Integration, Erhaltung latenter Strukturen). In welchem Umgang sind diese Funktionen beim Klienten erfüllt bzw.

nicht erfüllt? Welche funktionalen Alternativen könnte es für die nicht erfüllten Funktionen geben?

Welche neuen Perspektiven und welche Handlungsmöglichkeiten erschließen sich Ihnen, wenn Sie sich Berater- und Klientorganisation nicht als aus Individuen zusammengesetzt denken, sondern als durch Interaktion konstituiert?

Lösen Sie sich nun von Parsons Vier-Funktionen-Schema und betrachten Sie alle Interaktionen beim Klienten unter dem Aspekt, welchen Beitrag sie zur Bestandserhaltung, Umweltanpassung und Zielverwirklichung der Klientorganisation leisten. Welche manifesten und welche latenten Funktionen erkennen Sie?

Lösen Sie sich nun von der Vorstellung, dass eine Funktion einen positiven Beitrag zur Bestandserhaltung, Umweltanpassung und Zielverwirklichung der Klientorganisation leistet. Welche Interaktionen beim Klienten setzen die Anpassung des Klienten herab? Welche Dysfunktionen erkennen Sie beim Klienten?

Welche Handlungsmöglichkeiten erschließen und verschließen sich Ihnen dann, wenn Sie sich Ihr Beratungsunternehmen als offenes soziales System vorstellen?

Betrachten Sie nun die Interaktion zwischen Ihrem Beratersystem und dem Klientsystem. Welche Funktionen übernehmen Sie durch Ihr Beratungshandeln für den Klienten? Welche dieser Funktionen wollen Sie tatsächlich übernehmen, welche fallen Ihnen eher unerwünscht zu? In welchem Verhältnis zueinander stehen die Funktionen, die sie für den Klienten übernehmen? Wie wollen Sie damit umgehen?

Analysieren Sie die Austauschprozesse, die zwischen dem Beratersystem und dem Klientsystem stattfinden. Auf welchen sozialen Interaktionsmedien beruhen diese Austauschprozesse? Welches ist das dominierende Medium – Einfluß, Macht, Geld oder Wertbindungen? Ist dies in Ihrem Sinn? Können Sie das Gewicht der verschiedenen Interaktionsmedien durch Beratungshandeln verändern? Welche Handlungsmöglichkeiten eröffnen sich Ihnen hierdurch?

Denken Sie nun an die funktionalen Äquivalente zur Organisationsberatung. Welche Erkenntnisse und welche Handlungsoptionen erschließen sich Ihnen, wenn Sie z.B. intermediäre Institutionen und persönliche Netzwerke, die kirchliche Seelsorge oder das Hofnarrentum des Mittelalters und der Renaissance als funktionale Alternativen zur Organisationsberatung betrachten? Welche weiteren funktionalen Äquivalente kommen Ihnen in den Sinn?

Welche Bedeutung messen Sie ihrer Beratungstätigkeit im Kontext gesamtgesellschaftlicher Entwicklungen bei? Wie stark ist Ihr Beratungshandeln davon abhän-

gig? Wie stark ist Ihr Beratungshandeln selbst an der Erzeugung gesellschaftlicher Entwicklungen beteiligt?

Welche Handlungsoptionen eröffnen sich Ihnen, wenn Sie sich Beratungshandeln als in langfristige gesellschaftliche Prozesse eingebunden vorstellen? Welches sind die für Sie relevanten kurz-, mittel-, und langfristigen gesellschaftlichen Prozesse? Stellen Sie Ihre Tätigkeit auch beim Klienten so dar, dass sie zu gesamtgesellschaftlichen Entwicklungen in Bezug gesetzt wird? Diskutieren Sie die Wechselwirkung organisationaler und gesamtgesellschaftlicher Entwicklungen mit dem Klienten?

9.7. Fragen für Klienten

Wenn Sie sich Ihr Klientunternehmen als soziales System denken, das sich von seiner Umwelt abgrenzen lässt, wo liegen dann die Grenzen dieses Systems? Was gehört zur Umwelt?

Wenn Sie sich das Beratungsunternehmen, das Ihr derzeitiges Beratungsprojekt durchführt, als soziales System denken, das sich von seiner Umwelt abgrenzen lässt, wo liegen dann die Grenzen dieses Systems? Was gehört zu seiner Umwelt?

Welche neuen Perspektiven erschließen sich Ihnen, wenn Sie sich Ihre Klientorganisation als ein offenes soziales System vorstellen? In welchen Zusammenhängen ist Ihnen und Ihrer Arbeit diese Vorstellung hilfreich? Welche Austauschbeziehungen unterhält Ihre Klientorganisation zu ihrer Umwelt?

Welche neuen Perspektiven erschließen sich Ihnen, wenn Sie sich das Beratungsunternehmen als ein offenes soziales System vorstellen? In welchen Zusammenhängen ist Ihnen diese Vorstellung hilfreich? Welche Austauschbeziehungen unterhält das Beratungsunternehmen zu seiner Umwelt?

Welche Handlungsmöglichkeiten erschließen und verschließen sich Ihnen dann, wenn Sie sich Ihr Klientunternehmen als offenes soziales System vorstellen?

Wie würden Sie den Zustand Ihres Klientsystems beschreiben: Befindet es sich im Gleichgewicht (Fließgleichgewicht) oder im Ungleichgewicht? Welche Konsequenzen könnte dies für Ihr gegenwärtiges oder zukünftiges Beratungsprojekt haben?

Wenden Sie nun den Blick erneut auf die Organisation des Beraters: Befindet sich dieses soziale System im Gleichgewicht (Fließgleichgewicht) oder im Ungleichge-

wicht? Welche Konsequenzen könnte dies für Ihr gegenwärtiges Beratungsprojekt haben?

Betrachten Sie die vier Funktionen, die Parsons für jedes System als bestandsnotwendig erachtet hat (Anpassung, Zielerreichung, Integration, Erhaltung latenter Strukturen). In welchem Umgang sind diese Funktionen beim Ihnen erfüllt bzw. nicht erfüllt? Welche funktionalen Alternativen könnte es für die nicht erfüllten Funktionen geben?

Welche neuen Perspektiven und welche Handlungsmöglichkeiten erschließen sich Ihnen, wenn Sie sich Berater- und Klientorganisation nicht als aus Individuen zusammengesetzt denken, sondern als durch Interaktion konstituiert?

Lösen Sie sich nun von Parsons Vier-Funktionen-Schema und betrachten Sie alle Interaktionen in Ihrer Klientorganisation unter dem Aspekt, welchen Beitrag sie zur Bestandserhaltung, Umweltanpassung und Zielverwirklichung der Klientorganisation leisten. Welche manifesten und welche latenten Funktionen erkennen Sie?

Lösen Sie sich nun von der Vorstellung, dass eine Funktion einen positiven Beitrag zur Bestandserhaltung, Umweltanpassung und Zielverwirklichung Ihrer Klientorganisation leistet. Welche Interaktionen innerhalb Ihrer Organisation setzen die Anpassung der Organisation an die Umwelt herab? Welche Dysfunktionen erkennen Sie in Ihrer Organisation?

Welche Handlungsmöglichkeiten erschließen und verschließen sich Ihnen dann, wenn Sie sich das Beratungsunternehmen als offenes soziales System vorstellen?

Betrachten Sie nun die Interaktion zwischen dem Beratersystem und Ihrem Klientsystem. Welche Funktionen übernimmt der Berater durch sein Beratungshandeln für Sie? Welche dieser Funktionen will er tatsächlich übernehmen, welche fallen Ihnen eher unerwünscht zu? In welchem Verhältnis zueinander stehen die Funktionen, die er für Sie übernimmt? Wie wollen Sie damit umgehen?

Analysieren Sie die Austauschprozesse, die zwischen dem Beratersystem und Ihrem Klientsystem stattfinden. Auf welchen sozialen Interaktionsmedien beruhen diese Austauschprozesse? Welches ist das dominierende Medium – Einfluss, Macht, Geld oder Wertbindungen? Ist dies in Ihrem Sinn? Können Sie das Gewicht der verschiedenen Interaktionsmedien verändern? Welche Handlungsmöglichkeiten eröffnen sich Ihnen hierdurch?

Denken Sie nun an die funktionalen Äquivalente zur Organisationsberatung. Welche Erkenntnisse und welche Handlungsoptionen erschließen sich Ihnen, wenn Sie z.B.

intermediäre Institutionen und persönliche Netzwerke, die kirchliche Seelsorge oder das Hofnarrentum des Mittelalters und der Renaissance als funktionale Alternativen zur Organisationsberatung betrachten? Welche weiteren funktionalen Äquivalente kommen Ihnen in den Sinn?

Welche Bedeutung messen Sie der Tätigkeit des Beraters im Kontext gesamtgesellschaftlicher Entwicklungen bei? Wie stark ist sein Beratungshandeln davon abhängig? Wie stark ist sein Beratungshandeln selbst an der Erzeugung gesellschaftlicher Entwicklungen beteiligt? Welche Konsequenzen hat dies für Sie als Klient?

Welche Handlungsoptionen eröffnen sich Ihnen, wenn Sie sich Beratungshandeln als in langfristige gesellschaftliche Prozesse eingebunden vorstellen? Welches sind die für Sie relevanten kurz-, mittel-, und langfristigen gesellschaftlichen Prozesse? Diskutieren Sie die Wechselwirkung organisationaler und gesamtgesellschaftlicher Entwicklungen mit dem Berater?

10. Beratungshandeln als wechselseitige Beobachtung selbstreferentieller Organisationssysteme (systemtheoretischer Ansatz)

10.1. Vertreter und wichtige Quellen

Die Systemtheorie Niklas Luhmanns (Luhmann 1984, 1997a) bildet die Grundlage für die Analyse von Beratungshandeln als wechselseitiger Beobachtung selbstreferentieller Organisationssysteme. Diese Systemtheorie ist eine Theorie sozialer Systeme, die in Auseinandersetzung mit der soziologischen Systemtheorie von Talcott Parsons (vgl. Kap. 9) und aus den Naturwissenschaften aufgenommenen, generalisierten und für die Sozialwissenschaften respezifizierten Konzepten entwickelt wurde. Das zentrale Konzept zum Verständnis sozialer Wirklichkeit ist demnach das des sozialen Systems. Luhmann unterschiedet drei Ebenen der Systembildung: Interaktion, Organisation und Gesellschaft. Unter dem Gesichtspunkt der funktionalen Differenzierung unterscheidet er Teilsysteme der Gesellschaft, wie das Wirtschaftssystem, das Rechtssystem, das politische System (Luhmann 1988a, 1993, 2000a).

Systeme konstituieren sich immer gegenüber einer Umwelt, von der sie sich unterscheiden. Konsequenterweise muss jede Systemtheorie klären, wie sie sich das Verhältnis zwischen System und Umwelt vorstellt. Während nun die Allgemeine Systemtheorie über Jahrzehnte hinweg als Theorie offener Systeme entworfen wurde und die Austauschbeziehungen zwischen System und Umwelt betonte, begreift Luhmann soziale Systeme als geschlossene (selbstreferentielle) Systeme: „Die Theorie selbstreferentieller Systeme behauptet, dass eine Ausdifferenzierung von Systemen nur durch Selbstreferenz zustande kommen kann, das heißt dadurch, dass die Systeme in der Konstitution ihrer Elemente und ihrer basalen Operationen auf sich selbst (sei es auf Elemente desselben Systems, sei es auf Operationen desselben Systems, sei es auf die Einheit desselben Systems) Bezug nehmen" (Luhmann 1984: 25). Systeme, die sich durch diese Eigenschaft beschreiben lassen, nennt Luhmann auch autopoietische Systeme.

Moderne Sozialsysteme sind in Akten der Beobachtung und Selbstbeobachtung fundiert. Beobachten meint keine anspruchsvolle, auf Erkenntnisgewinn spezialisierte Operation, keine Analyse (Luhmann 1984: 245). Beobachtung bezeichnet vielmehr einfach die Bezeichnung von etwas Beobachtetem als „dies und nicht das" (Luhmann 1988c: 229) unter Anwendung einer Unterscheidung. Die Unterscheidung greift auf Differenzschemata zurück, die auch als Sinnschemata zu verstehen sind, z.B. System/Umwelt, nützlich/schädlich. Keine Beobachtung kann im Moment des Beobachtens die verwendete Unterscheidung beobachten. Selbstbeobachtung beruht auf der Unterscheidung von Handeln und Beobachten. Fremdbeobachtung beruht auf der Unterscheidung von System und Umwelt. Fremdbeobachtung kann Unterscheidungen verwenden, die einem beobachteten System nicht zur Verfügung stehen. Die die Moderne bestimmende Form der Beobachtung ist die „Beobachtung zweiter Ordnung", die Beobachtung von Systemen durch andere Systeme. Dabei geht es nicht mehr um einen unmittelbaren Zugang zur Realität, sondern alle Beobachtung orientiert sich daran, was andere beobachtet haben und ob man sich daran anschließen oder davon absetzen will.

Auch selbstreferentielle Systeme treten in Austausch mit ihrer Umwelt. Luhmann betont die Geschlossenheit der basalen Operationen sozialer Systeme, verkennt aber nicht, dass dennoch eine gewisse, auf systemeigenen Selektionen beruhende Offenheit gegenüber der Umwelt besteht. „Sie operieren natürlich in einer Welt, ohne die sie nicht existieren könnten, und all ihre Operationen setzen in jedem Moment eine strukturelle Kopplung an diese Welt voraus. Aber diese Kopplung liegt nicht auf der Ebene der eigenen Operationen" (Luhmann 1988d: 295). Er führt ein Konzept ein, das beschreibt, wie selbstreferentielle Systeme miteinander in Beziehung treten können: Interpenetration bezeichnet die Interaktionsbeziehung zwischen Systemen, die wechselseitig füreinander zur Umwelt gehören. Beide ermöglichen sich wechselseitig dadurch, dass sie in das jeweils andere ihre vorkonstituierte Eigenkomplexität einbringen (Luhmann 1984: 290). Luhmann betont, dass Interpenetration historisch variiert, dass sie sich mit der Evolution des Gesellschaftssystems aufbaut und ändert (Luhmann 1984: 342). In späteren Arbeiten unterscheidet Luhmann dann eine innere von einer äußeren Umwelt von Systemen. Strukturelle Kopplung wird dann als Oberbegriff für die Beschreibung von System-Umweltbeziehungen gebraucht, während die Beziehung zwischen innerer Umwelt – z.B. der Beziehung zwischen Systemmitgliedern und System – als besonderer Fall struktureller Kopplung mit dem Begriff Interpenetration bezeichnet wird (Luhmann 1997b: 73, Baraldi/Corsi/Esposito 1999: 85-88).

Darüber hinaus muss jede Systemtheorie klären, welche Elemente und Relationen sie als ein System bildend auffasst. Hier nun verwirft Luhmann die intuitiv eingängige („alteuropäische") Vorstellung, Individuen als Elemente oder Teilsysteme sozialer Systeme zu begreifen. Personen erscheinen stattdessen als Bewusstseinssysteme, die der Umwelt sozialer Systeme zuzurechnen sind, und qua struktureller

Kopplung an stattfindenden Kommunikationsprozessen beteiligt sind. Kommunikationen sind die Letztelemente sozialer Systeme. Soziales Geschehen ist ein selbstreferentieller Prozess der Erzeugung von Kommunikation durch Kommunikation. Auch soziales Handeln kann nicht dieses Letztelement sein, denn soziales Handeln hat ein Sozialitätsdefizit, weil es nur einem Handelnden zugerechnet wird. Kommunikation dagegen „ist eine genuin soziale (und die einzige genuin soziale) Operation. Sie ist genuin sozial insofern, als sie zwar eine Mehrheit von mitwirkenden Bewusstseinssystemen voraussetzt, aber (eben deshalb) als Einheit keinem Einzelbewusstsein zugerechnet werden kann" (Luhmann 1997a: 81).

Psychische und soziale Systeme sind über Sinn und Sprache strukturell gekoppelt. Sinn ermöglicht die Selektion aus einer Vielzahl von Möglichkeiten, ohne dass die ausselektierten Möglichkeiten verschwinden. Stattdessen bleiben sie als Möglichkeiten erhalten, auf die zu einem späteren Zeitpunkt zurückgegriffen werden kann. Sowohl psychische als auch soziale Systeme sind Sinn verarbeitende Systeme.

Organisationen werden als selbstreferentielle Systeme im oben genannten Sinne beschrieben (Luhmann 1988b, 2000b). Die besonderen basalen Operationen der Systemart Organisation sind Entscheidungen. Entscheidungen sind ein Spezialfall von Kommunikationen, also soziale Ereignisse. Sie sind nicht psychische Vorgänge (Luhmann 1988b: 166). Organisationen sind soziale Systeme, die aus Entscheidungen bestehen, und zwar nur aus solchen, die sie selbst anfertigen. Hinsichtlich der Herbeiführung von Entscheidungen sind Organisationen autonom. Hinsichtlich der Entscheidungsinhalte können sie sich auf ihre Umwelt einstellen. Organisationen differenzieren sich aus als rekursiv geschlossene, mit eigenen Entscheidungen auf eigene Entscheidungen Bezug nehmende Systeme. Sie können sich selbst durch ein Verfahren der Selbstzurechnung von der Umwelt unterscheiden. Deshalb können sie auch von außen als Systeme mit selbstgezogenen Grenzen beobachtet und behandelt werden. Entscheidungen definieren dann wechselseitig Kontingenzspielräume füreinander, mit der Folge, dass „was eine Entscheidung kann, was ihre Möglichkeiten sind, worauf sie Bezug nimmt und was sie überhaupt aufruft, sich als Entscheidung zu ereignen, sich aus anderen Entscheidungen desselben Systems ergibt" (Luhmann 1988b: 171). Durch eine Mitgliedschaftsregel wird bestimmt, welche Handlungen unter welchen Aspekten als Entscheidungen im System zu gelten haben. Diese Regel legt fest, wer als Mitglied der Organisation angesehen wird und in welchen Rollen die Mitgliedschaft ausgeübt werden kann (Luhmann 1964, 1988b). Luhmann lehnt den klassischen Begriff der Organisation als Zweckverband ab (Luhmann 1968). Organisationen inszenieren vielmehr nur Zwecke und Hierarchien und lassen im Hinblick hierauf keine Alternative zu (Kieserling 1995).

Luhmann (1989) hat sich selbst mit der Unwahrscheinlichkeit gelingender Kommunikation in der Organisationsberatung auseinandergesetzt und diese systemtheoretisch begründet. An diese Arbeiten schließt Fuchs (1994, 1999, 2002, 2004) an. Von Willke (1994) wurde eine Interventionstheorie auf systemtheoretischer

Grundlage vorgelegt, die allerdings diverse systemtheoretische Ansätze verarbeitet und der es an konzeptioneller Klarheit und Geschlossenheit mangelt (vgl. Groth 2001: 170). Wimmer hat als Grenzgänger zwischen Wissenschaft und Beratung die systemische Organisationsberatung (vgl. Kap. 5.3.2) für die Luhmannsche Systemtheorie geöffnet. Sein Schwerpunkt liegt jedoch auf der Weiterentwicklung der systemischen Organisationsberatung (Wimmer 1991, 1992; Wimmer 2004 ist ein Wiederabdruck zahlreicher verstreut publizierter Aufsätze). Es lassen sich dabei einseitige Anwendungen systemtheoretischer Konzepte nachweisen (Scherf 2002), die es rechtfertigen, Wimmers Arbeiten eher der systemischen Organisationsberatung als der soziologischen Systemtheorie zuzuordnen (vgl. auch Kühl 2001). Zur Frage, wie systemtheoretisch die systemische Organisationsberatung sei, liegen mehrere Arbeiten vor (Groth 1996, Mingers 1996). In diesem Kapitel wird nicht die systemische Organisationsberatung (, die man wie oben als Idealtyp der Organisationsberatung, oder mit Scherf 2002 als eine Theorie der Profession der Berater interpretieren kann) und ihre Befruchtung durch die Systemtheorie Luhmanns dargestellt, sondern einzig die Aussagen der Luhmannschen Systemtheorie zum Phänomen der Organisationsberatung.

10.2. Begriff der Organisationsberatung

Aus der Perspektive der Luhmannschen Systemtheorie lässt sich Organisationsberatung als wechselseitige Beobachtung eines beratenden und eines beratenen selbstreferentiellen Organisationssystems beschreiben (Luhmann 1989), die sich auf ein Entscheidungsproblem des beratenen Organisationssystems und dessen Lösung durch Entscheidungen beziehen. Insofern in beiden Fällen ein System durch ein anderes System beobachtet wird, handelt es sich um Beobachtungen zweiter Ordnung (Luhmann 1988c: 53). Eine Beobachtung zweiter Ordnung kann auch die Beschränkungen beobachten, die dem beobachteten System durch seine Operationsweise auferlegt sind. Das beratende wie das beratene Organisationssystem sind Systeme, die aus Entscheidungen bestehen und die Entscheidungen, aus denen sie bestehen, durch die Entscheidungen, aus denen sie bestehen, selbst anfertigen. Es versteht sich daher in der Luhmannschen Systemtheorie von selbst, dass die Entscheidung über die Lösung des Entscheidungsproblems bei der beratenen Organisation verbleibt.

Beratung, auch Organisationsberatung, basiert auf der Unterscheidung von Rat und Tat. Der Zusammenhang von Rat und Tat setzt die Idee einer möglichen Richtigkeit von Taten voraus, durch die sich der Rat post festum als nicht kontingent erweist (Fuchs/Mahler 2000). Die wechselseitige Beobachtung des Beraters und Klienten finden ausschließlich kommunikativ statt (Fuchs 1994). Beratungskommunikation wird wie Kommunikation generell als Verknüpfung dreier aufeinander bezogener Selektionen begriffen – Information, Mitteilung und Verstehen. Alle drei

Selektionen weichen im Falle von Beratungskommunikation aber in eigentümlicher Weise vom Normalmodell der Kommunikation ab: Beratungskommunikation unterstellt, „dass das, was gesagt wird, nicht das bedeutet, was damit gesagt wird" (Fuchs 1994: 20). Jede Äußerung des Klienten erscheint in ihrer Informativität seltsam gebrochen. Die Folgeäußerung des Beraters schließt nicht am intendierten Informationsgehalt der Äußerungen des Klienten an. Vielmehr behandelt sie dessen Äußerung als etwas, über dessen informationellen Gehalt sich der Klient selbst nicht im Klaren ist. Die Information erzeugt im Berater Unterschiede, auf die hin sie nicht gezielt war. Sie wird verdoppelt. Einerseits signalisiert der Berater, dass er die Information ihrer intendierten Bedeutung nach verstanden hat. Andererseits wird die Information zugleich als Symptom für etwas anderes gewertet. Dieselbe Brechung widerfährt den Äußerungen des Beraters, denn der Klient hinterfragt die Folgeäußerungen des Beraters z.B. als taktisch oder strategisch motiviert. Beratung reagiert mit einer Bedeutungssteigerung des Mitteilungsaspektes von Kommunikation auf die Brechung der Informativität. Große Aufmerksamkeit wird darauf gelenkt, „wie etwas gesagt wird und was dieses Wie für das Was ausmacht" (Fuchs 1994: 21). Daraus wird zusätzliche Information bezogen. Als Konsequenz von gebrochener Informativität und Bedeutungssteigerung des Mitteilungsverhaltens wird Verstehen prekär. Kommunikation wird störungsanfällig, zeit- und nervenaufreibend. Die möglichen Anschlüsse in der Kommunikation werden hinsichtlich dessen unsicherer, was sie selbst wieder als Mitteilung einer Information bedeuten. Aus demselben Grund verfügt Beratungskommunikation jedoch über eine frappierende Virtuosität im Umgang mit schwieriger Kommunikation (Fuchs 1994).

Organisationsberatung findet in einer Welt statt, die sich mit dem Begriff der Polykontexturalität beschreiben lässt: In dieser Welt können Beobachtungsprozesse immer gegen beobachtet werden und es ist nicht mehr möglich, von unstrittigen Dingen und Sachlagen zu reden (Fuchs 2004: 243). Organisationsberatung reduziert – sobald sie stattgefunden hat – die Komplexität einer polykontexturalen Welt, in der die Klientorganisation eine Entscheidung treffen muss, auf zwei Möglichkeiten: diejenige, dem Rat der Beratungsorganisation zu folgen oder nicht (Fuchs 2004: 248).

10.3. Zentrale Aussagen

10.3.1. Kommunikationssperren in der Organisationsberatung

Es war Luhmann selbst, der die zentrale Aussage seiner Systemtheorie zu Organisationsberatung beigesteuert hat: im Verhältnis von Beratern und Klienten gibt es Kommunikationssperren, die nicht nur taktisch – man denke an absichtsvolles Ver-

schweigen – sondern strukturell sind (Luhmann 1989: 244). Damit ist gemeint, dass Kommunikation zwischen beiden schwierig ist, so schwierig, dass man sich eigentlich eher wundern muss, wenn sie gelingt. Dafür gibt es mehrere Gründe:
  Das Problem der Induktion und der unzulässigen Generalisierungen. Unternehmensberatung nach dem Wissenschaftsanwendungsmodell stellt sich Beratung als angewandte Wissenschaft vor. Die Grundlage für die Beratung ist ein Wissen, das sich aus empirisch bewährten Generalisierungen ergibt. Dieses Wissen liegt in der Form statistisch gesicherter Wahrscheinlichkeitsaussagen über organisationsrelevante Zusammenhänge vor und wird auf den Einzelfall übertragen, obwohl es für den Einzelfall gerade nichts besagt. So kommt es zu bedauerlichen Fehlern, die jedoch nicht auf tiefer liegenden Kommunikationsproblemen beruhen. Ähnlich eher oberflächliche Kommunikationsprobleme ergeben sich aus dem Mangel geeigneter wissenschaftlicher Methoden und Erkenntnisse über große und komplexe Systeme, wie es viele Organisationen sind, sowie aus der Notwendigkeit, wissenschaftlich fundierte Vorschläge in der Kommunikation mit dem Klienten zu vereinfachen, zu popularisieren und dabei die Sprache zu wechseln. Die Systemtheorie zeigt demgegenüber viel tiefer liegende Kommunikationsprobleme auf:
  Inkommunikabilität von Unterscheidungen. Im Prozess der Organisationsberatung stoßen Selbst- und Fremdbeobachtung von beratender und beratener Organisation aufeinander. Für die Selbst- und Fremdbeobachtung der beratenen Organisation gilt, dass sie nur sehen kann, was sie sehen kann. Sie kann nicht sehen, was sie nicht sehen kann. Sie kann auch nicht sehen, dass sie nicht sehen kann, was sie nicht sehen kann (Luhmann 1988c: 52). In Selbstbeschreibungen fasst die Organisation zusammen, was ihr für sich zugänglich wird. Dasselbe lässt sich auch für die beratende Organisation sagen. Beide Organisationen haben blinde Flecke der Beobachtung: die Unterscheidungen, die sie beim Beobachten anwenden, schränken das Spektrum des Sichtbaren ein und bestimmen die Art und Weise, in der das Beobachtete gesehen wird. Beobachten ist eine systeminterne Operation und kein direkter Kontakt zur Umwelt.
  Ein Beobachter zweiter Ordnung kann die Selbst- und Fremdbeobachtung eines beobachteten Systems beobachten. Der Beobachter zweiter Ordnung – er beobachtet Beobachtungen – kann dann sehen, dass das beobachtete System nicht sehen kann, was es nicht sehen kann. Dadurch kann der Berater den Problemen des beobachteten Systems einen Sinn geben, über den das beobachtete System selbst nicht verfügen kann. „Für ihn kann als kontingent erscheinen, was im System selbst notwendig und unersetzbar ist" (Luhmann 1988c: 56). Die beratende Organisation ist in Organisationsberatungsprozessen als Beobachter zweiter Ordnung gefragt, um der beratenden Organisation ihre blinden Flecke zugänglich zu machen. Gleichzeitig tritt auch der Klient als Beobachter auf: Der Klient wählt sich seinen Beobachter, seinen Berater. Und er wählt ihn aufgrund seiner Beobachtung der Beobachtungen des Beraters; konkret: aus der Sicht des Klienten unterscheiden sich verschiedene zur Auswahl

stehende Berater darin, was jeweils für sie als nicht in Frage gestellte Unterscheidung fungiert. Auch Berater werden also im Hinblick auf etwas beobachtet, was sie selbst nicht beobachten können. „Sie werden wegen ihres blinden Flecks gewählt" (Luhmann 1989: 225).

Das Zugänglich-Machen des blinden Flecks der Klientorganisation darf man sich jedoch nicht als Aufklärungsprogramm im traditionellen Vernunftaufklärungsstil vorstellen. Es kann nicht darum gehen, den Klienten darüber zu belehren, wie er ist. „Aufklärungsprogramme im alten Vernunftaufklärungsstil [sind] eigentlich immer Systemzerstörungsprogramme gewesen. Man nimmt dem System sozusagen seine Lebenslüge und überlässt es sich selbst in der Hoffnung, dass es das sowieso nicht übersteht" (Kieserling 1995: 76; ähnlich Luhmann 1989: 216, 219). Latente Strukturen können beispielsweise die Funktion haben, unlösbare Probleme zu verdrängen. Die Unterscheidung, auf der die Beobachtung des Beraters basiert, kann dann aus zwei Gründen inkommunikabel sein: wenn die Kommunikation über die Beobachtung im Kommunikationssystem des Klienten anschlussfähig ist, kann die Gefahr bestehen, dass die Offenlegung latenter Strukturen die Klientorganisation überfordert und dadurch anhaltend destabilisiert. Wenn der Berater dies fürchtet, wird er mit der Offenlegung zögern (Luhmann 1989: 216). Der andere Fall ist der, dass die Kommunikation des Beraters innerhalb der Kommunikationen des Klienten nicht anschlussfähig ist. Sinn kann im Medium der Sprache kommuniziert werden, doch er wird dadurch seine Bedeutung wechseln (Luhmann 1989: 215). „Sobald die eigenen Unterscheidungen sich von denen des Klientsystems unterscheiden ... zerbricht die Voraussetzung einer gemeinsamen Welt" (Luhmann 1989: 223). Mit der Inkommunikabilität aufgrund mangelnder Anschlussfähigkeit von Unterscheidungen ist die fundamentalste Kommunikationssperre der Organisationsberatung benannt, die die Luhmannsche Systemtheorie herausarbeitet.

Willkürliche Wahl der Unterscheidung. Der Beobachter kann Differenzen verwenden, die dem beobachteten System selbst unzugänglich sind. „Er kann in diesem Sinne aufklären, wobei die Aufklärung aber nur wirkt, wenn sie ein Differenzschema verwendet, das der Aufzuklärende übernehmen kann" (Luhmann 1984: 654). Luhmann (1984: 655) spricht von einem „Moment der Unsicherheit, der Relativität, ja der Willkür", das die Wahl des Beobachtungsschemas durch den Beobachter kennzeichnet, und er wiederholt diese Aussage ausdrücklich für den Zusammenhang der Organisationsberatung (Luhmann 1989: 221). Theorien und Methoden sind Mittel des Beobachters, mit Hilfe derer er den „Kontakt ... mit der Realität" halten kann (Luhmann 1984: 655). Sie stellen Selektionsprinzipien für Erkenntnis dar. Trotzdem gilt: „Mit der Stellung als Beobachter verbindet sich kein Wahrheitsprivileg" (Luhmann 1997b: 76). Man darf nicht unterschätzen (oder ausblenden), dass auch das beratene Unternehmen die Beobachtungen des beratenden Unternehmens beobachtet. Auch in der Wahl der Unterscheidung des Klienten liegt eine irreduzible Willkür. Mit der Differenzierung zwischen Selbst- und Fremdbeobachtung entstehen

"Kommunikationssperren ..., die nicht mehr aufgelöst werden können" (Luhmann 1989: 221). Selbst wenn die Systeme intensiv kommunizierten, ändere sich daran nichts, da die Differenz in der Kommunikation vorausgesetzt sei und bleibe. Kommunikationssperren seien strukturell bedingte Inkommunikabilitäten (Luhmann 1989: 224). Sie seien auf die Ebenendifferenz von Beobachtungen erster und zweiter Ordnung zurückzuführen. Es sei unmöglich, alles was man auf der Ebene der Beobachtung zweiter Ordnung sehe, in die Ebene erster Ordnung einzubringen (Luhmann 1989: 226).

Lösung der Probleme des Kontaktsystems. In Zusammenhang mit der Willkür der Wahl einer Unterscheidung führt Luhmann aus, dass es im Falle einer Organisationsberatung nicht nur zwei Organisationssysteme gibt, die in Interaktion treten. Vielmehr lässt die Kommunikation zwischen beiden ein „neues System entstehen: das Kontaktsystem des Beratungsverhältnisses" (Luhmann 1989: 221). Man könne auch dieses System im Hinblick auf seine Eigenzustände, Eigenentwicklung und Eigenselektivitäten untersuchen. Dies ändere jedoch nichts an den diagnostizierten Kommunikationssperren. Aus dieser Aussage kann man schlussfolgern, dass auch das Kontaktsystem als selbstreferentielles System zu betrachten ist. Bei Luhmann selbst finden sich dazu auffälligerweise keine weiteren Aussagen. Die Aussagen systemischer Organisationsberater (Königswieser/Hillebrand 2004, Königswieser/Exner 2002), die sich mit der Konzipierung von Klientsystem, Beratersystem und Berater-Klient-System nahezu derselben Konzepte zu bedienen scheinen, dürfen nicht als Weiterführungen der Luhmannschen Systemtheorie betrachtet werden. Wie Scherf (2002) zeigt, liegt ihren Aussagen eine einseitige Anwendung der Luhmannschen Konzepte zugrunde. Es ist Peter Fuchs (1999), der Luhmanns Konzeption weiterführt. Er stellt klar, dass es „dyadische Kommunikation nicht gibt, sondern immer ein Drittsystem entsteht, das in eigener Operativität seine Anschlüsse ermittelt" (Fuchs 1999: 103). Man darf sich dabei das Drittsystem, das Interventionssystem, nicht als Berater und Klient als Teilsysteme enthaltend denken. Vielmehr sind beide Umwelt für das Interventionssystem. Nimmt man die Selbstreferenz des Interventionssystems ernst, so wird eine weitere Kommunikationssperre sichtbar. Das Kontaktsystem beobachtet Klient- und Beratersystem. Im Kontaktsystem werden die Hypothesen zur Problembeschreibung und -lösung des Klientsystems kommuniziert. Man darf vermuten, dass „eine Beratung zunehmend die Probleme löst, die es ohne Beratung nicht geben würde (Scherf 2002: 71; vgl. Luhmann 1997c: 170). Damit ist die Gefahr angesprochen, dass durch Beratung nicht die Probleme des Klienten gelöst werden, sondern die Probleme, die das Kontaktsystem rekonstruiert und konstruiert.

Aus der Existenz unüberwindbarer Kommunikationssperren zwischen Berater und Klient schließt Luhmann auf die Unmöglichkeit von Beratung nach dem Wissenschaftsanwendungsmodell. „Es geht nicht um Diffusion wahren Wissens, bei dem Widerspruch dann als Irrtum behandelt werden könnte" (Luhmann 2000b:

435). Im Kontext der selbstreferentiellen Reproduktion der Klientorganisation kann ihre Umwelt, also auch der Berater, nur als Irritation, als Störung, als Rauschen auf die Entscheidungszusammenhänge des Klienten bezogen werden. Systemexterne Erwartungen und Appelle an den Klienten sind daher vergeblich (Luhmann 1988b: 168). Zwar sucht der Klient „mit seinem Entscheidungsnetz geradezu Irritationen auf, um sie in Informationen umzuwandeln und zur Führung seines Entscheidens benutzen zu können (Luhmann 1988c: 173), man gewinne daraus aber nur „die Chance, die Differenz als Differenz irritierend, anregend, eventuell fruchtbar werden zu lassen" (Luhmann 1989: 227). Irritation lässt sich präziser beschreiben als Regenerierung von Unsicherheit aus jeweils besonderen Anlässen, als „Wiederherstellung einer Mischung aus Orientierung an den strukturbestimmenden Erwartungen des Systems und Wahrnehmung neuerer Anforderungen, einer Mischung also aus Selbstreferenz und Fremdreferenz mit Anhaltspunkten in der jeweiligen Situation" (Luhmann 2000b: 220). Diese Erkenntnis hat Luhmann zunächst ausschließlich negativ eingeführt, als Erkenntnis über Kommunikationssperren in der Organisationsberatung. Zuletzt hat er aber auch eine positivere Interpretation desselben Sachverhalts gewagt, indem er formulierte, dass Organisationsberatung darauf beschränkt ist, Orientierungswissen anzubieten (Luhmann 2000b: 433ff.). Der Berater gehe von der vorgefundenen Selbstbeschreibung der Klientorganisation aus und sehe seine Aufgabe darin, sie zu dekonstruieren und zu rekonstruieren. Im Zentrum stehe die Diskussion von Problemen, wobei die Diskussion die Möglichkeit biete, ständig zwischen Fremd- und Selbstbeschreibung zu wechseln, und hierdurch ambivalent zu bleiben. „Ambivalent bleibt: wer bestimmt wessen Problem? Ambivalent bleibt auch, wie eine Lösung des Problems aussehen könnte. Und ambivalent bleibt schließlich, ob das bezeichnete Problem überhaupt gelöst werden muss (oder nicht vielmehr ein anderes) und in welchen Zustand das System gerät, wenn es das Problem zum Thema macht und es zu lösen versucht." (Luhmann 2000b: 435). Dies ermögliche Verständigungen mit Dissensvorbehalt. Organisationsberatung gestatte es dem Klientsystem, seine Autopoiesis fortzusetzen und seine Identität rekursiv zu festigen.

10.3.2. Strukturen der Selbsterhaltung der Beratungsorganisation

Versteht man die beratende Organisation als selbstreferentielles soziales System, so ist sie gegenüber ihrer Umwelt an der Erhaltung ihrer eigenen Praxis interessiert (Luhmann 1989: 213). Beratungsunternehmen sind in besonderer Weise in ihrer Selbsterhaltung bedroht: Berater halten sich vielfach im Klientunternehmen auf. Berater beschreiben die Gefahr, sich ins System hineinziehen zu lassen (Elfgen/Klaile 1987: 266). Eine Bedrohung für die Selbsterhaltung der Beratungsunternehmung geht von der potentiellen Abwerbung ihrer Mitarbeiter durch den Klienten

aus. Aus systemtheoretischer Sicht lassen sich mehrere eigentümliche Strukturmerkmale von Beratungsorganisationen als Strukturen der Selbsterhaltung erklären:
Unverständlichkeit als Selbstschutz des Beraters. Viele Berater entwickeln Eigensprachen – gegebenenfalls im Rahmen eigener Beratungstheorien –, die für die Mitglieder der Klientorganisation unverständlich sind. Konsequenterweise können Entscheidungen, die auf diese Eigensprache zurückgreifen müssen, nur von den Mitgliedern der Beratungsorganisation getroffen werden. So sichert die Eigensprache der beratenden Organisation die „bleibende Nichtidentität" (Luhmann 1989: 215) von Berater und Klient.

Karriereprinzip „Up or Out" als Selbstschutz des Beraters. Viele große Beratungsunternehmen bezahlen hohe Einstiegsgehälter und sie werben mit einem schnellen, vorprogrammierten Karrierepfad. Wer im Rahmen eines festgelegten Zeitraums einen Aufstieg zur nächsten Karrierestufe nicht geschafft hat, muss das Beratungsunternehmen verlassen. Ergänzt wird das Konzept des geplanten Auf- oder Ausstiegs durch eine Vielzahl von Karrierestufen. Das Raffinierte ist nun, dass die Vielzahl von Karrierestufen einen immensen Kommunikations- und Entscheidungsbedarf innerhalb der Beratungsgesellschaft erzeugt. Die notwendigen Entscheidungen stellen selbstbezügliche Kommunikationen dar, also Kommunikationen, die spezifisch nur auf die Beratungsunternehmung und nicht auf ihre Klienten zugerechnet werden. Sie ermöglichen es dem Beratungsunternehmen „bei allem Stress und aller Überforderung im Tagesgeschäft für und beim Kunden" (de Vries 1995: 125) die Kommunikation zu führen, die die Beratungsorganisation selbst konstituiert.

Partnerships als Selbstschutz des Beraters. Die meisten Beratungsgesellschaften sind als Partnerships organisiert, sogar unabhängig von ihrer Größe. Mit den Begriff Partnership ist ein Modell bezeichnet, dass in verschiedenen Staaten, je nach Gesellschaftsrecht, unterschiedlich gestaltet sein kann, dem jedoch dieselbe Inhaberstruktur zugrunde liegt. Milgrom und Roberts (1992: 602) definieren eine Partnership als „a form of organization in which some or all of the multiple owners, the *general partners*, accept unlimited liability for the organization's debts and exercise management control". Für die weitere systemtheoretische Analyse ist die aktive Beteiligung der Inhaber am Management- und Produktionsprozess relevant, nicht der Haftungsaspekt. Auch die Partnership erzeugt einen massiven Kommunikations- und Entscheidungsbedarf innerhalb der Beratungsgesellschaft, denn es gilt über die Themen der Unternehmensstrategie, Unternehmenskontrolle und Gewinnverteilung zu kommunizieren und Entscheidungen zu treffen. Der Einbezug möglichst vieler Mitarbeiter als Partner stellt eine Struktur dar, die selbstbezügliche Kommunikationen fördert und in Gang hält. Durch Regeln, die ausscheidende Mitarbeiter dazu zwingen, ihre Anteile an die Gesellschaft zurückzuverkaufen (McKinsey & Co. 1992), wird vermieden, dass die selbstbezügliche Eigentümerkommunikation sich in andere Gremien verlagert, als das eigentliche Geschäft der Beratungsgesellschaft (de Vries 1995: 126).

10.3.3. Organisationsberatung und Gesellschaft

Die Systemtheorie gestattet nicht nur eine Analyse der Beratungsbeziehung als wechselseitige Beobachtung zweier Organisationen. Sie gestattet es auch, Organisationsberatung in Bezug auf die Gesellschaft insgesamt zu analysieren. Beraten werden können aus systemtheoretischer Sicht nur Beobachter, die sich als adressable soziale Systeme beschreiben lassen. Das sind soziale Systeme, die über eine „Stelle" verfügen, durch die sie repräsentiert werden (Fuchs 1997). Als Konsequenz lassen sich weder die Gesellschaft noch ihre Funktionssysteme beraten. Sie sind nicht adressabel, genau so wie sie keine handlungsfähigen Einheiten sind. Man kann ihnen nichts mitteilen, schreiben, schicken. Weder *die* Gesellschaft, noch *die* Wirtschaft, *die* Religion oder *die* Politik verfügen über interne Repräsentanzen und aus diesem Grund kann man Systeme dieses Typs auch nicht beraten. Über interne Repräsentanzen verfügen dagegen Organisationen (Fuchs 2004: 250). Und die meisten Organisationen sind in die Funktionssysteme der modernen Gesellschaft eingebettet.

In diesem Zusammenhang ergeben sich insbesondere zwei Fragen zur Beziehung von Organisationsberatung und Gesellschaft: Welche Funktion hat Organisationsberatung für Organisationssysteme? sowie welche Funktion hat Organisationsberatung für die Gesellschaft? Als Konsequenz des Luhmannschen Interventionspessimismus schreibt die Theorie selbstreferentieller Systeme der Organisationsberatung andere Funktionen zu, als dies die funktionalistische Systemtheorie tat:

Stabilisierung sozialer Ordnung. Organisationsberatung ermöglicht Alternativenkommunikationen unter der Bedingung, dass Alternativen zur Hierarchie blockiert bleiben. Aus der Perspektive der Luhmannschen Systemtheorie sind Zwecke und Hierarchien nur Selbstbeschreibungen von Organisationen, die aber nie die Gesamtrealität des Systems ordnen können. Zwecke und Hierarchien sind nicht letzte Begriffe einer Organisationstheorie, sondern spezifische Lösungen des Grundproblems der Ordnungsbildung, das jede Organisation lösen muss (Kieserling 1995: 105-116; Luhmann 1968). Zwecksetzung und Hierarchie sind aus der Perspektive der Organisation alternativlos, weil Zwecklosigkeit und Hierarchielosigkeit den Bestand der Organisation gefährden würden. Aus diesem Grund lassen sie im Hinblick hierauf keine Alternativenkommunikation zu. Um im Hinblick auf die Adaptation an die Umwelt nicht zu erstarren, lässt die Organisation mit dem Organisationsberater jedoch einen Berater zweiter Ordnung zu, dem Alternativenkommunikation gestattet ist, die nicht destruktiv wirkt. Organisationsberatung ermöglicht eine geordnete Alternativenarbeit an der Selbstbeschreibung der Organisation, ohne dabei Hierarchie und Zwecke in Frage zu stellen (Fuchs 2002: 12). In dieser Hinsicht stabilisiert Organisationsberatung soziale Ordnung. In dieser Funktion erweist sich Organisationsberatung als funktionales Äquivalent zum Hofnarrentum des Mittelalters und der Renaissance (Fuchs 2002). Hierarchie als die eine Seite einer Unterscheidung (*marked state*) ist dem Organisationsberater vorgegeben, unter Ausschluss der Möglichkeit, vor diese Unterscheidung zurückzugehen (in den *unmarked space*), oder die andere Seite der Unterscheidung (*unmarked state*) in Augenschein zu nehmen. So ist sichergestellt, dass weder Berater noch Beratene auf die Beobachtungsebene dritter Ordnung vorstoßen, obwohl dies unter den geänderten gesellschaftlichen Bedingungen der funktionalen Differenzierung nahe läge (Fuchs 2002: 14).

Die Funktion der Entschleunigung. Moderne Gesellschaften haben sich in ihrer Entwicklung von der Veränderungsdynamik von Organisationen abhängig gemacht (Luhmann 1997a: 826ff.). Beratungen verzögern Entscheidungen der beratenen Organisation, indem sie einen Beratungsprozess zwischen die Formulierung eines Entscheidungsproblems und seine Lösung durch Entscheidung schalten. Anders formuliert: Beratung basiert auf der Unterscheidung von Rat und Tat. Rat impliziert eine andere Form des Umgangs mit Zeit als Tat. „Es geht nicht um einen Vollzug oder eine Aktion, sondern um einen Aufschub" (Fuchs/Mahler 2000: 350). Die Funktion der Entschleunigung wird als segensreich bewertet, da sie einer hoch temporalisierten Gesellschaft gilt (Fuchs/Mahler 2000).

Die Frage nach der Funktion von Organisationsberatung leitet über zu einer Beschreibung von Gesellschaft, insbesondere moderner Gesellschaft. In dieser ist das Phänomen der Beratung weit verbreitet, und Organisationsberatung nur ein Spezialfall, neben Ernährungs- und Gesundheitsberatung, Erziehungs- und Eheberatung, oder Politikberatung. Darüber hinaus ist Beratung reflexiv geworden: Berater werden beraten, etwa im Rahmen von Supervision. Berater und Berater von Beratern können sich von Systemtheoretikern beraten lassen (Fuchs/Mahler 2000: 349). Moderne Gesellschaft lässt unter diesem Blickwinkel als Beratungsgesellschaft beschreiben (Fuchs 1994), und Beratung als Schema der Kommunikation, das in allen gesellschaftlichen Kontexten anwählbar geworden ist. Beratung wird nicht als Funktionssystem der Gesellschaft verstanden. Als Schema steht Beratung quer zur Differenzierung der Gesellschaft und auch quer zur Ebenenunterscheidung von Interaktion, Organisation und Gesellschaft (Fuchs/Mahler 2000: 359).

10.4. Empirische Forschung

An empirischen Studien auf systemtheoretischer Basis herrscht weithin Mangel, nicht nur auf dem Forschungsgebiet der Organisationsberatung (da Mingers 1996 nicht präzise zwischen systemtheoretischen und systemischen Positionen trennt, kann auch ihre Studie nicht als Beispiel gelten). Dies hängt nicht nur damit zusammen, dass Luhmann mit seiner soziologischen Systemtheorie eine beschreibende Theorie liefert und nicht eine, die empirisch prüfbare Hypothesen formuliert. Es liegt auch nicht an systemtheoretisch diagnostizierten epistemologischen Grenzen der Wissenschaft als Beobachterin dritter Ordnung: sie beobachtet die Selbst- und Fremdbeobachtungen von beratender und beratener Organisation, sowie die Beobachtungen zweiter Ordnung, in denen Berater und Klient wechselseitig ihre Beobachtungen beobachten. Dieses Thema muss an anderer Stelle vertieft werden.

Von Fuchs (1994: 22) stammt die einzige explizit formulierte, empirisch überprüfbare Hypothese im Kontext von Beratungskommunikation. Im Zuge des Ausarbeitung der Besonderheiten der Beratungskommunikation gegenüber dem Normalfall der Kommunikation arbeitete er heraus, dass Verstehen prekärer wird (vgl. oben Kap. 10.2). Im Normalfall seien Akte der Konfirmation, der Verstehensvergewisserung daher selten. Beratungskommunikation zeichne sich demgegenüber durch eine gesteigerte Notwendigkeit Verstehen zu konfirmieren aus. Beratungskommunikation zeichne sich daher gegenüber Standardkommunikation durch eine Steigerung der Häufigkeit von Äußerungen der Verstehensvergewisserung aus.

Hier sollen einige Beispiele für Forschungsfragen an die Empirie und empirisch prüfbare Hypothesen entwickelt werden, die sich aus Luhmanns Systemtheorie ableiten lassen. Ausgangspunkt sei die Diagnose der Kommunikationssperren in der Organisationsberatung, die in Luhmanns Interventionspessimismus mündet. Hierzu lassen sich folgende empirische Forschungsfragen ableiten (ähnlich Scherf 2002: 89-90, 92, 96f.), für die sich qualitative Studien empfehlen:

- Wie unterscheiden sich die Selbst- und Fremdbeschreibungen von Beratungs- und Klientorganisation in verschiedenen Phasen eines Beratungsprozesses? Insbesondere: wie unterscheiden sich die Selbstbeschreibung des Klienten von der Fremdbeschreibung des Beraters und umgekehrt?
- Wie unterscheiden sich die Beobachtungen zweiter Ordnung durch die Beobachtungen erster Ordnung?
- Welche Beobachtungen zweiter Ordnung der beratenden Organisation, die diese in Kommunikationen verfügbar macht, gehen im Laufe des Beratungsprozesses in Selbstbeschreibungen des Klienten ein, und welche nicht? anders formuliert: welche blinden Flecke konnte die Beratung der Klientorganisation zugänglich machen? weiter verfeinert: wie ändert sich der Sinn der in Kommunikationen verfügbar gemachten Beobachtungen zweiter Ordnung des Beraters, wenn sie im Klientsystem kommuniziert werden?
- Unter welchen Bedingungen zögern Berater damit, Beobachtungen zweiter Ordnung der beratenden Organisation in Kommunikationen verfügbar zu machen?
- Wenn man obige Fragen auch für das Kontaktsystem reformuliert hat: Lässt sich feststellen, dass durch den Beratungsprozess nicht die Probleme des Klienten, sondern die Probleme, die das Kontaktsystem rekonstruiert und konstruiert, gelöst werden?

Antworten auf diese Fragen können zur Klärung der empirischen Bedeutung der von Luhmann diagnostizierten strukturell bedingten Kommunikationssperren beitragen.

Luhmanns Diagnose lässt sich auch in eine Hypothese umwandeln: Die Wahrscheinlichkeit für erfolgreiche Organisationsberatung ist gering. Es gibt in der Tat Studien, die sich mit dem Erfolg von Organisationsberatungsprozessen auseinandersetzen (davon leider nur wenige, die wissenschaftlichen Ansprüchen genügen; zumeist handelt es sich um Studien von Beratungsfirmen). Sie kommen zu dem Ergebnis, dass zwei Drittel aller Veränderungsprozesse, die Unternehmensberater vorschlagen, wegen Umsetzungsdefiziten nicht erfolgreich durchgeführt werden (Balzer/Wilhelm 1995: 55). Freilich können auch andere Faktoren für mangelnden Beratungserfolg verantwortlich sein, als strukturell bedingte Kommunikationssperren, beispielsweise die Branchenkonjunktur, der Konkurs eines Zulieferers, die Scheidung eines Familienunternehmers, oder ein Führungskräftewechsel in einer Behörde. Diese Faktoren kann die Luhmannsche Systemtheorie nicht in den Blick nehmen. Zur Überprüfung der These, dass Kommunikationssperren Ursache mangelnden Beratungserfolgs sind, müsste man den Begriff der Kommunikationssperre operationalisieren.

10.5. Würdigung und Kritik

Zusammenfassend und vergleichend lässt sich festhalten, dass die Luhmannsche Systemtheorie stärker die grundsätzlichen Grenzen der Organisationsberatung herausarbeitet (Groth 1996: 77), während rollentheoretische und funktionalistische Ansätze die Möglichkeitsräume differenziert analysieren.

Die Bedeutung der Luhmannschen Systemtheorie für eine Theorie der Organisationsberatung liegt darin, dass sie grundlegende Grenzen der Organisationsberatung thematisiert. Grenzen werden auf abstraktem, hohem theoretischen Niveau hergeleitet. Sie entziehen sich daher jedes Verdachts, interessegeleitet formuliert worden zu sein. Luhmann und Fuchs haben auch zu jeder Zeit der Verlockung widerstanden, diese Grenzen zu relativieren, um Beratern eine optimistischere Theoriegrundlagen für ihre Interventionstätigkeit anbieten zu können (nicht so Willke, der dafür auch von Luhmann wie Fuchs kritisiert wird; vgl. Luhmann 1997a: 843; Fuchs 1999: 35, Fußnote 70, S. 43, Fußnote 88). Berater, für die die Luhmannsche Systemtheorie „mehr als Kosmetik ist, können die Gratwanderung zwischen produktiver Bearbeitung der Probleme, Unmöglichkeit der gezielten Intervention und Selbstüberschätzung der eigenen Tätigkeit auf einem theoretisch hohen Niveau reflektieren" (Groth 1996: 111). Organisationsberatung lässt sich also ganz im Gegensatz zur Argumentation der Theorien rationalen Handelns nicht als rational rekonstruieren, es sei denn, man versteht unter Rationalität nur mehr die gestufte Beseitigung von blinden Flecken (Luhmann 1997a: 50f., 177-183, 577f., 817f.).

Aus theoretischer Perspektive ist weiterhin bedeutsam, dass Beratungshandeln konsequent als Kommunikation konzipiert wird. Dies lenkt den Blick des Theoretikers auf Strukturen und weg von Personen. Auch der Blick von Beratern und Klienten, die sich die systemtheoretische Perspektive aneignen, wird sich entsprechend verschieben. Dies steht in klarem Kontrast zur in Organisationen gängigen personalen Attribution (Luhmann 1989: 218).

Als Ausgangspunkt für die Kritik an der Luhmannschen Systemtheorie und ihrer Konzipierung von Organisationsberatung möchte ich Luhmanns Weigerung nehmen, einen Unterschied zwischen analytischen und empirischen Systemen zu machen. Wenn soziale Systeme, zum Beispiel Organisationen, nur analytisch als autopoietisch konzipiert würden, bliebe die Möglichkeit, danach zu fragen, wie autopoietisch welche empirischen sozialen Systeme unter welchen Bedingungen sind. Diese Idee verbirgt sich letztlich auch hinter der folgenden Aussage von Groth: „Je autopoietischer („luhmannianischer") Beratung gesehen wird, desto weniger ist sie möglich" (Groth 1996: 110). Ist beispielsweise das Kontaktsystem wirklich autopoietisch, bzw. wie autopoietisch ist das Kontaktsystem unter empirischen Bedingungen wirklich? Ist Beratungskommunikation wirklich nicht anschlussfähig? (Scherf 2002: 67). Könnte man nicht auch argumentieren, dass das Kontaktsystem ein System darstellt, das die Willkür der den Beobachtungen von Berater- und Klientorganisation zugrunde liegenden Unterscheidungen begrenzt? Dann könnte man auch fragen, wie man ein Kontaktsystem gestalten könnte, damit es diese Funktion übernehmen kann? Ein zweiseitiger Interventionsbegriff, der nicht nur jegliche Kommunikation des Beraters als Intervention bezeichnet (dieser einseitige Interventionsbegriff ist kennzeichnend für die verengte Rezeption der Luhmannschen Systemtheorie innerhalb der systemischen Organisationsberatung), sondern ebenso die Kommunikationen des Klienten, würde stärker an der empirisch beobachtbaren kommunikativen Vermittlung von Beratungshandeln ansetzen (Scherf 2002: 73). Er öffnet den Blick für die Frage, welche Kommunikationsanteile Berater und Klient beitragen müssen um empirisch anschlussfähige Beratungskommunikation zustande zu bringen. Ist nicht doch eine gemeinsame Konstruktion der Wirklichkeit der Beratung möglich? An dieser Stelle macht sich bemerkbar, dass die Luhmannsche Systemtheorie nicht über eine Theorie der Konsensbildung verfügt. Zugespitzt: wie könnte man denn sonst erklären, dass es in der Empirie Beratungsfälle gibt, die Berater und Klient als gelungen bezeichnen? Aus Luhmannscher Perspektive könnte man dies nur als Ergebnis von Zufall oder Ignoranz (der diagnostizierten Kommunikationssperren) erklären! Um es anders zu formulieren: ich argumentiere nicht, dass es Interventionsmöglichkeiten für Beratung geben muss, damit Systemtheorie den praktischen Bedürfnissen von Beratern (und Klienten) gerecht wird. Ich argumentiere, dass Systemtheorie differenzierter argumentieren muss, weil es sich nicht bestreiten lässt, dass es in der Empirie gelungene Beratung gibt. Wieso sollte eine Theorie darauf verzichten, dies erklären zu wollen? Auch scheint es mir in der Theorie einen

Ansatzpunkt dafür zu geben: Luhmann beantwortet die Frage, wann die Kommunikation des Beraters innerhalb der Kommunikationen des Klienten nicht anschlussfähig ist. Sinn könne im Medium der Sprache kommuniziert werden, doch er werde dadurch seine Bedeutung wechseln. Sobald die eigenen Unterscheidungen sich von denen des Klientsystems unterschieden, zerbreche die Voraussetzung einer gemeinsamen Welt (Luhmann 1989: 223). Mithin müsste nur der Fall näher betrachtet und durchdacht werden, in dem Berater und Klient dieselbe Unterscheidung zugrunde legen. Luhmann hat diesen Fall mit Nichtachtung behandelt und seinen Schwerpunkt darauf gelegt, theoretisch zu beschreiben, was der Fall ist, wenn Berater und Klient verschiedene Unterscheidungen zugrunde legen. Es liegt nun an seinen Nachfolgern, diese Einseitigkeit zu beheben. Selbst demjenigen, der diesen Weg nicht gehen mag, weil er mit Luhmann Kommunikationssperren als strukturell bedingte Inkommunikabilitäten betrachtet, die auf die Ebenendifferenz von Beobachtungen erster und zweiter Ordnung zurückgeführt wird, steht noch ein Theoriezugang offen: Wenn es denn unmöglich ist, *alles* was man auf der Ebene der Beobachtung zweiter Ordnung sieht, in die Ebene erster Ordnung einzubringen (Luhmann 1989: 226), so ist es vielleicht dennoch möglich zumindest *den Teil* einzubringen, der für eine gelingende Beratung notwendig ist?

Mit seiner Aussage „Fürs Überleben genügt Evolution" (Luhmann 1984: 645) signalisiert Luhmann, dass Beratung fürs Überleben nicht notwendig ist. Beratung mag aus Sicht der Systemtheorie nicht notwendig sein. Dies ändert aber nichts daran, dass Beratung ein empirisch verbreitetes Phänomen moderner Gesellschaften ist, so verbreitet, dass Luhmann-Anhänger den Begriff der Beratungsgesellschaft gebrauchen (Fuchs 1994). Es mutet schon verwunderlich an, wenn die systemtheoretische Analyse von Beratungsgesellschaft darin „stecken" bleibt, Entschleunigung zu diagnostizieren, weil die in der Theorie diagnostizierten Kommunikationssperren den Blick für jede Beratung auf Basis gezielter Intervention verstellen (Groth 1996: 99). Nach allem, was systemtheoretische Analyse zum Verständnis von Gesellschaft und ihren Funktionssystemen beigetragen hat, muss man konstatieren, dass die systemtheoretische Analyse von Beratung als Schema der Kommunikation, das in allen gesellschaftlichen Kontexten anwählbar geworden ist (Fuchs 1994), bisher – gemessen an den Maßstäben ihrer eigenen Theorie – unterkomplex ausgearbeitet ist. Dies betrifft auch das Verhältnis von Organisationsberatung und Gesellschaft, und kontrastiert scharf mit der ausgefeilten systemtheoretischen Analyse von Beratung von Organisationen durch Organisationen.

Im Folgenden finden Sie Fragen, die Ihnen als Berater oder Klient Hilfestellung leisten sollten, Beratungshandeln aus systemtheoretischer Perspektive zu reflektieren.

10.6. Fragen für Berater

Wenn Sie sich den Klienten als soziales System denken, das sich von seiner Umwelt abgrenzen lässt, wo liegen dann in Ihrem derzeitigen Beratungsmandat die Grenzen des Systems? Was gehört zur Umwelt?

Wenn Sie sich Ihr Beratungsunternehmen als soziales System denken, das sich von seiner Umwelt abgrenzen lässt, wo liegen dann die Grenzen dieses Systems? Was gehört zur Umwelt?

Welche neuen Perspektiven erschließen sich Ihnen, wenn Sie sich die Klientorganisation als ein geschlossenes soziales System vorstellen? In welchen Zusammenhängen ist Ihnen und Ihrer Arbeit diese Vorstellung hilfreich?

Welche neuen Perspektiven erschließen sich Ihnen, wenn Sie sich Ihr Beratungsunternehmen als ein geschlossenes soziales System vorstellen? In welchen Zusammenhängen ist Ihnen und Ihrer Arbeit diese Vorstellung hilfreich?

Welche Handlungsmöglichkeiten erschließen und verschließen sich Ihnen dann, wenn Sie sich den Klienten als geschlossenes soziales System vorstellen?

Welche Handlungsmöglichkeiten erschließen und verschließen sich Ihnen dann, wenn Sie sich Ihr Beratungsunternehmen als geschlossenes soziales System vorstellen?

Sind Vertreter des Klientunternehmens mit der Vorstellung vertraut, dass man Organisationen als soziale Systeme und gegebenenfalls sogar als geschlossene soziale Systeme begreifen kann? Wenn nicht, ist es für Ihr derzeitiges Beratungsmandat hilfreich, eine solche Vorstellung zu vermitteln, oder reicht es aus, wenn nur Sie mit dieser Vorstellung arbeiten? Wenn ja, welche Vertreter des Klientunternehmens sind mit dieser Vorstellung vertraut? In welchem Verhältnis stehen Sie zu anderen relevanten Mitgliedern der Klientorganisation, die diese Vorstellung nicht teilen? Welche Konsequenzen hat dies für Ihr Beratungshandeln?

Welches sind die Differenzschemata, die Sie Ihrem Beratungshandeln zugrunde legen? Auf welchen Setzungen und Annahmen beruhen die Differenzschemata, die Sie in der Beratung anwenden?

(Wie) Unterscheiden sich Ihre Differenzschemata von denjenigen, die der Klient anzuwenden scheint? Wie wollen Sie damit umgehen, wenn sich die Differenzschemata beider Seiten unterscheiden?

Auf welchen Setzungen und Annahmen beruhen die Differenzschemata, die der Klient anzuwenden scheint? Welchen Beschränkungen unterliegt das Klientsystem durch die Differenzschemata, die es anwendet? (Wie) Können Sie dem Klientsystem diese Beschränkungen vermitteln? Wo verorten Sie die blinden Flecke der Klientorganisation?

Welche Differenzschemata legen Sie ihrer Selbstbeobachtung zugrunde und welche legen Sie der Fremdbeobachtung des Klienten zugrunde? Könnte es eine Möglichkeit geben, durch die Sie sich Ihre eigenen blinden Flecke zugänglich machen? Könnte die Evaluation von Beratungsprojekten Ihnen hierbei hilfreich sein? Welche anderen Verfahren wären denkbar?

Welche Differenzschemata legt der Klient seiner Selbstbeobachtung zugrunde und welche legt er der Fremdbeobachtung Ihres Beratungsunternehmens zugrunde?

Welche neuen Perspektiven und welche Handlungsmöglichkeiten erschließen sich Ihnen, wenn Sie sich die Klientorganisation nicht als aus Individuen zusammengesetzt denken, sondern als durch Kommunikationen konstituiert?

Wenn Sie die Kommunikationen zwischen Ihrem Unternehmen und dem Klientunternehmen betrachten, welche Informationen des Klienten sind intendiert? Was sollen sie bei Ihnen auslösen? Welche Informationen des Klienten sind nicht intendiert und sagen gerade deshalb etwas zusätzlich Bedeutsames aus? Worin besteht die Bedeutung?

Welche neuen Perspektiven und welche Handlungsmöglichkeiten erschließen sich Ihnen, wenn Sie sich die Klientorganisation als durch eigene Entscheidungen auf eigene Entscheidungen Bezug nehmendes System denken?

Welche neuen Perspektiven und welche Handlungsmöglichkeiten erschließen sich Ihnen, wenn Sie sich auch Ihr Beratungsunternehmen nicht als aus Individuen zusammengesetzt denken, sondern als durch Kommunikationen konstituiert, sowie als durch eigene Entscheidungen auf eigene Entscheidungen Bezug nehmendes System denken?

Welche neuen Perspektiven erschließen sich Ihnen, wenn Sie sich vorstellen, dass durch das Beratungsprojekt ein drittes soziales System geschaffen wird, das Interventionssystem, dem Beratungs- und Klientorganisation nicht als Teilsysteme sondern nur als Umwelt erscheinen? In welchen Beratungskontexten ist Ihnen diese Vorstellung hilfreich und in welchen nicht?

In welchen Beratungskontexten ist Ihnen die Vorstellung hilfreich, dass der Berater nur irritierend, nicht jedoch zielgerichtet in die Klientorganisation intervenieren kann?

Bedenken Sie, dass Intervention zweiseitig zu denken ist. Sie bezeichnet nicht nur Ihre Kommunikation mit dem Klienten, sondern ebenso die Kommunikationen des Klienten mit Ihnen. Welche neuen Perspektiven erschließen sich Ihnen, wenn Sie sich vorstellen, dass der Klient in Ihr Beratungsunternehmen interveniert?

Wie beurteilen vor diesem Hintergrund die Chancen für ein erfolgreiches Organisationsberatungsprojekt? Wie deckt sich dies mit Ihren Erfahrungen in vergangenen Projekten? Möchten Sie nun mehr über den Erfolg oder Misserfolg Ihres Beratungshandelns wissen? Welche Kommunikationsstrukturen könnten Sie hierfür schaffen?

Wo verorten Sie vor diesem Hintergrund die Grenzen der Organisationsberatung? Wie deckt sich dies mit Ihren Erfahrungen in vergangenen Projekten? Haben Sie sich selbst und Ihre Möglichkeiten vielleicht überschätzt? Welche Konsequenzen könnte dies für Ihr zukünftiges Beratungshandeln haben?

In welchem Umfang ist in Ihrem Beratungsunternehmen eine Eigensprache institutionalisiert? Welche Funktionen verbinden Sie mit dieser Eigensprache? Welche Funktionen sind intendiert und welche nicht?

Berater halten sich viel im Klientunternehmen auf. Berater können in Angelegenheiten des Klienten hineingezogen werden oder auch abgeworben werden. Welche Kommunikationsstrukturen haben Sie in Ihrem Beratungsunternehmen institutionalisiert, die selbstbezügliche Kommunikation und selbstbezügliche Entscheidungen sicherstellen?

Organisationsberatung ermöglicht eine geordnete Alternativenarbeit an der Selbstbeschreibung der Organisation, ohne dabei Hierarchie und Zwecke in Frage zu stellen. Welche neue Sicht auf Ihre Arbeit vermittelt Ihnen die Vorstellung, dass Organisationsberatung soziale Ordnung stabilisiert?

Beratungen verzögern Entscheidungen der beratenen Organisation. Welche neue Sicht auf Ihre Arbeit vermittelt Ihnen die Vorstellung, dass Organisationsberatung Veränderungen nicht beschleunigen, sondern entschleunigen?

Wenn Sie sich als Vertreter eines systemischen Organisationsberatungsansatzes verstehen, inwieweit stimmen Ihre Vorstellungen mit denen der Systemtheorie Niklas

Luhmanns überein und wo unterscheiden sie sich? Was sind die Gründe für die Unterschiede?

10.7. Fragen für Klienten

Wenn Sie sich Ihr Klientunternehmen als soziales System denken, das sich von seiner Umwelt abgrenzen lässt, wo liegen dann in Ihrem derzeitigen Beratungsprojekt die Grenzen des Systems? Was gehört zur Umwelt?

Wenn Sie sich das Beratungsunternehmen als soziales System denken, das sich von seiner Umwelt abgrenzen lässt, wo liegen dann die Grenzen dieses Systems? Was gehört zur Umwelt?

Welche neuen Perspektiven erschließen sich Ihnen, wenn Sie sich Ihre Klientorganisation als ein geschlossenes soziales System vorstellen? In welchen Zusammenhängen ist Ihnen und Ihrer Arbeit diese Vorstellung hilfreich?

Welche neuen Perspektiven erschließen sich Ihnen, wenn Sie sich das Beratungsunternehmen als ein geschlossenes soziales System vorstellen? In welchen Zusammenhängen ist Ihnen und Ihrer Arbeit diese Vorstellung hilfreich?

Welche Handlungsmöglichkeiten erschließen und verschließen sich Ihnen dann, wenn Sie sich Ihr Klientunternehmen als geschlossenes soziales System vorstellen?

Welche Handlungsmöglichkeiten erschließen und verschließen sich Ihnen dann, wenn Sie sich das Beratungsunternehmen als geschlossenes soziales System vorstellen?

Sind Vertreter Ihres Klientunternehmens mit der Vorstellung vertraut, dass man Organisationen als soziale Systeme und gegebenenfalls sogar als geschlossene soziale Systeme begreifen kann? Wenn nicht, ist es für Ihr derzeitiges Beratungsprojekt hilfreich, eine solche Vorstellung zu vermitteln? Wenn ja, welche Vertreter Ihres Klientunternehmens sind mit dieser Vorstellung vertraut? In welchem Verhältnis stehen diese zu anderen relevanten Mitgliedern Ihrer Klientorganisation, die diese Vorstellung nicht teilen? Welche Konsequenzen hat dies für Ihr Handeln?

Welches sind die Differenzschemata, die Sie Ihrem Handeln zugrunde legen? Auf welchen Setzungen und Annahmen beruhen die Differenzschemata, die Sie anwenden?

(Wie) Unterscheiden sich Ihre Differenzschemata von denjenigen, die der Berater anzuwenden scheint? Wie wollen Sie damit umgehen, wenn sich die Differenzschemata beider Seiten unterscheiden?

Auf welchen Setzungen und Annahmen beruhen die Differenzschemata, die der Berater anzuwenden scheint? Welchen Beschränkungen unterliegt das Beratungsunternehmen durch die Differenzschemata, die es anwendet? Wo erkennen Sie blinde Flecke des Beraters? Könnte die Übernahme der Differenzschemata des Beraters für Sie dennoch hilfreich sein? Welche Beschränkungen, denen Sie sich bisher ausgesetzt sahen, werden durch die neuen Differenzschemata aufgehoben? Welche neuen Beschränkungen gehen mit der neuen Perspektive einher? Erkennen Sie durch die neuen Differenzschemata blinde Flecke Ihres bisherigen Handelns und Denkens?

Welche Differenzschemata legen Sie ihrer Selbstbeobachtung zugrunde und welche legen Sie der Fremdbeobachtung des Beraters zugrunde?

Welche Differenzschemata legt der Berater seiner Selbstbeobachtung zugrunde und welche legt er der Fremdbeobachtung Ihres Klientunternehmens zugrunde?

Welche neuen Perspektiven und welche Handlungsmöglichkeiten erschließen sich Ihnen, wenn Sie sich das Beratungsunternehmen nicht als aus Individuen zusammengesetzt denken, sondern als durch Kommunikationen konstituiert?

Wenn Sie die Kommunikationen zwischen Ihrem Unternehmen und dem Beratungsunternehmen betrachten, welche Informationen des Beraters sind intendiert? Was sollen sie bei Ihnen auslösen? Welche Informationen des Beraters sind nicht intendiert und sagen gerade deshalb etwas zusätzlich Bedeutsames aus? Worin besteht die Bedeutung?

Welche neuen Perspektiven und welche Handlungsmöglichkeiten erschließen sich Ihnen, wenn Sie sich das Beratungsunternehmen als durch eigene Entscheidungen auf eigene Entscheidungen Bezug nehmendes System denken?

Welche neuen Perspektiven und welche Handlungsmöglichkeiten erschließen sich Ihnen, wenn Sie sich auch Ihr Klientunternehmen nicht als aus Individuen zusammengesetzt denken, sondern als durch Kommunikationen konstituiert, sowie als durch eigene Entscheidungen auf eigene Entscheidungen Bezug nehmendes System denken?

Welche neuen Perspektiven erschließen sich Ihnen, wenn Sie sich vorstellen, dass durch das Beratungsprojekt ein drittes soziales System geschaffen wird, das Inter-

ventionssystem, dem Beratungs- und Klientorganisation nicht als Teilsysteme sondern nur als Umwelt erscheinen? In welchen Beratungskontexten ist Ihnen diese Vorstellung hilfreich und in welchen nicht?

In welchen Beratungskontexten ist Ihnen die Vorstellung hilfreich, dass der Berater nur irritierend, nicht jedoch zielgerichtet in Ihre Klientorganisation intervenieren kann?

Bedenken Sie, dass Intervention zweiseitig zu denken ist. Sie bezeichnet nicht nur die Kommunikation des Beraters mit Ihnen, sondern ebenso Ihre Kommunikationen mit dem Klienten. Welche neuen Perspektiven erschließen sich Ihnen, wenn Sie sich vorstellen, dass Sie in das Beratungsunternehmen intervenieren?

Wie beurteilen vor diesem Hintergrund die Chancen für ein erfolgreiches Organisationsberatungsprojekt? Wie deckt sich dies mit Ihren Erfahrungen in vergangenen Projekten? Möchten Sie nun mehr über den Erfolg oder Misserfolg von Beratungshandeln wissen? Welche Kommunikationsstrukturen könnten Sie hierfür schaffen?

Wo verorten Sie vor diesem Hintergrund die Grenzen der Organisationsberatung? Wie deckt sich dies mit Ihren Erfahrungen in vergangenen Projekten? Haben Sie den Berater und seine Möglichkeiten vielleicht überschätzt? Welche Konsequenzen könnte dies für zukünftige Beratungsprojekte haben?

Haben Sie den Eindruck, dass der Berater seine Möglichkeiten angemessen einschätzt?

Bedienen die Mitglieder des Beratungsunternehmens sich erkennbar einer Art Eigensprache? Welche Wirkung hat dies auf Sie? Denken Sie, dass Ihnen so wertvolle Informationen vorbehalten werden oder dass Sie von Entscheidungen ausgeschlossen werden, die im Vorfeld fallen? Wie wollen Sie damit umgehen?

Berater halten sich viel in Ihrem Klientunternehmen auf. Bedenken Sie, dass Berater auch über das notwendige Maß hinaus in Ihre Angelegenheiten hineingezogen werden können. Wie wollen Sie damit umgehen?

Organisationsberatung ermöglicht eine geordnete Alternativenarbeit an der Selbstbeschreibung der Organisation, ohne dabei Hierarchie und Zwecke in Frage zu stellen. Welche neue Sicht auf Beratungsprojekte vermittelt Ihnen die Vorstellung, dass Organisationsberatung soziale Ordnung stabilisiert?

Beratungen verzögern Entscheidungen der beratenen Organisation. Welche neue Sicht auf Beratungsprojekte vermittelt Ihnen die Vorstellung, dass Organisationsberatung Veränderungen nicht beschleunigen, sondern entschleunigen?

Wenn Sie sich für den Vertreter eines systemischen Organisationsberatungsansatzes als Berater entschieden haben, bedenken Sie, dass deren Vorstellungen nur teilweise mit denen der Systemtheorie Niklas Luhmanns übereinstimmen, die in diesem Kapitel vermittelt wurden. Machen Sie sich die Unterschiede bewusst. Warum sprechen Sie nicht mit dem Berater darüber, wenn es Ihnen wichtig ist?

11. Beratungshandeln als Agentschaft für andere Akteure und für abstrakte Prinzipien (neo-institutionalistischer Ansatz)

11.1. Vertreter und wichtige Quellen

Der Neo-Institutionalismus bildet die Grundlage für die Analyse von Beratungshandeln als Agentschaft für andere Akteure und für abstrakte Prinzipien. Er ist einerseits als expliziter Gegenentwurf zu Theorien rationalen Handelns angelegt.[24] Andererseits schließt er explizit an Max Webers (1921) Bürokratietheorie und an seinen Begriff der Rationalisierung an. Der Schwerpunkt der Analyse liegt dabei auf dem Zusammenhang zwischen Organisation und Gesellschaft. Der Neo-Institutionalismus hebt die Bedeutung von Institutionen für die Erklärung sozialen Handelns in der modernen Gesellschaft hervor, ohne jedoch ein geschlossenes, stringentes und konsistentes Forschungsprogramm darzustellen. Die Theorieentwicklung stellt sich eher als eine Sammlung von Befunden dar, die ohne jeden Zweifel Kritik an bestehenden Theorieansätzen rechtfertigen. Die davon abgeleiteten Arbeits- und Orientierungshypothesen haben sich als sehr anregend für die weitere Forschung erwiesen. Eine gelungene Einführung in den neo-institutionalistischen Ansatz liefern Hasse und Krücken (1999). Zentrale Aufsätze finden sich in den Sammelbänden von Powell/DiMaggio (1991) und Meyer (2005).

Legitimität statt Effizienz. Ein erster provokativer Befund – für die Vertreter der Theorien rationalen Handelns – war die Entdeckung und der Nachweis, dass es hochgradig ineffiziente Organisationen gibt, denen es dennoch gelingt, über lange Zeitperioden hinweg zu überleben (Meyer/Zucker 1989). Effizienz ist daher nur eine – nicht notwendigerweise die wichtigste – Determinante der Überlebensfähigkeit von Organisationen (DiMaggio 1989: 9). Diesen Befund haben die Klassiker dieses Theorieansatzes (Meyer/Rowan 1977) vorweggenommen, wobei sie sich auf Forschungen zur Formalstruktur von Organisationen beziehen: „Formal organizations are often loosely coupled (March/Olsen 1976, Weick 1976): structural elements are

---

[24] LeserInnen sei daher ergänzend unbedingt empfohlen, das Kapitel über *Beratungshandeln als rationales Handeln unter der Bedingung asymmetrischer Information* zu lesen.

only loosely linked to each other and to activities, rules are often violated, decisions are often unimplemented, or if implemented have uncertain consequences, technologies are of problematic efficiency, and evaluation and inspection systems are subverted or rendered so vague as to provide little coordination" (Meyer/Rowan 1977: 343). Unter Rückgriff auf die in Webers Bürokratietheorie neben die Effizienzerfordernisse gestellten, bis dato vernachlässigten Legitimitätserfordernisse von Organisationen wird dieser Befund zu folgender Hypothese verdichtet: „Organizations that incorporate socially legitimated rationalized elements in their formal structures maximize their legitimacy and increase their resources and survival capabilities" (Meyer/Rowan 1977: 352). In der relevanten Umwelt der Organisation sind Mythen der Rationalität institutionalisiert, beispielsweise die Vorstellung, dass eine bestimmte Praktik zweckdienlich und effizient sei. Dass diese Praktik nicht unter allen Bedingungen effizient ist, bleibt unberücksichtigt – obwohl es bekannt sein mag. Indem die Organisation davon absieht und die als effizient geltende Praktik anwendet, oder zumindest vorgibt, sie anzuwenden, gewinnt die Organisation an Legitimität gegenüber ihrer relevanten Umwelt. Legitimitätserfordernisse können für Organisationen wichtiger sein als Effizienzerfordernisse.

Die Bedeutung von Mythen und Inszenierungen. Meyer und Rowan attestieren nun der modernen Gesellschaft, dass sie Mythen der Rationalität institutionalisiert habe. Mythen bezeichnen damit nicht mehr nur Deutungssysteme, die Kulturanthropologen vormodernen Gesellschaften zuschreiben. Als Mythen gelten alle Deutungssysteme, die einfache und nicht-hinterfragbare Kausalerklärungen bereitstellen und Handlungsfähigkeit in Situationen herstellen, die durch hohe Komplexität gekennzeichnet sind. „Institutionalized products, services, techniques, policies, and programs function as powerful myths, and many organizations adopt them ceremonially" (Meyer/Rowan 1977: 340). Die Organisation, die sich nicht leisten kann auf Legitimierung durch ihre relevante Umwelt zu verzichten, bei der die tatsächliche Umsetzung der mythisierten Praktiken jedoch zu Ineffizienzen führen würde, entwickelt Mechanismen, mit diesen Widersprüchen umzugehen. Beispielsweise entwickelt sich eine Aktivitätsstruktur (die *business as usual* praktiziert) in Abgrenzung zur Formalstruktur (die vermeintlich die mythisierte Praktik aufnimmt) der Organisation, und beide stehen nur in lockerer Verbindung zueinander. Abweichungen werden weder kontrolliert noch sanktioniert. Die Organisation legt großen Wert auf die Darstellung (Inszenierung) ihrer Verpflichtung gegenüber den Mythen der Rationalität. Indem Organisationen die institutionalisierten Mythen aufgreifen und zeremoniell zur Geltung bringen, wird eine Strukturähnlichkeit (Isomorphie) zwischen Organisation und Gesellschaft hergestellt.

Die Bedeutung von Institutionen. Das Merkmal der Strukturähnlichkeit wird von DiMaggio und Powell aufgegriffen. Ihre zentrale Frage lautet: „What makes organizations so similar?" (DiMaggio/Powell 1983: 147). Sie betrachten nun jedoch nicht mehr die Strukturähnlichkeit zwischen Organisation und Gesellschaft, sondern die

Strukturähnlichkeit von Organisationen in organisationalen Feldern. Diese setzen sich aus all jenen Organisationen zusammen, die die relevante gesellschaftliche Umwelt einer zu untersuchenden Organisation darstellen. Zum organisationalen Feld eines Unternehmens zählen beispielsweise seine Konkurrenten, die Zulieferer und Abnehmer, sowie staatliche Organisationen, die regulierend in den Markt eingreifen. In organisationalen Feldern bewirken drei Mechanismen eine Strukturangleichung von Organisationen: Zwang, Imitation und normativer Druck. Zwang übt im Wesentlichen der Staat durch bindende Rechtsvorschriften aus. Prozesse wechselseitiger Beobachtung und Imitation treten in Situationen auf, die durch unklare Ursache-Wirkungs-Zusammenhänge, durch heterogene Umwelterwartungen und durch Mangel an eindeutigen Problemlösungstechnologien gekennzeichnet sind. Normativer Druck wird insbesondere durch die Professionen erzeugt (standardisierte Ausbildung, Definition legitimer Problemlösungsmuster durch Professionsvereinigungen). Die überzufällig hohe Strukturähnlichkeit von Organisationen kann also durch freiwillige und unfreiwillige Standardisierung und Regelorientierung sozialen Handelns erklärt werden. Letztendlich verweisen beide klassische Studien des Neo-Institutionalismus (Meyer/Rowan 1977, DiMaggio/Powell 1983) auf die Bedeutung von Institutionen als unabhängige Variable. Institutionen erscheinen als analytisch autonome Makrostrukturen (DiMaggio/Powell 1991: 16).

Routinen und Skripte statt Normen und Werte. Die Bedeutung von Institutionen als unabhängige Variable wird durch den Befund eines sozialpsychologischen Experiments (Zucker 1977) unterstrichen, das zugleich einen Ausgangspunkt für eine Mikrofundierung des Neo-Institutionalismus liefert (Zucker 1991), die bisher nur in sehr groben Zügen erkennbar ist (vgl. DiMaggio/Powell 1991: 15-27). Danach wendet sich auch der Neo-Institutionalismus konstruktivistischen und kulturellen Erklärungsmustern zu, die allgemein unter dem Begriff *cognitive turn* zusammengefasst werden. „Institutionalization is fundamentally a cognitive process" (Zucker 1983: 25). Nicht Werte und Normen, sondern nicht-hinterfragte ‚skripts', Regeln und Klassifikationen seien der Stoff, aus dem Institutionen gemacht sind (DiMaggio/Powell 1991: 15). Prozesse der Wahrnehmung, Informationsverarbeitung und Bedeutungsgenerierung institutioneller Vorgaben werden betont. Jedoch ist die Bandbreite der Positionen hierzu recht groß. So vertritt Scott die Ansicht, dass Institutionen auf drei Säulen basieren: einer normativen, einer regulativen und einer kognitiven (Scott 1995: 38ff.). Die Entstehung von Institutionen kann das Resultat absichtsvollen Handelns sein, sie kann aber auch unreflektiert aus der Gewöhnung an routinierte und habitualisierte Verhaltensweisen folgen (Berger/Luckmann 1969). Selbstkritisch stellen DiMaggio und Powell fest, dass „The link between micro- and macrolevels of analysis has not received much explicit attention from practitioners of the new institutionalism, most of whom move back and forth among ethnomethodology, phenomenology, and conventional resource dependence arguments" (DiMaggio/Powell 1991: 25).

Rationale Akteure als Konstruktion. Dennoch hat der Neo-Institutionalismus einen zentralen Beitrag zum Verständnis moderner Akteure geleistet. Er hat sich der Frage zugewendet, wie die institutionelle Struktur der Gesellschaft diejenigen sozialen Einheiten hervorbringt und legitimiert, die man gemeinhin als „Akteure" bezeichnet. Es ist eben nicht selbstverständlich, dass Menschen sich als Akteure begreifen und als Akteure auftreten. Sämtliche soziologische Handlungstheorien, die dies annahmen, leiden unter einem *cultural bias*. Sie übernehmen ungefragt kulturelle Regeln der modernen westlichen Gesellschaft in soziologische Theoriebildung. Stattdessen zeigen Meyer, Boli und Thomas (2005), dass Akteure und ihre Strategien selbst als institutionelle Effekte begriffen werden müssen. Individualisierungsprozesse werden als Modernisierungsphänomen rekonstruiert. Erst der umfassende gesellschaftliche Rationalisierungsprozess, den Max Weber (1921) beschreibt, schafft die Voraussetzung dafür, dem Individuum als Handlungsträger einen Akteursstatus zuzuschreiben. Die Fähigkeit und Befugnis, für sich selbst zu handeln, ist das Ergebnis der kulturellen Übertragung einer ursprünglich nur Gott zugeschriebenen Handlungsfähigkeit. Im Laufe der Zeit und in dem Maße, in dem der christliche Gott Zeit und Raum verlässt (Durkheim) verschieben sich Vorstellungen von Handlungsfähigkeit und Autorität auf Elemente der Gesellschaft. Sie verdichten sich im Konzept des Akteurs (Meyer und Jepperson 2005). Nicht Akteure konstituieren die Gesellschaft, sondern die moderne Gesellschaft konstituiert den Akteur. Der ontologische Status des Individuums ist eine soziale Konstruktion. Das Individuum ist ein institutioneller Mythos, der sich aus den rationalisierten Theorien wirtschaftlichen, politischen und kulturellen Handelns heraus entwickelt hat (Meyer/Boli/Thomas 2005: 35). Die Vorstellung, handlungsfähig zu sein, mit Rechten und Würde ausgestattet zu sein, ist eine institutionalisierte kulturelle Regel. Handlung ist deshalb auch nicht das Produkt intern erzeugter, autonomer Entscheidungen, Motive und Zwecke, sondern die „Inszenierung übergreifender institutioneller Drehbücher" (Meyer/Boli/Thomas 2005: 18). Zum Beispiel inszenieren Akteure die institutionalisierte Theorie rationalen Handelns, wenn sie sich davon überzeugt zeigen, dass sie selbständig über ihren Beruf, ihre Investitionen und ihren Güterkonsum entscheiden (Meyer/Boli/Thomas 2005: 36). Das Argument der gesellschaftlichen Konstruktion rationaler Akteure wird von den Neo-Institutionalisten auch auf Organisation und Staat übertragen. In beiden Fällen lässt sich die gesellschaftlich-historische Konstitution als rationaler Akteur sozialgeschichtlich nachweisen.

Agentschaft statt soziales Handeln. Daran anknüpfend analysieren Meyer und Jepperson (2005) das Handeln von Individuen, Organisationen und Nationalstaaten als System sozialer Agentschaft (*agency*). Sie greifen dabei explizit die Konzepte Prinzipal und Agent aus der Agenturtheorie auf (vgl. Kap. 6.1), weiten jedoch deren Bedeutung deutlich aus. Agentschaft bezeichnet nun die legitimierte Vertretung eines legitimierten Prinzipals, der ein Individuum, eine real bestehende oder potentielle Organisation, ein Nationalstaat oder ein abstraktes Prinzip sein kann – etwa ein

Rechtsprinzip (Meyer/Jepperson 2005: 49). Agentschaft (*social agency*) wird bewusst als Gegenbegriff zu sozialem Handeln (*social action*) konzipiert. Vier Typen von Agentschaft werden unterschieden, die sich auf Individuen wie Organisationen und Nationalstaaten anwenden lassen: (i) Agentschaft für das Selbst – hier tritt der moderne Akteur als Agent für sein Selbst auf; seine eigenen Ziele sind sein „Prinzipal"; (ii) Agentschaft für andere Akteure – hier handelt der moderne Akteur als Agent für andere Akteure;[25] (iii) Agentschaft für Einheiten, die keine Akteure sind – hier handelt der moderne Akteur als Agent der gedachten Interessen von Einheiten ohne Akteursstatus, die im kulturellen System anerkannt sind, beispielsweise im Namen der Wale; (iv) Agentschaft für Prinzipien – hier handelt der moderne Akteur als Agent für gedachte natürliche und moralische Gesetze. Mit der Agentschaft für Prinzipien ist besondere soziale Anerkennung verbunden (Meyer/Jepperson 2005: 60-65).

Gemeinsames Merkmal aller neo-institutionalistischen Arbeiten ist daher die Betonung der Bedeutung von Institutionen als unabhängiger Variable. Im Zentrum der Analyse stehen Prozesse der Institutionalisierung und De-Institutionalisierung sowie des institutionellen Wandels. Institutionen werden dabei durchaus unterschiedlich definiert (eine Auseinandersetzung mit dem Konzept der Institution liefert Jepperson 1991). Während Scott (1995) darunter übergreifende Erwartungszusammenhänge aus normativen und kognitiven Erwartungen versteht, die soziales Handeln leiten und Situationen strukturieren, setzen Meyer et al. durchaus andere Schwerpunkte, wenn sie Institutionen als kulturelle Regeln bezeichnen, die soziales Handeln mit allgemein verständlicher Bedeutung versehen und in strukturierter Weise steuern (Meyer/Boli/Thomas 2005: 46).

Der Neo-Institutionalismus hat Beratung, insbesondere Organisationsberatung, von Beginn an mit Aufmerksamkeit betrachtet und zur Illustration theoretischer Aussagen genutzt. So betonen Meyer/Rowan (1977), dass Unternehmensberater oft weniger aus Effizienzerfordernissen, sondern zur Sicherung interner (gegenüber den eigenen Mitgliedern) und externer (gegenüber der relevanten Umwelt) Legitimität der beratenen Organisation eingesetzt werden. Unternehmensberatungen fördern die Strukturangleichung von Organisationen, weil sie Modelle erfolgreicher Problembewältigung verbreiten (DiMaggio/Powell 1983: 151f., Meyer 1994). Berater sind Musterbeispiele der Agentschaft für andere und der Agentschaft für Prinzipien. Organisationsberater verbreiten die rationalisierten Vorstellungen von Organisation, die ein Element des Rationalisierungsprojekts der Moderne sind (Meyer/Jepperson 2005). Sie wirken an der Produktion *und* Verbreitung von gesellschaftlichen und Organisationsmythen mit, weshalb man sie auch als *double-dealing agents* bezeichnet (Dezalay 1993). Von Beratern geschaffene und verbreitete Managementkonzepte werden als Modephänomen betrachtet seit Managementkonzepte wie Qualitätszirkel, *Lean Production*, *Business Process Reengineering* oder *Total Quality Manage-*

---

[25] Dies ist das in der Agenturtheorie übliche Verständnis von Prinzipal und Agent (vgl. Kap. 6.1).

ment in den 80er und 90er Jahren des 20. Jahrhunderts in zuvor nicht gekannter Geschwindigkeit populär wurden und einander ablösten. Aus neo-institutionalistischer Sicht sind der Rationalitätsmythos und der Fortschrittsmythos der Moderne mit Managementmoden unmittelbar verbunden (Abrahamson 1996, Kieser 1996). Organisationsberater verbreiten nicht nur institutionalisierte Interpretationsangebote zu Organisationen. Sie sind auch selbst institutionellen Einflüssen ausgesetzt. Der kooperative (oder koordinierte) Kapitalismus bzw. das beziehungsorientierte Governance-Modell (vgl. Dufey/Hommel/Riemer-Hommel 1998, Hollingsworth 1997, Roe 1993, Windolf/Beyer 1995) hemmen die Institutionalisierung der externen Organisationsberatung, während der Konkurrenzkapitalismus bzw. das liberale oder marktorientierte Governance-Modell sie fördert (Faust 2000). Der umfassendste institutionelle Einfluss auf Organisationsberater und Organisationsberatungsprozesse besteht nicht im spezifischen Institutionengefüge einer Gesellschaft, sondern in der allgemeinen Institutionalisierung von Beratungserwartungen in der Kultur der modernen Weltgesellschaft (Meyer/Jepperson 2005). Dies gilt auch für Unternehmensberatung, die selbstverständlich geworden ist (Faust 1998).

11.2. Begriff der Organisationsberatung

Aus neo-institutionalistischer Perspektive sind Organisationen, die Beratungs- und die Klientunternehmung, die Interaktionsträger von Organisationsberatungsprozessen. Organisationen werden als institutionalisierte Erwartungszusammenhänge gekennzeichnet, die den Rationalitätsmythos der modernen Gesellschaft verkörpern bzw. rituell inszenieren (Meyer/Boli/Thomas 2005, Zucker 1983). Organisationen werden als Vermittlungsinstanzen oder als Adressaten der weltgesellschaftlichen Rationalisierung aufgefasst (Hasse/Krücken 2005).

Beratungshandeln lässt sich in Beraterhandeln und Klientenhandeln untergliedern. Beraterhandeln ist Agentschaft für andere Akteure - für den Klienten – und Agentschaft für abstrakte Prinzipien – für universalistische Theorien der Organisation. Das Klientenhandeln wird als Agentschaft für das Selbst (des Klienten) klassifiziert.

11.3. Zentrale Aussagen

11.3.1. Organisationsberatung als legitimatorische Ressource

Klientenhandeln als Agentschaft für das Selbst. Neo-Institutionalisten betonen, dass Beratungsunternehmen oft weniger aus Effizienzerfordernissen, sondern zur Sicherung interner und externer Legitimität der Klientorganisation eingesetzt werden (Meyer/Rowan 1977: 355). Klienten, die sich Unternehmensberatern bedienen, verfolgen damit nicht unbedingt den Zweck einer Effizienzerhöhung von Organisationsabläufen. Die Mobilisierung von Ressourcen aus ihrer Umwelt kann für Klienten nicht nur davon abhängen, ob sie effizient wirtschaften. Im Extremfall hängt ihre Ressourcenausstattung stattdessen nur von allgemein anerkannter besonderer Förderungswürdigkeit ab. Dies gilt beispielsweise für Organisationen, deren effizientes Wirtschaften schwer messbar ist, wie es für Schulen und Universitäten lange der Fall war. Für diese Organisationen ist Legitimität wichtiger zum Überleben als tatsächliche Leistungsfähigkeit. Für andere Organisationen gilt, dass sie sich oft in Situationen befinden, in denen zusätzliche Ressourcen oder auch nur allgemeine Anerkennung die Überlebensfähigkeit erhöhen (Meyer/Zucker 1989). Wenn Klienten Organisationsberatung „nur" als legitimatorische Ressource nutzen, dann treten folgende Aspekte in den Vordergrund:

Indem sie sich beraten lassen, inszenieren Klienten moderne Unternehmensführung, die inzwischen mit der Erwartung verbunden ist, sich professionell beraten zu lassen. Es ist diese Inszenierung, die die interne und externe Legitimität des Klientunternehmens sichert, nicht die tatsächliche Umsetzung von angeblich effizienzfördernden Empfehlungen der Berater.

Klientunternehmen können auch in organisationale Felder eingebunden sein, in denen Sich-Beraten-Lassen als Inszenierung moderner Unternehmensführung nicht ausreicht, um die interne und externe Legitimität des Klientunternehmens zu sichern. In diesen organisationalen Feldern kann es stattdessen darauf ankommen, dass Klienten die vom Berater vorgeschlagene Restrukturierungsmaßnahme – und sei es nur formal – umsetzen (Meier 2004: 223). Die lose Kopplung von Aktivitäts- und Formalstruktur ermöglicht es dem Klienten, auf der Ebene der Formalstruktur die vom Berater empfohlenen Maßnahmen rituell umzusetzen, gleichzeitig jedoch auf der Ebene der Aktivitätsstruktur *business as usual* zu praktizieren.

11.3.2. Agentschaft für universalistische Theorien der Organisation

Beraterhandeln als Agentschaft für andere Akteure und für abstrakte Prinzipien. Der originellste Beitrag des Neo-Institutionalismus zum Verständnis von Organisationsberatung besteht darin, Organisationsberater – neben Wissenschaftlern – als wichtigste Agenten von universalistischen Theorien der Organisation einzustufen. Als universalistische Theorien der Organisation gelten dabei nicht nur Organisationstheorien im wissenschaftlichen Sinne, sondern alle institutionalisierten Interpretationsangebote zu Organisationen. Hierzu zählen auch Interpretationsangebote, die im Folgenden als Mythen und Moden bezeichnet werden. Auch einzelne Organisationstheorien werden als Mythen eingestuft (Perrow 1978).

In zahlreichen Studien wurde dabei belegt, dass Organisationsberater nicht nur als Diffusionsagenten wirken, d.h. die besagten Theorien verbreiten. Besonders interessant wird dieser Sachverhalt dadurch, dass die großen, zumeist international operierenden Organisationsberatungsunternehmen auch als Produzenten universalistischen Theorien der Organisation in Erscheinung treten. Sie werden daher auch als *double-dealing agents* bezeichnet. Sie führen ihre Klienten durch die „Irrgärten", die sie umso besser kennen, da sie in erheblichem Maße an ihrem Aufbau beteiligt waren (Dezalay 1993: 204). Ihre Macht zur Wirklichkeitsdefinition könnte dazu führen, dass Unternehmensberater zu einer neuen gesellschaftlichen Reflexionselite aufsteigen (Deutschmann 1993).

Die Theorien der Berater liefern Begründungen und Ausweitungen der Handlungsfähigkeit moderner Organisationen. Organisationsberater wirken daher mit an der Konstruktion von Organisationen als rationale Akteure. Sie machen sich damit zum Agenten universeller, abstrakter Prinzipien der Moderne. Sie werden in diesem Zusammenhang auch als Agenten der Rationalisierung beschrieben (Meier 2004). Organisationsberater verbreiten die rationalisierten Vorstellungen von Organisation, die ein Element des Rationalisierungsprojekts der Moderne sind (Meyer/Jepperson 2005).

11.3.3. Mythos, Beratung und Mystifizierung

Der Neo-Institutionalismus hebt hervor, dass Berater indem sie als Agenten von universalistischen Theorien der Organisation auftreten vor allem an der Produktion und Verbreitung von Mythen mitwirken. Im Zusammenhang mit Organisationsberatung müssen zwei Arten von Mythen unterschieden werden: Gesellschaftliche Mythen und Organisationsmythen.

Gesellschaftliche Mythen sind auf der Ebene der Gesellschaft institutionalisiert. Durch die Beauftragung eines Beraters wird den gesellschaftlichen Mythen der Innovativität und Rationalität formal entsprochen (Hasse/Krücken 1999: 14). Die Aufmerksamkeit des Neo-Institutionalismus richtet sich primär auf den Rationalitätsmythos, der der Moderne zugrunde liegt. Wenn Organisationsberater als Agenten der Rationalisierung bezeichnet werden, so ist damit gemeint, dass sie die kulturell verfügbare Beschreibung der Gesellschaft und ihrer Umwelt anhand von explizit formulierten, vereinheitlichten, integrierten sowie kausal und logisch strukturierten Konzepten verbreiten (Meyer/Rowan 1977). Wenn etwas den Anschein hat, dass es rational ist, braucht es nicht weiter befragt zu werden. Es gilt als gerechtfertigt. Der Rationalitätsmythos beinhaltet einen Verweis auf unterstellte Effizienz und Richtigkeit: „Das Höchstmaß an ‚Evidenz' besitzt nun die zweckrationale Deutung" (Weber 1973: 427f.).

Organisationsberater verbreiten auch Organisationsmythen, zu denen die Neo-Institutionalisten auch klassische organisationstheoretische Begriffe und Konstrukte zählen. Beispielsweise die Mythen von System, Ziel, Optimierung, Strategie, Information, Wandel, Entscheidung und Hierarchie. Der Neo-Institutionalismus attestiert den Organisationen und Organisationstheorien, dass sie die Merkmale der Systemhaftigkeit und Zielgerichtetheit etc. nur vortäuschen. In Wirklichkeit funktionierten Organisationen nur, weil und insofern als sie von diesen Merkmalen abweichen. Organisationsberatern wird von Neo-Institutionalisten *keine* aufklärende Funktion in Bezug auf diese Mythen zugestanden. Die aufklärende Funktion nehmen sie nur für sich selbst in Anspruch (man beachte aber den selbstkritischen Unterton bei Westerlund/Sjöstrand 1981: 44).

Während den Beratern bis in die 80er Jahre also eine eher unreflektierte Agentschaft für gesellschaftliche Mythen und Organisationsmythen attestiert wird, ändert sich diese Sichtweise in den 90er Jahren. Berglund und Werr (2000) beschreiben, wie Berater kreativ zwei unvereinbare Mythen nutzen, und sich je nach Situation mal auf den einen, mal auf den anderen berufen, um in jeder Situation ihr Handeln bzw. ihre Empfehlung legitimieren zu können: den Rationalitätsmythos und den „pragmatischen" Mythos. Während der Rationalitätsmythos Legitimität ganz im obigen Sinne aus der Universalität von Wissen, allgemeinen Gesetzen und einem generellen Fortschrittsglauben bezieht, nutzt der pragmatische Mythos lokale Wissensbestände, die situativ anzupassen sind, den gesunden Menschenverstand wie auch Erfahrungswissen als legitimatorische Basis. Beide Mythen repräsentieren die in der westlichen Kultur verankerte Dichotomie von Natur und Kultur mit den Aspekten Denken, Theorie, Objektivität bzw. Handeln, Praxis, Relativität (Czarniawska/Joerges 1996). Berater machen freien Gebrauch von beiden eigentlich unvereinbaren Mythen: „mixing is possible, ... allowing them to ‚do almost anything and its opposite' (Latour, 1993: 38)" (Berglund/Werr 2000: 636). Beide Autoren betonen abschließend, dass „our aim has not been to show how consultants mislead buyers of their services, or mystify change processes through elegant rhetorical moves. On the contrary, shifting from practices of translation to practices of purification, and vice versa, is something we are all involved in – consultants just happen to be a good example living in the worlds between academia and practice" (Berglund/Werr 2000: 652). Im geschickten Bezug auf beide Mythen öffnen Berater erst eine Fülle an Möglichkeiten dafür, organisationalen Wandel umzusetzen.

Eine andere Gruppe von Aufsätzen stellt in den Vordergrund, dass Organisationsberater Beratungskonzepte verbreiten, die sie selbst durch allerlei Tricks mystifizieren: Beratungskonzepte werden in eine Verbindung mit außergewöhnlichen Leistungen außergewöhnlicher Persönlichkeiten gebracht. So macht es der ungewöhnliche Erfolg unmöglich, die Gültigkeit der Erklärung in Zweifel zu ziehen. Ein guter Name eines neuen Beratungskonzepts suggeriert zugleich Machbarkeit und bezieht sich auf positiv konnotierte Worte (z.B. *schlanke* Produktion, *Selbst*organistion). Das mystifizierte Beratungskonzept vereinigt fast unbegrenzt heterogene Elemente (Kieser 1996: 26-28). Dass Klienten – Manager – diesen mystifizierten Beratungskonzepten vertrauen, wird mit dem enormen Wettbewerbsdruck erklärt, den sie täglich erleben, und mit der Angst vor Kontrollverlust.

Die Erkenntnis, dass in der Praxis mittlerweile ein „recht weitreichendes Klima der Demystifizierung" (Nicolai 2002: 80) entstanden ist, wurde nicht von Neo-Institutionalisten, sondern von Systemtheoretikern beigetragen.

11.3.4. Das Modische an Beratungsinhalten

Von Beratern geschaffene und verbreitete Managementkonzepte werden als Modephänomen betrachtet seit Managementkonzepte wie Qualitätszirkel, *Lean Production*, *Business Process Reengineering* oder *Total Quality Management* in den 80er und 90er Jahren in zuvor nicht gekannter Geschwindigkeit populär wurden und einander ablösten (Abrahamson 1996, Kieser 1996). Belege für dieses Phänomen hat man seit Beginn des 20. Jahrhunderts gefunden (Abrahamson 1996: 258f.). Aus neo-institutionalistischer Sicht sind der Rationalitätsmythos und der Fortschrittsmythos der Moderne mit Managementmoden unmittelbar verbunden. So formuliert Abrahamson (1996: 263) die These, dass man in Nationen mit relativ stärker institutionalisierten Rationalitäts- und Fortschrittsnormen mehr und kurzlebigere Organisationsmoden feststellen wird. Moden entstehen durch ein Wechselspiel von Angebot an und Nachfrage nach Beratungen. Berater standardisieren Managementprobleme und Problemlösungen, da sie sich so leichter vermarkten lassen (Fincham 1995). Beratungsleistungen werden so zu Waren. Klienten bevorzugen standardisierte Problemlösungen, da sie den Eindruck vermitteln, bereits vielfach eingesetzt und damit getestet worden zu sein. Berater können Klienten leichter von ihrer Kompetenz in Bezug auf ein spezifisches Beratungskonzept überzeugen als von ihrer generellen Beratungskompetenz (Ernst/Kieser 2002). Berater werden bei der Produktion von standardisierten Problemlösungen von Professoren der Business Schools, von Herausgebern von Managementjournalen und Wirtschaftsliteratur sowie von Veranstaltern von Managementseminaren unterstützt. Sie richten ihre Beratungskonzepte an Manager, deren Berufsalltag durch Unsicherheit, Angst vor Kontrollverlust und Wettbewerb gekennzeichnet sind. Moden nehmen Unsicherheit, geben Orientierung und sichern Legitimation durch Nachahmung beglaubigter Vorbilder. Damit ein neues Beratungskonzept eine Managementmode wird, muss es die Aufmerksamkeit der Manager auf sich ziehen. Dabei hilft die Mystifizierung, der Bezug auf den Zeitgeist sowie die richtige Mischung von Einfachheit und Vagheit der Formulierungen (Rovik 2002, Furusten 1998, Swanson/Ramiller 1997, Clark und Salaman 1996a, Barley/Kunda 1992). Sobald es einem Beratungskonzept gelingt, als innovativ wahrgenommen zu werden, werden die Pioniere unter den Managern das neue Beratungskonzept einsetzen: Sie setzen sich damit von der großen Masse der Manager ab und untermauern ihre Reputation als fortschrittliche Manager. Gleichzeitig ist ihr Risiko des Scheiterns nicht so groß, wie man meinen könnte: Es sind ja die erfahrenen Berater, die das Managementkonzept umsetzen, nicht die Manager selbst. Für die Konkurrenz ist es ab nun eine sichere Strategie, diese Pioniere zu imitieren. Man zieht denselben Nutzen aus der Umsetzung des Beratungskonzepts wie die Pioniere, und wenn es kein positiver Nutzen ist, dann ist man auch nicht schlechter dran, als die Pioniere. Indem man die Umsetzung den Beratern überlässt, wird das Risiko des Scheiterns auch hier reduziert. Nachdem das Beratungskonzept derart Verbreitung gefunden hat, wenden sich die ehemaligen Pioniere einem vermeintlich neuen, fortschrittlicheren Beratungskonzept zu, das die Berater mittlerweile anbieten. Nur so sind die Pioniere in der Lage, dauerhaft einen Vorsprung vor der Masse der Manager zu wahren. Manager gewinnen dabei den Eindruck, dass Berater notwendig sind, um mit den Konkurrenten Schritt zu halten, die in zunehmendem Maße Berater einsetzen. Auf diese Weise werden Manager abhängig von den Beratern. Manager sind zu Marionetten der Berater geworden, die eine Mode nach der anderen aufnehmen (Clark 1995, Clark und Salaman 1996a, Huczynski 1993, Sturdy 1997a).

Diese Argumentation ist nicht nur neo-institutionalistisch. Vielmehr greift sie auf Simmels (1919) Analyse der Mode zurück. Simmel arbeitet heraus, dass Mode auf dem gleichzeitigen Wirken zweier sozialer Tendenzen beruht: dem Streben nach sozialer Anerkennung und Beständigkeit und dem Streben nach individueller Unterscheidung und Abwechslung. Sie dient gleichzeitig der Selbstdarstellung und der rangmäßigen Einordnung des einzelnen. Mitglieder niederer sozialer Schichten imitieren das Verhalten der Mitglieder höherer sozialer Schichten und „zwingen" diese dadurch, ihr Verhalten zu ändern, so dass die ursprüngliche Differenz wieder hergestellt wird. In diesem Sinn formuliert Abrahamson (1996: 272) die Hypothese dass „New management fashions will tend to emerge when old management fashions have been adopted by lower reputation organizations."

Darüber hinaus wendet diese Argumentation Sombarts (1902) Erklärungsansatz zu Mode an. Die Produzenten treten in einen Wettbewerb um modische Güter. Sie nehmen leichte Modifikationen an Gütern vor um den Kunden vermeintliche Vorteile versprechen zu können, während diese Vorteile in Wirklichkeit nicht bestehen. Die Produzenten manipulieren dabei den Kunden bewusst. Die Kunden werden zu Marionetten der Produzenten.

Diese letzte Aussage ist für Manager durchaus umstritten. Zum einen können einzelne, potentielle Klientunternehmen durchaus ihre eigenen Problemlösungen entwickeln, unabhängig von Managementmoden und Beraterunternehmen (Starbuck 1993). Zum anderen gibt es Belege dafür, dass Manager eine kritische Einstellung zu Beratern und insbesondere Managementmoden entwickeln (Sturdy 1997a) und Berater doch herbeiziehen um unabhängig von den Managementmoden Lösungen für Probleme zu erarbeiten (Fincham 1999). Die Beurteilung, dass die Manager Marionetten der Berater sind, verschiebt sich dazu, Berater und Klienten als Marionetten des von ihnen getragenen Modephänomens einzuschätzen: „Kein Akteur scheint mehr ganz Herr des Verfahrens. Selbst die großen Beratungshäuser, die zu den Modemachern zählen, sind gleichermaßen Treibende wie Getriebene. Das Reflexivwerden des Wissens schließt ein, dass die Akteure ... um den prinzipiell transitorischen Charakter des Wissens ... selbst wissen .... Das eröffnet Möglichkeiten für den strategischen Umgang mit Managementmoden auf beiden Seiten (Faust 2000: 85). Hierzu zählt auch die Modekritik (Eccles/Nohria 1992; Micklethwait/Wooldridge 1996), die bereits selbst zur Mode geworden ist (Nicolai 2002: 80). Die Modekritik verbreitet sich über dieselben Medien und nutzt dieselben rhetorischen Elemente wie die Managementmoden selbst.

11.3.5. Beratungen und Strukturangleichung in organisationalen Feldern

In organisationalen Feldern bewirken drei Mechanismen eine Strukturangleichung von Organisationen: Zwang, Imitation und normativer Druck. Prozesse wechselseitiger Beobachtung und Imitation treten in Situationen auf, die durch unklare Ursache-Wirkungs-Zusammenhänge, durch heterogene Umwelterwartungen und durch Mangel an eindeutigen Problemlösungstechnologien gekennzeichnet sind. Bereits DiMaggio und Powell (1983: 151f.) führen Organisationsberater als wichtige Träger von Imitationsprozessen an. Unternehmensberatungen fördern die Strukturangleichung von (Klient-)Organisationen, weil sie eine relativ geringe Zahl von Modellen erfolgreicher Problembewältigung verbreiten. Dies gilt insbesondere für global operierende Beratungsunternehmen. Sie tragen zur weltweiten Homogenisierung von Konzepten, Strategien und Techniken des Managements bei.

Daß die Nachahmung von Vorbildern nicht voraussetzungslos ist, wurde von Meyer (1994) herausgearbeitet. Organisationsberater müssen Interpretationsleistungen erbringen, die sich vor allem darauf bezieht, die vermeintliche Ähnlichkeit zwischen der Vorbildorganisation und der potentiellen Nachahmerorganisation plausibel zu machen. Ähnlichkeiten werden zunehmend nicht mehr nur zwischen Unternehmen derselben Branche konstruiert. Stattdessen reicht die Erkenntnis, dass es sich bei allen potentiellen Nachahmern um Organisationen handelt. Potentielle Vorbilder lassen sich dann auf der ganzen Welt und in verschiedenen Typen von Organisationen finden (Meyer 1994: 43ff.).

Diese Perspektive betont, dass Organisationsberater als Agenten der Diffusion, nicht der Innovation wirken (Strang/Meyer 1993, Hasse/Krücken 1999: 17, 45; Meier 2004: 227). *Best management practices* werden von Beratern identifiziert und verbreitet, sie werden lediglich semantisch hergestellt. Die vermeintliche Neuigkeit von Managementkonzepten wird durch Neuigkeitsdramatisierungen inszeniert (Neuburger-Brosch 1996). Tatsächlich neue Lösungen werden durch die Organisationsberater nicht erarbeitet.

11.3.6. Institutionelle Einflüsse auf Organisationsberater und Organisationsberatungsprozesse

Organisationsberater verbreiten nicht nur institutionalisierte Interpretationsangebote zu Organisationen. Sie sind auch selbst institutionellen Einflüssen ausgesetzt. Ein Vergleich der historischen Entwicklung der Unternehmensberatung in Deutschland, Frankreich, Großbritannien und den USA zeigt, dass in den beiden erstgenannten Ländern das Institutionengefüge Äquivalente für Funktionen zur Verfügung stellte, die in den Ländern des angelsächsischen Raums Managementberater übernahmen.

In Deutschland bewirkten intermediäre Institutionen wie das Rationalisierungskuratorium der Deutschen Wirtschaft e.V. (RKW) und der REFA-Verband, dass die Verbreitung und Durchsetzung der Konzepte Taylors nicht durch unabhängige Berater, sondern durch Angestellte im Unternehmen vollzogen wurde (Kipping 1996). Die besondere Rolle halböffentlicher intermediärer Organisationen in Deutschland wird mit der herausragenden Bedeutung des Berufs im „modernisierten Ständestaat" (Sorge 1999) erklärt. Es bestehe die Neigung, alle anspruchsvollen technisch-fachlichen Aufgaben zu internalisieren, anstatt sie auszulagern. Deutsche Unternehmen bevorzugen es, auf interne Experten und den Modus des Berufs zurück zu greifen. Darüber hinaus bieten in Deutschland die branchenbezogenen Wirtschafts- und Arbeitgeberverbände anonymisierte Vergleichsstatistiken zum Beispiel über Kostenstrukturen in Fertigung und Entwicklung und über die Verbreitung von technologischen und organisatorischen Neuerungen in ihren Mitgliedsunternehmen an. Dem zwischenbetrieblichen Erfahrungsaustausch dienen eine Fülle von Veranstaltungen und Arbeitskreisen von Berufs- und Wirtschaftsverbänden. Manager bauen sich persönliche Netzwerke auf, die sie für den Erfahrungsaustausch nutzen. Managementwissen in Deutschland wird daher als eng mit der korporatistischen institutionellen Infrastruktur verbunden gesehen. Der kooperative (oder koordinierte) Kapitalismus bzw. das beziehungsorientierte Governance-Modell (vgl. Dufey/Hommel/Riemer-Hommel 1998, Hollingsworth 1997, Roe 1993, Windolf/Beyer 1995) hemmen die Institutionalisierung der externen Organisationsberatung (Faust 2000), weil sie ein vergleichsweise dichtes Netz von Gelegenheiten zum überbetrieblichen Erfahrungsaustausch und wechselseitigen Lernen bieten, das als funktionales Äquivalent für Organisationsberatung dienen kann. „In Deutschland konnten externe, kommerzielle Unternehmensberater lange Zeit nicht in den Status eines herausgehobenen Wissensintermediärs gelangen und auch später nur wachsenden Einfluss gewinnen, weil und in sofern sie sich in die durch die etablierten Institutionen bereitgestellten Arenen und Netzwerke einschalteten" (Faust 2000: 71).

In den USA stellten um die Jahrhundertwende zum 20. Jahrhundert Banken das funktionale Äquivalent für die Managementberatung dar (McKenna 1995). Die Entstehung des Management Consulting in den USA ist eine nicht-intendierte Folge institutioneller Reformen des Bankwesens (Glass-Steagall Banking Act) nach dem

Börsencrash von 1929. Universalbanken wurden verboten und ein Trennbankensystem etabliert. Die Banken wurden aus ihrer Rolle als umfassende Berater des Nicht-Banken-Sektors herausgedrängt, wodurch der Weg für den Aufstieg des unabhängigen Management Consulting geebnet wurde. Für die USA ist weiterhin typisch, dass die Legitimität des Managements auf funktionaler Autorität beruht. Dieser Typ der Autorität legitimiert sich nur durch erfolgreiche Aufgabenerfüllung, berufliche Kompetenz und Leistung, und macht es wahrscheinlicher, dass ein Manager Unternehmensberater einschaltet. Demgegenüber beruhte in Deutschland die Legitimität des Managements lange Zeit auf kreditiver Autorität. Das Management legitimiert sich hier über exklusive, „begnadete Gaben", die um die Begriffe Privateigentum, Berufung und Elite kreisen. Unter solchen Umständen einen externen Berater bei zu ziehen untergräbt die exklusiven Grundlagen der Autorität (Deutschmann 1993). In den USA und Großbritannien fehlen die intermediären Organisationen weitgehend. Das Institutionengefüge der USA und Großbritanniens wird mit den Begriffen des Konkurrenzkapitalismus bzw. des liberalen oder marktorientierten Governance-Modells beschrieben. Dieses Institutionengefüge hat die Herausbildung der externen Unternehmensberatung gefördert (Faust 2000: 77), weil zum einen Gelegenheiten und Anreize zum Wissensaustausch und zum wechselseitigen Lernen fehlen, und zum anderen Wissen stärker als Ware wahrgenommen und so weit wie möglich exklusiv gehalten wird.

11.3.7. Institutionalisierung von Beratungserwartungen

Der umfassendste institutionelle Einfluss auf Organisationsberater und Organisationsberatungsprozesse besteht nicht im spezifischen Institutionengefüge einer Gesellschaft, sondern in der allgemeinen Institutionalisierung von Beratungserwartungen in der Kultur der modernen Weltgesellschaft (Meyer/Jepperson 2005). Im Rahmen gesellschaftlicher Modernisierungsprozesse wurde die Erwartung an Offenheit gegenüber beratenden Instanzen mit der Vorstellung vom rationalen Akteur verbunden (Hasse/Krücken 1999: 62f.) und institutionalisiert. Beratung hat sich generell in der Gesellschaft verankert (Schützeichel/Brüsemeister 2004: 8). Die Beratungserwartung ist nicht auf Organisationen begrenzt, sondern umfasst mit Individuen, Organisationen und Staaten alle rationalen Akteure. Erklärungsversuche für die allgemeine Institutionalisierung von Beratungserwartungen finden sich bisher nur ansatzweise:

Sich-Beraten-Lassen als glaubwürdiges Erfolgsversprechen für die Zukunft. Bezeichnet Rationalisierung die kulturell verfügbare Beschreibung der Gesellschaft und ihrer Umwelt anhand von explizit formulierten, vereinheitlichten, integrierten sowie kausal und logisch strukturierten Konzepten (Weber 1921), so sind rationale Akteure nicht nur gehalten, diese Konzepte ihrem Handeln zugrunde zu legen. Sie müssen auch unter Beweis stellen, dass sie diese Konzepte ihrem Handeln zugrunde legen. Da aber der Erfolgsausweis immer nur für die Vergangenheit gilt, stehen rationale Akteure vor der Herausforderung, ein glaubwürdiges Erfolgsversprechen für die Zukunft zu liefern (Faust 1998: 166). Rationale Akteure erzeugen Vertrauen in ihre Zukunftsfähigkeit, indem sie sich beraten lassen. „Sich professionellen Helfern oder Wissensexperten anzuvertrauen, gilt heute als Hinweis auf einen instrumentell rationalen und ‚vernünftigen' Umgang mit eigenen Ressourcen, Interessen und Zielen" (Eiben/Krekel/Saurwein 1996: 224).

Dies gilt auch für Unternehmensberatung, die selbstverständlich geworden ist (Wimmer 1992: 59, Faust 1998: 150). Für die Institutionalisierung von Organisationsberatung werden u. a. folgende spezifische Faktoren bzw. Mechanismen genannt:[26]

Steigender Legitimitätsbedarf des Managements. Manager müssen sich zunehmend gegenüber einer Vielzahl externer Akteure legitimieren. Hierzu zählen Konzernzentralen, Eigentümer, kreditgebende Banken, anlagesuchende Investmentfonds, mächtige Marktpartner in Unternehmensnetzwerken, politische Instanzen oder die allgemeine Öffentlichkeit. Gegenüber diesen Stakeholdern mit durchaus widersprüchlichen Erwartungen an das Management ist Sich-Beraten-Lassen ein glaubwürdiges und doch inhaltsoffenes Erfolgsversprechen für die Zukunft (Faust 1998: 166).

Machtgestützte Institutionalisierungprozesse. Hier kömmt es nicht nur auf das Sich-Beraten-Lassen an. Vielmehr ist das Klientunternehmen aufgrund einer Abhängigkeit zu einem Stakeholder gezwungen, eine bestimmte Beratungsorganisation zu konsultieren und die empfohlenen Ratschläge auch umzusetzen (Faust 1998: 168f.).

Kombination von Beratungszwang und Wirtschaftsförderung. Der Staat legt Programme der Wirtschaftsförderung auf, die die Förderung der Unternehmen an die Wahrnehmung von Beratungsangeboten knüpft. Beispiele sind Maßnahmen der Förderung kleiner und mittelständischer Unternehmen sowie landwirtschaftlicher Betriebe (Faust 1998: 169f.).

Faust (1998: 175ff.) wirft die Frage auf, ob die modische Beschleunigung der Managementkonzepte den Institutionalisierungsprozess der Unternehmensberatung bremsen oder gar umkehren könnte. Die Phänomene der Gegenmoden und der Modekritik sprechen dafür, dass Managementmoden eher eine Ausdifferenzierung der Angebote auf dem Beratungsmarkt als eine Deinstitutionalisierung der Unternehmensberatung zur Folge haben.

---

[26] Es werden an dieser Stelle nicht Faktoren genannt, die allgemein das Wachstum der Unternehmensberatungsbranche erklären können (vgl. hierzu Faust 2000, Ernst/Kieser 2002). Es geht nur um jene Faktoren, die eine Institutionalisierung von Beratungserwartungen an Unternehmen zur Folge haben.

11.4. Empirische Forschung

Die neo-institutionalistische Forschung zu Organisationsberatung hat erst in allerjüngster Zeit empirische Studien hervor gebracht, die sich auf nur zwei der oben dargestellten Themengebiete konzentrieren. Im Zentrum dieser Studien steht immer die Beschreibung, nie die Gewinnung oder gar Überprüfung von Hypothesen.

Institutionelle Einflüsse auf Organisationsberater und Organisationsberatungsprozesse wurden in den vergangenen Jahren vielfach belegt. Historischvergleichende Studien konzentrieren sich auf die Beschreibung des Institutionengefüges, das in verschiedenen westlichen Industrienationen Ausgangspunkt oder Randbedingung für die Entstehung und Institutionalisierung der Unternehmensberatung bildete (McKenna 1995, Kipping 1996, 1999, 2002, Ferguson 1999, sowie zahlreiche Länderstudien im Sammelband von Kipping/Engwall 2002).

Fallstudien von in der Regel ein bis zwei Organisationsberatungsfällen, zu denen sowohl qualitative Interviews als auch Dokumentenanalysen durchgeführt wurden, beschreiben, welche Kommunikationsstrategien Unternehmensberater anwenden, um Klienten zu überzeugen (Berglund/Werr 2000; vgl. Kap. 11.3.3), und wie Unternehmensberater in transorganisationalen Arenen und Netzwerken den Managementdiskurs beeinflussen (Faust 2002, sowie weitere Fallstudien im Sammelband von Kipping/Engwall 2002). Streng genommen ist diese Forschung jedoch nur vom Neo-Institutionalismus inspiriert, denn sie argumentieren auf mikrosoziologischer Ebene.

Insgesamt sind die Hypothesen des Neo-Institutionalismus Arbeits- und Orientierungshypothesen geblieben, deren Ausformulieren für eine empirische Überprüfung noch aussteht. Zum Einsatz von Organisationsberatung als legitimatorischer Ressource hat der Neo-Institutionalismus keine neuen empirischen Befunde beigetragen. Und bis heute ist nicht empirisch belegt, ob der Rationalitätsmythos und der Fortschrittsmythos der Moderne mit Managementmoden unmittelbar verbunden sind, oder ob Unternehmensberatungen tatsächlich weltweit die Homogenisierung von Konzepten, Strategien und Techniken des Managements bewirken.

Es gibt jedoch empirische Hinweise darauf, dass wirklich erfolgreiche Unternehmen sich nicht modischen Beratungsinhalten oder *best practices* zuwenden, sondern sich durch originelle Lösungen auszeichnen, die in einem hohen Maße interdependent sind, d.h. sich gegenseitig bedingen (Starbuck 1993).

11.5. Würdigung und Kritik

In der Forschung zur Organisationsberatung wird der Neo-Institutionalismus als expliziter Gegenentwurf zu Theorien rationalen Handelns geschätzt. Er entzaubert die Rationalität selbst als Mythos der modernen Gesellschaft, und den rationalen

Akteur als soziales Konstrukt (Meier 2004: 222). Beratung wendet sich nicht nur an Akteure und wird von Akteuren getragen. Beratung wirkt durch die Agentschaft des Beraters für universelle Prinzipien aktiv an der Konstruktion des modernen Akteurs mit (Meier 2004: 236).

Der Neo-Institutionalismus bewertet Legitimität als eine echte Alternative zu Effizienz. Gerade für die Beratungsforschung stellt dieser Befund jedoch keine revolutionäre Neuerung dar. Funktionalistische Analysen haben seit langem auf diesen Zusammenhang hingewiesen. Die Bedeutung des Neo-Institutionalismus für die Theorie der Organisationsberatung liegt daher eher darin, Organisationsberatung im Zusammenhang mit gesellschaftlichen Strukturen und Prozessen zu sehen, und dazu Arbeits- und Orientierungshypothesen zu formulieren.

Die zentrale Leithypothese besteht darin Institutionen als wichtige unabhängige Variable einzustufen (Meyer/Rowan 1977, DiMaggio/Powell 1983). Organisationsberatungsfirmen sind nicht die Ursache der Strukturangleichung von Klientunternehmen. Vielmehr sind Organisationsberatungsfirmen Ergebnis, Träger und Verstärker umfassender Rationalisierungsprozesse, in die sie eingebunden sind. Sie sind mit anderen Worten abhängig von gesellschaftlichen Wertorientierungen, konkret, von der okzidentalen Rationalisierung. Die Strukturangleichung von Klientunternehmen wird weniger durch den Nachweis der Steigerung von Rationalität und Effizienz als vielmehr durch die Orientierung an kulturell legitimierten Modellen gesteuert.

Meyer versteht den unabgeschlossenen Rationalisierungsprozess der Moderne als Globalisierungsprozess. Grundlegende okzidentale Strukturmuster verbreiten sich über den gesamten Erdball. Indem sie mythisch überhöht, mit Symbolen unterlegt und ritualisiert in Szene gesetzt werden, wird dieser Prozess beschleunigt. Das Deutungsmuster „Globalisierung" wird in Diskursen hergestellt, an denen die international tätigen Unternehmensberatungsfirmen als *double-dealing agents* einen erheblichen Anteil haben. Mit dem Bedeutungsgewinn der Unternehmensberatung hat die Kritik an ihrem Einfluss zugenommen. Daher bleibt die Frage offen, ob sich die Unternehmensberater als neue gesellschaftliche Reflexionselite (Deutschmann 1993: 79) etablieren können (Faust 1998: 151). Dass ihr Rat zunehmend auch von staatlichen Instanzen gesucht wird, beispielsweise in Fragen der Ordnungs-, Finanz-, Wirtschafts- und Bildungspolitik, wird als Indiz für die inzwischen gesellschaftliche Bedeutung von Unternehmensberatung gewertet (Faust 1998: 150f.)

Die Kritik am Neo-Institutionalismus setzt an verschiedenen Stellen an:

Legitimität keine echte Alternative. Vertreter der Theorien rationalen Handelns, aber auch der Systemtheorie (Nicolai 2002) argumentieren, dass das Kriterium der Legitimität keine echte Alternative zur Effizienz darstelle. So wie die rationale Rekonstruktion von Managementmoden möglich ist, wenn man annimmt, dass die Akteure antizipieren, dass sie als rational gelten, wenn sie der Mode folgen (Nicolai 2002: 92), so lässt sich auch der Einsatz von Organisationsberatung als legitimatorischer Ressource rational rekonstruieren: Das Streben nach Legitimität und sozialer Anerkennung einer Klientorganisation erklärt sich dann als zweckrational auf ökonomischen Erfolg hin ausgerichtetes Handeln.

Heterogenität institutioneller Muster. Generell wird dem Neo-Institutionalismus vorgeworfen, die Homogenität institutioneller Muster zu überschätzen und kulturelle Differenzen zu unterschätzen (Meier 2004: 236). Die gesellschaftliche Entwicklung werde als zu geradliniger und differenzloser Rationalisierungsprozess gefasst (Hasse/Krücken 2005: 139). Diese Kritik lässt sich auch auf die These von der Strukturangleichung durch Beratungen anwenden.

Heterogenität der Theorievarianten. Der Neo-Institutionalismus stellt kein geschlossenes, stringentes und konsistentes Theorieprogramm dar. Nach wie vor stehen zum Teil widersprüchliche Theorievarianten in der Literatur unverbunden nebeneinander. Als Beispiel sei die These der Strukturangleichung angeführt: sie bezieht sich auf die Strukturähnlichkeit zwischen Organisation und Gesellschaft (Meyer/Rowan 1977), oder auf die Strukturähnlichkeit von Organisationen in organisationalen Feldern (DiMaggio/Powell 1983). Selbst Vertreter des Neo-Institutionalismus räumen ein, dass ihr Theorieprogramm unfertig und teilweise unstimmig ist (Scott 1995).

Keine Handlungstheorie. Dies gilt insbesondere für die Handlungstheorie. Mit dem Neo-Institutionalismus ist keine bestimmte handlungstheoretische Konzeption verbunden. Er vernachlässigt soziales Handeln und Interesse. Fragen wie „who or what is responsible", „how did things come to be this way" oder „who benefits" kann er weder formulieren noch beantworten (Aldrich 1992: 26). Warum ist es in Organisationen „so weit gekommen, dass man rhetorische Revolutionen anzetteln muss, um bescheidene Veränderungen durchzusetzen" (Kieser 1996: 34). Diese einfache Frage, die sich geradezu aufdrängt, wenn man sich mit der Bedeutung von Moden, Mythen und Inszenierungen in der Organisationsberatung befasst, bleibt außerhalb der theoretischen Reichweite des Neo-Institutionalismus.

Je nach individueller Vorliebe werden verschiedene handlungstheoretische Ansätze herangezogen, um gegebenenfalls ein Argument auf Mikroebene fortzusetzen: „The link between micro- and macrolevels of analysis has not received much explicit attention from practitioners of the new institutionalism, most of whom move back and forth among ethnomethodology, phenomenology, and conventional resource dependence arguments" (DiMaggio/Powell 1991: 25; vgl. auch Krücken 2005: 303). Handlung ist nicht das Produkt intern erzeugter, autonomer Entscheidungen, Motive und Zwecke, sondern die „Inszenierung übergreifender institutioneller Drehbücher" (Meyer/Boli/Thomas 2005: 18). Ganz im Sinne von Berger und Luckmann (1969) bilden sich Institutionen eigendynamisch durch Prozesse der Routinisierung und Habitualisierung des Handelns heraus.

Wenn dies aber so ist, sind dann Berater bewusst oder unbewusst Verbreiter von gesellschaftlichen und Organisationsmythen (Türk 1989: 45)? Wann bleibt den Akteuren der Rationalitätsmythos als hinter ihrem Handeln stehendes Deutungsmuster unbewusst bzw. wann handelt es sich um eine gezielte Rationalitätsinszenierung? Wenn Berglund und Werr (2000) zeigen, wie Berater kreativ zwei unvereinbare Mythen nutzen, und sich je nach Situation mal auf den einen, mal auf den anderen berufen, um in jeder Situation ihr Handeln bzw. ihre Empfehlung legitimieren zu können, dann erscheint es unplausibel, Berater nur als Agenten dieser Mythen und nicht auch als geschickt und relativ autonom Handelnde einzustufen.

Während der Neo-Institutionalismus in seinen Aussagen zur Agentschaft des Organisationsberaters für abstrakte Prinzipien sehr originell ist, bleibt er im Hinblick auf Aussagen zur Agentschaft für andere merkwürdig blass. Man muss feststellen, dass diese Seite der Agentschaft bisher theoretisch nicht bearbeitet ist. Die Leithypothese von der Strukturangleichung von (Klient-)Organisationen durch Unternehmensberatungen kann darüber nicht hinwegtäuschen. Möglicherweise ist diese Leerstelle darauf zurückzuführen, dass Agentschaft als Gegenbegriff zu sozialem Handeln konstruiert ist, und dass eine gründliche Analyse der Agentschaft für Andere doch eine Analyse sozialen Handelns erfordern würde.

Begriff des Mythos. Neo-Institutionalistische Arbeiten zeichnen sich durch einen geradezu inflationären Gebrauch des Begriffs Mythos aus. Um so mehr verwundert es, dass sich weder bei den Klassikern, noch bei den jüngeren Vertretern dieses Ansatzes klare Begriffsdefinitionen und -abgrenzungen (etwa zwischen den Begriffen Mythos und Mystifizierung) finden. Wie Neuberger herausarbeitet, lässt sich erkennen, dass hinter jedem Mythos Strukturkerne, Basismetaphern oder Fundamentalannahmen stehen, die eine Tiefendimension menschlichen Daseins betreffen (und die sich von der Oberflächenerscheinung der Mode abgrenzen lassen). Mit dieser Auffassung kontrastiert die Vorstellung vom Mythos als Täuschung, Illusion, Lüge. Fast könnte man meinen, dass der Neo-Institutionalismus immer nur das letzte Begriffsverständnis im Auge hat, und darüber die Existenz und Analyse einer Tiefendimension vergisst. Neuberger (1987: 1499-1501) macht dieses Missverhältnis explizit und illustriert bei aller Kürze des Handbuchartikels zu Moden und Mythen der Führung, welchen Gewinn man davon haben kann, wenn man den Begriff des Mythos klarer fasst als es bei den Neo-Institutionalisten derzeit der Fall ist. Der Begriff der Mystifikation wird im Sinne täuschender rhetorischer Kommunikationstechniken verwandt (z.B. Kieser 1996) und steht letztendlich als Synonym für „a certain degree of vagueness" (Kieser 2002: 178).

Wer steht hinter den „großen" Mythen? Wenn Organisationsberatung als Agentschaft für abstrakte Prinzipien beschrieben wird, dann suggeriert dies, dass es Akteure (in der Agenturtheorie: die Prinzipale) gibt, für die die Organisationsberater in Agentschaft treten. Ist es aus soziologischer Sicht theoretisch ausreichend und überzeugend, abstrakten Prinzipien Akteursstatus zuzuschreiben? Wäre hier nicht eine kritischere, z.B. herrschaftskritische Betrachtung nötig, die danach fragt, ob es jemanden gibt, den man als Träger der „großen" Mythen identifizieren kann (vgl.

Türk 1989: 45)? Der Herrschaftscharakter von Institutionalisierung ist ein zwar durchgängiges, aber dennoch implizites, unausgeführtes Argument (Schäfer 2004: 204).

Mangelnde empirische Überprüfbarkeit. Bisher formuliert der Neo-Institutionalismus keine empirisch eindeutig falsifizierbaren Zusammenhangsaussagen zu Organisationsberatung. So bleibt das empirische Potential des Neo-Institutionalismus unausgeschöpft. Die vorliegenden Fallstudien können die Frage nach der gesellschaftlichen Bedeutung der Unternehmensberatung ebenso wenig beantworten, wie sie konkret belegen können, in welchem Umfang Unternehmensberatungen – und nicht andere Faktoren – für die Strukturangleichung von Klientorganisationen verantwortlich sind. Historisch-vergleichende Studien sind bisher der Beschreibung von institutionellen Einflüssen und nicht der Überprüfung von Hypothesen gewidmet. Auch übergeordnete Fragen, wie die, in welchen Teilschritten die Institutionalisierung von Beratung – nicht nur Unternehmensberatung – in der modernen Gesellschaft erfolgt ist, bleiben offen. Insgesamt bleiben die Arbeits- und Orientierungshypothesen des Neo-Institutionalismus einer kritisch-ironischen Begleitung des Modernisierungsdiskurses verpflichtet (vgl. Krücken 2005: 308, der dies dezidiert auf die neueren Arbeiten von Meyer und Kollegen bezieht).

Im Folgenden finden Sie Fragen, die Ihnen als Berater oder Klient Hilfestellung leisten sollten, Beratungshandeln aus neo-institutionalistischer Perspektive zu reflektieren.

11.6. Fragen für Berater

Stellen Sie sich bitte Ihr Beratungshandeln als in weitere gesellschaftliche Prozesse eingebettet vor! Welche neuen Perspektiven erschließen sich Ihnen, wenn Sie sich im Rahmen eines globalen Entwicklungsprozesses als Agenten von universalistischen Theorien der Organisation denken? Wie verändert diese Vorstellung Ihre Selbstwahrnehmung als Akteur, der Organisationswirklichkeit gestaltet?

Erkennen Sie sich in der Beschreibung als Agent der Rationalisierung wieder, d.h. verbreiten Sie Beschreibung von Organisation und Gesellschaft mit Hilfe von explizit formulierten, vereinheitlichten, integrierten sowie kausal und logisch strukturierten Konzepten? Wenn ja, welche Überzeugungen tragen Sie dabei? Wenn nein, gibt es andere universelle, abstrakte Prinzipien, die den weiteren Hintergrund Ihres Beratungshandelns bilden? Wie verändern diese Prinzipien die Handlungsfähigkeit moderner Organisationen?

Bitte verstehen Sie für die folgende Betrachtung unter Mythen alle Deutungssysteme, die einfache und nicht-hinterfragbare Kausalerklärungen bereitstellen und

Handlungsfähigkeit in Situationen herstellen, die durch hohe Komplexität gekennzeichnet sind. Welche für Organisationsberatung relevanten Deutungssysteme würden Sie als gesellschaftliche Mythen oder als Organisationsmythen einstufen? In welchem Zusammenhang stehen sie zu Ihrem Beratungshandeln?

Welche neuen Perspektiven eröffnen sich Ihnen, wenn Sie Konzepte wie System, Ziel, Optimierung, Strategie, Information, Wandel, Entscheidung und Hierarchie als Organisationsmythen begreifen?

Stellen Sie sich alle Akteure vor, die an der Produktion und/oder Verbreitung von Managementwissen teilnehmen – vom Managementguru bis zum Organisator von Managementseminaren. Welche Rolle übernimmt Ihr Beratungsunternehmen in dieser Konstellation von Akteuren? Wie stehen Sie zu den anderen Akteuren? Wollen Sie diese Rolle ändern?

Welche neuen Handlungsmöglichkeiten erschließen sich Ihnen, wenn Sie Managementkonzepte als Modephänomen betrachten? Erleben Sie Ihr Beratungsunternehmen im Rahmen der Managementmoden als Treibenden oder als Getriebenen? Möchten Sie Ihre Abhängigkeit von Managementmoden ändern? Welche Möglichkeiten hierfür sehen Sie? Könnten Sie eigene Problemlösungen entwickeln, unabhängig von Managementmoden? Welche Einstellung hat Ihr Klient zu Managementmoden?

Stellen Sie sich bitte Ihr Beratungshandeln erneut als in weitere gesellschaftliche Prozesse eingebettet vor! Teilen Sie die Einschätzung, dass Organisationsberatung zu einer weltweiten Homogenisierung von Konzepten, Strategien und Techniken des Managements beiträgt? Beurteilen Sie diese Entwicklung positiv? Wenn ja, warum? Wenn nein, warum nicht? Welche Konsequenzen könnte diese Sichtweise für Ihr Beratungshandeln haben?

Welche Bedeutung haben Legitimitätserfordernisse in Ihren aktuellen Beratungsmandaten? Ist Legitimität für einen Ihrer Klienten wichtiger zum Überleben als tatsächliche Leistungsfähigkeit? Wenn ja, warum? Welche Handlungsmöglichkeiten und -grenzen sind Ihrem Beratungshandeln hierdurch gesetzt?

In welchem Zusammenhang stehen die Legitimitätserfordernisse zu Effizienzerfordernissen? Erfüllen die von Ihnen vorgeschlagenen Maßnahmen eher Legitimitäts- und/oder Effizienzerfordernisse?

Welche Bedeutung haben Aspekte der Inszenierung moderner Unternehmensführung im Rahmen Ihrer Beratungsprojekte? Denken Sie dabei bitte an Ihr Beratungsunter-

nehmen, wie auch an die Klientunternehmen. Welche Bedeutung hat Sich-Beraten-Lassen als Inszenierung moderner Unternehmensführung für das Klientunternehmen? Welche Bedeutung hat die Neuigkeitsdramatisierungen als Inszenierung vermeintlich neuer Managementkonzepten für Sie?

Betrachten Sie bitte das Institutionengefüge in den Ländern, in denen Ihre Märkte liegen. Beurteilen Sie die Folgen, die das jeweilige Institutionengefüge auf Ihre Handlungsmöglichkeiten als Berater hat. Welche neuen Handlungsmöglichkeiten ergeben sich hierdurch für Sie?

Betrachten Sie bitte die allgemeine Institutionalisierung von Beratungserwartungen in den Ländern, in denen Ihre Märkte liegen. Beurteilen Sie die Folgen, die dies jeweils für Ihr Beratungshandeln hat. Welche neuen Handlungsmöglichkeiten ergeben sich hierdurch für Sie?

11.7. Fragen für Klienten

Stellen Sie sich bitte das Handeln des von Ihnen beauftragten Beratungsunternehmens als in weitere gesellschaftliche Prozesse eingebettet vor! Welche neuen Perspektiven erschließen sich Ihnen, wenn Sie sich Ihren Berater im Rahmen eines globalen Entwicklungsprozesses als Agenten von universalistischen Theorien der Organisation denken? Wie verändert diese Vorstellung Ihre Wahrnehmung des Beraters als Akteur, der Organisationswirklichkeit gestaltet?

Erkennen Sie das von Ihnen beauftragte Beratungsunternehmen in der Beschreibung als Agent der Rationalisierung wieder, d.h. verbreitet es Beschreibungen von Organisation und Gesellschaft mit Hilfe von explizit formulierten, vereinheitlichten, integrierten sowie kausal und logisch strukturierten Konzepten? Wenn ja, hat er hierfür Ihre Unterstützung? Wenn nein, gibt es andere universelle, abstrakte Prinzipien, die den weiteren Hintergrund des Beratungshandelns des von Ihnen beauftragten Beratungsunternehmens bilden? Wie verändern diese Prinzipien die Handlungsfähigkeit Ihrer Klientorganisationen?

Bitte verstehen Sie für die folgende Betrachtung unter Mythen alle Deutungssysteme, die einfache und nicht-hinterfragbare Kausalerklärungen bereitstellen und Handlungsfähigkeit in Situationen herstellen, die durch hohe Komplexität gekennzeichnet sind. Welche für Organisationsberatung relevanten Deutungssysteme würden Sie als gesellschaftliche Mythen oder als Organisationsmythen einstufen? Wel-

che Bedeutung haben sie für Ihr Klientunternehmen? In welchem Zusammenhang stehen sie zum Handeln des von Ihnen beauftragten Beratungsunternehmens?

Welche neuen Perspektiven eröffnen sich Ihnen, wenn Sie Konzepte wie System, Ziel, Optimierung, Strategie, Information, Wandel, Entscheidung und Hierarchie als Organisationsmythen begreifen?

Stellen Sie sich alle Akteure vor, die an der Produktion und/oder Verbreitung von Managementwissen teilnehmen – vom Managementguru bis zum Manager. Welche Rolle übernimmt Ihr Klientunternehmen und welche Rolle übernimmt das von Ihnen beauftragte Beratungsunternehmen in dieser Konstellation von Akteuren? Wie stehen Sie zu den anderen Akteuren? Wollen Sie Ihre Rolle ändern? Wünschen Sie sich für das von Ihnen beauftragte Beratungsunternehmen eine andere Rolle?

Welche neuen Handlungsmöglichkeiten erschließen sich Ihnen, wenn Sie Managementkonzepte als Modephänomen betrachten? Erleben Sie sich als Organisation im Rahmen der Managementmoden als Getriebenen? Machen die Managementmoden Sie zu Marionetten der Berater? Möchten Sie Ihre Abhängigkeit von Managementmoden ändern? Welche Möglichkeiten hierfür sehen Sie? Könnten Sie eigene Problemlösungen entwickeln, unabhängig von Managementmoden, unabhängig von Organisationsberatern? Entwickeln Sie eine kritische und aktive Einstellung zu Managementmoden!

Stellen Sie sich bitte Beratungsprojekte erneut als in weitere gesellschaftliche Prozesse eingebettet vor! Teilen Sie die Einschätzung, dass Organisationsberatung zu einer weltweiten Homogenisierung von Konzepten, Strategien und Techniken des Managements beiträgt? Beurteilen Sie diese Entwicklung positiv? Wenn ja, warum? Wenn nein, warum nicht? Welche Konsequenzen könnte diese Sichtweise für zukünftige Projekte haben, in denen Sie sich beraten lassen?

Welche Bedeutung haben Legitimitätserfordernisse für Ihr Klientunternehmen? Ist Legitimität für Sie wichtiger zum Überleben als tatsächliche Leistungsfähigkeit? Wenn ja, warum? Welche Handlungsmöglichkeiten und -grenzen sind Ihnen Im Rahmen von Beratungsprojekten hierdurch gesetzt?

In welchem Zusammenhang stehen die Legitimitätserfordernisse zu Effizienzerfordernissen? Erfüllen die vom Berater vorgeschlagenen Maßnahmen eher Legitimitäts- und/oder Effizienzerfordernisse?

Welche Bedeutung haben Aspekte der Inszenierung moderner Unternehmensführung im Rahmen Ihrer Beratungsprojekte? Denken Sie dabei bitte an Ihr Klientunterneh-

men, wie auch an das von Ihnen beauftragte Beratungsunternehmen. Welche Bedeutung hat Sich-Beraten-Lassen als Inszenierung moderner Unternehmensführung für Ihr Unternehmen? Welche Bedeutung hat die Neuigkeitsdramatisierungen als Inszenierung vermeintlich neuer Managementkonzepten für den von Ihnen beauftragten Berater?

Betrachten Sie bitte das Institutionengefüge in den Ländern, in denen Ihre Märkte liegen. Gibt es Gelegenheiten zum überbetrieblichen Erfahrungsaustausch und wechselseitigen Lernen, die als funktionales Äquivalent zu externer Unternehmensberatung dienen können? Welche neuen Handlungsmöglichkeiten ergeben sich hierdurch für Sie?

Betrachten Sie bitte die allgemeine Institutionalisierung von Beratungserwartungen in den Ländern, in denen Ihre Märkte liegen. Sehen Sie sich der Erwartung ausgesetzt, sich professionell beraten zu lassen? Wer erwartet dies von Ihnen? Warum? Könnten Sie dieser Erwartung auch nicht entsprechen? Welche Handlungsmöglichkeiten eröffnen sich Ihnen, wenn Sie sich vorstellen, dass Sie sich nicht beraten lassen? Welche Handlungsmöglichkeiten eröffnen sich Ihnen, wenn Sie sich vorstellen, dass Sie die vom Berater vorgeschlagene Restrukturierungsmaßnahme nur formal umsetzen?

12. Beratungshandeln als Dekonstruktion von Sprachspielen (post-moderne Organisationsberatung versus postmoderne Theorie der Organisationsberatung)

12.1. Vertreter und wichtige Quellen

Namensgebend für die Postmoderne ist der Bezug auf die Moderne – wie immer man diese definiert und/oder datiert. Der Begriff ist umstritten und „wahrscheinlich ein recht unglücklicher Ausdruck" (Lyotard 1986: 97). Aus Sicht der Vertreter der philosophischen Postmoderne umfasst die Moderne als Epoche das philosophische Denken von der Philosophie der Aufklärung (Kant) bis zur Vernunftkritik (Kritische Theorie). Bekanntermaßen legen die Hauptvertreter der philosophischen Postmoderne viel weniger Wert auf die Kontrastierung von Moderne und Postmoderne als ihre Kritiker und Rezipienten. Sie postulieren weniger einen Bruch zwischen Moderne und Postmoderne als eine Akzentverschiebung. Die Postmoderne kennzeichne ein bestimmter Gemüts- oder Geisteszustand. Da an dieser Stelle keine tiefer gehende Darstellung möglich ist, sei auf die Definition von Wolfgang Welsch (1988: 4f., 35) zurückgegriffen: Die Postmoderne lässt sich als „Verfassung radikaler Pluralität" charakterisieren, die mit einer antitotalitären Überzeugung verbunden ist, und in der das Recht auf hochgradig differente Wissensformen, Lebensentwürfe und Handlungsmuster anerkannt wird.

Die Theorie der post-modernen Organisation (epochaler Ansatz) wie auch die postmoderne Theorie der Organisation (epistemologischer Ansatz) nehmen die philosophische Postmoderne auf, insbesondere die Arbeiten von Lyotard, Foucault und Derrida. Erstere untersucht und beschreibt Organisationen in heutigen westlichen Gesellschaften mit herkömmlichen soziologischen Analysemethoden. Mit anderen Worten: der Untersuchungsgegenstand ist post-modern, die wissenschaftliche Betrachtung hingegen klassisch. Dagegen will die postmoderne Theorie der Organisation die wissenschaftliche Betrachtung von Organisationen in postmodernem Sinne verändern. In diesem Fall ist die Betrachtungsweise neu und der Untersuchungsgegenstand herkömmlich. Parker (1992) hat diese Konzeption von Bauman (1988a, b) aufgenommen, der zwischen einer Soziologie der Postmoderne und einer postmodernen Soziologie unterscheidet. Diese beiden Ansätze finden sich auch bei der Analyse von Organisationsberatung wieder.

Postmoderne Theorie ist kein einheitliches Gebilde im Sinne einer theoretischen Schule. Die Postmoderne kennzeichnet ein tiefes Misstrauen gegen jede Art von Einheit. Es lassen sich jedoch einige gemeinsame Ansatzpunkte postmodernen Denkens aufzählen:

Konzentration auf Sprache beziehungsweise Diskurs als Modus der Konstruktion sozialer Wirklichkeit. Postmoderne Philosophen sind stark geprägt von der durch Wittgenstein (1971[1953]) ausgelösten Wende zur Sprachphilosophie. Sprache wird nicht als Abbild (Repräsentation) von Wirklichkeit betrachtet. Sprache greift stattdessen stark in die Realitätskonstruktion ein. Das Sprechen der Sprache ist Teil einer Tätigkeit, oder einer Lebensform. Diesen Zusammenhang soll der Begriff Sprachspiel zum Ausdruck bringen. Sprachliche Darstellungen sind kommunikative Konstruktionen in bestimmten Zusammenhängen mit bestimmten Zielen. Beispielsweise ist das Wort „Klient" kein Abbild von Klientunternehmen. Das Wort „Klient" wird definiert über sein Verhältnis zu anderen Worten, etwa „Berater" und „Beratung". Wittgensteins Begriff des Sprachspiels wird von den postmodernen Philosophen zuerst aufgenommen und später allmählich durch das Konzept des Diskurses ersetzt. Diskurse sind Systeme des Denkens und Sprechens, die die Welt konstituieren, indem sie unsere Wahrnehmung lenken. Menschen werden immer schon in das symbolische System des Diskursiven hinein geboren. Deshalb können wir uns auf die Welt nicht anders als linguistisch beziehen. Nicht das Sein, sondern die Sprache bestimmt das Bewusstsein.

Betonung der Grenzen des Projekts der Moderne. Aufklärung, moderne Geschichtsphilosophie und moderne Gesellschaftstheorie hatten zu ihrer Legitimation auf „große Erzählungen" zurückgegriffen, beispielsweise die aufklärerische Erzählung der Emanzipation von der Unkenntnis und der Knechtschaft durch Erkenntnis und Egalitarismus, die marxistische Erzählung der Emanzipation von der Ausbeutung und der Entfremdung durch die Sozialisierung der Arbeit, die kapitalistische Erzählung von der Emanzipation von der Armut durch die technisch-industrielle Entwicklung (Lyotard 1987: 40). Die Verbrechen der Nationalsozialisten, der Zusammenbruch des real existierenden Sozialismus wie auch die Krisen des Kapitalismus werden zusammenfassend als Scheitern des Projekts der Moderne bewertet. Die großen Erzählungen sind nicht mehr tragfähig.

Bekenntnis zur Toleranz und zur Förderung vielfältiger Beschreibungen. Postmoderne Theoretiker erkunden die theoretischen und praktischen Bedingungen, unter denen radikale Pluralität erkannt und anerkannt wird und sich frei entwickeln kann. „Das postmoderne Wissen ... verfeinert unsere Sensibilität für die Unterschiede und verstärkt unsere Fähigkeit, das Inkommensurable zu ertragen." (Lyotard 1994: 16). Inkommensurabel sind die verschiedenen Sprachspiele, an denen Menschen teilhaben, und zwar deshalb, weil für sie unterschiedliche pragmatische Regeln gelten, für die man keine universell gültige Meta-Regel finden kann, die es erlauben würde, an verschiedene Diskurse ein gemeinsames Maß anzulegen. Diskursarten sind beispielsweise Dialog führen, Unterrichten, Recht sprechen, Werben. Deshalb weist Lyotard auch die Vorstellung von Habermas (1984) zurück, dass das Ziel eines Diskurses der intersubjektive Konsens ist: „Der Konsens ist ein veralteter und suspekter Wert geworden, nicht aber die Gerechtigkeit. Man muss also zu einer Idee und einer Praxis der Gerechtigkeit gelangen, die nicht an jene des Konsens gebunden ist" (Lyotard 1994: 190). Lyotard betont daher den Dissens. Er findet die Elemente einer Praxis der Gerechtigkeit in der Anerkennung der Heteromorphie der Sprachspiele und der Beschränkung auf den raum-zeitlich begrenzten („lokalen") Konsens, sowie die kleine Erzählung.

Anknüpfungspunkte für die postmoderne Forschung zu Organisationsberatung sind bisher insbesondere das Diskurskonzept Foucaults, seine Analyse von Wissen und Macht, sowie Derridas Konzept der Dekonstruktion.

Für Foucault (1973) sind Diskurse immer konkrete historische Gebilde der Wissens- und Bedeutungsproduktion. Diskurse folgen Regeln, die man mittels empirisch-historischer Forschung freilegen kann. Diese Regeln sind historisch-kontingent und nicht universal. Diskurse sind nicht das Produkt einzelner Menschen – z.B. von Herrschern oder Intellektuellen. Stattdessen sind die Subjekte und die von ihnen wahrgenommenen Objekte Ergebnisse dieser Diskurse. Diskurse bringen ihre Gegenstände nicht in dem Sinne hervor, dass sie ihn als materiellen Gegenstand produzieren. Sie machen ihn vielmehr als Gegenstand mit Bedeutung und mit einer bestimmten Bedeutung verfügbar. Als Archäologie bzw. archäologische Methode bezeichnet Foucault eine Form der Diskursanalyse, die zunächst Beziehungen zwischen Aussagen und sodann Positionen zwischen Sprechern in Bezug auf diese Aussagen analysiert, ohne Stellung zu deren Wahrheits- und Sinngehalten zu nehmen. Diskurse werden zwar als historische Gebilde aufgefasst, jedoch nicht geschichtswissenschaftlich analysiert. Eine geschichtswissenschaftliche Vorgehensweise wird assoziiert mit der Verwendung von Argumentationsmustern, die die Notwendigkeit bestimmter Abfolgen von Ereignissen behaupten, die vermeintliche Ursache-Wirkungs-Ketten herausarbeitet, die Willensabsichten einzelner Subjekte unterstellt. Die archäologische Methode enthält sich stattdessen jeglicher Interpretation – sie soll analytische Deskription sein. Die Ereignisse folgen einander nur zeitlich, nicht notwendigerweise kausal (vgl. Kendall/Wickham 1999).

Besondere Aufmerksamkeit hat der Diskursbegriff Foucaults deshalb auf sich gezogen, weil Foucault ihn schließlich mit einer Analyse des Zusammenhangs von Wissen und Macht verbindet: „In jeder Gesellschaft [wird] die Produktion des Diskurses zugleich kontrolliert, selektiert, organisiert und kanalisiert ... - und zwar durch gewisse Prozeduren, deren Aufgabe es ist, die Kräfte und Gefahren des Diskurses zu bändigen" (Foucault 1991: 11). Macht wird durch Diskurse reproduziert.

Macht wirkt nicht primär unterdrückend oder ausschließend, sondern produktiv: „Wenn sie [die Macht] nur repressiv wäre, wenn sie niemals etwas anderes tun würde als nein zu sagen, ja glauben Sie denn wirklich, dass man ihr gehorchen würde? Der Grund dafür, dass die Macht herrscht, dass man sie akzeptiert, liegt ganz einfach darin, dass sie nicht nur als neinsagende Gewalt auf uns lastet, sondern in Wirklichkeit die Körper durchdringt, Dinge produziert, Lust verursacht, Wissen hervorbringt, Diskurse produziert; man muss sie als ein produktives Netz auffassen, das den ganzen sozialen Körper überzieht und nicht so sehr als negative Instanz, deren Funktion in der Unterdrückung besteht" (Foucault 1978: 35). Macht ist für Foucault nicht an ein bestimmtes Subjekt gebunden, ihm fehlt ein Konzept des Akteurs bzw. einer Kraft, die den Diskurs gezielt beeinflussen könnte. Macht und Diskurs wirken anonym. Als Genealogie bzw. genealogische Methode bezeichnet Foucault (1971) eine Form der Diskursanalyse, die er in Auseinandersetzung mit Nietzsche entwickelt, und die seine Archäologie ergänzt und ablöst. Die genealogische Methode wendet sich schwerpunktmäßig dem Zusammenhang von Macht und Diskurs zu.

Die Förderung vielfältiger Beschreibungen ist das Ziel von Derridas Methode der Dekonstruktion (Derrida 1972). Sie soll verhindern, dass man sich dominanten Deutungsschemata unterwirft. Derrida knüpft an die Vorstellung an, dass ein Wort über sein Verhältnis zu anderen Worten definiert wird. Das von ihm geschaffene Kunstwort der *différance* soll den Doppelsinn des französischen Verbs *différer* ausdrücken, das zum einen „aufschieben, verzeitlichen" und zum anderen „nicht identisch sein, anders sein" bedeutet. Jedes Wort (Zeichen) besitzt demnach immer zwei Eigenschaften: Es unterscheidet sich von anderen Zeichen, sowie von dem Objekt oder der Idee, die es vertritt. Es verweist auf die momentane Abwesenheit des von ihm bezeichneten Objekts. Damit enthält jedes Zeichen immer auch einen Verweis auf sein Gegenteil, das als abwesend unterstellt wird (z.B. Natur/Kultur, Stimme/Schrift). Die Moderne, so Derrida, denkt nicht nur in Oppositionen, sie stellt auch immerzu eine Hierarchie zwischen den Begriffen her, indem sie die eine Seite einer Opposition bevorzugt (z.B. wahr gegenüber unwahr). Jedes Zeichen hängt ab von seiner Stellung zu anderen Zeichen, die ihrerseits wiederum von anderen Zeichen abhängen. Auf solche Weise werden scheinbar feststehende Bedeutungen abgelöst durch ein lebendiges Wechselspiel von Zeichen, die zueinander in Beziehung gesetzt werden, verbunden mit einer Verschiebung der Interpretation. Derrida betrachtet nicht nur einzelne Worte, sondern ganze Texte. Er anerkennt nicht die Autorität der Autoren-Interpretation. Die Interpretation jedes Lesers eines Textes ist nicht besser oder schlechter als die seines Autors. Die Methode der Dekonstruktion identifiziert zunächst die grundlegenden Begriffe eines Textes. Zu jedem Begriff werden dann die Gegenbegriffe gesucht, die in der Moderne unterdrückt werden. Im zweiten Schritt wird die Opposition umgekehrt, d.h. der Gegenbegriff wird nun zum dominierenden Begriff erhoben. Die Methode der Dekonstruktion bleibt jedoch nicht bei dieser Negation stehen. Vielmehr folgt ein dritter Schritt, in dem gezeigt wird, dass der Wechsel zwischen den beiden Begriffen niemals zu Ende ist. Beide changieren in ihrer Bedeutung und verweisen je immer auf die andere. Die Hierarchie zwischen den Zeichen wird zerstört.

Der überwiegende Teil der bisher sehr übersichtlichen postmodernen Forschung zu Organisationsberatung ist der Theorie der post-modernen Organisationsberatung zuzurechnen, etwa die Beschreibung von Organisationsberatung als postmoderner Kunst (Browning/Hawes 1991) und die idealtypische Gegenüberstellung des aufgeklärt modernen und des postmodernen Organisationsberaters (Visscher 1999). Die Methodik eines postmodernen Organisationsberaters kann beispielsweise darin bestehen, Sprachspiele in der Klientorganisation zu dekonstruieren (Deissler 2005). Die Perspektive einer postmodernen Theorie der Organisationsberatung nimmt Salaman (2002) ein, der auf der Basis von Foucaults Analyse von Wissen und Macht die Hypothese entwickelt, dass Beraterwissen und Beratungsunternehmen eine neue Form der Organisation von Wissen darstellen. Im Unterschied zu wissenschaftlichem Wissen oder zum Wissen der Professionen beruht das Beraterwissen auf einer Kombination von Wissen und Macht, die erst den Durchgriff auf die Organisation ermöglicht (Legge 2002). Beraterwissen verbindet gesellschaftliche Diskurse, die sich auf die Wirtschaft beziehen, mit Programmen und Prinzipien der Restrukturierung von Organisationen (Grint 1994, Guest 1992). Foucaults diskursanalytische Perspektive wird auch von der feministischen Forschung zu Organisationsberatung aufgenommen (Meriläinen et al. 2004).

12.2. Begriff der Organisationsberatung

Da die Postmoderne kein einheitliches Gebilde im Sinne einer theoretischen Schule ist und da sie insbesondere ein tiefes Misstrauen gegen jede Art von Einheit kennzeichnet, lässt sich auch nicht *ein* postmoderner Begriff von Organisationsberatung bestimmen. Vielfältige Beschreibungen von Organisationsberatung hervorzubringen darf gerade als Aufgabe postmoderner Forschung zu Organisationsberatung gelten. Trotzdem sollen an dieser Stelle entlang der Unterscheidung von Theorie der postmodernen Organisationsberatung und postmoderner Theorie der Organisationsberatung zwei Perspektiven und ihre jeweiligen gemeinsamen Ansatzpunkte skizziert werden.

Vertreter einer Theorie der post-modernen Organisationsberatung gehen davon aus, dass Berater- und Klientorganisation in post-moderne Gesellschaften eingebettet sind, von denen sie beeinflusst werden. Klientorganisationen müssen sich an eine zunehmend dynamischer, kurzlebiger und fragmentierter werdende Umwelt anpassen. Organisationsberatung unterstützt Klienten bei der Anpassung an diese Umweltveränderungen.

Postmoderne Theorien der Organisationsberatung gehen stattdessen davon aus, dass sich Organisationsberatung durch Sprache konstituiert. Organisationsberatung ist eingebettet in gesellschaftliche Diskurse, die weder von Beratern noch von Klienten gezielt beeinflusst werden können. Da Organisationsberatung sich durch Sprache konstituiert, kann sie auch „nur" an der Sprache ansetzen.

12.3. Zentrale Aussagen

12.3.1. Organisationsberatung als postmoderne Kunst

Der Argumentationslinie Postmoderne *kontra* Moderne, die Cooper und Burrell (Cooper/Burrell 1988, Burrell 1988, Cooper 1989) ihrer Artikelserie zur Bedeutung der Postmoderne für die Organisationstheorie zugrunde legten, folgen auch Browning/Hawes (1991) in ihrer Darstellung von Organisationsberatung als postmoderner Kunst. Während die Moderne durch langfristige Planungshorizonte und historische Entwicklungen gekennzeichnet sei, zeichne sich die Postmoderne durch Kontingenz und Gegenwartsorientierung aus, verbunden mit Heterogenität (statt Homogenität), Vielfalt (statt Einheit), Effizienz bzw. Performanz (statt Produktivität) und Selbstdarstellung. In dieser Postmoderne sind Organisationen zunehmend der Forderung ausgesetzt, sich plötzlich, dramatisch und dem Stil nach zu ändern. Organisationsberater sind unter diesen Bedingungen unter anderem deshalb so wertvoll, weil sie das Feld schnell betreten und auch wieder verlassen können, und die Kunst beherrschen, zeitliche begrenzte Beziehungen aufzubauen, die doch intensiv sind. Sie folgen einer temporären anstelle einer logischen Rationalität. Sie konzentrieren sich stärker auf den Beratungsprozess als auf die Beratungsinhalte selbst. Organisationsberater sind so einerseits Träger der Postmoderne.

Andererseits reflektieren ihre Biographien, insbesondere ihre Berufsbiographien die Kultur der Postmoderne. Sie müssen zur rechten Zeit am rechten Ort sein und dort von den rechten Personen im rechten Licht wahrgenommen werden. Beruflicher Werdegang und Selbstwertempfinden sind ständig gefährdet. Permanente Selbstbeobachtung ist lebensnotwendig. Man kann Organisationsberater daher auch als Verkörperungen der Postmoderne auffassen (Browning/Hawes 1991: 34). Der Berater erzeugt Aufmerksamkeit durch einen besonderen Stil, der auf Showelemente zurückgreift. Er weiß, dass er vom Klienten nicht nur für Information, sondern auch für die Show bezahlt wird. Er kommuniziert sein Wissen in Form kleiner Erzählungen (Geschichten). Browning und Hawes erkennen hier Parallelen zu künstlerischen Darstellungen:[27] in beiden Fällen steht die dem Publikum zu vermittelnde Geschichte fest; großer Wert wird auf die Darstellung selbst gelegt. Die Darstellung lebt vom Stil, der Kürze und der Intensität. Beziehungen sind auf Schnelllebigkeit hin aus-

---

[27] Ohne expliziten Bezug auf dramaturgische Ansätze.

gerichtet: „She (the consultant, N.J.S.) is the walking version of another example of postmodernism: The channel switcher" (Browning/Hawes 1991: 50).

12.3.2. Postmoderne Organisationsberatung oder Die Illusion ein Akteur zu sein

Es ist eine interessante Beobachtung, dass Manager dann, wenn Veränderungsprozesse gut gehen, sich diese Erfolge selbst zuschreiben, während sie externe Faktoren dafür verantwortlich machen, wenn Veränderungsprozesse scheitern (Miller/Ross 1975, Brown/Jones 1998). Die Vorstellung davon, dass Manager als aktiv Handelnde das Geschick von Organisationen steuern wird von der Wissenschaft wie von Organisationsberatern verbreitet. Für die Moderne ist die große Erzählung vom Manager als Akteur kennzeichnend. Der Manager macht einen Unterschied: Basierend auf einer gründlichen Analyse der Möglichkeiten und Bedrohungen seines Unternehmens durch den Wettbewerb entwickelt er eine Vision, die anschließend in Plänen konkretisiert und implementiert wird. Zu dieser Erzählung gehört auch die Vorstellung, dass Organisationsberater einen Unterschied machen – die große Erzählung vom Organisationsberater als Akteur: Organisationsberater können durch ihre unterstützende Tätigkeit zu diesem Prozess beitragen.

Eine postmoderne Sichtweise entlarvt diese große Erzählung als Illusion (Visscher 1999): Die Auswirkungen zielgerichteten Handelns sind unsicher und zumeist begrenzt, und sie hängen zudem sehr von demjenigen ab, der das Urteil fällt. Soziale Prozesse muss man sich eher als einen Strom von Ereignissen vorstellen, die a priori unstrukturiert sind. Menschen versuchen, die Kontingenz und Komplexität der Ereignisse einzufangen, indem sie Geschichten (*stories*) daraus machen (MacIntyre 1980, Cilliers 1998). In einer Geschichte bekommt ein unstrukturierter Strom von Ereignissen einen Anfang und ein Ende, Personen und einzelne Handlungen werden herausgestellt (Czarniawska-Joerges 1995, Boje 1995), sie erhalten eine Bedeutung im Kontext des Drehbuchs, das der Geschichte zugrunde gelegt wird. Menschen werden Absichten zugeschrieben und Umstände werden zu Ursachen für bestimmte Folgen erklärt. Wie bereits Hannah Arendt (1958) heraus gestellt hat, ist es der Geschichtenerzähler und nicht der Akteur selbst, der die Geschichte erfindet. Personen werden nicht deswegen zu Hauptdarstellern in Geschichten, weil ihre Handlungen in einem objektiven Sinn wichtige Ereignisse zur Folge haben, sondern weil der Geschichtenerzähler der Meinung ist, dass er dieser Person einen Akteurstatus zuschreiben sollte. „Storytellers pick certain actors from the stream of events and make them agents. And they can do this in very different ways, also when it concerns the same stream of events" (Visscher 1999: 3). Eine wichtige Regel moderner Diskurse, an die sich auch Geschichtenerzähler orientieren müssen, ist es, den Akteurstatus nur einer geringen Anzahl von zielgerichtet handelnden Individuen zuzuschreiben.

So wird der Bau bedeutsamer Bauwerke, der Sieg in Kriegen, wie auch der Erfolg in Veränderungsprozessen in Organisationen den genialen Plänen und Handlungen einzelner Architekten, Feldherren, Manager und Organisationsberater zugeschrieben. Organisationsberater können sich durch ihre Berufserfahrung sehr wohl bewusst sein, dass sie eigentlich keine Akteure sind: Sie können die Erfahrung gemacht haben, dass sie Veränderungsprozesse nicht steuern können, sondern dass sich diese ohne eine erkennbare Struktur, von Ereignis zu Ereignis entwickeln. Sie können wissen, dass ihnen Handlungen und daraus resultierende Wirkungen zugeschrieben werden, unabhängig davon, ob die Wirkungen tatsächlich ursächlich auf ihr Handeln zurückzuführen sind. Sie können wissen, dass der Sinn, der Handlungen unterlegt wird, kontextabhängig ist, und dass er aus unterschiedlichem Blickwinkel unterschiedlich rekonstruiert wird. Dennoch können Organisationsberater Gründe dafür haben, die Illusion, ein Akteur zu sein, aufrecht zu erhalten. Im einfachsten Fall verbergen sich dahinter wirtschaftliche Motive.

Visscher (1999) leitet aus dieser Beschreibung die empirische Forschungsfrage ab, wie Organisationsberater mit der Illusion, ein Akteur zu sein, umgehen. Zur Beantwortung dieser Frage führte er qualitative Interviews mit sieben erfahrenen Strategieberatern durch, die in Publikationen oder auf andere Weise zu erkennen gegeben hatten, dass ihnen mangelnde Steuerbarkeit und Kontextabhängigkeit von Veränderungsprozessen bewusst sind. Aus diesen Interviews leitet er drei Idealtypen von Organisationsberatern ab:

Der *aufgeklärt moderne Organisationsberater* erkennt grundsätzlich an, dass Akteur zu sein, für Berater eine Illusion ist. Er sucht nach Beratungsmandaten, bei denen er diese Erkenntnis klammern kann. Er gibt dann in diesen Beratungsprojekten Gestaltungsempfehlungen, die auf seinem Expertenwissen und seiner Problemanalyse beruhen, und handelt zielgerichtet um Veränderungen in der Klientorganisation herbeizuführen, wobei er die Erfolge für sich reklamiert. Er anerkennt aber, dass dies nicht in allen Situationen möglich ist.

Die *postmoderne Organisatonsberaterin* anerkennt ohne Ausnahme, dass Akteur zu sein, für Berater eine Illusion ist. Sie gibt daher niemals Gestaltungsempfehlungen. Stattdessen vermittelt sie dem Klienten eine Vielfalt von Sichtweisen und Geschichten. Sie spiegelt die Sichtweisen des Klienten und regt ihn zu Reflexion an.

Dabei kann Derridas Methode der Dekonstruktion zur Anwendung kommen: die Organisationsberaterin arbeitet dann zunächst die Gegenbegriffe heraus, die latent in einer Unternehmensstrategie enthalten sind. Sie werden anschließend in den Mittelpunkt gestellt, um schließlich in einem nächsten Schritt zu zeigen, welche neuen Perspektiven für die Unternehmensstrategie sich durch einen ständigen Wechsel zwischen den Begriffen erschließen. Cooper (1989) hat gezeigt, wie man die Dekonstruktion in der Organisationstheorie gewinnbringend anwenden kann. Visscher (1999: 8) findet in einigen Aussagen der von ihm interviewten BeraterInnen Belege dafür, dass sie implizit die Methode der Dekonstruktion anwenden.

Berater können auch die genealogische Methode Foucaults (1971) anwenden. Beispielsweise lassen sich unter dem Begriff Strategiediskurs alle jene Aussagen zusammenfassen, die sich auf Unternehmensstrategien beziehen – etwa die Lehrbuchmeinung, dass jedes Unternehmen eine Unternehmensstrategie besitzen muss (Knights/Morgan 1991). Zusammen mit Vertretern eines Klientunternehmens können Berater den Strategiediskurs dieses Klienten auf den Zusammenhang von Wissen und Macht hin analysieren. Strategieentscheidungen werden dabei als Strom von Ereignissen vorgestellt, die a priori unstrukturiert sind, sich aber als zufällige Ergebnisse von Machtkämpfen ergeben. Klienten werden so dazu angeregt, die Geschichte und Kontextabhängigkeit ihrer bisherigen Unternehmensstrategie zu reflektieren (Visscher 1999: 8).

Für andere postmoderne Organisationsberater stellt die Vorstellung, dass sich Organisationsberatung durch Sprache konstituiert, eine zentrale Hintergrundüberzeugung dar. Sie verzichten jedoch sowohl auf eine direkte Anwendung postmoderner Methoden wie auf eine weitergehende theoretische Fundierung ihres Beratungsansatzes in postmodernen Konzepten. Stattdessen basiert ihr Beratungsansatz beispielsweise auf einer als philosophische Haltung beschriebenen Grundhaltung der Offenheit, des Respekts, der Neugierde und der Verbundenheit mit dem Anderen, die sich eher locker postmodernen Überzeugungen verbunden weiß (Anderson/Burney 1996). Eine andere Variante stellt die Anwendung von Großgruppenverfahren wie *Storytelling* oder dem Unternehmenstheater auf sprachphilosophischer Basis dar (Rosile/Boje 2002). Das Unternehmenstheater gestattet es den Mitarbeitern, die in Geschichten eingefangene Kontingenz und Komplexität der Ereignisse in ihrem Unternehmen umzuschreiben (*restorying*).

Die postmoderne Organisatonsberaterin unternimmt keinerlei zielgerichteten Versuch, Veränderungen in der Klientorganisation herbeizuführen. „All standpoints are context-dependent, so anything goes. They help their clients by reframing their problems and showing possible solutions" (Visscher 1999: 8). Sie schreibt sich nicht den Beratungserfolg zu, sondern nur dem Klienten auf kreative Weise neue Sichtweisen vermittelt zu haben.

Der *ironische Organisationsberater* will Veränderungen in der Klientorganisation herbeiführen. Er gibt Gestaltungsempfehlungen, die auf kontextabhängigen Geschichten und lokalem Wissen beruhen, bleibt aber jederzeit offen für andere Sichtweisen. Seine Gestaltungsempfehlungen zielen nicht auf ein erwünschtes Ziel, auf einen Endzustand. Sie beschränken sich darauf, ein Auskommen aus der aktuellen, unerwünschten Situation zu finden. Dazu gibt er Anstöße, beispielsweise indem er kommunikative Verfahren leitet, in denen gemeinsames Lernen der Mitglieder der Klientorganisation möglich wird. Ironische Organisationsberater interpretieren Misserfolge als Lernerfahrungen, weil sie sonst Selbstvertrauen und Handlungsfähigkeit verlieren würden: „Agency may be an illusion, but an ironic should cherish his illusions to keep the confidence to act" (Visscher 1999: 7). Sie schreiben sich nicht den Beratungserfolg zu, sondern nur den Veränderungsprozess initiiert zu haben.

12.3.3. Postmoderne Organisationsberatung als Dekonstruktion von Sprachspielen

Der Idealtyp der postmodernen Organisationsberatung fasst Berater zusammen, die durchaus unterschiedliche Konzepte und Methoden postmoderner Theoriebildung aufnehmen, beispielsweise Wittgensteins Konzept des Sprachspiels, Derridas Methode der Dekonstruktion oder Foucaults Methode der genealogischen Analyse (Visscher 1999, Deissler (2005).[28]

Merkmale postmoderner Organisationsberatung sind demnach die Initiierung und Aufrechterhaltung hilfreicher Reflexionsprozesse wobei der Berater auf den Anspruch, ein Experte zu sein, verzichtet. Stattdessen nimmt er die Haltung des Nicht-Wissens bzw. Nicht-Expertentums (Anderson 1999) ein. Der Berater tritt als Verfahrensexperte auf. Das inhaltliche Expertentum verbleibt beim Klienten. Grundlegend ist die Annahme, dass sich durch Kommunikation soziale Wirklichkeit konstruiert. Auch Probleme und Lösungen werden kommunikativ erzeugt. Am Prozess der Problemerzeugung und Lösungsfindung sind daher all diejenigen beteiligt, die diesbezüglich miteinander kommunizieren. Dies schließt Mitglieder des Klientunternehmens, des Beratungsunternehmens und gegebenenfalls auch Mitglieder von Kunden und Zulieferern des Klientunternehmens ein. Beratungsgespräche sollen dazu verhelfen, die Sprachspiele, die bestimmte Zusammenhänge unverständlich machen, durch bestimmte Fragen, Metaphern usw. aufzulösen bzw. zu dekonstruieren (Deissler 2005: 8, Clegg/Kornberger/Rhodes 2004). Beispielsweise kann man fragen, welche Sprache bei Beschreibungen von Familienunternehmen benutzt wird und welchen Zielen sie dient. In Familienunternehmen finden mindestens drei Sprachspiele statt: ein Sprachspiel, das Familie als Verwandtschaftssystem thematisiert, ein zweites Sprachspiel, das Familie als wirtschaftliches Unternehmen thematisiert, und zuletzt ein Sprachspiel mit Themen, die die Verknüpfungen zwischen beiden Systemen betreffen. Die Dekonstruktion von Sprachspielen eröffnet mehrere neue Beschreibungsmöglichkeiten. An die Stelle einer Problemanalyse, die darauf abzielt, *eine* bestimmte Wahrheit herauszufinden, treten Dekonstruktionen sozialdominanter Sichtweisen und die Hervorbringung vorher noch nicht formulierter Beschreibungen. Dieses methodische Vorgehen ist mit einem expliziten Bekenntnis zur Toleranz und zur Förderung vielfältiger Beschreibungen verbunden (Deissler 2005: 11). Es gibt eine Stimmenvielfalt, die sich in vielfältigen Beschreibungen

---

[28] Als vollkommen oberflächliche Referenz auf Derridas Konzept muss dagegen die Beschreibung, Vermarktung und letztlich Legitimation der Auflösung der Wertschöpfungskette als „Dekonstruktion" durch die Boston Consulting Group bewertet werden (Khurana 2002).

ausdrückt. Diese Beschreibungen können durchaus in Widerspruch zueinander stehen. Postmoderne Organisationsberatung lehnt das Ansinnen ab, sie zu einer endgültigen Beschreibung und zu einer „einzigen und festen Wahrheit" zu vereinigen. Stattdessen sei es nützlicher anzunehmen, dass sich vielfältige Beschreibungen als offene Vielfalt ergänzen. Es gelte, diese Vielfalt der Beschreibungen in für alle Beteiligten nützlicher Weise zu koordinieren (Deissler 2005: ebd.). Um sich des Vorwurfs der Beliebigkeit zu erwehren, schlägt Diessler als zentrale Regel zur Koordination dieser Stimmenvielfalt die Anerkennung lokaler Ethiken vor. Damit nicht jeder Akteur nach seinem Geschmack seine eigene Beschreibung konstruiert und verändert, erhält das, was in verschiedenen Gruppen (Familien, Unternehmen, etc.) als ethisch akzeptiert wird, ein besonderes Gewicht.

12.3.4. Das Wissen der Berater und die Diskurse

Angeregt durch Foucaults Analyse von Wissen und Macht hat Salaman (2002) die traditionelle Sichtweise auf das Wissen der Berater hinterfragt. Man hat dieses Wissen als fehlerhaft, modisch und oberflächlich beschrieben sowie als nicht mit Expertenwissen bzw. wissenschaftlichem Wissen übereinstimmend (z.B. Kieser 1996). Immer wieder wird die mangelnde Professionalisierung der Organisationsberatung und damit auch die mangelhafte Fundierung des Beraterwissens beklagt (Kühl 2001, Alvesson/Johansson 2002). Der Vergleich von Beraterwissen mit wissenschaftlichem Wissen oder mit dem Wissen der Professionen kann aber gerade in die Irre führen, weil es die Forschungsfragen in die falsche Richtung lenkt. Aus soziologischer Sicht ist nicht ausschlaggebend, dass das Beraterwissen in wissenschaftlichem Sinne wahr ist. Die soziologische Analyse gilt der Alltagswirklichkeit – präziser: der Analyse jenes Wissens, welches das Verhalten in der Alltagswelt reguliert. „Nur am Rande interessieren wir uns dafür, wie sich diese Wirklichkeit in theoretischen Perspektiven von Intellektuellen und für Intellektuelle spiegelt" (Berger/Luckmann 1969: 21). Sozialwissenschaftler müssen die Gründe der Postulierung und Anerkennung von Wahrheitsansprüchen erforschen, anstatt diese Forschung mit Hinweis darauf für unnötig zu erklären, dass die Wahrheitsansprüche nach wissenschaftlichem Maßstab nicht aufrechterhalten werden können. Das Beraterwissen ist in seinen Konsequenzen real, auch wenn es nach wissenschaftlichen Maßstäben falsch ist. Diese Konsequenzen und die Zusammenhänge zu den Gründen der Postulierung und Anerkennung der Wahrheitsansprüche gilt es zu erforschen. Statt weiterhin zu zeigen, wie weit Beraterwissen von wissenschaftlichem Wissen oder vom Wissen der Professionen abweicht, solle besser ein neuer Ansatz verfolgt werden: ein Ansatz, der Beraterwissen und Beratungsunternehmen als neue Form der Organisation von Wissen betrachtet (Salaman 2002: 257).

Salaman selbst kann diese neue Form nicht weiter bestimmen. An seine These ist jedoch die Studie von Legge (2002) anschlussfähig, in der gezeigt wird, wie Berater drei Geschichten (*stories*) mit drei verschiedenen Botschaften konstruieren und kommunizieren, um ein und dasselbe Beratungsprodukt (Total Quality Management, TQM) an Klientunternehmen in unterschiedlichen Marktsituationen oder an unterschiedliche Gruppen innerhalb einer Klientorganisation zu vermitteln (mittleres Management, Personalwesen, Buchführung). Jede Geschichte ist um ein Kernargument konstruiert, das gerade in einer spezifischen Marktsituation überzeugt bzw. das eine spezifische Gruppe überzeugt. Diese diskursive Praktik wird positiv bewertet, weil sie eine Verbindung von Wissen und Macht herstellt, die es ermöglicht, Organisationen zu „regieren". Foucault fasst Fragen des Regierens und der Menschenführung unter dem Begriff der *Gouvernementalität* zusammen. Hierdurch können Praktiken des Führens und Geführtwerdens in Staaten wie in Organisationen als Spezialfälle desselben Phänomens analysiert werden. Was TQM ist, lässt sich also nicht einem Handbuchartikel entnehmen. Vielmehr konstituiert sich die Bedeutung von TQM aus der Wechselwirkung von Wissen und Macht unterschiedlicher Gruppen, die in der Klientunternehmung im Wettbewerb um die Führungsrolle in der Organisation stehen. Dabei können sich diese Gruppen weitere Merkmale dieser Praktik zunutze machen: Sie können je nach aktueller Situation und Zielsetzung zwischen den Geschichten wechseln. Sie können sich auch auf eine Geschichte einigen um andere Gruppen, z.B. die Mitarbeiter, die Aktionäre oder die Kunden, zu beeinflussen (Legge 2002: 86f.). Im Unterschied zu wissenschaftlichem Wissen oder zum Wissen der Professionen beruht das Beraterwissen also auf einer Kombination von Wissen und Macht, die erst den Durchgriff auf die Organisation ermöglicht. Das Beraterwissen leistet einen Beitrag zur Gouvernementalität von Organisationen (Miller/Rose 1993), den weder das wissenschaftliche Wissen noch das Wissen der Professionen leisten können.

Das Beraterwissen ist an organisationsberaterische Diskurse (Deissler 2005: 6) gebunden. Die Diskurse, denen man angehört, bestimmen im Wesentlichen, welche Beratungsmöglichkeiten sich eröffnen und welche verschlossen bleiben (Deissler 2005: 9). Das Beraterwissen erneuert die Vorstellungen, die sich mit der Organisation, dem Mitarbeiter und dem Manager verbinden. Solche Vorstellungen sind in organisationalen Diskursen der Klientorganisation zum Beispiel in Form von Metaphern, Geschichten und Texten präsent (Grant/Keenoy/Oswick 1998). Das Beraterwissen macht Organisation, Mitarbeiter und Manager als Gegenstände mit einer bestimmten Bedeutung verfügbar. Hierdurch können Praktiken des Führens und Geführtwerdens erneuert werden. Das Wissen der Berater verbindet gesellschaftliche Diskurse, die sich auf die Wirtschaft beziehen, mit Programmen und Prinzipien der Restrukturierung von Organisationen. Beispielsweise illustriert Guest (1992), wie der Management-Bestseller *In Search of Excellence* von Peters und Waterman traditionelle Werte aufnimmt, die zu Beginn der Reagan-Administration in den USA im Mittelpunkt des gesellschaftlichen Diskurses standen. In gleicher Weise gelang es ihnen, an organisationstheoretische Diskurse anzuknüpfen, die sich um die Themengebiete symbolisches Management, Human Resource Management, Organisationskultur und Führung entfalteten. Durch diese Verbindung zu gesellschaftlichen und organisationstheoretischen Diskursen bezieht das Beraterwissen seine Legitimität. Grint (1994) zeigt auf, wie Hammer und Champy bei der Verbreitung der von ihnen geschaffenen Beratermode des *Business Process Reengineering* geschickt jene Handlungsempfehlungen in den Vordergrund stellen, die sich mit dem Diskurs des *American Dream* in Übereinstimmung bringen lassen. Handlungsempfehlungen, für die dies nicht gilt, werden dagegen nicht in den Zusammenhang des *American Dream* gestellt. Hammer achte darauf, dass das, was er als neu an *Business Process Reengineering* herausstreiche, gleichzeitig als historisch verwurzelt in der amerikanischen Kultur erscheine.

12.3.5. Organisationsberatung und Gender

Die feministische Forschung zu Organisationsberatung hat in der postmodernen Theorie, insbesondere in Foucaults Diskursanalyse, einen zwar ambivalenten, aber dennoch hochgeschätzten Anknüpfungspunkt gefunden. Ambivalent ist der Rückbezug auf postmoderne Theorie deshalb, weil sich die Kritik der Postmoderne für die feministische Theorie einerseits fruchtbar machen lässt. Andererseits unterlaufe die Radikalität der diskursanalytischen Perspektive aber die politischen Ambitionen feministischer Forschung (Calás/Smircich 1992, 1996). Zentrale Forschungsfrage einer postmodernen, feministischen Forschung zu Organisationsberatung ist die *genderedness of consultancy*. In Abwandlung der von Calás und Smircich (1992: 231) für die Organisationstheorie formulierten Frage, kann man formulieren: "How is organizational consulting male gendered and with what consequences?"

Der Beantwortung dieser Forschungsfrage lässt sich auch die Studie von Meriläinen et al. (2004) zuordnen, die sich der Frage widmete, wie Organisationsberater und -beraterinnen ihr professionelles Selbstverständnis bestimmen. Aufbauend auf qualitative Interviews mit neun britischen und elf finnischen Organisationsberatern und -beraterinnen (etwa je zur Hälfte Frauen bzw. Männer) arbeiten sie heraus, dass das Bild des idealen Beraters bestimmt wird durch einen dominierenden Diskurs, der von Kerfoot und Knights (1993, 1998) als „competitive masculinity" bezeichnet wird, und der Hingabe an die Arbeit bis an die Grenze der Gefährdung von Gesundheit und Familienleben sowie Ergeiz und Erfolgsorientierung als „normal" definiert. Durch diesen Diskurs wird Macht ausgeübt, denn er diszipliniert Subjekte dazu, Überstunden in großem Umfang als selbstverständlich hinzunehmen und das Privatleben der Tätigkeit des Beratens vollständig unterzuordnen. Ein verborgener Bestandteil dieses Diskurses ist die als selbstverständlich vorausgesetzte Trennung zwischen einer beruflichen und privaten Lebenssphäre sowie eine geschlechtsspezifische Arbeitsteilung in Bezug auf Arbeit und Familie. Daraus lässt sich die Schlussfolgerung ziehen, dass „the ‚ideal' consultant corresponds to a man's body" (Meriläinen et al. 2004: 551).

Die Konstruktion des Selbstverständnisses der Organisationsberater geschieht in ständiger Auseinandersetzung mit diesem Diskurs und Alternativdiskursen, die in der Gesellschaft und Kultur des jeweiligen Landes präsent sind. Hier bieten sich britischen und finnischen BeraterInnen unterschiedliche Alternativdiskurse. Die britischen BeraterInnen können sich gegen die Ansprüche des dominierenden Diskurses nur durch Bezugnahme auf den Diskurs über „work/life balance" zur Wehr setzen. Im britischen Kontext, in dem Marktorientierung und individuelle Freiheit bedeutsame gesellschaftliche Diskurse darstellen, ist mit dem Diskurs über „work/life balance" allerdings nur eine Arbeitsmarktpolitik verbunden, die sich an Frauen wendet. Daher geht von diesem Diskurs eine vergleichbar schwache Macht aus. Für den britischen Organisationsberater ist daher Leben das Problem, weil es der Arbeit im Weg steht (Meriläinen et al. 2004: 554). Anders in Finnland. Dort ist ein Diskurs über das „balanced individual" verfügbar, der sich auf beide Geschlechter bezieht, und der von beiden fordert, dass sie Arbeit und Privatleben auf zufrieden stellende Weise ausbalancieren. Verbunden mit dem gesellschaftlichen Diskurs über Gleichheit und einer Politik der Institutionalisierung der Kinderbetreuung gestattet und fordert dieser Alternativdiskurs von den finnischen OrganisationsberaterInnen, sich nicht nur auf den dominierenden Diskurs sondern auch auf einen mächtigen Alternativdiskurs zu beziehen, der ebenfalls den Anspruch erhebt, zu definieren, was „normal" ist. Finnische Organisationsberater und -beraterinnen heben in ihren Selbstbeschreibungen entsprechend hervor, dass es ihnen möglich sei, ein aktives Arbeitsleben *und* ein Familienleben zu führen.

12.4. Empirische Forschung

Das qualitative Interview stellt bisher die bevorzugte Methode der empirischen Sozialforschung von Vertretern einer Theorie der post-modernen Organisationsberatung wie einer postmodernen Theorie der Organisationsberatung dar. So beruhte die Idealtypenbildung Visschers (1999; vgl. Kap. 12.3.2) wie auch die Studie von Meriläinen et al. (2004; vgl. Kap. 12.3.5) zum Zusammenhang von Organisationsberatung und *gender* auf qualitativen Interviews. Empirische Forschung wird zur Hypothesengenerierung, nicht zur Überprüfung von Hypothesen eingesetzt.[29]

---

[29] Ergänzend sei an dieser Stelle angemerkt, dass nur ein Teil der Forschung zu Organisationsberatung und *gender* der Postmoderne verpflichtet ist. Aus systematischen Gründen ist es nicht sinnvoll an dieser Stelle Forschung vorzustellen und zu diskutieren, die nicht der Postmoderne zuzurechnen ist. InteressentInnen seien auf die empirischen Studien von Gealy/Larwood/Elliott 1979 und Degele 2001 verwiesen.

12.5. Würdigung und Kritik

Nur eine sehr geringe Anzahl an wissenschaftlichen Arbeiten zur Organisationsberatung bezieht sich auf die Postmoderne. Deren mangelnde theoretische Geschlossenheit wie auch die Rezeption als Epoche (Theorie der post-modernen Organisationsberatung) oder epistemischer Ansatz (postmodernen Theorie der Organisationsberatung) machen eine Würdigung zu einem notgedrungen bruchstückhaften Unterfangen. Die Bedeutung dieser theoretischen Perspektive für eine allgemeine Theorie der Organisationsberatung sollte dennoch nicht unterschätzt werden.

Zum ersten liefert die postmoderne Theorie der Organisationsberatung eine Metatheorie für eine allgemeine Theorie der Organisationsberatung. In den vergangenen Kapiteln wurde eine große Vielfalt an theoretischen Zugängen zur Beschreibung und Erklärung von Organisationsberatung behandelt. Es stellt sich ganz offensichtlich die Frage des Verhältnisses dieser Perspektiven zueinander. Die Grundbegriffe und grundlegenden Annahmen dieser Theorieansätze sind höchst verschieden. Sie lassen sich in dieser Vielfalt nicht zu einem widerspruchsfreien Ganzen zusammenfügen. Aus wissenschaftstheoretischer Perspektive handelt es sich um inkommensurable Paradigmen (Kuhn 1976). Aus Sicht der postmodernen Theorie wurde argumentiert, dass es sich um inkommensurable Sprachspiele (Diskurse) handelt (Lyotard 1994, Pelzer 1995). Beide Argumentationslinien sind nicht identisch. Eine Diskursart im Sinne Lyotards ist kein Paradigma im Sinne Kuhns. Bei Kuhn wird eine Krise überwunden, wenn sich dank der Annahme eines Paradigmas durch die Forschergruppe eine normale Wissenschaft etabliert, während bei Lyotard die Überwindung der Vielfalt weder möglich noch wünschenswert ist. Die Diskussion um Lyotards Inkommensurabilitätsthese hat sich vor allen darüber entzündet, ob er sie in totalisierender Weise auf alles und jedes anwendet oder ob er sie doch selbst einschränkt (Koch 1999). Selbst profilierte Interpreten der postmodernen Philosophie halten Lyotards These der Autonomie und Heterogenität der Sprachspiele für überzogen und sprachphänomenologisch nicht zu halten (Welsch 1988: 261). Für die Organisationstheorie ist die Inkommensurabilitätsthese Lyotards und die damit verbundene Pluralismusthese die zentrale Anregung gewesen, die sie in den 90er Jahren aufgenommen und kontrovers diskutiert hat (vgl. als Überblick Scherer/Steinmann 1999, die in ihrer Einleitung konstatieren, dass diese Diskussion ein „dead end" erreicht habe). Demgegenüber wurde eine substanzielle Forschung zu Themenfeldern der Organisationsforschung lange vernachlässigt. Als metatheoretischen Hintergrund für die Theorie der Organisationsberatung bringt die Postmoderne das Pluralismustheorem ein. Postmoderne Vertreter des Pluralismustheorems sehen im Theoriepluralismus ein großes kreatives und anti-totalitäres Potential. Gegner dieses Theorems argumentieren, dass Theoriepluralismus den wissenschaftlichen Fortschritt gefährdet, weil Theorien dann unkritisiert nebeneinander stehen, man bessere von schlechteren Theorien nicht mehr unterscheiden kann und sich die Forschung in

Teilgebiete zersplittert. Sie kritisieren aber auch, dass es sich bei der Anwendung des Pluralismustheorems auf Theorien um eine unangemessene Anwendung des Diskursbegriffs handelt. Das „Ende der großen Erzählungen" werde in undifferenzierter Weise qua Analogiebildung auf verschiedenste Arten von Aussagesystemen wie etwa Theorien übertragen und verallgemeinert.

Ihr themenspezifisches kreatives Potential entfaltet die Postmoderne als Theorie der post-modernen Organisationsberatung und als postmoderne Theorie der Organisationsberatung. Indem sie die große Erzählung vom Berater als Akteur in Frage stellt, zeigt die Theorie der post-modernen Organisationsberatung die Grenzen von Organisationsberatung auf und zwar auf eine andere, insbesondere produktivere Weise, als dies die Luhmannsche Systemtheorie tut. Organisationsberater werden nicht deswegen zu Hauptdarstellern in Prozessen organisationalen Wandels, weil ihre Handlungen in einem objektiven Sinn wichtige Ereignisse zur Folge haben, sondern weil diejenigen, die von einem Wandlungsprozess erzählen, der Meinung sind, dass sie dem Berater einen Akteurstatus zuschreiben sollten. Solche Geschichten werden in Organisationen erzählt, um Ziele durchzusetzen. Produktiv ist diese Perspektive deshalb, weil die Betonung der Macht der Sprache nicht nur die Macht des Beraters in Frage stellt. Sie gibt dem Berater zugleich das Mittel in die Hand, mit dem er bei aller Einsicht in die Grenzen der Beratung dennoch beraten kann: die Macht der Sprache. Die postmoderne Theorie der Organisationsberatung liefert eine Beschreibung von Organisationsberatung als Dekonstruktion von Sprachspielen und damit einhergehend, Methoden der Organisationsberatung, z.B. die Dekonstruktion und die genealogische Methode. M.E. sollte man hier eher vorsichtiger argumentieren als Visscher (1999) und herausstreichen, dass mit beiden Methoden nicht direkt Methoden der Organisationsberatung gegeben sind, sondern Konzepte die das methodische Vorgehen, beispielsweise von systemischen Beratern, theoretisch rekonstruieren können. In der Radikalität, in der Derrida und auch Foucault beide Methoden konzipiert haben und anwenden, scheinen sie mehr für wissenschaftliche, weniger jedoch für beraterische Zielsetzungen direkt geeignet. Visschers Aussage ist ein erneutes Beispiel für die oben angesprochene vorschnelle Analogiebildung und unangemessene *direkte* Anwendung von Konzepten der Postmoderne.

Zugleich liefert sie einen originellen Zugang zum Verständnis des Beraterwissens. Beraterwissen ist nicht einfach fehlerhaft, modisch und oberflächlich. Es ist nicht einfach minderwertig gegenüber dem vermeintlich exakteren wissenschaftlichen Wissen bzw. dem Wissen der Professionen. Organisationsberatung funktioniert nicht als einfach zu denkender Wissenstransfer. Beraterwissen ist von einer anderen Qualität: Im Unterschied zu wissenschaftlichem Wissen oder zum Wissen der Professionen beruht das Beraterwissen auf einer Kombination von Wissen und Macht, die erst den Durchgriff auf die Organisation ermöglicht. Diskursive Praktiken wie die Konstruktion von Geschichten ermöglichen durch ihre Verbindung von Wissen und Macht die Rückbindung von Beraterwissen an Gruppen in der Klientorganisation, die miteinander im Wettbewerb stehen. Geschichten stellen einen Transmissionsmechanismus dar, der Beraterwissen in Machtpraktiken in der Klientorganisation übersetzt. Dies impliziert, dass die eigentliche Umsetzung des Beraterwissens von den Mitgliedern der Klientorganisation abhängt, und nicht vom Berater.

Schließlich ermöglicht eine postmoderne Theorie der Organisationsberatung den Zusammenhang von Organisationsberatung und Gesellschaft zu thematisieren. Beraterwissen ist in Diskurse eingebettet. Die Diskurse, denen Berater angehören, bestimmen im Wesentlichen, welche Beratungsmöglichkeiten sich eröffnen und welche verschlossen bleiben. Organisationsberaterische Diskurse entwickeln sich in Abhängigkeit von gesellschaftlichen und wissenschaftlichen, insbesondere organisationstheoretischen Diskursen und sie müssen an organisationale Diskurse anschließen. Postmoderne Theorie hebt hervor, dass Diskurse nicht das Produkt einzelner Menschen, z.B. von Management-Gurus sind. Stattdessen sind die Berater und die von ihnen wahrgenommenen Probleme und Lösungen Ergebnisse dieser Diskurse.

Man kann den postmodernen Ansätzen mangelnde theoretische Geschlossenheit vorwerfen. Insofern man sie mit dieser Kritik in ihren Prämissen und Zielsetzungen nicht ernst nimmt, halte ich diese Kritik jedoch für nicht weiterführend. Postmoderne Perspektiven wollen eher in Frage stellen als Antworten geben. Dies soll hier respektiert werden. Die Förderung von Perspektivvielfalt soll allerdings in der Beliebigkeit von Aussagen ihre Grenze finden. Für die Bewertung der Fruchtbarkeit der Postmoderne zur Analyse von Organisationsberatung scheinen mir folgende Kritikpunkte wichtig:

Die Radikalität der sprachphilosophischen Perspektive lässt sich aus der Perspektive anderer sozialwissenschaftlicher Theorien in Frage stellen: Ist die Sprache wirklich so zentral, wie die Postmoderne annimmt? Wie unabhängig ist die Sprache tatsächlich von der materiellen Basis? Wie beliebig sind die sprachlichen Konstruktionen?

Der Diskursbegriff, den die Organisationstheorie aus der postmodernen Theorie aufgenommen hat, ist unscharf (vgl. auch Koch 2003: 352f.) und in sich widersprüchlich. Während oben mit Lyotard auf einer Metaebene die Inkommensurabilität von Diskursen angenommen wurde, wurde mit Rückbezug auf Foucault argumentiert, dass sich organisationsberaterische Diskurse in Abhängigkeit von gesellschaftlichen Diskursen entwickeln. Hier scheinen sie also nicht inkommensurabel. Diese Widersprüche lassen sich nur durch klar voneinander abgegrenzte Diskurs-Begriffe ausräumen. Dabei kann niemand das Monopol auf die einzig sinnvolle Diskurs-Definition für sich beanspruchen (es sei an den Diskurs-Begriff von Habermas 1984 erinnert). Für eine ernsthafte Auseinandersetzung mit der Postmoderne sind Verstehen und argumentative Nachvollziehbarkeit, die Voraussetzung für Übereinstimmung wie für Ablehnung sind, so zentral wie für die Auseinandersetzung mit jeder anderen wissenschaftlichen Theorie. Die Annahme, dass kein Begriff letztlich mit eindeutigen Sinngehalten versehen werden kann, macht die Notwendigkeit deutlich, die grundsätzliche Bedeutungskontingenz durch selektive Begriffsentscheidungen in bearbeitbare und diskutierbare Form zu bringen (Koch 2003: 33). Diese Forderung verhindert Beliebigkeit und Oberflächlichkeit ohne dass dadurch das Recht auf Differenz abgesprochen wird.

An der Diskursanalyse Foucaults sollen zwei Aspekte in Frage gestellt werden: zum einen die Annahme, dass Menschen nicht als Akteure in Erscheinung treten können. Sollte man nicht besser differenzierter argumentieren und klären, unter welchen Bedingungen Subjekte die Diskurse prägen können und unter welchen das Gegenteil der Fall ist? Damit verbunden ist die Vorstellung von Diskursen als nicht nur Macht ausübender sondern auch befreiender Kraft (Münch 2004: 414). Man denke konkret an Organisationsberatungsprozesse, in denen das Beraterwissen in Gestalt von Geschichten den verschiedenen Gruppen übergeben wurde, die Mitglieder der Klientorganisation sind. Was machen die Gruppen mit diesen Geschichten? Bedarf es nicht eines Akteurskonzepts um ihren Kampf um Durchsetzung jeweils ihrer Geschichte zu beschreiben und zu erklären?

Die Bedeutung der Theorie der post-modernen Organisationsberatung besteht sicherlich nicht darin herauszustreichen, dass Berater Klientorganisationen dabei unterstützen, sich an eine zunehmend dynamischer, kurzlebiger und fragmentierter werdende Umwelt anzupassen. Diese Argumentation ist geradezu ein Paradebeispiel für Kellners (1990: 271) Vorwurf an die Postmoderne nach Belieben einseitig Tendenzen der Fragmentierung hervorzuheben und Gegentendenzen zu unterschlagen. Sind es nicht gerade die Organisationsberater, die weltweit eben nicht zur Differenz, Vielfalt und Heterogenität von Klientunternehmen beitragen, sondern zur Vereinheitlichung und Standardisierung?

Im Folgenden finden Sie Fragen, die Ihnen als Berater oder Klient Hilfestellung leisten sollten, Beratungshandeln aus postmoderner Perspektive zu reflektieren.

12.6. Fragen für Berater

Konzentrieren Sie sich bitte auf den sprachlichen Aspekt Ihres Handelns als Berater. Welche neuen Handlungsmöglichkeiten erschließen sich Ihnen, wenn Sie Problembeschreibungen des Klienten nicht als Abbild seiner Probleme auffassen, sondern als sprachliche Konstruktionen, die über das Verhältnis zu anderen Worten definiert werden? Was passiert, wenn sie einzelne Worte ersetzen? Wie reagiert der Klient darauf? Welche Konsequenzen hat dies für die Lösungskonzepte, die Sie im Auge haben? Welche Konsequenzen hat dies für Ihre Tätigkeit als Berater insgesamt? Wie bedeutsam ist die Initiierung von Reflexionsprozessen beim Klienten für Ihre Beratungsmandate?

Wie offen ist Ihr Klient für vielfältige Beschreibungen seiner Probleme? Wie offen ist er für alternative Lösungsvorschläge? Wie offen ist er dafür, selbst nach Lösungen zu suchen?

In welchem Umfang nutzen Sie die Möglichkeit, durch das Erzählen von Geschichten (im weitesten Sinne) Argumente zu vermitteln, Kontexte verständlich zu machen, oder verschiedene Akteure in der Klientorganisation anzusprechen?

Die Diskurse, denen Berater angehören, bestimmen im Wesentlichen, welche Beratungsmöglichkeiten sich eröffnen und welche verschlossen bleiben. Welche Diskurse nehmen Sie in ihrem Umfeld war? Werten Sie sie gezielt für Ihr Beraterhandeln aus? Wie stellen Sie sicher, dass Sie alle für Ihr Beraterhandeln wichtigen Diskurse verfolgen können? Nehmen Sie aktiv an diesen Diskursen teil? Wie legitimieren Sie die Argumente, Vorschläge und Gestaltungsempfehlungen, auf die Sie im Rahmen von Organisationsberatungsprozessen zurückgreifen? An welchen Diskursen nimmt Ihr Klient teil?

Gibt es Akteure, die die für Sie relevanten Diskurse maßgeblich gestalten? Welche Beziehungen können und wollen Sie zu diesen Akteuren aufbauen?

Gibt es Verbindungen zwischen organisationsberaterischen, organisationstheoretischen und gesellschaftlichen Diskursen, die Sie einschränken oder die Ihnen neue Handlungsmöglichkeiten eröffnen könnten? An welche organisationalen Diskurse im Klientunternehmen wollen oder sollten Sie (nicht) anschließen?

Diskurse sind konkrete historische Gebilde der Wissens- und Bedeutungsproduktion. Welche Argumentationslinien in für Sie relevanten organisationsberaterischen, organisationstheoretischen oder gesellschaftlichen Diskursen sind Ihrer Meinung nach nur aus dem historischen Kontext heraus zu verstehen? Welche für Sie relevanten Argumentationslinien könnten Sie deshalb relativieren? Wie stark sind Sie in Ihrem aktuellen Beratungsmandat an den historischen Kontext gebunden?

Wie sicher sind die Auswirkungen Ihres Beraterhandelns beim Klienten? Erleben Sie Organisationsberatungsprojekte eher als einen Strom von Ereignissen, die a priori unstrukturiert sind, oder eher als strukturierte Abfolge von Arbeitsschritten. Wie gehen Sie derzeit mit dieser Wahrnehmung um? Könnte es Alternativen dazu geben?

Beratung kann die Differenz, Vielfalt und Heterogenität unter Klientunternehmen steigern, sie kann aber auch die Vereinheitlichung und Standardisierung steigern.

Entwickeln Sie Ihre eine Vorstellung davon, ob das eine oder das andere in Ihrem aktuellen Beratungsmandat angemessen scheint.

12.7. Fragen für Klienten

Konzentrieren Sie sich bitte auf den sprachlichen Aspekt Ihres Handelns. Welche neuen Erkenntnisse und Handlungsmöglichkeiten erschließen sich Ihnen, wenn Sie die Problembeschreibung, die Sie Ihrem zukünftigen Berater geben wollen, nicht als Abbild Ihrer Probleme auffassen, sondern als sprachliche Konstruktion, die über das Verhältnis zu anderen Worten definiert wird? Was passiert, wenn sie einzelne Worte ersetzen? Wie reagiert der Berater, wenn Sie die Problembeschreibung dergestalt ändern? Welche Konsequenzen hat dies für die Lösungskonzepte, die Sie jetzt vielleicht schon im Auge haben? Welche Konsequenzen hat dies für die Tätigkeit des Beraters? Wie bedeutsam ist die Initiierung von Reflexionsprozessen für Sie?

Wie offen sind Sie für vielfältige Beschreibungen Ihrer Probleme? Wie offen sind Sie für alternative Lösungsvorschläge? Wie offen sind Sie dafür, selbst nach Lösungen zu suchen?

Die Diskurse, denen Berater angehören, bestimmen im Wesentlichen, welche Beratungsmöglichkeiten sich eröffnen und welche verschlossen bleiben. An welchen Diskursen scheint ihr Berater teilzunehmen, an welchen nicht? An welchen Diskursen sollte er aus Ihrer Sicht teilnehmen? Berücksichtigen Sie dies bei seiner Auswahl?

Welche Diskurse nutzen Sie als Klient? Welche Diskurse nehmen Sie in ihrem Umfeld war, z.B. unter Managern, die sich bei diversen Anlässen über Beratungsprojekte austauschen? Werten Sie sie gezielt für die Beratungsprojekte in Ihrem Unternehmen aus? Wie stellen Sie sicher, dass Sie alle für Klienten wichtigen Diskurse verfolgen können? Nehmen Sie aktiv an diesen Diskursen teil?

Gibt es Akteure, die die für Sie relevanten Diskurse maßgeblich gestalten? Welche Beziehungen können und wollen Sie zu diesen Akteuren aufbauen?

Gibt es Verbindungen zwischen organisationsberaterischen, organisationstheoretischen und gesellschaftlichen Diskursen, die Sie einschränken oder die Ihnen neue Handlungsmöglichkeiten eröffnen könnten? An welche organisationalen Diskurse wollen oder sollten Sie wie auch der Berater (nicht) anschließen?

Diskurse sind konkrete historische Gebilde der Wissens- und Bedeutungsproduktion. Welche Argumentationslinien in für Sie relevanten organisationsberaterischen, organisationstheoretischen oder gesellschaftlichen Diskursen sind Ihrer Meinung nach nur aus dem historischen Kontext heraus zu verstehen? Welche für Sie relevanten Argumentationslinien könnten Sie deshalb relativieren? Wie stark sind Sie in Ihrem Unternehmen an den historischen Kontext gebunden?

Wie sicher sind die Auswirkungen des Beraterhandelns auf Ihr Unternehmen? Erleben Sie Organisationsberatungsprojekte eher als einen Strom von Ereignissen, die a priori unstrukturiert sind, oder eher als strukturierte Abfolge von Arbeitsschritten? Wie gehen Sie derzeit mit dieser Wahrnehmung um? Könnte es Alternativen dazu geben?

Beratung kann die Differenz, Vielfalt und Heterogenität unter Klientunternehmen steigern, sie kann aber auch die Vereinheitlichung und Standardisierung steigern. Entwickeln Sie Ihre eigene Vorstellung davon, ob das eine oder das andere in der aktuellen Situation Ihres Unternehmens angemessen scheint.

Teil III:

Zusammenfassung und Ausblick

13. Organisationsberatung: Zentrale Perspektiven und Debatten

In diesem Kapitel wird die Metaperspektive entwickelt, die eine Integration der verschiedenen Theorieperspektiven leisten soll. Gewonnen wird diese Metaperspektive aus einer Zusammenstellung und Systematisierung von zentralen Debatten, die die Forschung zu Organisationsberatung begleitet haben (dieses Vorgehen wird von Astley/Van de Ven 1983 übernommen). Dabei soll es nicht darauf ankommen, ob es diese Debatten wirklich gab. Es gab über die längste Zeit hinweg, in der zu Organisationsberatung geforscht wird, weder im deutsch- noch im englischsprachigen Raum eine Fachzeitschrift für Organisationsberatung auf wissenschaftlichem Niveau, in der solche Theoriedebatten geführt worden wären (Ausnahmen: die Zeitschrift *Consultation: An International Journal* erschien seit 1981 und stellte mit dem 3. Heft 1990 ihr Erscheinen ein; die Zeitschrift OrganisationsEntwicklung). Entscheidend soll sein, dass sich die Entwicklung der verschiedenen Theorieansätze nachträglich so rekonstruieren lässt, als ob diese Debatten stattgefunden hätten.

Zuvor sollen jedoch jene Theorieperspektiven ergänzt werden, aus deren Reihe Organisationstheoretiker in diesem Lehrbuch vergeblich Beiträge zur Organisationsberatung gesucht haben.

13.1. Anmerkungen zu fehlenden Theorieperspektiven

Es lassen sich zwei Gruppen von Theorieansätzen nennen, aus deren Reihe uns nennenswerte Beiträge zur Organisationsberatung fehlen. Dies sind zum einen Theorieansätze der Allgemeinen Soziologie, in denen „Organisationen gegenüber makro- und mikrosoziologischen Analyseeinheiten unterbelichtet bleiben" (Hasse/Krücken 2005: 135). Dazu zählen – trotz aller Bemühungen um ihre Anwendung in Verbindung mit mikropolitischen Ansätzen (vgl. Kap. 8) – die Strukturationstheorie von Anthony Giddens, Pierre Bourdieus Theorie der Praxis sowie kritische und neomarxistische Ansätze.

Aus der Perspektive Bourdieus trägt Czarniawska (2001) die Hypothese bei, dass Berater die Logik der Praxis anwenden müssen, nicht die Logik der Theorie (die von Wissenschaftlern anzuwenden ist) oder die Logik der Repräsentation. Berater benötigen letztere jedoch für die Legitimation ihres Vorgehens.

Trotz aller Bemühungen um eine Ausweitung kritischer und neo-marxistischer Ansätze auf die Organisationstheorie (Willmott 2005, Carr 2000, Alvesson/Deetz 1996, Alvesson/Willmott 1992, Scott 1990, Attewell 1987, Steffy/Grimes 1986, Salaman 1978, Benson 1977) sind die Beiträge zum Themengebiet der Organisationsberatung bisher nur bruchstückhaft: Organisationsberatung wird mit Bezug auf Habermas definiert als Interaktionsform, die auf verständigungsorientiertem Handeln basiert, und in der deshalb Einfluss und Vertrauen eine größere Rolle spielen als Macht. Beratung findet idealtypisch im herrschaftsfreien Raum statt. Organisationsberatung als „Verständigung über Alternativen, Auswahlen, Folgen und Nebenfolgen von Entscheidungen" zielt auf eine Erweiterung des Problem- und Handlungshorizonts des Beratenen (Pohlmann 2002: 331). Im Klassengegensatz zwischen Kapitalisten und Arbeiterklasse stehen Manager und Berater auf Seiten des Kapitals (Willmott 2005). Management-Moden und die Inszenierung von Impression Management werden in den Kontext eines umfassenden Prozesses der Verdinglichung (zur-Ware-werden) von Wissen gestellt (*commodification of knowledge*; Fincham/Clark 2002: 9 sowie Fincham 2002: 192), eine These, die leider keine weitere Ausarbeitung erfährt. Eine kritische Theorie der Beratung müsste individuelle, institutionelle und gesamtgesellschaftliche Strukturen reflektieren, in die Beratung verankert ist und die die Beratungssituation strukturieren (Rechtien/Irsch 2006: 20). Die von Clark und Fincham (2002) unter dem Titel "critical consulting" vorgestellte „critical perspective" steht nicht in der Traditionslinie der Kritischen Theorie. Als kritische Perspektive gilt hier stattdessen eine Sichtweise, die das Expertenwissen des Beraters nicht unhinterfragt als gegeben und hilfreich für den Klienten ansieht, und sich dadurch von der traditionellen, funktionalistischen Perspektive auf Organisationsberatung abgrenzt. Zentrale Forschungsfrage wird daher, wie Berater vorgehen, um die Klienten vom Wert ihres Wissens zu überzeugen. Diese Forschungsfrage mündet letztendlich in eine Anwendung des strategisch-dramaturgischen Ansatzes (Fincham/Clark 2002: 6f.; vgl. Kap. 7). Sturdy (1997b; „dialectics of consultancy") konzipiert Beratung als dialektischen Prozess, stellt jedoch in einer Fußnote klar, dass er darunter nur das dynamische, interaktive oder iterative und konflikthafte Wesen des Beratungsprozesses versteht. Er bezieht sich nicht auf anspruchsvollere Konzepte von Dialektik (Sturdy 1997b: 532, Fußnote 1).

Zweitens fehlen uns Beiträge zur Organisationsberatung aus der Perspektive jener organisationstheoretischen Ansätze, die nicht in der Lage sind, Interaktionsbeziehungen zwischen Berater und Klient zu konzipieren. Dazu zählen der Bürokratieansatz, die wissenschaftliche Betriebsführung (Scientific Management), der Human Relations-Ansatz, und die verhaltenswissenschaftliche Entscheidungstheorie, weil sie sich auf Prozesse innerhalb von Organisationen konzentrieren. Interaktionen zwischen Organisationen bleiben außerhalb ihrer theoretischen Reichweite.

Die Kontingenztheorie wie auch der populationsökologische Ansatz thematisieren dagegen das Verhältnis einer Organisation zu ihrer Umwelt. Diese Umwelt wird dabei jedoch so abstrahiert, dass andere Organisationen in der Umwelt nicht oder nur in sehr reduzierter Komplexität thematisiert werden. Die Umwelt der Organisation wird in der Kontingenztheorie als Kontext gedacht, der sich durch Situationsmerkmale (z.B. Fertigungstechnologie, Rechtsform, Eigentumsverhältnisse) beschreiben lässt. Die Interaktion zwischen System und Umwelt wird dabei ebenso wenig thematisiert wie der Tatbestand, dass in der Umwelt Organisationen existieren könnten.

Das zentrale Thema des populationsökologischen Ansatzes ist die Frage nach organisationalem Wandel. Der Wandel wird aus dieser Perspektive nicht durch Individuen gestaltet. Stattdessen entwickeln sich Organisationen evolutionär. Unpassende Varianten von Organisationen werden durch die Umwelt selektiert, passende Varianten werden bewahrt. Der Ansatz betrachtet immer Populationen ähnlicher Organisationen. Die Ähnlichkeit bezieht sich auf die organisationale Form (in Analogie zum Phänotyp in der biologischen Evolutionstheorie) und die Kompetenzen (in Analogie zum Genotyp). Beratungsunternehmen und Klientunternehmen gelten nicht als ähnliche Organisationen. Sie werden vom populationsökologischen Ansatz daher nie gemeinsam in den Blick genommen. Beratungsunternehmen verschwinden gleichsam in der selektierenden Umwelt der Klientunternehmen. Das Desinteresse an der Interaktion zwischen Populationen von Beratern und Klienten wird noch dadurch verstärkt, dass gezieltem Wandel in Übereinstimmung mit der biologischen Evolutionstheorie eine minimale Bedeutung zugestanden wird.

Als Fazit kann festgehalten werden, dass ein überaus nennenswerter Anteil organisationstheoretischer Ansätze sowie allgemeiner soziologischer Theorieansätze bisher keinen nennenswerten Beitrag zu einer Theorie der Organisationsberatung leisten.

13.2. Zentrale Perspektiven und Debatten

Berücksichtigt man die in Teil II dargestellten Theorieansätze, so lassen sich folgende Fragen identifizieren, um die die zentralen Debatten der Forschung zu Organisationsberatung kreisen:

(1) *Determinismus versus Voluntarismus*. Sind Berater- und Klientorganisation durch die strukturellen Merkmale der Kontexte eingeschränkt, in die sie eingebettet sind, *oder* sind sie weitgehend autonom handelnde Akteure?
(2) *Vertrauen versus Macht*. Ist Organisationsberatung eine Interaktionsbeziehung, die auf Einfluss und Vertrauen basiert, oder ist sie eine Interaktionsbeziehung, die auf Macht basiert?
(3) *Zielgerichtetheit versus Ergebnisoffenheit der Intervention*. Lassen sich die Interventionen des Beraters beim Klienten als zielgerichteter, linearer Prozess

des Wissenstransfers rekonstruieren *oder* als kontingenter, ergebnisoffener Prozess?

13.2.1. Determinismus versus Voluntarismus

Sind Berater- und Klientorganisation – und damit auch ihre individuellen Mitglieder – durch die strukturellen Merkmale der Kontexte eingeschränkt, in die sie eingebettet sind, oder sind sie weitgehend autonom handelnde Akteure?

Die Autonomie der Akteure wird vom Symbolischen Interaktionismus hervorgehoben. Beratungshandeln wird als symbolisch vermittelte Interaktion begriffen, und die aktive Mitwirkung des Individuums an der Rollenbildung anerkennt. Wie die Beziehung zwischen Berater und Klient in der tatsächlichen Situation gestaltet wird, hängt davon ab, wie die beratende Organisation ihre Rolle als Berater und die Rolle des Klienten interpretiert, wie die ratsuchende Organisation ihre Rolle als Klient und die Rolle des Beraters interpretiert, sowie davon, wie die relevanten Mitglieder beider Organisationen die symbolischen Ausdrücke interpretieren, die sie in ihren Gesprächen verwenden. Hinsichtlich der aktiven Beteiligung an der Rollenbildung wird bei beiden Makrorollen die Dominanz des *Role-Making* hervorgehoben, d.h. die aktive Neudefinition der Rolle durch die Rolleninhaber. Mit anderen Worten, der Symbolische Interaktionismus zeigt, wie kontingent und ausgehandelt Beratungshandeln ist.

In der Forschung zur Organisationsberatung sollte man den strategisch-dramaturgischen Ansatz als Ergänzung des symbolisch-interaktionistischen Ansatzes bewerten. Die Kreativität, mit der Berater ihre Rolle gestalten überschreitet das *role-making*. Der Berater inszeniert vielmehr seine Rolle für den Klienten. Er will einen bestimmten Eindruck beim Klienten hervorrufen. Beratungshandeln beinhaltet Elemente von Täuschung, Verheimlichung, aber auch von Entdeckung. Der Organisationsberater liefert eine Selbstdarstellung, die sein Erscheinungsbild zu seinen Gunsten manipuliert. Aspekte, die dem gewünschten Erscheinungsbild abträglich sein könnten, werden verborgen oder herunter gespielt. Der Akteur des strategisch-dramaturgischen Ansatzes berechnet strategisch und zweckrational die besten symbolischen Möglichkeiten, wie er einerseits das Publikum positiv beeindrucken und andererseits die Erwartungen seines Publikums umgehen kann, wenn sie seinen persönlichen Interessen zuwiderlaufen. Goffmans Theater-Metapher lässt den Akteur jedoch nicht ausschließlich als zynischen Theaterspieler und Vorstellungskünstler erscheinen. Mit ihr verdeutlicht Goffman vielmehr, wie notwendig für den Akteur die „Arbeitsakzeptanz" (*working acceptance*) seiner Identität in Anbetracht der grundsätzlichen Brüchigkeit aller Realitätsdeutungen ist. Er ist darauf angewiesen, dass das Publikum seine Selbstdarstellung akzeptiert. Diese Sichtweise wurde von Mangham erweitert, der betont, dass sowohl das Beratungs- wie auch das Klientunternehmen versuchen den Eindruck zu kontrollieren, den sie von sich erzeugen.

Im Gegensatz zum symbolisch-interaktionistischen Ansatz, der die Kontingenz von Beratungshandeln betont, stellt der verstehende Ansatz die Regelmäßigkeiten von Beratungshandeln heraus. Kontingenz wird durch typische Motive und typisch gemeinten Sinn reduziert. Berater und Klient handeln in einer aufeinander eingestellten Art, welche aus typischen Motiven und typisch gemeintem Sinn verständlich sind.

Die Bedeutung des institutionenökonomischen Ansatzes für die Theorie der Organisationsberatung liegt darin, dass sie diejenigen Aspekte von Beratungshandeln gut beschreiben und strukturieren kann, die auf Entscheidungen in einer Welt beruhen, in der Ressourcen knapp sind. Berater und Klient entscheiden in einer aufeinander eingestellten Weise so, dass sie ihre Ziele unter Berücksichtigung der Handlungsbeschränkungen in höchstem Maße realisieren. Im handlungstheoretischen Kern der Theorie wird von feststehenden Zielen der Akteure ausgegangen: Die Präferenzen sind bekannt und konstant. Institutionen wie Beratungsverträge, langfristige Geschäftsbeziehungen und Reputation werden von rationalen Beratern und Klienten geschaffen und gestaltet um eine für beide Seiten nutzenstiftende Kooperation trotz asymmetrischer Information, Unsicherheit über die Umwelt des Beratungshandelns und unterschiedliche Risikoneigung von Berater und Klient zu ermöglichen.

Wenn man mit der strategischen Organisationsanalyse als prominentestem Vertreter eines mikropolitischen Ansatzes das Spielkonzept als einen Gegenbegriff zu Rolle, Systemimperativ und Rational Choice begreift, dann existiert keine feststehende Rolle des Beraters mehr. Das Innovationsspiel vereint Freiheit und Zwang. Der Innovationsspieler bleibt frei, muss aber, wenn er gewinnen will, eine rationale Strategie verfolgen, die der Beschaffenheit des Spiels entspricht, und muss dessen Regeln beachten. Zur Durchsetzung seiner Interessen muss er die ihm auferlegten Zwänge zumindest zeitweilig akzeptieren. Berater wie Klienten sind Mikropolitiker, keine Rollenträger.

Im systemtheoretischen Ansatz Luhmanns wird Beratungshandeln konsequent als Kommunikation konzipiert. Dies lenkt den Blick des Theoretikers auf Strukturen und weg von Personen. Berater- und Klientorganisation sind geschlossene soziale Systeme zwischen denen unüberwindliche Kommunikationssperren bestehen. Beide Organisationen handeln deshalb weitgehend autonom.

Der funktionalistische Ansatz betont, dass individuelles Handeln keinen unabhängigen Beitrag zur Erklärung von Beratungshandeln erbringt. Die Handlungen, für die sich individuelle Mitglieder der Beratungs- und Klientorganisation entscheiden, werden von ihnen gewählt, weil sie als funktional erkannt werden. Handlungszwänge ergeben sich nicht nur aus den Funktionen von Organisationsberatung für das Unternehmenssystem des Klienten, sondern auch aus den Funktionen von Organisationsberatung für das Wirtschaftssystem und das Sozialsystem. Organisationsberatung entsteht und wandelt sich im Kontext gesamtgesellschaftlicher Entwicklung.

Aus Sicht der Modernisierungs- oder Differenzierungstheorie erklärt sich der Bedeutungszuwachs von Organisationsberatung aus der wechselseitigen Steigerung von Komplexität durch gesellschaftliche und organisationale Differenzierung. Organisationsberater versprechen vorübergehende Entlastung im ständigen Wettlauf mit weiterer Ausdifferenzierung und Komplexitätssteigerung, setzen aber letztlich eine Dynamik des permanenten Wandels in Gang, der nicht mehr zu stoppen scheint.

Auch der Neo-Institutionalismus betont die Einbettung und Abhängigkeit von Berater und Klient in umfassende Strukturen. Beratung wendet sich nicht nur an Akteure und wird von Akteuren getragen. Beratungshandeln ist nicht das Produkt intern erzeugter, autonomer Entscheidungen, Motive und Zwecke, sondern die Inszenierung übergreifender institutioneller Drehbücher. Organisationsberatungsfirmen sind Ergebnis, Träger und Verstärker umfassender Rationalisierungsprozesse, in die sie eingebunden sind. Sie sind mit anderen Worten abhängig von gesellschaftlichen Wertorientierungen, konkret, von der okzidentalen Rationalisierung. Dasselbe gilt für ihre Klienten. Der Neo-Institutionalismus versteht den unabgeschlossenen Rationalisierungsprozess der Moderne als Globalisierungsprozess. Grundlegende okzidentale Strukturmuster verbreiten sich über den gesamten Erdball. Indem sie mythisch überhöht, mit Symbolen unterlegt und ritualisiert in Szene gesetzt werden, wird dieser Prozess beschleunigt. Das Deutungsmuster „Globalisierung" wird in Diskursen hergestellt, an denen die international tätigen Unternehmensberatungsfirmen einen erheblichen Anteil haben. Berater sind Musterbeispiele der Agentschaft für andere und der Agentschaft für Prinzipien. Agentschaft ist als Gegenbegriff zu sozialem Handeln konstruiert. Organisationsberater wirken an der Produktion *und* Verbreitung von gesellschaftlichen und Organisationsmythen mit, weshalb man sie auch als *double-dealing agents* bezeichnet. Von Beratern geschaffene und verbreitete Managementkonzepte werden als Modephänomen betrachtet seit Managementkonzepte wie Qualitätszirkel, *Lean Production*, *Business Process Reengineering* oder *Total Quality Management* in den 80er und 90er Jahren des 20. Jahrhunderts in zuvor nicht gekannter Geschwindigkeit populär wurden und einander ablösten. Aus neo-institutionalistischer Sicht sind der Rationalitätsmythos und der Fortschrittsmythos der Moderne mit Managementmoden unmittelbar verbunden.

Postmoderne Theorieansätze demontieren die große Erzählung vom Berater als Akteur gleich aus zwei Richtungen. Zum einen thematisiert sie den Zusammenhang von Organisationsberatung und Gesellschaft. Beraterwissen ist in Diskurse eingebettet. Die Diskurse, denen Berater angehören, bestimmen im Wesentlichen, welche Beratungsmöglichkeiten sich eröffnen und welche verschlossen bleiben. Organisationsberaterische Diskurse entwickeln sich in Abhängigkeit von gesellschaftlichen und wissenschaftlichen, insbesondere organisationstheoretischen Diskursen und sie müssen an organisationale Diskurse anschließen. Postmoderne Theorie hebt hervor, dass Diskurse nicht das Produkt einzelner Menschen, z.B. von Management-Gurus sind. Stattdessen sind die Berater und die von ihnen wahrgenommenen Probleme und Lösungen Ergebnisse dieser Diskurse. Zum anderen wird der Akteurstatus des Beraters innerhalb von Beratungsprozessen in Frage gestellt: Organisationsberater werden nicht deswegen zu Hauptdarstellern in Prozessen organisationalen Wandels, weil ihre Handlungen in einem objektiven Sinn wichtige Ereignisse zur Folge haben, sondern weil diejenigen, die von einem Wandlungsprozess erzählen, der Meinung sind, dass sie dem Berater einen Akteurstatus zuschreiben sollten. Solche Geschichten werden in Organisationen erzählt, um Ziele durchzusetzen.

13.2.2. Vertrauen versus Macht

Ist Organisationsberatung eine Interaktionsbeziehung, die auf Einfluss und Vertrauen basiert, oder ist sie eine Interaktionsbeziehung, die auf Macht basiert?

Der symbolisch-interaktionistische Theorieansatz befasst sich mit dieser Fragestellung unter Bezug auf das Konzept der Rollendominanz. Während des Beratungsprozesses verändern sich die Rolleninhalte von Berater und Klient und parallel dazu verschiebt sich die Machtverteilung zwischen beiden Akteuren. Zu Beginn eines Beratungsprojektes dominiert die Klientenrolle die Beraterrolle, weil es der Klient ist, der den Berater auswählt. Der Berater kann in dieser Situation nichts anderes tun, als die ihm angebotene Rolle zu übernehmen und die geäußerten Erwartungen in seine Verhaltensdispositionen aufzunehmen. Im weiteren Verlauf des Beratungsprojektes sind verschiedene Entwicklungen möglich: In asymmetrischen Berater-Klient-Beziehungen, z.B. in der klassischen Beratung, in der der Berater als Experte auftritt, dominiert der Berater dadurch, dass er seine Expertenmacht ausübt. In symmetrischen Berater-Klient-Beziehungen gibt der Berater einen Teil seiner Dominanz zugunsten einer kompetenten Teilnahme des Klienten am Problemlösungsprozess auf. Hierdurch wird Raum für wechselseitige Rollenbildung geschaffen.

Keine Beachtung findet das Phänomen des Vertrauens auch bei den Vertretern mikropolitischer Ansätze. Im Hinblick auf die Koordination heterogener Interessen und Ziele erfüllt Macht während des Beratungsprozesses eine zentrale Stabilisierungs- und Regulierungsfunktion. Durch ihre Beteiligung an Handlungsfeldern haben Akteure Interessen. Diese Interessen stimmen nicht von selbst überein. Die Handlungsfelder bewirken eine wechselseitige Abhängigkeit der Akteure voneinander. Mitglieder der Berater- und Klientorganisation versuchen die Mitwirkung anderer zu erreichen, indem sie mögliche Handlungen zum Tausch anbieten. Voraussetzung dafür ist, dass sie über Macht im Sinne von Handlungsfähigkeit verfügen. In Machtbeziehungen werden die Handlungsmöglichkeiten der beteiligten Akteure ausgetauscht: Der grundlegende Einsatz, der letztlich in jeder Machtbeziehung auf dem Spiel steht, ist die Voraussehbarkeit des Verhaltens der Beteiligten.

Eine sich an Foucault anlehnende postmoderne Perspektive stellt die Verbindung von Wissen und Macht in den Vordergrund. Diskursive Praktiken wie die Konstruktion von Geschichten ermöglichen durch ihre Verbindung von Wissen und Macht die Rückbindung von Beraterwissen an Gruppen in der Klientorganisation, die miteinander im Wettbewerb stehen. Geschichten stellen einen Transmissionsmechanismus dar, der Beraterwissen in Machtpraktiken in der Klientorganisation übersetzt. Dies impliziert, dass die eigentliche Umsetzung des Beraterwissens von den Mitgliedern der Klientorganisation abhängt, und nicht vom Berater. Das Beraterwissen beruht auf einer Kombination von Wissen und Macht, die erst den Durchgriff auf die Organisation ermöglicht.

Der institutonenökonomische Ansatz stellt die Vertrauensqualitäten von Organisationsberatung in den Mittelpunkt. Organisationsberatung als Produkt ist ein auf dem Markt gehandeltes Kontraktgut (konstituiert durch einen bilateralen Beratungsvertrag), das in mehr oder weniger intensiver Interaktion zwischen Berater und Klient erst nach Vertragsschluss erstellt wird. Hieraus ergibt sich, dass Klient und Berater nach Vertragsschluss erheblichen Einfluss auf die Qualität des Gutes nehmen können. Organisationsberatung stellt ein nicht standardisiertes Leistungsversprechen dar. Dies hat Informations- und Unsicherheitsprobleme zur Folge: Die Qualität des Gutes kann weder vor noch nach dem Kauf eindeutig bestimmt werden. Beratungshandeln ist daher auf Vertrauen angewiesen. Es ist schwer vorstellbar, dass der Klient Empfehlungen eines Beraters in Entscheidungen umsetzt, dem er nicht vertraut. Die Institutionenökonomik richtet ihr ganzes Augenmerk darauf, Instrumente eines rationalen Vertrauensmanagements von Seiten des Klienten auszuarbeiten. Es lässt sich zeigen, dass der Klient letztendlich seine Macht – genau: Legitimationsmacht, Identifikationsmacht, Macht der Belohnung und Bestrafung, sowie ökologische Kontrolle – einsetzt, um die Instrumente eines rationalen Vertrauensmanagements durchzusetzen.

Aus funktionalistischer Perspektive wird die Interaktion zwischen Berater und Klient vom Medium des Einflusses und nicht vom Medium der Macht dominiert. Macht symbolisiert die Fähigkeit, die Angelegenheiten eines kollektiven Systems erfolgreich zu regeln und basiert auf Verbindlichkeit durch Legitimität. Macht in diesem Sinne kommt dem Berater nur selten zu. Einfluss bezeichnet die Fähigkeit, unverifizierte Information oder Absichtserklärungen als verantwortungsvolle Äußerungen erscheinen zu lassen. Einfluss operiert auf der Basis von Überzeugung. Indem der Berater einen wohlbegründeten Ratschlag zu einer Problemstellung erarbeitet und vorträgt, kann er unter Einsatz von Überzeugungsmitteln versuchen, den Klienten zur Umsetzung des vorgetragenen Ratschlags zu veranlassen.

13.2.3. Zielgerichtetheit versus Ergebnisoffenheit der Intervention

Lassen sich die Interventionen des Beraters beim Klienten als zielgerichteter, linearer Prozess des Wissenstransfers rekonstruieren oder als kontingenter, ergebnisoffener Prozess?

Hier sollen zunächst Theorieansätze dargestellt werden, die das Modell eines zielgerichteten, linearen Wissenstransfers entweder implizit oder explizit unterstützen. Ohne Einschränkungen wird dieses Modell vom funktionalistischen Ansatz unterstützt. Die bedeutendste Funktion des Beraters besteht in der Übertragung von Wissen, Fachwissen, Know-how oder Erfahrungen auf die Klientorganisation. Die Klientorganisation gilt als offenes System, das sich im Gleichgewicht befindet, wenn die Bewältigung der Erfordernisse einer sich wandelnden Umwelt ohne wesentliche Veränderung gelingt (diese Vorstellung entspricht also einem Fließgleichgewicht). Ist dies nicht mehr der Fall, dann liegt ein Ungleichgewicht vor, das durch strukturellen Wandel in ein neues Gleichgewicht überführt werden kann. Dieser Wandel kann durch den Berater gezielt beeinflusst werden.

Auch der Neo-Institutionalismus ist dem Modell eines zielgerichteten, linearen Prozesses der Intervention verbunden. Die gesellschaftliche Entwicklung wird als geradliniger und differenzloser Rationalisierungsprozess aufgefasst. Vor dem Hintergrund übermächtiger Rationalisierungs- und Fortschrittsmythen vollzieht sich die Intervention des Beraters als Umsetzung übergreifender institutioneller Drehbücher. Die Zielgerichtetheit der Intervention leitet sich aus der Homogenität dieser institutionellen Muster ab. Unternehmensberatungen fördern die Strukturangleichung von Klientorganisationen, weil sie eine relativ geringe Zahl von Modellen erfolgreicher Problembewältigung verbreiten. Dies gilt insbesondere für global operierende Beratungsunternehmen. Sie tragen zur weltweiten Homogenisierung von Konzepten, Strategien und Techniken des Managements bei.

Aus symbolisch-interaktionistischer Perspektive wird zwar keine explizite Interventionstheorie formuliert. Insofern sich aber Analysefähigkeit und die Bereitstellung von Informationen als Verhaltenserwartungen an Berater und die Fähigkeit und Bereitschaft, Informationen zu liefern, die zur Problemlösung notwendig sind, als Verhaltenserwartungen an den Klienten richten, wird implizit vom Modell des Wissenstransfers ausgegangen. Der Leistungsaustausch zwischen beratender Organisation und ratsuchender Organisation beruht auf einer wechselseitigen interpretativen Erschließung entsandter Symbolstrukturen. Vom Wissen darüber, wie kontingent und ausgehandelt Beratungshandeln ist, sobald man die Interpretation von Bedeutung berücksichtigt, leitet sich eine Skepsis bezüglich der Zielgerichtetheit und Linearität des Wissenstransfers ab. Ebenso werden Rollenkonflikte als mögliche Störungen zur Kenntnis genommen. Dies führt jedoch nicht zu einer Abkehr vom Modell eines zielgerichteten, linearen Wissenstransfers als Ideal.

Die Neue Institutionenökonomik entwickelt letzten Endes die oben angesprochenen Instrumente eines rationalen Vertrauensmanagements, damit es trotz aller Widrigkeiten doch eine Chance dafür gibt, dass Intervention als zielgerichteter Wissenstransfer stattfinden kann. Widrigkeiten entstehen einerseits aus Informationsasymmetrien zwischen Berater und Klient, andererseits aus dem opportunistischen Verhalten des Beraters und aller von den geplanten Veränderungen betroffenen

Mitarbeiter des Klienten. Für die Auftraggeber auf Seite des Klienten schlägt die Neue Institutionenökonomik daher zahlreiche Institutionen vor, die die Informationsasymmetrien zwischen Berater und Klient minimieren sollen und den Berater und die Mitarbeiter des Klienten von opportunistischem Verhalten abhalten sollen.

Die weiteren nun folgenden Theorieperspektiven verabschieden sich dezidiert vom Modell eines zielgerichteten, linearen Wissenstransfers. Mikropolitische Theorieansätze begründen die Kontingenz des Verhaltens von Berater und Klient mit den Unwägbarkeiten mikropolitischen Handelns. Dabei gelingt es ihnen insbesondere, Widerstand gegen Wandel als zugleich unvermeidlich und legitim verständlich zu machen. Kontingenz und Widerstand zerstören die Grundlage für jedes zielgerichtete Vorgehen. Dennoch bewahrt die strategische Organisationsanalyse einen Interventionsoptimismus. Sie entwickelt eine mikropolitisch fundierte Interventionstheorie. Sieht man nämlich die Kompetenz des Beraters in der Durchführung kommunikativer Verfahren, so ist weder die Kontingenz noch der Widerstand ein unüberwindbares Problem für Interventionen des Beraters. An die Stelle eines zielgerichteten Wissenstransfers tritt die Moderation eines Verhandlungsprozesses zwischen den Akteuren in der Klientorganisation, in der letztere die Probleme ihrer Organisation selbst analysieren und Lösungsvorschläge erarbeiten. Dieses Vorgehen gestattet es den Akteuren, ihre Ziele selbst zu erarbeiten und zu verwirklichen. Es ignoriert nicht mikropolitisches Verhalten, sondern es bezieht es explizit ein. Diese Art der Intervention ist so angelegt, dass sie grundsätzlich die Handlungsfreiräume der beteiligten Akteure erweitern kann. Neutralität oder Parteilichkeit stehen dem Berater als mikropolitische Strategien zur Verfügung.

Auch postmoderne Theorieansätze betrachten Intervention als ergebnisoffen. Wenngleich das Beraterwissen in Diskurse eingebettet ist, so ist es doch in viele heterogene Diskurse eingebettet, z.B. in organisationsberaterische, organisationstheoretische, organisationale und gesellschaftliche Diskurse. Zugleich diagnostiziert die Postmoderne das Ende der großen Erzählungen, etwa auch das Ende der Erzählung von der Rationalisierung und der Erzählung vom Berater als Akteur. Intervention kann schon deshalb nicht mehr zielgerichtet erfolgen und linear vonstatten gehen, weil das Beraterwissen sich heterogenen Diskursen verdankt. Auch aus einem weiteren Grund funktioniert Intervention nicht als einfach zu denkender Wissenstransfer: Den Durchgriff auf die Organisation ermöglicht das Beraterwissen nur, wenn es auf einer Kombination von Wissen und Macht beruht. Diskursive Praktiken wie die Konstruktion von Geschichten ermöglichen durch ihre Verbindung von Wissen und Macht die Rückbindung von Beraterwissen an Gruppen in der Klientorganisation, die miteinander im Wettbewerb stehen. Geschichten stellen einen Transmissionsmechanismus dar, der Beraterwissen in Machtpraktiken in der Klientorganisation übersetzt. Dies impliziert, dass die eigentliche Umsetzung des Beraterwissens von den Mitgliedern der Klientorganisation abhängt, und nicht vom Berater. Diese Vorstellung verbindet sich mit einer Interventionstheorie, deren Vorgehen mit einem expliziten Bekenntnis zur Toleranz und zur Förderung vielfältiger Beschreibungen verbunden ist. Beratungsgespräche sollen dazu verhelfen, die Sprachspiele des Klienten durch Fragen, Metaphern usw. aufzulösen bzw. zu dekonstruieren. Die Dekonstruktion von Sprachspielen eröffnet mehrere neue Beschreibungsmöglichkeiten. An die Stelle einer Problemanalyse, die darauf abzielt, *eine* bestimmte Wahrheit herauszufinden, treten Dekonstruktionen sozial-dominanter Sichtweisen und die Hervorbringung vorher noch nicht formulierter Beschreibungen. Diese Beschreibungen können durchaus in Widerspruch zueinander stehen. Postmoderne Organisationsberatung lehnt das Ansinnen ab, sie zu einer endgültigen Beschreibung und zu einer „einzigen und festen Wahrheit" zu vereinigen. Stattdessen sei es nützlicher anzunehmen, dass sich vielfältige Beschreibungen als offene Vielfalt ergänzen. Es gelte, diese Vielfalt der Beschreibungen in für alle Beteiligten nützlicher Weise zu koordinieren.

Die Luhmannsche Systemtheorie vertritt ohne jeglichen Zweifel die Extremposition der Unmöglichkeit einer gezielten Intervention. Die Unmöglichkeit leitet sich aus Kommunikationssperren ab, die grundsätzlich nicht überwunden werden können. Im Gegensatz zur systemischen Organisationsberatung (vgl. Kap. 5.3.2) nutzt Luhmann die einzig verbleibende Chance einer Irritation des Klientsystems durch das Beratersystem *nicht* zur Konzeption einer Interventionstheorie. Wenn Klienten Irritationen durch Berater aufsuchen, um sie in Informationen umzuwandeln und für ihr Entscheiden zu nutzen, dann beschränkt sich die Intervention des Beraters darauf, Orientierungswissen anzubieten (Luhmann 2000b: 433ff.). Klienten machen daraus, was sie wollen. In den Worten Luhmanns: Die Klienten nutzen die Differenz zwischen Fremd- und Selbstbeschreibung, sie nutzen „die Chance, die Differenz als Differenz irritierend, anregend, eventuell fruchtbar werden zu lassen" (Luhmann 1989: 227).

13.2.4. Zusammenschau

Das Spektrum der Antworten auf die eingangs gestellten Fragen ist erschütternd vielfältig. Erschütternd deshalb, weil nicht alle Aussagen gleichzeitig Gültigkeit für sich beanspruchen können, ohne dass man in Widersprüche geriete. Man muss also offensichtlich danach fragen, unter welchen Bedingungen der jeweilige Theorieansatz Gültigkeit für sich beanspruchen kann. Dies ist freilich eine generelle Aufgabe für die Soziologie und Organisationstheorie, die die Zielsetzung dieses Lehrbuchs übersteigt. Es gibt darauf keine einfache Antwort.

In diesem Buch soll eine diese Debatten systematisierende Darstellung eine Metaperspektive schaffen, aus der heraus die umstrittenen Fragen und Antwortalternativen in Zukunft in größerer Klarheit weiterdiskutiert werden können. Ich lege dieser Metaperspektive nur zwei der obigen Debatten zugrunde: zum Themengebiet Vertrauen versus Macht haben zu wenige Theorieansätze bisher explizit Stellung bezogen. Auch scheinen mir die Positionen weniger ausgearbeitet als bei den beiden anderen Debatten. Ich beschränke mich in der Systematisierung der sozialwissenschaftlichen Theorieperspektiven auf Organisationsberatung daher auf die Debatten um Determinismus versus Voluntarismus sowie Zielgerichtetheit versus Ergebnisoffenheit der Intervention (vgl. Tabelle 6).

	Zielgerichteter, linearer Prozess des Wissenstransfers	Kontingenter, ergebnisoffener Prozess der Intervention
Determinismus	Funktionalistischer Ansatz, Neo-Institutionalismus	Systemtheoretischer Ansatz, Postmoderne Theorieansätze
Voluntarismus	Symbolischer Interaktionismus, Institutionenökonomischer Ansatz (strategisch-dramaturgischer Ansatz, verstehender Ansatz)	Mikropolitischer Ansatz

Tabelle 6: Organisationsberatung: Zentrale Theorieperspektiven und Debatten

Organisationsberatung wird demnach beschrieben als Interaktion zwischen Berater- und Klientorganisation, wobei

- Berater- und Klientorganisation durch die strukturellen Merkmale der Kontexte eingeschränkt werden, in die sie eingebettet sind. Es sind diese Kontexte, die Interventionen als zielgerichtete, lineare Prozesse des Wissenstransfers zwischen Berater und Klient ermöglichen (funktionalistischer Ansatz und Neo-Institutionalismus);
- Berater- und Klientorganisation weitgehend autonom handelnde Akteure sind, und ihr aufeinander abgestimmtes Handeln es ermöglicht, dass Interventionen als zielgerichtete, lineare Prozesse des Wissenstransfers zwischen Berater und Klient stattfinden können (Symbolischer Interaktionismus, Institutionenökonomischer Ansatz; mit Einschränkungen auch strategisch-dramaturgischer und verstehender Ansatz);
- Berater- und Klientorganisation weitgehend autonom handelnde Akteure sind und die Unvorhersehbarkeit ihres autonomen Handelns bewirkt, dass die Intervention des Beraters nur mehr als kontingenter, ergebnisoffener Prozess möglich ist (mikropolitischer Ansatz);
- Berater- und Klientorganisation durch die strukturellen Merkmale der Kontexte eingeschränkt werden, in die sie eingebettet sind. Es sind die Kontexte, die bewirken, dass die Intervention des Beraters nur mehr als kontingenter,

ergebnisoffener Prozess möglich ist (systemtheoretischer Ansatz und postmoderne Ansätze).

Anhand zweier Argumentationsbeispiele soll gezeigt werden, wie man die oben genannte Aufgabe, aufzuzeigen unter welchen Bedingungen der jeweilige Theorieansatz Gültigkeit für sich beanspruchen kann, umsetzen kann:

Als erstes sei eine kritische Nahtstelle zwischen Neo-Institutionalismus und strategisch-dramaturgischem Ansatz aufgezeigt. Wenn Berglund und Werr (2000; vgl. Kap. 11.3.3) feststellen, wie Berater kreativ zwei unvereinbare Mythen nutzen, und sich je nach Situation mal auf den einen, mal auf den anderen Mythos berufen, um in jeder Beratungssituation ihr Handeln bzw. ihre Empfehlung legitimieren zu können, dann erscheint es unplausibel, Berater einfach als durch strukturelle Merkmale des Kontextes – die Mythen – eingeschränkt zu beschreiben. Sie sind dann eben doch *keine* Agenten, *keine* unreflektierten Verbreiter des Rationalitätsmythos und anderer Mythen, deren individuelles Handeln keinen unabhängigen Beitrag zur Erklärung von Beratungshandeln erbringt. Stattdessen erweisen sie sich als Virtuosen von gezielten Rationalitätsinszenierungen, in denen sie erstens ihre Handlungsautonomie wieder erlangen, und zweitens durch geschickte Inszenierung die Intervention in die von ihnen gewünschte Richtung lenken.

Dasselbe Beispiel sei genutzt, um eine kritische Nahtstelle zwischen dem strategisch-dramaturgischen und dem mikropolitischen Ansatz aufzuzeigen: Wenn nun die genannten Berater die Mythen nicht virtuos und strategisch inszenieren, sondern geschickt Unsicherheitszonen nutzen, um im Innovationsspiel mal die eine, mal die andere Position einzunehmen, dann bemächtigen auch sie sich wieder ihrer Handlungsautonomie, allerdings ist es ihnen aufgrund der Unvorhersehbarkeit der mikropolitischen Prozesse nicht länger möglich, der Intervention die von ihnen gewünschte Richtung zu geben.

Unter welchen Bedingungen also erlangen oder erkämpfen Akteure ihre Handlungsautonomie zurück? Und, unter welchen Bedingungen bezahlen sie dafür den Preis des Verzichts auf eine zielgerichtete Intervention?

Das zweite Beispiel soll eine kritische Nahtstelle zwischen postmodernen Ansätzen und dem Neo-Institutionalismus aufzeigen. Man erinnere sich an die Studie von Grint (1994; vgl. Kap. 12.3.4), der beschreibt, wie Hammer und Champy bei der Verbreitung der von ihnen geschaffenen Beratermode des *Business Process Reengineering* jene Handlungsempfehlungen in den Vordergrund stellen, die sich mit dem Diskurs des *American Dream* in Übereinstimmung bringen lassen. Handlungsempfehlungen, für die dies nicht gilt, werden dagegen nicht in den Zusammenhang des *American Dream* gestellt. Hammer achtet darauf, dass das, was er als neu an *Business Process Reengineering* herausstreicht, gleichzeitig als historisch verwurzelt in der amerikanischen Kultur erscheint. Postmoderne Theorieansätze betrachten Intervention als ergebnisoffen, weil das Beraterwissen in viele heterogene Diskurse eingebettet ist, z.B. in organisationsberaterische, organisationstheoretische, organisationale und gesellschaftliche Diskurse. Obwohl anerkannt wird, dass das Beraterwissen durch seine Verbindung zu gesellschaftlichen und organisationstheoretischen Diskursen Legitimität bezieht, werden die Diskurse nicht daraufhin analysiert, in wiefern es dominante Diskurse gibt, von denen andere Diskurse so sehr abhängen, dass sie sich nicht mehr in einer heterogenen Vielfalt entwickeln können. Mit dieser Vorstellung wäre man bei gesellschaftlichen und organisationalen Mythen angelangt, die aus neo-institutionalistischer Sicht strukturelle Merkmale darstellen, in die Berater- und Klientorganisation eingebettet sind und durch die sie eingeschränkt werden. Es sind die Kontexte, die Interventionen als zielgerichtete, lineare Prozesse des Wissenstransfers zwischen Berater und Klient ermöglichen. Sind Hammer und Champy bei der Verbreitung der von ihnen geschaffenen Beratermode nicht durch und durch an die okzidentale Rationalisierung gebunden? Ist es nicht so, dass ihre Beratermode in vollem Umfang dem Rationalitätsmythos folgt, so dass man aus diesem Blickwinkel keine Heterogenität mehr zwischen *Business Process Reengineering* und anderen Beratermoden finden kann? Dann ist die Intervention, die daraus hervorgeht, auch nicht mehr ergebnisoffen. Vielmehr wird ein zielgerichteter, linearer Prozess erkennbar.

Dasselbe Beispiel sei genutzt, um eine kritische Nahtstelle zwischen postmodernen Ansätzen und dem mikropolitischen Ansatz aufzuzeigen: Man denke sich nun ein Klientunternehmen, das der Berater mit dem Konzept des *Business Process Reengineering* betritt. Während die postmoderne Perspektive hervorhebt, dass Organisationsberatung in organisationsberaterische Diskurse eingebettet ist, die weder von Beratern noch von Klienten gezielt beeinflusst werden können, beobachtet ein Vertreter des mikropolitischen Ansatzes, wie die Mitglieder der Klientorganisation mehr oder weniger geschickt die neu entstehenden Ungewissheitszonen nutzen. Wie immer der Zusammenhang zwischen Makrostrukturen der Gesellschaft und Mikrostrukturen der Organisation ausgeführt wird, die von Crozier und Friedberg ins Zentrum gestellte Kontingenz des Handelns bliebt gewahrt. Ungewissheitszonen, die sich im Zuge der Umsetzung der Beratermoden im Innovationsspiel verändern, können von den Akteuren taktisch genutzt werden. Menschen treten dabei als weitgehend autonom handelnde Akteure in Erscheinung.

Unter welchen Bedingungen also geraten heterogene Diskurse unter den Druck dominanter gesellschaftlicher Mythen? Unter welchen Bedingungen verengt sich eine als ergebnisoffen gedachte Intervention auf einen zielgerichteten, linearen Prozess? Und, unter welchen Bedingungen erlangen Akteure ihre Handlungsautonomie von den Diskursen zurück?

Am Ende dieses Buches steht – wie bereits in Kap. 3.3 angekündigt – keine kohärente Theorie der Organisationsberatung. Die Theorienvielfalt bleibt aufgrund der Inkommensurabilität der einzelnen Theorieansätze (Kuhn 1976) erhalten. Doch stehen die Theorien nicht unkommentiert hintereinander. Inkommensurabilität impliziert nicht fehlende Vergleichbarkeit. Aus der systematisierend-vergleichenden Darstellung verschiedener Theorieansätze und ihrer Positionen wurde eine Metaperspektive abgeleitet, aus der heraus die umstrittenen Forschungsfragen und Antwortalternativen in Zukunft in größerer Klarheit weiterdiskutiert werden können. Die Metaperspektive deutet zugleich in abstrakter Weise auf diejenigen Bedingungen hin, die gegeben sein müssen, damit der jeweilige Theorieansatz Gültigkeit für seine Annahmen und Aussagen beanspruchen kann.

14. Literatur

Abraham, M. und G. Büschges (2004). Einführung in die Organisationssoziologie. 3. Auflage. Wiesbaden: Verlag für Sozialwissenschaften.
Abrahamson, E. (1996). Management Fashion. In: Academy of Management Review 21: 254-285.
Adler, A. (1929). The Science of Living. New York: Greenberg.
Alchian, A. A. (1961). Some economics of property. Santa Monica, CA.
Alchian, A. A. und H. Demsetz (1972). Production, information costs and economic organization. In: American Economic Review 62: 777-795.
Alchian, A. A. und S. Woodward (1988). The Firm is Dead. Long Live the Firm. A Review for Oliver E. Williamson's "The Economic Institutions of Capitalism". In: Journal of Economic Literature 26: 65-79.
Aldrich, H. E. (1992). Incommensurable Paradigms? Vital Signs from Three Perspectives. In: Reed, M. und M. Hughes (Hrsg). Rethinking Organization. New Directions in Organization Theory and Analysis. London: Sage. S. 17-45.
Alexander, J. C. (1998). Neofunctionalism and After. Oxford: Blackwell.
Alexander, J. C. Hrsg. (1985). Neofunctionalism. Beverly Hills: Sage.
Alvesson, Mats (2001). Knowledge Work: Ambiguity, Image and Identity. In: Human Relations 54: 863-886.
Alvesson, M. und St. Deetz (1996). Critical Theory and Postmodern Approaches to Organization Studies. In: Clegg, St. R., Hardy, C. and W. R. Nord (Hrsg.). Handbook of Organization Studies. London: Sage. S. 191-217.
Alvesson, M. und A. W. Johansson (2002). Professionalism and Politics in Management Consultancy Work. In: Clark, T. und R. Fincham. (Hrsg.). Critical Consulting. New Perspectives on the Management Advice Industry. Oxford: Blackwell. S. 228-246.
Alvesson, M. und H. Willmott (1992). On the Idea of Emancipation in Management and Organization Studies. In: Academy of Management Review 17: 432-464.
Anderson, H. (1999). Das therapeutische Gespräch. Der gleichberechtigte Dialog als Perspektive der Veränderung. Stuttgart: Klett-Cotta.
Anderson, H. und J. P. Burney (1996). Collaborative Inquiry: A Postmodern Approach to Organizational Consultation. In: Human Systems. The Journal of Systemic Consultation & Management 7: 171-188.
Arendt, H. (1958). The Human Condition. Chicago: The University of Chicago Press. [Deutschsprachige Ausgabe: dies. (1967). Vita activa oder Vom tätigen Leben. München: Piper].
Arrow, K. J. (1969). The Organization of Economic Activity. Issues Pertinent to the Choice of Market Versus Nonmarket Allocations. In: The Analysis and Evaluation of Public Ex-

penditures. The PBB-System. Joint Economic Committee, 91st Congress, 1st Session, Vol. 1, Washington.
Arrow, K. J. (1986). Agency and the Market. In: Arrow, K. J. und M. D. Intriligator (Hrsg.). Chapter 23. Handbook of Mathematical Economics. Bd. III Amsterdam: North-Holland. S. 1183-1195.
Astley, W. G. und A. H. Van de Ven (1983). Central Perspectives and Debates in Organization Theory. In: Administrative Science Quarterly 28: S. 245-273.
Atkinson, M. (1984). Our Masters' Voices. London: Methuen.
Attewell, P. (1987). The Deskilling Controversy. In: Work and Occupations 14: 323-346.
Axelrod, R. (1987). Die Evolution der Kooperation. München: Oldenbourg.
Baethge, M. und H. Overbeck (1986). Zukunft der Angestellten. Neue Technologien und berufliche Perspektiven in Büro und Verwaltung. Frankfurt/M.: Campus Verlag.
Balzer, A. und W. Wilhelm (1995). McKinsey. Die Firma. In: Manager Magazin 4/1995: 43-57.
Baraldi, C, Corsi, G. und E. Esposito. Hrsg. (1999). GLU. Glossar zu Niklas Luhmann. Frankfurt/M.: Suhrkamp.
Barley, Stephen R. und G. Kunda (1992). Design and Devotion: Surges of Rational and Normative Ideologies in Management Discourse. In: Administrative Science Quarterly 37: 363-399.
Bartling, U. (1985). Die Unternehmensberatung als externe Stabsstelle des Managements. Eine Untersuchung der Funktionen und Bedeutung der Unternehmensberatung unter besonderer Berücksichtigung ihrer Relevanz für Klein- und Mittelunternehmen. Frankfurt/M.: Lang.
Bateson, G. (1981). Ökologie des Geistes. Frankfurt/M.: Suhrkamp.
Battmann, W. (1995). F. W. Taylor und die ISO 9000: Normierung als pseudorationale Maxime. In: Zeitschrift für Arbeits- und Organisationspsychologie 39: 182-187.
Bauman, Z. (1988a). Viewpoint. Sociology and Postmodernity. In: Sociological Review 36: 790-813.
Bauman, Z. (1988b). Is there a Postmodern Sociology? In: Theory, Culture and Society 5: 217-237.
Bea, F. X. und E. Göbel (2002). Organisation. 2. neu bearb. Aufl. Stuttgart: Lucius & Lucius.
Bea, F. und J.Haas (1995). Strategisches Management. Stuttgart u.a.: Fischer.
Becker, P. u. I. Langosch (1995). Produktivität und Menschlichkeit. Organisationsentwicklung und ihre Anwendung in der Praxis. 4. Auflage. Stuttgart: Enke.
Becker, U. und Ch. Schade (1995). Betriebsformen der Unternehmensberatung. Eine Erklärung auf der Basis der Neuen Institutionenlehre. In: Zeitschrift für betriebswirtschaftliche Forschung, Heft 4: 327-354
Benson, J. K. (1977). Organizations: A Dialectical View. In: Administrative Science Quarterly 22: 1-21.
Berger, P. L. und T. Luckmann (1969). Die Gesellschaftliche Konstruktion der Wirklichkeit. Frankfurt/M.: Fischer.
Berglund, J. und A. Werr (2000). The Invincible Character of Management Consulting Rhetoric: How One Blends Incommensurates while Keeping them Apart. In: Organization 7: 633-655.
Berninghaus, S., Ehrhart, K.-M. und W. Güth (2002). Strategische Spiele: Eine Einführung in die Spieltheorie. Berlin; Heidelberg: Springer.

Bertalanffy, L. v. (1951). Zu einer allgemeinen Systemlehre. In: Biologia Generalis. Archiv für die allgemeinen Fragen der Lebensforschung 19: 114-129.
Blumer, H. (1969). Symbolic Interactionism. Englewood Cliffs, N.J.: Prentice Hall.
Bohn, U. u. S. Kühl (2004). Beratung, Organisation und Profession. Die gescheiterte Professionalisierung in der Organisationsentwicklung, systemischen Beratung und Managementberatung. In: Schützeichel, R. und T. Brüsemeister (Hrsg.). Die beratene Gesellschaft. Wiesbaden: Verlag für Sozialwissenschaften. S. 57-77.
Boje, D. M. (1995). Stories of the Storytelling Organization. A Postmodern Analysis of Disney as "Tamara-Land". In: Academy of Management Journal 38: 997-1035.
Boscolo, L., Cecchin, G., Hoffmann, L. u. P. Penn (1988). Familientherapie - Systemtheorie. Das Mailänder Modell. Dortmund: Verlag modernes Lernen.
Bosetzky, H. (1992). Mikropolitik, Machiavellismus und Machtkumulation. In: Küpper, W. und G. Ortmann (Hrsg.). Mikropolitik. Rationalität, Macht und Spiele in Organisationen. 2. Aufl. Opladen: Westdt. Verlag. S. 27- 37.
Bosetzky, H. (1977). Machiavellismus, Machtkumulation und Mikropolitik. In: Zeitschrift für Organisation 46: 121-125.
Brown, A. D. und M. R. Jones (1998). Doomed to Failure. Narratives in Inevitability and Conspiracy in a Failed IS Projekt. In: Organization Studies 19: 73-88.
Browning, L. D. und L. C. Hawes (1991). Style, Process, Surface, Context. Consulting as Postmodern Art. In: Journal of Applied Communication Research 19: 32-54.
Bühl, W. L. (1989). Entwicklungslinien einer soziologischen Systemtheorie. In: Annali di Sociologia 5: 13-46.
Burke, K. (1969). Dramatism. In: Sills, D. L. (Hrsg.). International Encyclopedia of the Social Sciences. Bd. VII. New York: Macmillan. S. 445-451.
Burns, T. (1961/62). Micropolitics. Mechanisms of Institutional Change. In: Administrative Science Quarterly 6: 257-281.
Burrell, G. (1988). Modernism, Post Modernism and Organization Analysis 2. The Contribution of Michel Foucault. In: Organization Studies 9: 221-235.
Calás, M. B. und L. Smircich (1996). From ‚The Woman's' Point of View. Feminist Approaches to Organization Studies. In: Clegg, S. R., Hardy, C. und W. R. Nord (Hrsg.). Handbook of Organization Studies. London: Sage. S. 218-258.
Calás, M. B. und L. Smircich (1992). Re-writing Gender into Organizational Theorizing. Directions from Feminist Perspectives. In: Reed, M. und M. Hughes (Hrsg.). Rethinking Organization. London: Sage. S. 227-253.
Carqueville, P. (1991). Rollentheoretische Analyse der Berater/Klienten-Beziehung. In: Hofmann, M. (Hrsg.). Theorie und Praxis der Unternehmensberatung. Heidelberg: Physica. S. 247-280.
Carr, A. (2000). Critical Theory and the Management of Change in Organizations. In: Journal of Organizational Change Management 13: 208-220.
Case, P. (2002). Virtual Stories of Virtual Working. Critical Reflections on CTI Consultancy Discourse. In: Clark, T. und R. Fincham. (Hrsg.). Critical Consulting. New Perspectives on the Management Advice Industry. Oxford: Blackwell. S. 93-114.
Church, A. (2001). The Professionalization of Organizational Development: The Next Step in an Evolving Field. In: Woodman, R. und W. Pasmore (Hrsg.). Research in Organizational Change and Development. Oxford u.a.: Elsevier Science, S. 1-42.

Cilliers, P. (1998). Complexity and Postmodernism. Understanding Complex Systems. London: Routledge.
Clark, T. (1995). Managing Consultants. Consultancy as the Management of Impressions. Buckingham: Open University Press.
Clark, T. und D. Greatbatch (2002). Knowledge Legitimation and Audience Affiliation Through Story Telling. The Example of Management Gurus. In: Clark, T. und R. Fincham (Hrsg.). Critical Consulting. New Perspectives on the Management Advice Industry. Oxford: Blackwell. S. 152-171.
Clark, T. und G. Salaman (1996a). Telling Tales: Management Consultancy as the Art of Story Telling. In: Grant, D. und C. Oswick (Hrsg.). Metaphor and Organizations. London: Sage. S. 167-184.
Clark, T. und G. Salaman (1996b). The Management Guru as Organizational Witchdoctor. In: Organization 3: 85-107.
Clark, T. und R. Fincham. Hrsg. (2002). Critical Consulting. New Perspectives on the Management Advice Industry. Oxford: Blackwell.
Clegg, S. R., Kornberger, M. und C. Rhodes (2004). Noise, Parasites and Translation. Theory and Practice in Management Consulting. In: Management Learning 35: 31-44.
Coase, R. H. (1937). The nature of the firm. In: Econometrica 4: 386-405.
Cobb, A. T. und N. Margulies (1981). Organizational Development: A Political Perspective. In: Academy of Management Review 6: 49-59.
Colomy, P. (1990). Revisions and Progress in Differentiation Theory. In: Alexander, J. C. und P. Colomy (Hrsg.). Differentiation Theory and Social Change. Comparative and Historical Perspectives. New York: Columbia University Press.S. 465-495.
Cooper, R. (1989). Modernism, Post Modernism and Organization Analysis 3. The Contribution of Jacques Derrida. In: Organization Studies 10: 479-502.
Cooper, R. und G. Burrell (1988). Modernism, Post Modernism and Organization Analysis. An Introduction. In: Organization Studies 9: 91-112.
Crozier, M. und E. Friedberg (1979). Macht und Organisation. Die Zwänge kollektiven Handelns. Königstein/Ts.: Athenäum.
Cummings, T. und C. Worley (1993). Organizational Development and Change. 5. Auflage. Minneapolis u.a.: West Publishing Company.
Czarniawska, B. (2001). Is it Possible to Be a Constructionist Consultant? In: Management Learning 32: 253-266.
Czarniawska, B. und B. Joerges (1996). Travels of Ideas. In: Czarniawska, B. und G. Sevón (Hrsg.). Translating Organizational Change. Berlin: de Gruyter. S. 13-48.
Czarniawska-Joerges, B. (1990). Merchants of Meaning: Managing Consulting in the Swedish Public Sector. In: Turner, B. (Hrsg.). Organizational Symbolism. New York: de Gruyter. S. 139-150.
Czarniawska-Joerges, B. (1995). Narration or Science? Collapsing the Division in Organization Studies. In: Organization 2: 11-33.
Czarniawska-Joerges, B. und B. Joerges (1990). Linguistic Artifacts at Service of Organizational Control. In: Gagliardi, P. (Hrsg.). Symbols and Artifacts. Views of the Corporate Landscape. Berlin: de Gruyter. S. 339-364.
Dahl, E. (1966). Die Unternehmensberatung. Eine Untersuchung ausgewählter Aspekte beratender Tätigkeiten in der Bundesrepublik Deutschland. Diss. Univ. Köln.
Dahrendorf, R.(1964). Homo Sociologicus. Opladen: Westdeutscher Verlag.

Darby, M. R. und E. Karni (1973). Free Competition and the Optimal Amount of Fraud. In: Journal of Law and Economics 16: 67-88.

De Vries, M. (1995). "Up or Out" in Partnerships. Karriere- und Organisationsprinzipien als Strukturen zur Selbsterhaltung von Beratungsgesellschaften. In: Soziale Systeme 1: 119-128.

Degele, N. (2001). "Gender lag" in der Outplacement-Beratung. Zum professionellen Umgang mit Unsicherheit. In: Degele, N., Münch, T., Pongratz, H. und N. J. Saam (Hrsg.). Soziologische Beratungsforschung. Stuttgart: Lucius & Lucius. S. 55-69.

Deissler, K. G. (2005). ... wie, postmodern? - Familie, Unternehmen, Beratung. Neue Sprache, neue Möglichkeiten? In: http://www.deissler.org/pdf/fub_postmodern.pdf. Letzter Aufruf 13.12.2006.

Demsetz, H. (1967). Toward a Theory of Property Rights. In: American Economic Review 57: 347-359.

Derrida, J. (1972). Die Schrift und die Differenz. Frankfurt/M.: Suhrkamp.

Deutschmann, Chr.(1993). Unternehmensberater – eine neue „Reflexionselite"? In: Müller-Jentsch, W. (Hrsg.). Profitable Ethik – effiziente Kultur: Neue Sinnstiftungen durch das Management? München: Hampp. S. 57-82.

Dezalay, Y. (1993). Professional Competition and the Social Construction of Transnational Regulatory Expertise. In: McCahery, J., Picciotto, S. und C. Scott (Hrsg.). Corporate Control and Accountability. Changing Structures and the Dynamics of Regulation. Oxford: Clarendon Press. S. 203-215.

Dichtl, M. (1998). Standardisierung von Beratungsleistungen. Wiesbaden: Deutscher Universitätsverlag.

DiMaggio, P. J. (1989). Foreword. In: Meyer, M. W. und L. G. Zucker. Permanently Failing Organizations. Newbury Park: Sage. S. 7-11.

DiMaggio, P. J. und W. W. Powell (1983). The Iron Cage Revisited. Institutional Isomorphism and Collective Rationality in Organizational Fields. In: American Sociological Review 48: 147-160.

DiMaggio, P. J. und W. W. Powell (1991). Introduction. In: Powell, W. W. und P. J. DiMaggio (Hrsg.). The New Institutionalism in Organizational Analysis. Chicago: Univ. of Chicago Press. S. 1-38.

DIN Deutsches Institut für Normung e.V. (2000). Qualitätsmanagementsysteme – Grundlagen und Begriffe (ISO 9000:2000). Berlin: Beuth.

Donaldson, L. (2001). The Contingency Theory of Organizations. Thousand Oaks, Calif.: Sage.

Donaldson, L. (2003). Organization Theory as a Positive Science. In: Tsoukas, H. und C. Knudsen. (Hrsg.). The Oxford Handbook of Organization Theory. Oxford: Oxford University Press. S. 39-62.

Dufey, G., Hommel, U. und P. Riemer-Hommel (1998). Corporate Governance: European vs. U.S. Perspectives in a Global Capital Market. In: Scholz, Ch. und J. Zentes (Hrsg.). Strategisches Euro-Management. Bd. 2. Stuttgart: Schäffer-Poeschel Verlag. S. 45-65.

Eccles, R. G. und N. Nohria (1992). Beyond the Hype: Rediscovering the Essence of Management. Boston, MA: Harvard University Press.

Ehrmann, H. (2003). Kompakt-Training Balanced Scorecard. 3. Aufl. Ludwigshafen: Kiehl.

Eiben, J., E. M. Krekel und K.-H. Saurwein (1996). Soziologische Beratung im Alltag. In: Sozialwissenschaft du Berufspraxis 19: 223-241.

Eilers, Chr. (1998). Principal-Agent Theory for Organizations. A Literature Outline. Department of Agricultural Economics, Christian-Albrechts Universität Kiel.
Eisenhardt, K. (1985). Control: Organizational and Economic Approaches. In: Management Science 31: 134-149.
Eisenhardt, K. (1989). Agency Theory. An Assessment and Review. In: Academy of Management Review 14: 57-74.
Elbe, M. (2001). Organisationsberatung: Kritik und Perspektiven aus soziologisch-verstehender Sicht. In: Wüthrich, H., Winter, W. u. A. Philipp (Hrsg.). Grenzen des ökonomischen Denkens: Auf den Spuren einer dominanten Logik. Wiesbaden: Gabler, S. 551-580.
Elbe, M. und N. J. Saam (2007). „Mönche aus Wien, bitte lüftets eure Geheimnisse." Über die Abweichungen der Beratungspraxis von den Idealtypen der Organisationsberatung. Erscheint in: Kühl, St. und M. Moldaschl (Hrsg.). Organisation und Intervention.
Elfgen, R. und B. Klaile (1987). Unternehmensberatung. Angebot, Nachfrage, Zusammenarbeit. Stuttgart: Poeschel.
Erlei, M., Leschke, M. und D. Sauerland (1999). Neue Institutionenökonomik. Stuttgart: Schäffer-Poeschel.
Ernst, B. und A. Kieser (1999). In Search of Explanations for the Consulting Explosion. Paper prepared for the SCANCOR Workshop "Carriers of Management Knowledge", Stanford University, 16./17. Sept. 1999.
Ernst, B. und A. Kieser (2002). In Search of Explanations for the Consulting Explosion. In: Sahlin, Kerstin und Lars Engwall (Hrsg.). The Expansion of Management Knowledge. Carriers, Flows and Sources. Stanford: Stanford University Press. S. 47-73.
Eschbach, T. H. (1984). Der Ausgleich funktionaler Defizite des wirtschaftlichen Systems durch die Unternehmensberatung - eine soziologische Analyse. Frankfurt/M.: Lang.
Exner, A., Königswieser, R. u. S. Titscher (1987). Unternehmensberatung - systemisch. In: Die Betriebswirtschaft 47: 265-284.
Fama, E. (1980). Agency Problems and the theory of the firm. In: Journal of Political Economy 88: 288-307.
Faust, M. (1998). Die Selbstverständlichkeit der Unternehmensberatung. In: Howaldt, J. und R. Kopp (Hrsg.). Sozialwissenschaftliche Organisationsberatung. Berlin: Edition Sigma. S. 147-181.
Faust, M. (2000). Warum boomt die Managementberatung? Und warum nicht zu allen Zeiten und Überall. In: SOFI-Mitteilungen 28: 59-90.
Faust, M. (2002). Consultancies as Actors in Knowledge Arenas: Evidence from Germany. In: Kipping, M. und L. Engwall (Hrsg.). Management Consulting. Emergence and Dynamics of a Knowledge Industry. Oxford: Oxford University Press. S. 146-163.
Ferguson, M. (1999). The Origin, Gestation, and Evolution of Management Consultancy within Britain (1869-1965). Buckingham: Open University Press.
Fincham, R.(2002). Charisma versus Technique. Differentiating the Expertise of Management-Gurus and Management Consultants. In: Clark, T. und R. Fincham (Hrsg.). Critical Consulting. New Perspectives on the Management Advice Industry. Oxford: Blackwell. S. 191-205.
Fincham, R. (1995). Business Process Reengineering and the Commodification of Managerial Knowledge. In: Journal of Marketing Management 11: 707-719.

Fincham, R. (1999). The Consultant-Client Relationship: Critical Perspectives on the Management of Organizational Change. In: Journal of Management Studies 36: 331-351.
Fincham, R. und T. Clark (2002). Introduction: The Emergence of Critical Perspectives on Consulting. In: Clark, T. und R. Fincham (Hrsg.). Critical Consulting. New Perspectives on the Management Advice Industry. Oxford: Blackwell. S. 1-18.
Fink, D. und B. Knoblach (2003). Die großen Management-Consultants. Ihre Geschichte, ihre Konzepte, ihre Strategien. München: Vahlen.
Foucault, M. (1971). Nietzsche, die Genealogie, die Historie. In: ders. (2001-2005). Schriften in vier Bänden. Bd. 2. Nr. 84. Frankfurt/M.: Suhrkamp. S. 166-191
Foucault, M. (1973). Archäologie des Wissens. Frankfurt/M.: Suhrkamp.
Foucault, M. (1991). Die Ordnung des Diskurses. München: Hanser.
Foucault, M. (1978). Dispositive der Macht. Michel Foucault über Sexualität, Wissen und Wahrheit. Berlin: Merve Verlag.
Frank, R. H. (1997). Microeconomics and Behavior. New York: McGraw Hill.
French, J. R. P. Jr. und B. Raven (1959). The bases of social power. In: Cartwright, D. (Hrsg.). Studies in social power. Ann Arbor: Univ. of Michigan. S. 150-167.
French, W. und C. Bell (1977). Zur Geschichte der Organisationsentwicklung. In: Sievers, B. (Hrsg.). Organisationsentwicklung als Problem. Stuttgart: Klett-Cotta, S. 33-42.
French, W. und C. Bell (1995). Organization Development: Behavioral Science Interventions for Organization Improvement. 5. Auflage. London u.a.: Prentice Hall.
Friedberg, E. (2003). Mikropolitik und Organisationelles Lernen. In: Brentel, H., H. Klemisch und H. Rohn (Hrsg.). Lernendes Unternehmen. Wiesbaden: Westdeutscher Verlag. S. 97-108.
Friedberg, E. (1995). Ordnung und Macht. Dynamiken organisierten Handelns. Frankfurt/M.: Campus.
Friedberg, E. (1977). Zur Politologie von Organisationen. Prämissen einer strategischen Organisationsanalyse. In: Diskussionspapier 77-43. Berlin: Wissenschaftszentrum Berlin.
Froschauer, U. und M. Lueger (1999). Unternehmensberatung. Die Moralisierung der Wirtschaft. In: Honer, A., Kurt R. und J. Reichertz (Hrsg.). Diesseitsreligion. Zur Deutung der Bedeutung moderner Kultur. Konstanz: Universitätsverlag Konstanz. S. 119-134.
Fuchs, P. (1994). Die Form beratender Kommunikation. In: Fuchs, P. und E. Pankoke (Hrsg.). Beratungsgesellschaft. Schwerte: Veröffentlichungen der Katholischen Akademie Schwerte 42: 13-25.
Fuchs, P. (1997). Addressabilität als Grundbegriff der soziologischen Systemtheorie. In: Soziale Systeme 3: 57-79.
Fuchs, P. (1999). Intervention und Erfahrung. Frankfurt/M.
Fuchs, P. (2002). Hofnarren und Organisationsberater. Zur Funktion der Narretei, des Hofnarrentums und der Organisationsberatung. In: Organisationsentwicklung 21: 4-15.
Fuchs, P. (2004). Die magische Welt der Beratung. In: Schützeichel, Rainer und Thomas Brüsemeister (Hrsg.). Die beratene Gesellschaft. Zur gesellschaftlichen Bedeutung von Beratung. Wiesbaden: VS-Verlag. S. 239-257.
Fuchs, P. und E. Mahler (2000). Form und Funktion von Beratung. In: Soziale Systeme 6: 349-368.
Furubotn, E. G. und R. Richter. Hrsg. (1991). The New Institutional Economics. Tübingen: Mohr.

Furusten, St. (1998). The Creation of Popular Management Texts. In: Alvarez, J. L. (Hrsg.). The Diffusion and Consumption of Business Knowledge. S. 141-163.
Gealy, J., Larwood, L. und M. P. Elliott (1979). Where Sex Counts. Effects of Consultant and Client Gender in Management Consulting. In: Group & Oranization Studies 4: 201-211.
Geßner, A. (2001). Zur Bedeutung von Macht in Beratungsprozessen. Sind mikropolitische Ansätze praxistauglich? In: Degele, N., Münch, T., Pongratz, H. u. N. J. Saam (Hrsg.). Soziologische Beratungsforschung. Perspektiven für Theorie und Praxis der Organisationsberatung. Opladen: Leske+Budrich. S. 39-54.
Giddens, A. (1984). Die Konstitution der Gesellschaft. Grundzüge einer Theorie der Strukturbildung. Frankfurt: Campus.
Giegler, N. (1994). Vom Consulting zum Self-consulting. Ein situativer Ansatz. Bayreuth: R.E.A. Verlag Managementforschung.
Goffman, E. (1983[1959]). Wir alle spielen Theater. Selbstdarstellungen im Alltag. München: Piper.
Goffman, E. (1977[1974]). Rahmenanalyse. Ein Versuch über die Organisation von Alltagserfahrungen. Frankfurt/M.: Suhrkamp.
Granovetter, M. (1990). The Old and the New Economic Sociology: A History and an Agenda. In: Friedland, R. und A.F. Robertson (Hrsg.). Beyond the Marketplace – Rethinking Economy and Society. New York: de Gruyter: S. 89-112.
Grant, D., Keenoy, T. und C. Oswick. Hrsg. (1998). Discourse and Organization. London: Sage.
Greiner, L. E. und V. E. Schein (1988). Power and Organization Development. Mobilizing Power to Implement Change. Reading, MA: Addison Wesley.
Grint, K. (1994). Re-engineering History. Social Resonances and Business Process Re-engineering. In: Organization 1: 179-201.
Groth, T. (1996). Wie systemisch ist „systemische Organisationsberatung"? Neuere Beratungskonzepte für Organisationen im Kontext der Luhmannschen Systemtheorie. Münster: Lit. Verlag.
Groth, T. (2001). Denkgebäude eines Systemtheoretikers. In: Bradmann, Th. M. und T. Groth (Hrsg.). Zirkuläre Positionen 3. Organisation, Management und Beratung. Wiesbaden: Westdeutscher Verlag. S. 166-172.
Grün, O. (1990). Von der Berater- zur Konsultationsforschung. In: Bleicher, K. und P. Gomes (Hrsg.). Zukunftsperspektiven der Organisation. Bern: Verlag Stämpfli & Cie AG. S. 115-134.
Grün, O. (1984). Die Gestaltung des Berater-Einsatzes durch den Mandanten. In: Zeitschrift für Organisation 1: 13-20.
Günter, B. (1979). Das Marketing von Großanlagen. Strategieprobleme des Systems Selling. Berlin: Duncker & Humblot.
Guest, D. (1992). Right Enough to Be Dangerously Wrong. In: Salaman, G. (Hrsg.). Human Resource Strategies. London: Sage. S. 1-19.
Habermas, J. (1984). Vorstudien und Ergänzungen zur Theorie kommunikativen Handelns. Frankfurt/M. Suhrkamp.
Habermas, J. (1968). Erkenntnis und Interesse. Frankfurt/M. Suhrkamp.
Hammer, M. (1997). Das prozessorientierte Unternehmen. Die Arbeitswelt nach dem Reengineering. Frankfurt/M.: Campus.

Hammer, M. und J. Champy (1996). Business Reengineering: die Radikalkur für das Unternehmen. 6. Auflage. Frankfurt/M.: Campus.
Hannan, M. T. und J. Freeman (1989). Organizational Ecology. Cambridge, Mass.: Harvard University Press.
Hanson, P. und Lubin, B. (1995). Answers to Questions Most Frequently Asked About Organization Development. Thousand Oaks u.a.: Sage.
Hartenstein, M., Biling, F., Schawel, C. u. M. Grein (2000). Der Weg in die Unternehmensberatung. Consulting Case Studies erfolgreich bearbeiten. Wiesbaden: Gabler.
Hasse, R. und G. Krücken (2005). Organisationsgesellschaft und Weltgesellschaft im soziologischen Neo-Institutionalismus. In: Jäger, W. und U. Schimank (Hrsg.). Organisationsgesellschaft. Wiesbaden: VS Verlag. S. 124-147.
Hasse, R. und G. Krücken (1999). Neo-Institutionalismus. Bielefeld: Transcript-Verlag.
Hauptmanns, P. (1995). Rationalisierung und Qualifikationsentwicklung. Eine empirische Analyse im deutschen Maschinenbau. Opladen: Leske + Budrich.
Heilmann, W. (1989). Aufgabenbereiche und Anwendungsgebiete des strategischen Controlling. In: Hofmann, M. und W. Sertl (Hrsg.). Management Consulting 1. Ausgewählte Probleme und Entwicklungstendenzen der Unternehmensberatung. 2. Auflage. Stuttgart: Kohlhammer, S. 3-29.
Hempel, C. G. (1968). Typologische Methoden in den Sozialwissenschaften. In: Topitsch, E. (Hrsg.). Logik der Sozialwissenschaften. Köln/Berlin. S. 85-101.
Hempel, C. G. (1965). Aspects of Scientific Explanation. New York: Free Press.
Hettlage, R. (2003). Erving Goffman. In: Kaesler, D. (Hrsg.). Klassiker der Soziologie. Bd. 2. 4. Aufl. München: C.H.Beck. S. 188-205.
Höck, M. und F. Keuper (2001). Empirische Untersuchung zur Auswahl und Kompetenz von Beratungsgesellschaften. In: Die Betriebswirtschaft 61: 427-442.
Hoffmann, W. H. (1991). Faktoren erfolgreicher Unternehmensberatung. Wiesbaden: Deutscher Universitätsverlag.
Hoffmann, W. u. S. Hlawacek (1991). Beratungsprozesse und -erfolge in mittelständischen Unternehmen. In: M. Hofmann (Hrsg.). Theorie und Praxis der Unternehmensberatung. Heidelberg: Physica. S. 403-436
Hofmann, M. (1991). Theorie und Praxis der Unternehmensberatung. Heidelberg: Physica-Verl.
Hollingsworth, J. R. (1997). The Institutional Embeddedness of American Capitalism. In: Crouch, C. und W. Streeck (Hrsg.). Political Economy of Modern Capitalism. Mapping Convergence & Diversity. London: Sage. S. 133-147.
Hruschka, E. (1969). Versuch einer theoretischen Grundlegung des Beratungsprozesses. Meisenheim am Glan: Verlag Anton Hain.
Huczynski, A. A. (1993). Management Gurus. That Makes Them and How to Become one. London: Routledge.
Hugenberg, H. (2000). Strategisches Management in Unternehmen. Ziele – Prozesse – Verfahren. Wiesbaden: Gabler.
Iding, H. (im Erscheinen). Macht meint Strukturen in Organisationen. In: Kühl, St. und M. Moldaschl (Hrsg.). Organisation und Intervention.
Iding, H. (2000). Hinter den Kulissen der Organisationsberatung. Qualitative Fallstudien von Beratungsprozessen im Krankenhaus. Opladen: Leske + Budrich.

Jackall, R. (1988). Moral Mazes: The World of Corporate Managers. New York: Oxford University Press.
Jackson, B. (2002). A Fantasy Theme Analysis of Three Guru-led Management Fashions. In: Clark, T. und R. Fincham (Hrsg.). Critical Consulting. Oxford: Blackwell. S. 172-188.
Jackson, B. G. (1996). Re-Engineering the Sense of Self. The Manager and the Management Guru. In: Journal of Management Studies 33: 571-590.
Jensen, M. und W. Meckling (1976). Theory of the Firm: Managerial Behavior, Agency Costs, and Ownership Structure. In: Journal of Financial Economics 3: 305-360.
Jepperson, R. L. (1991). Institutions, Institutional Effects, and Institutionalism. In: Powell, W. W. und Paul J. DiMaggio (Hrsg.). The New Institutionalism in Organizational Analysis. Chicago: Univ. of Chicago Press. S. 143-163.
Kaas, P. und Ch. Schade (1995). Unternehmensberater im Wettbewerb. Eine empirische Untersuchung aus der Neuen Institutionenlehre. In: Zeitschrift für Betriebswirtschaft 65: 1067-1089.
Kaesler, D. Hrsg. (2003). Klassiker der Soziologie. 2 Bde. 4. Aufl. München: C.H.Beck.
Kaplan R. und D. Norton (1997). Balanced Scorecard: Strategien erfolgreich umsetzen. Stuttgart: Schäffer-Poeschel.
Käsler, D. (1979). Einführung in das Studium Max Webers. München: C. H. Beck.
Kellner, D. (1990). The Postmodern Turn. Positions, Problems, and Prospects. In: Ritzer, G. (Hrsg.). Frontiers of Social Theory. The New Syntheses. New York: Columbia University Press. S. 255-286.
Kendall, G. und G. Wickham (1999). Using Foucault's Methods. London: Sage.
Kerfoot, D. und D. Knights (1993). Management, Manipulation and Masculinity. From Paternalism to Corporate Strategy in Financial Services. In: Journal of Management Studies 30: 659-677.
Kerfoot, D. und D. Knights (1998). Managing Manculinity in Contemporary Organizational Life. A "Man"agerial Project. In: Organization 5: 7-26.
Khurana, Th. (2002). Deconstruction is the Case: Deconstruction in Management Consulting and Organization Theory. In: Soziale Systeme 8: 248-282.
Kieser, A. (1996). Moden und Mythen des Organisierens. In: Die Betriebswirtschaft 56: 21-39.
Kieser, A. (1998). Unternehmensberater – Händler in Problemen, Praktiken und Sinn. In: Glaser, H., Schröder, E. F. und A. von Werder (Hrsg). Organisation im Wandel der Märkte. Wiesbaden: Gabler. S. 191-226.
Kieser, A. (1999). Human-Relations-Bewegung und Organisationspsychologie. In: ders. (Hrsg.). Organisationstheorien. 3. Auflage. Stuttgart: Kohlhammer. S. 101-131.
Kieser, A. (2002). Managers as Marionettes? Using Fashion Theories to Explain the Success of Consultancies. In: Kipping, M. und L. Engwall (Hrsg.). Management Consulting. Emergence and Dynamics of a Knowledge Industry. Oxford: Oxford University Press. S. 167-183.
Kieser, A. Hrsg. (2002). Organisationstheorien. 5. unveränderte Aufl. Stuttgart: Kohlhammer.
Kieserling, A. (1995). Organisationssoziologie und Unternehmensberatung. Sechs Lehrvorträge. Bielefeld: Unveröffentlichtes Manuskript.
Kipping, M. (1998). The Hidden Business Schools: Management Training in Germany since 1945. In: Engwall, L. und V. Zamagni (Hrsg.). Management Education in Historical Perspective. Manchester, New York: Manchester Univ. Press. S. 95-110.

Kipping, M. (1996). Management Consultancies in Germany, Britain and France, 1900-60. An Evolutionary and Institutional Perspective. In: Discussion Papers in Economics and Management, Series A, Vol. X (1996/97). University of Reading, Department of Economics.

Kipping, M. (1999). American Management Consulting Companies in Western Europe, 1920 to 1990. Products, Reputation, and Relationships. In: Business History Review 73: 190-220.

Kipping, M. (2002). Trapped in their Wave: The Evolution of Management Consultancies. In: Clark, T. und R. Fincham (Hrsg.). Critical Consulting. Oxford: Blackwell. S. 28-49.

Kipping, M. und L. Engwall. Hrsg. (2002). Management Consulting. Emergence and Dynamics of a Knowledge Industry. Oxford: Oxford University Press.

Kirsch, W. und J. Schneider (1973). Das Role-Set des Projektmanagers beim Marketing von Invertitionsgütern. Veröffentlichung aus dem SfB 24 der Universität Mannheim, Sozial und wirtschaftspsychologische Entscheidungsforschung, Subprojekt Kirsch.

Kiss, G. (1977). Einführung in die soziologischen Theorien II. 3. Aufl. Opladen: Westdeutscher Verlag.

Knights, D. und G. Morgan (1991). Corporate Strategy, Organizations, and Subjectivity. A Critique. In: Organization Studies 12: 251-273.

Koch, J. (1999). Postmoderne Organisationstheorien in der Perspektive Lyotards. In: Schreyögg, G. (Hrsg.). Organisation und Postmoderne. Grundfragen, Analysen, Perspektiven. Wiesbaden: Gabler. S. 85-126.

Koch, J. (2003). Organisation und Differenz. Kritik des organisationstheoretischen Diskurses der Postmoderne. Wiesbaden: Westdeutscher Verlag.

König, E. und G. Volmer. Hrsg. (1999). Systemische Organisationsberatung. Grundlagen und Methoden. 6. Aufl. Weinheim: Dt. Studien-Verl.

König, E. und G. Volmer. Hrsg. (2003). Praxis der systemischen Organisationsberatung. 3. Aufl. Weinheim: Beltz.

Königswieser, R. und A. Exner (2002). Systemische Intervention. Architektur und Designs für Berater und Veränderungsmanager. 7 Aufl. Stuttgart: Klett-Cotta.

Königswieser, R. und M. Hillebrand (2004). Einführung in die systemische Organisationsberatung. Heidelberg: Auer.

Kröber, H.-W. (1991). Der Beratungsbegriff in der Fachliteratur. In: Hofmann, M., Rosenstiel, L.v. und K. Zapotoczky (Hrsg.). Die sozio-kulturellen Rahmenbedingungen für Unternehmensberater. Management Consulting 4. Stuttgart: Kohlhammer. S. 1-36.

Krücken, G. (2005). Der "world-polity"-Ansatz in der Globalisierungsdiskussion. In: Meyer, J. W. Weltkultur. Wie die westlichen Prinzipien die Welt durchdringen. Hrsg. und eingeleitet von Georg Krücken. Frankfurt/M.: Suhrkamp. S. 300-318.

Kubr, M. (1996). Management consulting. A guide to the profession. 3. überarb. Aufl. Genf: International Labour Office.

Kubr, M. (1998). Unternehmensberater auswählen und erfolgreich einsetzen: ein Handbuch für Entscheider. Genf: International Labour Office. Leonberg: Rosenberger Fachverlag.

Kühl, S. (2001). Professionalität ohne Profession. Das Ende des Traums von der Organisationsentwicklung als eigenständiger Profession und die Konsequenzen für die soziologische Beratungsdiskussion. In: Degele, N., Münch, T., Pongratz, H. und N. J. Saam (Hrsg.). Soziologische Beratungsforschung. Perspektiven für Theorie und Praxis der Organisationsberatung. Opladen: Leske+Budrich. S. 209-237.

Kühl, St. (2001). Systemische Organisationsberatung – beobachtet. In: Bradmann, Th. M. und T. Groth (Hrsg.). Zirkuläre Positionen 3. Organisation, Mamagement und Beratung. Wiesbaden: Westdeutscher Verlag. S. 221-226.
Küpper, W. und G. Ortmann (1986). Mikropolitik in Organisationen. In: Die Betriebswirtschaft 46: 590-602.
Kuhn, Th. S. (1976). Die Struktur wissenschaftlicher Revolutionen. Frankfurt/M.: Suhrkamp.
Latour, B. (1993). We Have Never Been Modern. Memel Hempstead: Harvester Wheatsheaf.
Legge, K. (2002). On Knowledge, Business Consultants and the Selling of Total Quality Management. In: Clark, T. und R. Fincham (Hrsg.). Critical Consulting. New Perspectives on the Management Advice Industry. Oxford: Blackwell. S. 74-90.
Lewin, K. (1982). Feldtheorie. Bern: Huber.
Lippitt, G. und R. Lippitt (1979). The Consulting Process in Action. La Jolla, CA: University Associates.
Lippitt, G. und R. Lippitt (1984). Beratung als Prozeß. Was Berater und ihre Klienten wissen sollten. Goch: Bratt-Inst. für Neues Lernen.
Luhmann, N. (1964). Funktionen und Folgen formaler Organisationen. Berlin: Duncker & Humblot.
Luhmann, N. (1968). Zweckbegriff und Systemrationalität. Tübingen: Mohr.
Luhmann, N. (1984). Soziale Systeme. Frankfurt/M.: Suhrkamp.
Luhmann, N. (1988a). Die Wirtschaft der Gesellschaft. Frankfurt/M.: Suhrkamp.
Luhmann, N. (1988b). Organisation. In: Küppers, W. und G. Ortmann (Hrsg.). Mikropolitik. Rationalität, Macht und Spiele in Organisationen. Opladen: Westdt. Verlag. S. 165-186.
Luhmann, N. (1988c). Ökologische Kommunikation. Opladen: Westdeutscher Verlag.
Luhmann, N. (1988d). Neuere Entwicklungen in der Systemtheorie. In: Merkur 42: 292-300.
Luhmann, N. (1988e). Organisation. In: Küppers, W. und G. Ortmann (Hrsg.). Mikropolitik. Rationalität, Macht und Spiele in Organisationen. Opladen: Westdt. Verlag. S. 165-186.
Luhmann, N. (1989). Kommunikationssperren in der Unternehmensberatung. In: N. Luhmann und P. Fuchs. Reden und Schweigen. Frankfurt/M.: Suhrkamp. S. 209-227.
Luhmann, N. (1993). Das Recht der Gesellschaft. Frankfurt/M.: Suhrkamp.
Luhmann, N. (2000a). Die Politik der Gesellschaft. Frankfurt/M.: Suhrkamp.
Luhmann, N. (2000b). Organisation und Entscheidung. Opladen: Westdt. Verlag.
Luhmann, N. (1997a). Die Gesellschaft der Gesellschaft. Band 1. Frankfurt/M.: Suhrkamp.
Luhmann, N. (1997b). Selbstreferentielle Systeme. Fragen an Niklas Luhmann. In: Simon, F. B. (Hrsg.). Lebende Systeme. Wirklichkeitskonstruktion in der systemischen Therapie. Frankfurt/M.: Suhrkamp. S. 69-78.
Luhmann, N. (1997c). Therapeutische Systeme. Fragen an Niklas Luhmann. In: Simon, F. B. (Hrsg.). Lebende Systeme. Wirklichkeitskonstruktion in der systemischen Therapie. Frankfurt/M.: Suhrkamp. S. 169-190.
Lyotard, J.-F. (1994). Das postmoderne Wissen. Ein Bericht. Wien: Passagen.
Lyotard, J.-F. (1987). Postmoderne für Kinder. Briefe aus den Jahren 1982-85. Wien: Passagen.
Lyotard, J.-F. (1986). Philosophie und Malerei im Zeitalter ihres Experimentierens. Berlin: Merve.
MacAuley, S. (1963). Non-contractual Relations in Business: A Preliminary Study. In: American Sociological Review 28: 55-69.

MacIntyre, A. (1980). Epistemological Crisis, Dramatic Narrative, and the Philosophy of Science. In: Gutting, G. (Hrsg.). Paradigms and Revolutions. Appraisals and Applications of Thomas Kuhn's Philosophy of Science. Notre Dame: University of Notre Dame Press. S. 54-74.
MacNeil, I. R. (1974). The Many Futures of Contracts. In: Southern Californian Law Review 47: 691-816.
Malinowski, B. (1974). Magic, Science and Religion. London: Souvenir Press.
Mangham, I. L. (1978). Interactions and Interventions in Organizations. Chichester: Wiley.
Mangham, I. L. (1990). Management as a Performing Art. In: British Journal of Management 1: 105-115.
Mangham, I. L. und M. A. Overington (1987). Organizations as Theatre. A Social Psychology of Dramatic Appearances. Chichester: Wiley.
March, J. G. (1988). Decisions and Organizations. Oxford: Blackwell.
March, J. G. und J. P. Olsen (1976). Ambiguity and Choice in Organizations. Bergen: Universitetsforlaget.
Marner, B. und F. Jaeger (1990). Unternehmensberatung und Weiterbildung mittelständischer Unternehmer. Ergebnisse einer empirischen Untersuchung. Berlin: Schmidt.
McKenna, Ch. D. (1995). The Origins of Modern Management Consulting. In: Business and Economic History 24: 51-58.
McKenzie, R. B. und G. Tullock (1984). Homo Oeconomicus. Frankfurt/M.: Campus.
McKinsey & Co. (1992). 5 Ansichten in Sachen Unternehmensberatung. O.O., o.V.
Mead, G. H. (1934). Mind, Self and Society. Chicago: Univ. of Chicago Press.
Meffert, H. (1990). Unternehmensberatung und Unternehmensführung. Eine empirische Bestandsaufnahme. In: Die Betriebswirtschaft 50: 181-197.
Meier, F. (2004). Der Akteur, der Agent und der Andere. Elemente einer neo-institutionalistischen Theorie der Beratung. In: Schützeichel, R. und T. Brüsemeister (Hrsg.). Die beratene Gesellschaft. Wiesbaden: Verlag für Sozialwissenschaften. S. 221-238.
Meriläinen, S., Tienari, J., Thomas, R. und A. Davies (2004). Management Consultant Talk: A Cross-Cultural Comparison of Normalizing Discourse and Resistance. In: Organization 11: 539-564.
Merton, R. K. (1957). The role-set: Problems in sociological theory. In: The British Journal of Sociology 8: 106-120.
Merton, R. K. (1995). Soziologische Theorie und soziale Struktur. Berlin: de Gruyter.
Meyer, J. W. (1994). Rationalized Environments. In: Scott, W. R. und J. W. Meyer (Hrsg.). Institutional Environments and Organizations. Structural Complexity and Individualism. Newbury Park: Sage. S. 28-54.
Meyer, J. W. (2005). Weltkultur. Wie die westlichen Prinzipien die Welt durchdringen. Hrsg. und eingeleitet von G.Krücken. Frankfurt/M.: Suhrkamp.
Meyer, J. W. und B. Rowan (1977). Institutionalized Organizations. Formal Structures as Myth and Ceremony. In: American Journal of Sociology 83: 340-363.
Meyer, J. W. und R. L. Jepperson (2005). Die „Akteure" der modernen Gesellschaft. Die kulturelle Konstruktion sozialer Agentschaft. In: Meyer, J. W. Weltkultur. Wie die westlichen Prinzipien die Welt durchdringen. Hrsg. und eingeleitet von G. Krücken. Frankfurt/M.: Suhrkamp. S. 47-84.

Meyer, J. W., Boli, J. und G. M. Thomas (2005). Ontologie und Rationalisierung im Zurechnungssystem der westlichen Kultur. In: Meyer, J. W. Weltkultur. Wie die westlichen Prinzipien die Welt durchdringen. Hrsg. und eingeleitet von G. Krücken. Frankfurt/M.: Suhrkamp. S. 17-46.
Meyer, M. W. und L. G. Zucker (1989). Permanently Failing Organizations. Newbury Park: Sage.
Micklethwait, J. und A. Wooldridge (1996). The Witch Doctors. Making Sense of the Management Gurus. New York: Times Books.
Milgrom, P. und J. Roberts (1992). Economics, Organization and Management. Englewood Cliffs, NJ: Prentice-Hall.
Miller, D. T. und M. Ross (1975). Self-serving Biases in the Attribution of Causality. Fact or Fiction. In: Psychological Bulletin 82: 213-225.
Miller, P. und N. Rose (1993). Governing Economic Life. In: Gane, M. und T. Johnson (Hrsg.). Foucault's New Domains. London: Routledge. S. 75-105.
Mingers, S. (1996). Systemische Organisationsberatung. Eine Konfrontation von Theorie und Praxis. Frankfurt: Campus.
Minuchin, S. (1977). Familie und Familientherapie. Freiburg: Lambertus-Verlag.
Minuchin, S. und H. Fishman (1983). Praxis der strukturellen Familientherapie. Freiburg: Lambertus-Verlag.
Morgan, G. (2002). Bilder der Organisation. 3. Aufl. Stuttgart: Klett-Cotta.
Müller, A. (2000). Strategisches Management mit der Balanced Scorecard. Stuttgart: Kohlhammer.
Münch, R. (2002). Soziologische Theorie. Bd. 1 und 2. Frankfurt/M.: Campus.
Münch, R. (2004). Soziologische Theorie. Bd. 3. Frankfurt/M.: Campus.
Münch, R. (2003). Talcott Parsons. In: Kaesler, D. (Hrsg.). Klassiker der Soziologie. Bd. 2. 4. Aufl. München: C. H. Beck. S. 24-50.
Münch, R. (2004). Soziologische Theorie. Bd. 3. Gesellschaftstheorie. Frankfurt/M.: Campus.
Muhr, Th. (2005). Beratung und Macht. Mikropolitische Fallstudie einer Organisationsberatung. Diss. Universität Bielefeld 2004. http://bieson.ub.uni-bielefeld.de/volltexte/2005/691/Dissertation_Thoams_Muhr.pdf
Myerson, R. (1982). Optimal Coordination Mechanisms in Generalized Principal-Agent Problems. In: Journal of Mathematical Economics 10: 67-81.
Neuberger, O. (1987). Moden und Mythen der Führung. In: Kieser, A., Reber, G. und R. Wunderer (Hrsg.). Handwörterbuch der Führung. Stuttgart: Poeschel. S. 1495-1510.
Neuberger, O. (1992). Spiele in Organisationen, Organisationen als Spiele. In: Küpper, W. und G. Ortmann (Hrsg.). Mikropolitik. Rationalität, Macht und Spiele in Organisationen. Opladen: Westdeutscher Verlag. S. 53-86.
Neuberger, O. (1991). Personalentwicklung. Stuttgart: Enke.
Neuberger, O. (1995). Mikropolitik. Der alltägliche Aufbau und Einsatz von Macht in Organisationen. Stuttgart: Enke.
Neuburger-Brosch, M. (1996). Die soziale Konstruktion des „neuen Managers". Eine wissenssoziologische Untersuchung der Managementdebatten in den achtziger Jahren. Diss. Tübingen.
Neuert, U. (1990). Computergestützte Unternehmensberatung. Möglichkeiten und Grenzen der Computerunterstützung unter besonderer Berücksichtigung der Strategieberatung. Marburg: Hitzeroth.

Neumann, J. v. und O. Morgenstern (1947). Theory of Games and Economic Behavior. Princeton University Press.
Nevis, E. (1993). Organisationsentwicklung im Wandel der Zeit: 1930 bis 1990. In: Fatzer, G. (Hrsg.). Organisationsentwicklung für die Zukunft: ein Handbuch. Köln: Ed. Humanistische Psychologie. S. 381-403.
Nicolai, A. T. (2002). Verwechselt, verfeindet, verbrüdert: Zur Entwicklung der Beziehung von Strategieberatung und Wissenschaft. In: Mohe, M., Hans J. Heinecke und Reinhard Pfriem (Hrsg.). Consulting. Problemlösung als Geschäftsmodell. Theorie, Praxis, Markt. Stuttgart: Klett-Cotta. S. 75-95.
Niedereichholz, Ch. (1997a). Unternehmensberatung. Bd. 1: Beratungsmarketing und Auftragsakquisition. 2. überarb. Aufl. München: Oldenbourg.
Niedereichholz, Ch. (1997b). Unternehmensberatung. Bd. 2: Auftragsdurchführung und Qualitätssicherung. München: Oldenbourg.
Nietzsche, F. (1912). Der Wille zur Macht. Leipzig: Kröner.
Nippa, M. (1996). Bestandsaufnahme des Reengineering-Konzepts. Leitgedanken für das Management. In: Nipa, M. und A. Picot (Hrsg.). Prozeßmanagement und Reengineering. Die Praxis im deutschsprachigen Raum. 2. Auflage. Frankfurt/M.: Campus. S. 61-77.
North, D. C. (1988). Theorie des institutionellen Wandels. Tübingen: Mohr.
Ortmann, G. (1992). Macht, Spiel, Konsens. In: Küpper, W. und G. Ortmann (Hrsg.). Mikropolitik. Rationalität, Macht und Spiele in Organisationen. 2. Aufl. Opladen: Westdt. Verlag. S. 13-26.
Ortmann, G., Windeler, A., Becker, A. und H.-J. Schulz (1990). Computer und Macht in Organisationen. Mikropolitische Analysen. Opladen: Westdt. Verlag.
Osterloh, M. (1997). Selbststeuernde Gruppen in der Prozessorganisation. In: Scholz, C. (Hrsg.). Individualisierung als Paradigma: Festschrift für Hans Jürgen Drumm. Stuttgart: Kohlhammer. S. 179-199.
Parker, M. (1992). Post-Modern Organizations or Postmodern Organization Theory? In: Organization Studies 13: 1-17.
Parsons, T. (1937). The Structure of Social Action. New York: Free Press.
Parsons, T. (1961). Suggestions for a Sociological Approach to the Theory of Organizations. In: Etzioni, A. (Hrsg.). Complex Organizations. A Sociological Reader. New York: Holt, Rinehart and Winston. S. 32-47.
Parsons, T. (1976). Zur Theorie sozialer Systeme. Hg. u. eingeleitet von S. Jensen. Opladen: Westdeutscher Verlag.
Parsons, T. (1980). Zur Theorie der sozialen Interaktionsmedien. Hg. von Stefan Jensen. Opladen: Westdeutscher Verlag.
Parsons, T. (2000). Das System moderner Gesellschaften. 5. Aufl. Weinheim: Juventa.
Parsons, T. und E. A. Shils (1951b). Values, Motives, and Systems of Action. In: dies. (Hrsg.). Toward a General Theory of Action. Cambridge, Mass. Harvard University Press. S. 47-158.
Parsons, T. und E. A. Shils. Hrsg. (1951a). Toward a General Theory of Action. Cambridge, Mass. Harvard University Press.
Parsons, T. und N. J. Smelser (1956). Economy and Society. New York: Free Press.
Parsons, T., R. F. Bales und E. A. Shils (1953). Working Papers in the Theory of Action. Glencoe, Ill.: Free Press. S. 172-190.
Pascale, R. und A. Athos (1981). The Art of Japanese Management. New York.

Pelzer, P. (1995). Der Prozess der Organisation. Zur postmodernen Ästhetik der Organisation und ihrer Rationalität. Amsterdam: G + B Verlag Fakultas.
Perrow, Ch. (1978). Demystifying Organizations. In: Sarri, R. C. und Y. Hasenfeld (Hrsg.). The Management of Human Services. New York. S. 105 ff.
Peters, T. und R. Waterman (1982). In Search of Excellence – Lessons from America's Best-Run Companies. New York: Harper.
Pettigrew, A. (1975). Towards a Political Theory of Organizational Intervention. In: Human Relations 28: 191-208.
Picot, A. und E. Frank (1996). Prozeßorganisation. Eine Bewertung der neuen Ansätze aus Sicht der Organisationslehre. In: Nipa, M. und A. Picot (Hrsg.). Prozeßmanagement und Reengineering. Die Praxis im deutschsprachigen Raum. 2. Auflage. Frankfurt/M.: Campus. S. 13-38.
Popper, K. R. (1973). Objektive Erkenntnis. Ein evolutionärer Entwurf. Hamburg: Hoffmann & Campe. Poser, H. (2001). Wissenschaftstheorie. Eine philosophische Einführung. Stuttgart: Reclam.
Powell, W. W. und P. J. DiMaggio. Hrsg. (1991). The New Institutionalism in Organizational Analysis. Chicago: Univ. of Chicago Press.
Pohlmann, M. C. (2002). Der Beitrag der Organisationsberatung zur Entwicklung der Organisation. In: Arbeit 11: 329-343.
Pratt, J. W. und R. J. Zeckhauser. Hrsg. (1985). Principals and Agents. The Structure of Business. Boston, MA: Harvard Business School Press.
Raven, B. H. (1965). Social Influence and Power. In: Stein, Ivan D. und Martin Fishbein (Hrsg.). Current Studies in Social Psychology. New York: Holt, Rinehart and Winston Inc. S. 371-382.
Raven, B. H. (1992). A Power/Interaction Model of Interpersonal Influence: French and Raven Thirty Years Later. In: Journal of Social Behavior and Personality 7: 217-244.
Rechtien, W. (1988). Das nichtprofessionelle beratende Gespräch. Fernuniversität Gesamthochschule Hagen.
Rechtien, W. und Jessica Irsch (2006). Lexikon Beratung. München: Profil Verlag.
Richter, M. (1994). Organisationsentwicklung. Entwicklungsgeschichtliche Rekonstruktion und Zukunftsperspektiven eines normativen Ansatzes. Bern: Haupt.
Richter, R. (1994). Institutionen ökonomisch analysiert. Tübingen: Mohr.
Richter, R.und E. Furubotn (1996). Neue Institutionenökonomik: eine Einführung und kritische Würdigung. Tübingen: Mohr.
Rieck, Ch. (1993). Spieltheorie. Einführung für Wirtschafts- und Sozialwissenschaftler. Wiesbaden: Gabler.
Rieckmann, H. (1991). Organisationsentwicklung – von der Euphorie zu den Grenzen. In: Sattelberger, T. (Hrsg.). Die lernende Organisation: Konzepte für eine neue Qualität der Unternehmensentwicklung. Wiesbaden: Gabler, S. 125-143.
Roe, M. J. (1993). Some Differences in Corporate Structure in Germany, Japan, and the United States. In: The Yale Law Journal 102: 1927-2003.
Rosenstiel, L. v. (1987). Partizipation: Betroffene zu Beteiligten machen. In: ders. et al. (Hrsg.). Motivation durch Mitwirkung. Stuttgart: Schäffer. S. 1-11.
Rosile, G. A. und D. M. Boje (2002). Restorying and Postmodern Organisation Theater. Consultation to the Storytelling Organization. In: Sims, R. R. (Hrsg.). Changing the Way We Manage Change. Westport Conn.: Quorum Books. S. 271-290.

Ross, S. A. (1973). The Economic Theory of Agency. The Principal's Problem. In: American Economic Review 63: 134-139.

Rovik, K.-A. (2002). The Secrets of The Winners: Management Ideas that Flow. In: Sahlin, K. und L. Engwall (Hrsg.). The Expansion of Management Knowledge. Carriers, Flows and Sources. Stanford: Stanford Business Books. S. 113-144.

Saam, N. J. (2001). Agenturtheorie als Grundlage einer sozialwissenschaftlichen Beratungsforschung. In: Degele, N., Münch, T., Pongratz, H. und N. J. Saam (Hrsg.). Sozialwissenschaftliche Beratungsforschung. Stuttgart: Lucius & Lucius. S. 15-37.

Saam, N. J. (2002). Prinzipale, Agenten und Macht. Eine machttheoretische Erweiterung der Agenturtheorie und ihre Anwendung auf Interaktionsstrukturen in der Organisationsberatung. Tübingen: Mohr Siebeck.

Salaman, G. (2002). Understanding Advice: Towards a Sociology of Management Consultancy. In: Clark, T. und R. Fincham (Hrsg.). Critical Consulting. New Perspectives on the Management Advice Industry. Oxford: Blackwell. S. 247-259.

Salaman, G. (1978). Towards a Sociology of Organizational Structure. In: The Sociological Review 26: 519-554.

Schade, Ch. und E. Schott (1993). Kontraktgüter im Marketing. In: Marketing – Zeitschrift für Forschung und Praxis 15: 15-25.

Schäfer, H., Ellebracht, H., Lenz, G. und G. Osterhold (2003). Systemische Organisations- und Unternehmensberatung. Praxishandbuch für Berater und Führungskräfte. 2. überarb. Aufl. Wiesbaden: Gabler.

Schäfer, M. (2004). Literaturreferat zu Meyer/Boli/Thomas, Ontology and Rationalization in the Western Cultural Account und zu Meyer/Boli/Thomas/Ramirez, World Society and the Nation State. In: Türk, K. (Hrsg.). Hauptwerke der Organisationstheorie. Opladen: Westdeutscher Verlag. S. 202-204.

Schank, R. und R. Abelson (1977). Scripts, Plans, Goals and Understanding. Hillsdale, N.J.: Lawrence Erlbaum Associates.

Scheer, A. und A. Köppen (2000). Consulting – Wissen für die Strategie-, Prozess- und IT-Beratung. Berlin: Springer.

Schein, E. (2000). Prozessberatung für die Organisation der Zukunft. Der Aufbau einer helfenden Beziehung. Köln: Edition Humanistische Psychologie.

Schelsky, H. (1975). Die Arbeit tun die anderen. Klassenkampf und Priesterherrschaft der Intellektuellen. Opladen: Westdeutscher Verlag.

Scherer, A. G. und H. Steinmann (1999). Some Remarks on the Problem of Incommensurability in Organization Studies. In: Organization Studies 20: 519-544.

Scherf, M. (2002). Beratung als System. Zur Soziologie der Organisationsberatung. Wiesbaden: Dt. Universitätsverlag.

Schimank, U. (1996). Theorien gesellschaftlicher Differenzierung. Opladen.

Schlippe, A. v. und J. Schweitzer (2002). Lehrbuch der systemischen Therapie und Beratung. 8. Aufl. Göttingen: Vandenhoeck & Ruprecht.

Schrädler, J. (1996). Unternehmensberatung aus organisationstheoretischer Sicht. Wiesbaden: Gabler.

Schrumpf, R. F. und A. Quiring. Hrsg. (1993). Handbuch der praxisorientierten Unternehmensberatung: Leitfaden für strategieorientierte Organisation, rechtliche Absicherung und kulturelle Einbindung erfolgreicher Unternehmensberatung. Düsseldorf: Rau.

Schützeichel, R. (2004). Skizzen zu einer Soziologie der Beratung. In: ders. und T. Brüsemeister (Hrsg.). Die beratene Gesellschaft. Zur gesellschaftlichen Bedeutung von Beratung. Wiesbaden: Verlag für Sozialwissenschaften. S. 273-285.
Schützeichel, R. und T. Brüsemeister. Hrsg. (2004). Die beratene Gesellschaft. Zur gesellschaftlichen Bedeutung von Beratung. Wiesbaden: Verlag für Sozialwissenschaften.
Scott, J. (1990). Corporate Control and Corporate Rule: Britain in an International Perspective. In: British Journal of Sociology 41: 351-373.
Scott, R. W. (2003). Organizations. Rational, Natural, and Open Systems. 5. Aufl. Upper Saddle River, N.J.: Prentice Hall.
Scott, W. R. (1995). Institutions and Organizations. Thousand Oaks, CA: Sage.
Selvini Palazzoli, M., Boscolo, L., Cecchin, G. und G. Prata (1991). Paradoxon und Gegenparadoxon. Ein neues Therapiemodell für die Familie mit schizophrener Störung. Stuttgart: Klett-Cotta.
Simmel, G. (1919). Die Mode. In: ders. Philosophische Kultur. 2. Aufl. Kröner: Leipzig. S. 25-57.
Simon, F. B. (1995). Die Funktion des Organisationsberaters. Einige Prinzipien systemischer Beratung. In: Walger, G. Formen der Unternehmensberatung. Köln: Verlag Dr. Otto Schmidt. S. 284-299.
Smith, K. K. und N. Zane (2004). Organizational reflections. Parallel Processes at Work in a Dual Consultation. In: The Journal of Applied Behavioral Science 40: 31-48.
Sombart, W. (1902). Wirtschaft und Mode. Wiesbaden: Bergmann.
Sorge, A. (1999). Mitbestimmung, Arbeitsorganisation und Technikanwendung. In: Streeck, W. und N. Kluge (Hrsg.). Mitbestimmung in Deutschland. Tradition und Effizienz. Frankfurt/M.: Campus. S. 17-134.
Spence, M. (1973). Job Market Signaling. In: Quarterly Journal of Economics 87: 355-374.
Spremann, K. (1990). Asymmetrische Information. In: Zeitschrift für Betriebswirtschaft 60: 561-586.
Springer, R. (1998). Rationalisierung im Widerspruch. Konzeptions-Konkurrenz und soziologische Beratung in der Automobilproduktion. In: Howaldt, J. und R. Kopp (Hrsg.). Sozialwissenschaftliche Organisationsberatung: Auf der Suche nach einem spezifischen Beratungsverständnis. Berlin: Edition Sigma, S. 85-108.
Starbuck, W. H. (1993). Keeping a Butterfly and an Elephant in a House of Cards: The Elements of Exceptional Success. In: Journal of Management Studies 30: 885-921.
Steffy, B. D. und A. J. Grimes (1986). A Critical Theory of Organization Science. In: Academy of Management Review 11: 322-336.
Steyrer, J. (1991). Unternehmensberatung. Stand der deutschsprachigen Theoriebildung und empirischen Forschung. In: Hofmann, M. (Hrsg.). Theorie und Praxis der Unternehmensberatung. Heidelberg: Physica. S. 1-44.
Strang, D. und J. W. Meyer (1993). Institutional Conditions for Diffusion. In: Theory and Society 22: 487-511.
Strasser, H. (1993). Unternehmensberatung aus der Sicht des Kunden. Eine resultatorientierte Gestaltung der Beratungsbeziehung und des Beratungsprozesses. Diss. Univ. Zürich. Zürich: Schulthess Polygraphischer Verlag.
Strauss, G. (1963). Some Notes on Power-equalization. In: Leavitt, H. J. (Hrsg.). The Social Science of Organizations. Englewood Cliffs, NJ: Prentice-Hall.

Sturdy, A. (1997a). The Consultancy Process: An Insecure Business? In: Journal of Management Studies 34: 389-413.
Sturdy, A. (1997b). The Dialectics of Consultancy. In: Critical Perspectives on Accounting 8: 511-535.
Stürzl, W. (1996). Business Reengineering in der Praxis: Durch umfassende Veränderung im Unternehmen einen Spitzenplatz im Wettbewerb erreichen. Paderborn: Junfermann.
Stutz, H.-R. (1991). Beratungsstrategien. In: Hofmann, M. (Hrsg.). Theorie und Praxis der Unternehmensberatung. Heidelberg: Physica. S. 189-216.
Svensson, R. (2001). Success Determinants When Tendering for International Consulting Projects. In: International Journal of the Economics of Business 8: 101-122.
Swanson, B. E. und N. C. Ramiller (1997). The Organizing Vision in Information Systems Innovation. In: Organization Science 8: 458-474.
Szyperski, N. und B. Klaile (1982). Dimensionen der Unternehmensberatung. Hilfen zur Strukturierung und Einordnung von Beratungsleistungen. Stuttgart: Poeschel.
Taylor, F. (1913). Die Grundsätze wissenschaftlicher Betriebsführung. München: Oldenbourg.
Titscher, S. (1991). Intervention. Zu Theorie und Techniken der Einmischung. In: Hofmann, M. (Hrsg.). Theorie und Praxis der Unternehmensberatung. Heidelberg: Physica. S. 309-343.
Titscher, S. (1997). Professionelle Beratung. Was beide Seiten vorher wissen sollten. Wien: Ueberreuter.
Trebesch, K. (1982). 50 Definitionen der Organisationsentwicklung – und kein Ende? In: Organisationsentwicklung. Zeitschrift der GOE 2/82, S. 37-62.
Trebesch, K. (1984). Organisationsentwicklung in der Krise. In: Hinterhuber, H. und S. Laske (Hrsg.). Zukunftsorientierte Unternehmenspolitik: Konzeptionen, Erfahrungen und Reflexionen zur Personal- und Organisationsentwicklung. Freiburg im Breisgau: Rombach, S. 312-328.
Tsoukas, H. und Ch. Knudsen. Hrsg. (2003). The Oxford Handbook of Organization Theory. Oxford: Oxford University Press.
Türk, K. (1989). Neuere Entwicklungen in der Organisationsforschung. Stuttgart: Enke.
Turner, R. H. (1962). Role-Taking: Process vs. Conformity. In: Rose, A. M. (Hrsg.). Human Behavior and Social Processes. Boston, MA: Mifflin. S. 20-40.
Visscher, K. (1999). Coping with Chaos and Contextuality. Strategy Consultants and the Illusion of Agency. Paper in the Strategy Stream of the Critical Management Studies Conference, Manchester, 14-16 July 1999.
Walger, G. (1995a). Idealtypen der Unternehmensberatung. In: ders. (Hrsg.). Formen der Unternehmensberatung. Köln: Verlag Dr. Otto Schmidt. S. 1-18.
Walger, G. (1995b). Chancen und Folgen der Irritation in der systemischen Unternehmensberatung. In: ders. (Hrsg.). Formen der Unternehmensberatung. Köln: Verlag Dr. Otto Schmidt. S. 301-322.
Watzlawick, P., J. Beavin und D. Jackson (1969). Menschliche Kommunikation. Formen, Störungen, Paradoxien. Bern: Huber.
Watzlawick, P., J. H. Weakland und R. Fisch (1974). Change. New York: Norton and Co.
Weber, M. (1976[1921]). Wirtschaft und Gesellschaft: Grundriß der verstehenden Soziologie. 5. Auflage. Tübingen: Mohr.

Weber, M. (1904). Die ‚Objektivität' sozialwissenschaftlicher und sozialpolitischer Erkenntnis. In: ders. (1922). Gesammelte Aufsätze zur Wissenschaftslehre. Tübingen: Mohr. S. 146-214.
Weber, M. (1973[1922]). Gesammelte Aufsätze zur Wissenschaftslehre. Tübingen: Mohr.
Weber, M. (1988[1920]). Gesammelte Aufsätze zur Religionssoziologie I. Tübingen: Mohr.
Weick, K. E. (1976). Educational Organizations as Loosely Coupled Systems. In: Administrative Science Quarterly 21: 1-19.
Weiershäuser, S. (1996). Der Mitarbeiter im Beratungsprozess: eine agenturtheoretische Analyse. Diss. Univ. St. Gallen. Wiesbaden: Gabler.
Weik, E. und R. Lang. Hrsg. (2003). Moderne Organisationstheorien 2. Strukturorientierte Ansätze. Wisebaden: Gabler.
Weinstein, D. (1985). The Organizational Uses of Consulting. In: Wisconsin Sociologist 22: 85-101.
Welge, M. und A. Al-Lahm (1999). Strategisches Management. Grundlagen – Prozesse – Implementierung. 2. Auflage. Wiesbaden: Gabler.
Welsch, W. (1988). Unsere postmoderne Moderne. Weinheim: VCH.
Werr, A. (2002). The Internal Creation of Consulting Knowledge: A Question of Structuring Experience. In: Kipping, Matthias und Lars Engwall (Hrsg.). Management Consulting. Emergence and Dynamics of a Knowledge Industry. Oxford: Oxford University Press. S. 91-108.
Westerlund, G. und S.-E. Sjöstrand (1981). Organisationsmythen. Stuttgart: Klett-Cotta.
White, R. W. (1959). Motivation Reconsidered: The Concept of Competence. In: Psychological Review 66: 297-333.
Wiener, N. (1963). Kybernetik. Regelung der Nachrichtenübertragung im Lebewesen und in der Maschine. 2. überarb. Aufl. Wien.
Williamson, O. (1975). Markets and Hierarchies: Analysis and Antitrust Implications. New York: The Free Press.
Williamson, O. (1990). Die ökonomischen Institutionen des Kapitalismus: Unternehmen, Märkte, Kooperationen. Tübingen: Mohr.
Willke, H. (1994). Systemtheorie II: Interventionstheorie. Grundzüge einer Theorie der Intervention in komplexe Systeme. Stuttgart: G. Fischer.
Willmott, H. (2005). Organization Theory as a Critical Science? Forms of Analysis and "New Organizational Forms". In: Tsoukas, H. und C. Knudsen (Hrsg.). The Oxford Handbook of Organization Theory. Oxford: Oxford University Press. S. 88-112.
Wimmer, R. (1991). Organisationsberatung - eine Wachstumsbranche ohne professionelles Selbstverständnis. In: Hofmann, M. (Hrsg.). Theorie und Praxis der Unternehmensberatung. Heidelberg: Physica. S. 45-136.
Wimmer, R. (1992). Was kann Beratung leisten? Zum Interventionsrepertoire und Interventionsverständnis der systemischen Organisationsberatung. In: Wimmer, R. (Hrsg.). Organisationsberatung. Neue Wege und Konzepte. Wiesbaden: Gabler. S. 59-111.
Wimmer, R. (2004). Organisation und Beratung. Systemtheoretische Perspektiven für die Praxis. Heidelberg: Carl-Auer-Systeme Verlag.
Windolf, P. und J. Beyer (1995). Kooperativer Kapitalismus. Unternehmensverflechtungen im internationalen Vergleich. In: Kölner Zeitschrift für Soziologie und Sozialpsychologie 47: 1-36.
Wittgenstein, L. (1971). Philosophische Untersuchungen. Frankfurt/M.: Suhrkamp.

Wüthrich, H. (1991). Neuland des strategischen Denkens: Von der Strategietechnokratie zum mentalen Management. Wiesbaden: Gabler.
Zucker, L. G. (1977). The Role of Institutionalization in Cultural Persistence. In: American Sociological Review 42: 726-743.
Zucker, L. G. (1983). Organizations as Institutions. In: Bacharach, S. B. (Hrsg.). Research in the Sociology of Organizations. Greenwich, Conn.: JAI Press. S. 1-42.
Zucker, L. G. (1991). Postscript: The Role of Institutionalization in Cultural Persistence. In: Powell, W. W. und P. J. DiMaggio (Hrsg.). The New Institutionalism in Organizational Analysis. Chicago: Univ. of Chicago Press. S. 103-106.
Zwingmann, E., Schwertl, W., Staubach, M. und G. Emlein (2000). Management von Dissens: Die Kunst systemischer Beratung von Organisationen. 2. erw. Aufl. Frankfurt/M.: Campus.

Hagener Arbeiten zur Organisationspsychologie
hrsg. von Prof. Dr. Gerd Wiendieck
(Fern-Universität Hagen)

Ulrike Hellert
Humane Arbeitszeiten
Die flexible Gestaltung von Arbeits- und Betriebszeiten wird immer wichtiger. Sie stärkt die Wettbewerbsfähigkeit, entlastet den Arbeitsmarkt und schafft Spielräume, um berufliche Aufgaben und private Interessen besser in Einklang zu bringen. Vor diesem Hintergrund wird wissenschaftlich überprüft, wie Arbeitszeiten basierend auf arbeitspsychologischen Erkenntnissen human gestaltet werden können. Ergebnisse der empirischen Untersuchung liefern Gestaltungshinweise für humane Arbeitszeiten, die sowohl den betrieblichen Erfordernissen entsprechen als auch zur Förderung und Entfaltung der Beschäftigten im Unternehmen beitragen können.
Bd. 1, 2002, 248 S., 25,90 €, br.,
ISBN 3-8258-5498-1

Martin Börner
Erfolgreiche Arbeitssuche
Personale und situative Determinanten des Arbeitsplatzsuchverhaltens. Eine empirische Untersuchung an Erwerbslosen, Erwerbstätigen und Arbeitgebern
Die erfolgreiche Arbeitsplatzsuche, die Einmündung in eine Beschäftigung kann negative Auswirkungen der Erwerbslosigkeit heilen, verbessern oder ganz verhindern. Den Fragen nach den Zusammenhängen zwischen ausgewählten Persönlichkeitsmerkmalen von Erwerbslosen, den situativen Lebensumständen und dem Arbeitsplatzsuchverhalten, dem Einfluß von regionalen Gegebenheiten und den Anforderungen, die dabei von der Arbeitgeberseite an Arbeitsplatzsuchende gestellt werden, wird in dieser Arbeit zunächst theoretisch und dann empirisch in einer Zusammenhangs- und unterschiedshypothesentestenden Querschnittsstudie nachgegangen. Auch wenn der Schwerpunkt der Betrachtung auf der Arbeitnehmerseite liegt, können auf beiden Seiten dabei sowohl gängige Vorurteile als auch vorhandene Befunde der psychologischen Erwerbslosigkeitsforschung überprüft werden. Im theoretischen Teil der Arbeit werden u. a. die Bedeutung der Erwerbsrolle für das Individuum und die Gesellschaft dargestellt. Forschungsbefunde zu psychosozialen, gesundheitlichen, sozialen und finanziellen Auswirkungen von Erwerbslosigkeit werden diskutiert und Theorien und Wirkungsmodelle zur Entstehung der Folgen von Erwerbslosigkeit vorgestellt.
Bd. 2, 2001, 376 S., 30,90 €, br.,
ISBN 3-5258-5499-x

Iris Franke-Diel
Umweltgerechtes Verhalten in Organisationen
Einflußfaktoren und Steuerungsmöglichkeiten des umweltgerechten Verhaltens in Organisationen aus theoretischer Sicht und aus Sicht betrieblicher Umweltexperten
Was sind die Voraussetzungen für das umweltgerechte Handeln von Mitarbeitern und die Umsetzung innovativer und präventiver betrieblicher Umweltschutzziele? Wie kann die Organisation steuernden Einfluß ausüben? Aus arbeits- und organisationspsychologischer Perspektive werden wissenschaftliche Erklärungs- und Gestaltungsansätze relevanter Disziplinen hinsichtlich ihrer Wirkmechanismen analysiert und den qualitativ rekonstruierten subjektiven Theorien von Umweltbeauftragten und Umweltverantwortlichen verschiedener Unternehmen gegenübergestellt. Die Konfrontation von Theorie und Praxis verdeutlicht, weshalb viele wissenschaftliche Konzepte in der Praxis auf Akzeptanz- und Umsetzungsschwierigkeiten stoßen. Sie ermöglicht aber auch im Sinne eines Brückenschlags, erfolgsrelevante Faktoren für die Praxis aufzudecken und Empfehlungen für eine umweltschutzintegrierende Arbeitsgestaltung abzuleiten.
Bd. 3, 2002, 512 S., 30,90 €, br.,
ISBN 3-8258-5500-7

Dirk Schmidt-Herholz
Die Evaluation der Krisenintervention für prosoziale Berufe aus arbeits- und organisationspsychologischer Sicht
Welchen spezifischen Stress gibt es innerhalb von Rettungsdienst, Feuerwehr und Polizei? Wie gehen Einsatzkräfte damit um? Welche Aspekte müssen Behörden und Hilfsorganisationen bedenken, um langfristig mit belastbaren Helferinnen und Helfern arbeiten zu können? Die „Evaluation der Krisenintervention für prosoziale Berufe aus arbeits- und organisationspsychologischer Sicht" liefert die Antworten auf solche Fragen. Nicht nur Großschadensereignisse zeigen, dass Einsatzkräfte ihre spezielle Begleitung und Unterstützung brauchen. Deren Notwendigkeit wird ebenso begründet, wie ihre praktische Umsetzbarkeit beschrieben wird. Dazu enthält diese Arbeit ein passendes Schulungskonzept.
Bd. 4, 2004, 280 S., 24,90 €, br.,
ISBN 3-8258-7389-7

Volker Casper
Sense of coherence – Die Kraft der Gruppe
Der Einfluss des Kohärenzgefühls einer Gruppe auf das Beanspruchungserleben ihrer Gruppenmitglieder
„Ohne mein Team könnte ich die tägliche Arbeit kaum bewältigen". Solche und ähnliche Aussagen werden von Mitgliedern einer Arbeitsgruppe genannt, wenn Sie einen beanspruchungsmindernden Effekt aus der Arbeit in ihrer Gruppe ziehen können. Welche Faktoren bewirken diesen Effekt? Eine Antwort auf diese Frage könnte das Konzept des Kohärenzgefühls des Medizinsoziologen Aaron Antonovsky geben. Die vorliegende Arbeit geht dieser Spur nach, indem sie die Wirkzusammenhänge zwischen dem Kohärenzgefühl einer Gruppe und dem Beanspruchungsempfinden der Gruppenmitglieder empirisch untersucht.
Bd. 5, 2005, 184 S., 17,90 €, br.,
ISBN 3-8258-7979-8

Ilona Masurek
Einzelcoaching: Rollenberatung von Führungskräften
Praxisanalyse und Handlungsempfehlungen für die Diffusion individueller Lernprozesse in Unternehmen
Das Thema Coaching boomt seit einigen Jahren. Eine Fülle sog. Praktikerliteratur zeugt davon. Dort werden echte oder vermeintliche Vorzüge von Einzelcoaching genannt, die sie als „Wunderwaffe" zur Beseitigung von Führungsproblemen erscheinen lassen. Diesen Darstellungen fehlt allerdings häufig die Einbindung von Coaching in ein Gesamtkonzept. Diesen Mangel beseitigt Ilona Masurek in der vorliegenden Veröffentlichung. Auf Basis einer empirischen Untersuchung stellt sie Einzelcoaching in den Zusammenhang mit Unternehmenskultur und Personalentwicklung. Sie zeigt mit konkreten Empfehlungen auf, wie Coaching gestaltet werden sollte, damit individuelle Lernprozesse für die Gesamtorganisation genutzt werden können.
Bd. 6, 2005, 232 S., 21,90 €, br.,
ISBN 3-8258-8466-x

Stefanie Ammon
Commitment, Leistungsmotivation, Kontrollüberzeugung und erlebter Tätigkeitsspielraum von Beschäftigten in Unternehmen und Behörden im Vergleich
Unterscheiden sich Mitarbeiterinnen und Mitarbeiter des öffentlichen Dienstes von den Angestellten in der Privatwirtschaft? Sind Führungskräfte leistungsmotivierter als Sachbearbeiter? Braucht der öffentliche Dienst mehr Führungskräfte aus der Privatwirtschaft? Dieses Buch untersucht, wie wichtig Commitment, Leistungsmotivation, Kontrollüberzeugung und Tätigkeitsspielraum für Beschäftigte und deren Organisation sind. Die Studie erfolgt differenziert nach Privatwirtschaft und öffentlichem Dienst, der weiter spezifiziert wird nach Kommunen sowie Landes- und Bundesbehörden.
Bd. 8, 2006, 216 S., 19,90 €, br.,
ISBN 3-8258-8996-3

LIT Verlag Berlin – Hamburg – London – Münster – Wien – Zürich
Fresnostr. 2 48159 Münster
Tel.: 0251 – 62 032 22 – Fax: 0251 – 23 19 72
e-Mail: vertrieb@lit-verlag.de – http://www.lit-verlag.de